国学概要
——对国学的文化解读

张光兴　张劲松　著

科学出版社
北京

内 容 简 介

近年来,随着"国学热"的不断升温,有关这方面的著述也逐渐多了起来——或侧重史料整理,或侧重典籍介绍,或侧重国学与经济社会各方面关系的阐述,而本书则选择了从文化视角解读国学。

本书作者没有停留在对国学经典的泛泛注释或一般性点评上,而是结合自己长期的教学、科研实践,努力挖掘国学中蕴藏的传统文化精神,以唤起大众的"文化自觉"意识和对传统精神家园的渴望。

本书集知识性、学术性、艺术性于一体,是高等院校进行"通识教育"的首选教材,也非常适合于研究人员及广大文史爱好者阅读。

图书在版编目(CIP)数据

国学概要:对国学的文化解读/张光兴,张劲松著.—北京:科学出版社,2009

ISBN 978-7-03-023853-5

Ⅰ.国… Ⅱ.①张… ②张… Ⅲ.国学-基本知识 Ⅳ.Z126

中国版本图书馆 CIP 数据核字(2008)第 214314 号

责任编辑:王伟娟 李俊峰 王昌凤 / 责任校对:刘小梅
责任印制:张克忠 / 封面设计:耕者设计工作室

科学出版社 出版
北京东黄城根北街 16 号
邮政编码:100717
http://www.sciencep.com

源海印刷有限责任公司 印刷
科学出版社发行 各地新华书店经销

*

2009 年 2 月第 一 版	开本:B5(720×1000)
2009 年 2 月第一次印刷	印张:16 1/2
印数:1—5 000	字数:314 000

定价:28.00 元

(如有印装质量问题,我社负责调换〈路通〉)

目 录

- 导论 ··· 1
  - 一、"国学"与"国学热" ·· 1
  - 二、为什么选择文化视角 ·· 2
  - 三、文化与传统 ·· 4
  - 四、中国传统文化的基本特点 ··· 7
  - 五、国学与传统文化精神 ·· 9
  - 六、以科学的态度善待国学 ··· 14
  - 参考文献及注释 ·· 17
- 第一章　炎黄文化：国学之源 ··· 19
  - 一、炎黄生活的时代 ·· 19
  - 二、炎黄对中华文明的主要贡献 ··· 21
  - 三、炎黄的身世之谜 ·· 22
  - 四、中华文明史上最早的两次大战役及其历史意义 ··································· 24
  - 五、我们为什么要重视和研究炎黄文化 ··· 26
  - 参考文献及注释 ·· 28
- 第二章　国学与哲学文化（一）：儒家哲学 ··· 29
  - 一、儒家学派的形成与基本发展脉络 ·· 29
  - 二、儒家政治哲学 ·· 31
  - 三、儒家人生哲学 ·· 35
  - 四、先秦儒家哲学三位最具代表性的人物及其主要哲学观 ························· 37
  - 参考文献及注释 ·· 42
- 第三章　国学与哲学文化（二）：道家哲学 ··· 44
  - 一、道家学派的形成与发展 ··· 44
  - 二、道家政治哲学 ·· 46
  - 三、道家人生哲学 ·· 49
  - 四、老庄及其主要哲学观点 ··· 50
  - 参考文献及注释 ·· 52
- 第四章　国学与哲学文化（三）：禅宗哲学 ··· 54
  - 一、释迦牟尼与佛教 ·· 54
  - 二、禅宗及禅宗哲学 ·· 55

三、对禅宗的两点分析 …………………………………………… 59
参考文献及注释 …………………………………………………… 61

第五章　国学与制度文化 …………………………………………… 63
一、制度的基本含义 ………………………………………………… 63
二、礼制 ……………………………………………………………… 65
三、官制 ……………………………………………………………… 69
四、科举制 …………………………………………………………… 75
五、法制 ……………………………………………………………… 79
参考文献及注释 …………………………………………………… 83

第六章　国学与道德伦理文化 ……………………………………… 84
一、道德与道德观 …………………………………………………… 84
二、伦理与伦理观 …………………………………………………… 87
三、中国传统的道德伦理精神 ……………………………………… 88
参考文献及注释 …………………………………………………… 99

第七章　国学之美（一）：古代诗歌 ……………………………… 102
一、诗歌概说 ……………………………………………………… 102
二、我国古代诗歌的几座高峰 …………………………………… 105
参考文献及注释 ………………………………………………… 126

第八章　国学之美（二）：古代散文 ……………………………… 128
一、散文与散文之美 ……………………………………………… 128
二、我国古代散文几个重要发展阶段 …………………………… 129
参考文献及注释 ………………………………………………… 145

第九章　国学之美（三）：古代戏曲 ……………………………… 147
一、戏曲及其起源理论 …………………………………………… 147
二、古代戏曲之美 ………………………………………………… 149
三、中国古代戏曲的主要发展脉络 ……………………………… 150
参考文献及注释 ………………………………………………… 165

第十章　国学之美（四）：古代小说 ……………………………… 166
一、小说的起源与小说之美 ……………………………………… 166
二、我国古代小说的主要发展历程 ……………………………… 168
参考文献及注释 ………………………………………………… 199

第十一章　国学之美（五）：古代书法 …………………………… 201
一、书法艺术概说 ………………………………………………… 201
二、关于汉字的起源理论 ………………………………………… 203
三、书法艺术的基本美学特征 …………………………………… 204

  四、我国古代书法艺术发展的基本历史脉络 …………………… 208
  参考文献及注释……………………………………………………… 234
第十二章　国学之美(六):古代绘画 ………………………………… 238
  一、中国传统的绘画起源理论及绘画艺术的基本美学特征 ………… 238
  二、中国古代绘画艺术走过的主要历程 ………………………… 241
  参考文献及注释……………………………………………………… 254
后记 …………………………………………………………………… 255

导 论

在《导论》中,我们将讨论六个方面的问题。

一、"国学"与"国学热"

近年来,"国学"一词常常见诸报纸、杂志以及电台、电视台等各种媒体,在日常生活中其使用频率也越来越高,形形色色的"国学院"、书院(包括私塾)雨后春笋般地冒出来,"国学热"已成为一个不争的事实。那么,什么是"国学"呢?

1. 国学初始的意思是国家设立的学校

《周礼·春官·乐师》:"掌国学之政,以教国子小舞。"唐韩愈《窦公墓志铭》:"教诲于国学也,严以有理,扶善遏过。"这些古代的"国学",在不同朝代有不同的称谓和权限:汉有太学;晋立国子学;北齐称国子寺;隋炀帝改称国子监;唐、宋袭用,但以国子监总辖国子、太学、四门等学;元设国子学、蒙古国子学、回回国子学,亦称国子监;明、清亦设国子监,到光绪三十一年(1905年)改设教学部。

2. 国学后起的意思指"我国固有的文化、学术"[1]

我们这里讲的"国学",显然是指后者。有资料介绍,"国学"一说产生于我国近代西学东渐的文化转型期,时间大约在20世纪初,很明显,当时"国学"是针对"西学"而言的。坚持"国粹主义"原则的"国学保存会"主要发起者邓实,曾于1906年撰文指出:"国学者何?一国所有之学。有地而人生其上,因以成国焉,有其国者有其学。学也者,学其一国之学以为国用,而自治其一国也。"[2]因为他们深信,只有"国粹才是救国之方"[3]。该会的机关刊物《国粹学报》也明确提出"以发明国学,保存国粹为宗旨",所以,它始终以宣传中国传统文化为己任,内容涉及经学、史学、语言文字学以及音韵训诂、诗歌词赋、金石书画等。

时间过去了一个世纪,随着20世纪末"文化热"、"寻根热"的出现,国学再次成为国人关注的焦点。此种现象的出现,是形势的需要,也是历史发展的必然。

笔者理解,所谓国学就是我们的传统之学、民族之学。陈立夫先生曾讲:"中国文化的大经大脉,实大成于孔孟,绍述于先哲;中华文化之内涵,则包罗于国学,所谓四部之书,其所讲求者固可以义理、词章、考据、经济分,综其内容,则不外道与术,文与艺,而近世之科技,亦系其中,诚可谓之海纳渊薮矣。"[4]在历史发展进程中,国学滋养了我们的民族感情,培育了我们的民族精神,成为凝聚民族力量、推动社会进步的强大精神动力。正是靠着这种精神力量,我们才能战胜一个个艰难险阻,沿着历史故道一路走来,慷慨悲歌,不屈不挠。目前,我们又站在了一个新的历史交汇点上——机遇与挑战并存、成功与风险同在。在我们面前既盛开着鲜花也长满了荆棘,既充满了希望也遍布着陷阱。如何走好前面的路,需要我们拿出自己的大智大勇,因此,我们必须从国学中寻找传统的智慧和力量,建设好我们的精神家园,为民族复兴大业集聚更多的精神力量。

二、为什么选择文化视角

对国学的解读有很多角度可供选择,譬如哲学的、政治的、经济的、社会的等,我们为什么要选择文化视角呢?

1. 只有用文化视角去审视国学、解读国学,才能找到国学的"文化尊严",也才不至于陷入功利主义的误区

袁行霈先生曾经提出:"国学的当代意义,在很大程度上取决于我们的研究态度。我们研究国学,应以承传中华民族优秀传统文化为己任。"诚然,"我们需要把国学与现实生活联系起来,但不能以实用主义态度去对待国学。国学的当代意义,首先是围绕着弘扬中华民族优秀传统文化这个宏伟目标来实现的"。[5]假如国学研究被赋予了太多、太重的"经济意义"或被搞成了什么"形象工程",成为帮某些人赚钱、挣面子甚至挣乌纱帽的手段,那么,国学的"文化尊严"何在?

在笔者看来,"国学"本身就是文化,是传统文化的具体化(但笔者也不赞成将"国学"具体化为经、史、子、集。经、史、子、集四部应该是图书的分类,而不是学科的分类,所以有人称"经、史、子、集四部,只是国学典籍的内涵,并不完全等于国学的内涵",诚如邓实先生所言,"国学"乃"一国所有之学"也。笔者以为然),只有用文化的视角去研究国学,才能更接近国学,才能担当起"弘扬中华民族优秀传统文化这个宏伟目标"。

2. 文化已成为影响一个国家、民族经济社会进步乃至世界大格局的重要因素

当人类社会被推进到 21 世纪时,尤其是随着"全球化"的到来,文化再一次彰显了它的重要性。文化可以影响一个国家、一个民族的命运乃至世界大格局。美国哈佛大学教授 S. 亨廷顿早在 20 世纪末就提出了"文明的冲突与世界秩序的重构"理论。他认为,随着"冷战的结束,意识形态不再重要,各国开始发展新的对抗和协调模式。为此,人们需要一个新的框架来理解世界政治,而'文明的冲突'模式似乎满足了这一需要。这一模式强调文化在塑造全球政治中的主要作用,它唤起

了人们对文化因素的注意",各个国家和民族将"根据文化来重新界定自己的认同"。[6]他预言,"全球政治正沿着文化的界线重构。文化相似的民族和国家走到一起,文化不同的民族和国家则分道扬镳"。同时,时间将证明"一个不属于任何文明的、缺少文化核心的国家","不可能作为一个具有内聚力的社会而长期存在",它也就无法在这个"以文化来界定自己的社会"里找到"立足之地",那些"政治原则对于一个持久的共同体来说,只是一个易变的基础"[7],只有文化才能产生稳定的、持久的"内聚力"。

S.亨廷顿的这些论断,不是什么金科玉律,甚至有点儿危言耸听,然而有一点是可以肯定的:那就是他道出了文化的重要性,尤其在当今这样一个历史背景下。据说,有个美国人曾夸下这样的海口:"假如将来有一天,美国的原材料枯竭了,美国的工人也不愿意工作了,但只要全世界还向往美国文化,那么,我们在市场上就仍然不可战胜。"[8]

前不久,有位领导同志也曾讲过,美国是世界第一文化出口大国,他们的出口中比重最大的是文化。美国人用"三片"征服了整个世界,所谓"三片"分别是薯片、芯片和好莱坞大片,其中薯片代表"饮食文化",芯片代表"高科技文化",而好莱坞大片则代表"娱乐文化",总之一句话——"美国文化"。随着全球化的迅猛发展,这种"文化征服"大有愈演愈烈之势,而最可怕的是被征服者往往对此心甘情愿,甚至接受起来乐此不疲。当然,这种"文化征服"、"文化侵略"也不是只有"三片"这样一种模式,有时候它会变得野蛮、粗暴、毫无理性。比如,北京奥运会前,某些"藏独"分子在西藏、青海等地制造严重的打、砸、抢、烧等破坏事件,并在海外公然阻挠奥运圣火的传递,这是有目共睹的事实。而个别西方国家的政府和某些媒体却违背起码的道德准则,有意歪曲事实真相,有的还恶意制造"假新闻"以欺骗舆论、欺骗世人。他们打着所谓"人权"、"自由"、"民主"、"平等"的幌子,实际上却完全出于自己的私利和狭隘的价值观。通过这些事件,我们彻底认清了这种"文化征服"、"文化侵略"的残酷与卑劣,也撕掉了罩在某些"西方绅士"们头上的那层虚伪而冷酷的面纱。

实践证明,当今世界,文化与经济、政治、外交、军事等已经相互渗透与交融,形成一种综合实力。所谓国际竞争,既是经济实力、政治实力、科技实力、军事实力、外交实力等的竞争,更是文化实力的竞争。特别是随着全球化的迅猛发展,不仅得各国间在货物、资本、人员、技术等方面的交流日益频繁,而且人们的思想意识、价值观念、行为方式等也会相互碰撞与融合。在这样一种咄咄逼人的形势下,最明智的选择就是大力发展自己的文化。换句话说,一个国家、一个民族还能不能继续保持它原有的国家性、民族性,文化将成为举足轻重的因素。从这个方面讲,今天的"国学热"要远比当年简单地"对抗西学"以"保存国粹"的意义大得多,也深刻得多。

3. 我们需要从传统文化中汲取智慧和力量

在新的时代背景下,我们会遇到许许多多新的矛盾、新的困难,诸如"经济一体化"、"文化多元化"、"价值观念多样化"等在催生了竞争、效益、拼搏等这些新的理念的同时,也导致了诸如孝悌、仁爱、诚信、道义这些传统精神的贬值和流失,而实践证明,这些精神财富往往比物质财富更宝贵,更起作用。所以,我们必须对自己的传统文化进行重新审视、重新认识、重新学习,借助古代的智慧解决现实中的难题。比如,在1991年冬,邓小平同志根据当时复杂的国际形势而制定的"冷静观察、稳住阵脚、沉着应对、韬光养晦、绝不当头、有所作为"等处理国际事务的24字方针,就大量吸收了道家的哲学思想,所谓"以其不争,故天下莫能与之争"[9]也。在海外,许多政治家、哲学家乃至商家,又重提"半部《论语》治天下"。这充分说明,优秀的传统文化可以穿越时空、跨越历史,产生持久的生命力和影响力,我们祖先创造的传统文化就在我们身边。同时也证明了,"传统的就是现代的"、"民族的就是世界的"。

三、文化与传统

文化、传统是与国学息息相关的两个概念,既然我们选择了用文化的视角来讨论国学,就必须先把它们弄清楚。

1. 关于文化

在我们的祖先那里,"文"和"化"最早是分开使用的两个词。"文"的本义是指五彩交错的纹理。《说文》称"文"是"错画也,象交文"。《说文·序》解释说:"依类象形谓之文,其后,形声相益谓之字。"意思是说,那些最早出现的象形字,称为文,这里主要是"纹饰"、"纹理"、"纹彩"的意思,以后逐渐演绎为包括语言文字在内的各种象征符号。这样,"文"就引申出了诸如文物典籍、礼仪制度等多重含义,其中之一是指美与善的行为和品德,在使用中多与"武"相对;而"化"的本义是指变化、变易、生成、造化等。《说文》称"化"是"教行也"。故有"教化"一词衍生出来。

其一,文化最原始的意义是指"文治"与"教化"。我们可以从许多国学典籍中找到论据。

(1)《周易·贲》卦《象传》云:"观乎人文,以化成天下。"孔颖达于《周易正义》中对此作了解释:"观乎人文以化成天下,言圣人观察人文,则诗书礼乐之谓,当法此教而化成天下也。"

(2)《吕氏春秋·察传》载:"昔者,舜欲以乐传教于天下,乃令重黎举夔于草莽之中而进之,舜以为乐正。夔于是正六律,和五声,以通八风,而天下大服。""乐"当然属于文化,所以这可以看做是对文化的具体应用。

（3）汉代学者刘向在《说苑·指武》中第一次完整地使用了"文化"一词："圣人之治天下也,先文德而后武力。凡武之兴,谓不服也;文化不改,然后加诛。夫下愚不移,纯德之所不能化,而后武力加焉。"

（4）晋代的束广微（晳）在《补亡诗·由仪》中也讲到:"文化内辑,武功外悠。"梁代萧统在《昭明文选》卷十九中为之作注:"言以文化辑和于内,用武德加于外远也。"

综上所言,在我们的祖先那里,"文化"是与"武功"相对而言的,文化的基本意思就是"文治"与"教化"——一种重要的安邦治国手段。这就是文化最初始的意思。

其二,文化即"人化"。文化是人类历史发展的轨迹,有了人并创造了文明,继而才有了文化的传承。从这一意义上讲,文化就是"人化",就是"人的文明化"。实证这种"人化"或"人的文明化"的是人类在改造世界的过程中所创造出的大量物质财富、精神财富以及"人本身"(恩格斯有一句名言,叫"劳动创造了人本身")。所以,从广义上讲,文化是指人类在社会实践过程中所获得的物质、精神的生产能力和创造的物质、精神财富的总和。这一点,梁启超在他的《什么是文化》一文中讲得很清楚:"文化者,人类心能所开积出来之有价值的共业也。易言之,凡人类心能所开创,历代积累起来,有助于正德、利用、厚生之物质的和精神的一切共同的业绩,都叫做文化。"梁漱溟也说:"文化,就是吾人生活所依靠的一切。……文化之本义,应在经济、政治,乃至一切,无所不包。"[10]

其三,文化还特指社会意识形态。有学者提出:"当'文'和'化'联系起来而成为一个新词之后,它的意义所限制的范围就十分明确了。其所指无非是诗书礼乐、道德风俗,最多包括政治制度。总之是不出社会上层建筑的范畴。"[11]

其四,文化也指有系统传承的思想理论体系。如我们古代文化中的儒家文化、道家文化、佛教文化以及齐鲁文化、燕赵文化、荆楚文化、吴越文化、三晋文化、巴蜀文化等,它们是构成各种文化形态的理论基础,故我们称之为观念文化,等等。

2. 关于传统

长期以来,学术界对传统的理解存在一些分歧,但有一点应该是相通的,即强调传统的"传承性"和"生命力",也就是我们常说的"传统的就是现代的"。

有的学者把传统解释为"世代相传的、具有民族特色的文化遗产。传统是历史的产物,也随着人类历史的进程而不断发展和变化。……传统,既有空间的局限性,又有超时空的无限性。它是在代代相传的过程中,不断充实和更新内容,在不断向现实靠拢并不断为现实服务的过程中,得到不断发展"[12]。

也有的学者称,"传统不单是指过去存在的东西。传统就是我们,传统就在现实"。如果有谁要验证传统,就看在现实中能不能找到它,"看看它还存在不存在,还起不起作用,它发展变化没有,变成什么样子了,看看现实社会中人们的思想、感情特征等方面的共同点"。言外之意,传统不等于历史,国学也不等于典籍,"传统文化不能仅仅从过去的书本中去找,更重要的是要在活的历史当中,在现实中去理解,去把握"[13]。

在笔者看来,传统是一条既有形又无形、蕴含着巨大"精神能量"、蓬勃着无限生命活力的精神纽带。这条纽带不是一代人,更不是一天所能织就的,而是在历史长河中经过了长期的、反复的冲刷而逐渐形成的一种带有普遍意义的社会积淀。所以,它连接着昨天,连接着今天,也连接着明天。传统一定是历史上存在过的,否则称不上传统。然而,单是历史上存在过的却不一定就是"传统"。试想,在我们中华民族五千多年的文明史上曾有多少东西存在过,它们都能被称做传统吗?当然不是。传统必须具有顽强的生命力和广泛的继承性,只有那些被一代代人所实践过,又被一代代人普遍接受且有着存在价值的东西,才能成为传统而"沿革下来"。而有些东西,比如宦官政权、卖官鬻爵以及吸鸦片、缠小脚、留长辫子等一些丑恶的、低俗的、没有生命力的东西,它们只能成为文化垃圾而消亡在历史的长河之中。

有一点必须指出,我们在强调传统的"传承性"、"现实性"的同时还必须承认,"任何有价值的传统都在很大程度上依赖于文字的记载,也就是文化传统中的经典著作"[14]。国学的重要性就体现在这里。

3. 关于"传统文化"和"文化传统"

由文化和传统还衍生出了"传统文化"、"文化传统"等概念。

"传统文化"是对历史的一种认知和继承,是我们永久的精神家园。昨天对于今天来说,那是历史;今天对于明天而言,它又变成历史。传统文化是历史继替过程中的产物,是对历史的一种认知和继承,在它身上保留着历史的印痕、闪耀着人文的光芒。如袁行霈先生所言:"传统文化是一个民族的根,是一个民族的标志,也是一个民族的骄傲。传统文化关系到每个民族对自己身份的认同感、归属感,以及伴随这种认同感和归属感而来的文化尊严感。传统文化又是民族凝聚力的源泉,一个民族的疆土被人用武力占领了,还可以收复;一个民族的文化被人灭绝了,或者自己抛弃了,则万劫不复。"[15] 从这一意义上说,传统文化是一个民族最宝贵的财富,是这个民族自立自强、生生不息的生命源泉,也是值得这个民族永远守望的精神家园。

"文化传统"则是指活在现实中的传统文化,是一个动态的概念。当代著名哲学家、史学家庞朴先生在很多年前就已经指出:"传统文化"是"在历史继替过程中那一段段流动的历程",在今天看来是一个相对静态的概念,"我们可以把它作为一种历史上的现象来研究,可以肯定它或者否定它";而"文化传统","则是如何使之适应时代来选择的问题,因此它将总是有一特殊性(或民族性)而又有当代时代精神的文化流向"。[16]

其实,"文化"与"传统"二者是很难分开的,因为"文化是在历史中形成的,它不是一夜之间产生的",换句话说,文化本身就是"一个传统"。所以,"我们要理解什么是文化,也就意味着理解什么是传统"[17]。

四、中国传统文化的基本特点

1."古老"与"独寿"的统一

我国著名文化学家柳诒徵在其《中国文化史》中称,中国传统文化有三个显著特点,其中之一是"年纪之久远,相承勿替也"。他解释说:"世界开化最早之国,曰巴比伦、曰埃及、曰印度、曰中国。比而观之,中国独寿。"的确如此。在人类文化史上,由于战争、自然灾害等种种原因,许多文化的断裂或被异化。如印度文化,由于雅利安人的入侵而"雅利安化";埃及文化,因亚历山大大帝的占领而"希腊化"、凯撒大帝的占领而"罗马化"、阿拉伯人的移入而"伊斯兰化";希腊、罗马文化,则因日耳曼人的入侵而中断并沉睡了千年之久……今天,对这些曾鼎盛一时的文化,不得不在其前面冠以"古"字,言外之意,它们已经失去了昔日的辉煌和生命活力。唯有中华文化历经磨难而绵延不绝,直到今天依然蓬勃着无限生机。中国文化何以会如此"长寿"? 我们作这样两点分析:

其一,长期的宗法制社会,尤其是"家国同构"的政治模式拉近了人与人之间的关系,也拉近了个人利益与国家利益之间的关系,一旦出现危难、特别是遇到外族入侵时(如春秋以前的"南夷与北狄交侵",十六国时期的"五胡乱华",宋、元时期的契丹、女真、蒙古人的南侵,明末的满族入关),国人就会同仇敌忾,奋力反击。

其二,中华文化自身是多元的、复杂的,在其形成过程中产生了一种较强的"免疫力",不是它被外来文化所异化,而往往是它同化了外来文化。

2."一统"与"多元"的统一

中国是一个多民族的国家,每一个民族都有自己的文化,加之不同地域、不同流派的文化,这便形成了中国传统文化多元化的局面。打一个不太恰当的比喻:中国就像一张很大的网,上面织满了横横竖竖的网线,这就是文化。这些网线不是随意编织、杂乱无章的,它们被一条"纲"穿插着、牵领着,从而形成"多元"与"一元"的统一,而这条纲就是儒家文化。这种局面,大约在西汉以后基本形成。由于汉武帝听取了董仲舒"罢黜百家,独尊儒术"的建议,儒家文化便堂而皇之地成了"官方文化",由先秦形成的那种"百家争鸣"的局面就变成了儒家文化一统天下的格局。用发展的眼光看,多元变一元无疑是一种倒退,但从客观上讲,这对提高儒学的地位,尤其是对统治者巩固政权、稳定局势起到了积极作用。

另外,"独尊儒术"虽然压抑、排挤甚至打击了其他文化,但事实上其他文化却不可能被真正地"罢黜"。就像当年秦始皇"焚书坑儒",那只是他的一厢情愿,书既焚不完,儒也坑不尽。其结果,反而激发了它们的潜滋暗长。纵观中国的传统文化,它并没有因为一个君王的封杀、打压而丧失多元性,其发展与演变过程证明了它是"多元"与"一统"的统一。

3. "包容"与"互补"的统一

中国传统文化从一开始就表现出很强的包容性和会通精神。它从不故步自封,更不抱残守缺,而是遵循着"万物并育而不相害,道并行而不相悖"的原则,坚持兼收并蓄、有容乃大。这一点,在春秋战国时期表现得最突出,所以才有了百家争鸣、百花齐放的生动局面,也才有了留名青史的"诸子百家"。比如,作为中国传统文化大宗的儒、释、道三家就相互渗透、相互吸收、长期并存。"在中国古代,儒、释(佛)、道三者的神可以并祀于一堂,在《西游记》、《红楼梦》等古典小说中更是可以见到三者合一的许多具体描写。唐太宗在《大秦景教碑》序文里,甚至表达了任何宗教都可以融合在一起的理想。事实上,古代中国除了儒、道、佛三家并存外,甚至还可以宽厚地心态接受基督教、伊斯兰教等其他宗教。"[18]当然,最能说明这一点的还是中国本土文化对释家(佛教)文化的态度。佛教文化是地地道道的"舶来品"。它由释迦牟尼创建于公元前6世纪至前5世纪,大约在公元1世纪左右传入中国。开始,人们对它不了解、不认识,遭了一些冷落,但很快就被勤劳善良的中国人所接纳并广为传播,杜牧有诗曰"南朝四百八十寺,多少楼台烟雨中",就是极言这种佛教文化的兴盛情形。

建立在"包容性"基础上的"互补性",也是中国传统文化的一个重要特点,它是指各个文化流派间的相通互识、取长补短,如儒道互补、儒法互补、儒释互补等,为中国传统文化"多元"与"一统"格局的形成,奠定了重要基础。

4. "近人"与"远神"的统一

中国传统文化有很强的务实精神。这种务实精神表现在方方面面,最突出的一点就是重人生(今生)、讲入世,而对鬼神则敬而远之。诚然,中国有着漫长的、严密的宗法制度,历来视人伦关系为大节,所以,对敬宗祭祖极为重视,但这多是从"礼"的角度、从"血亲"的角度考虑问题,而对那些无稽之谈的神仙鬼怪却并不多么用心。孔子就明确表示"不语怪、力、乱、神"。这样,便导致三种情况:

(1) 始终保持政教分离。"历史学家劳榦说,世界上有若干民族是政教合一的,然而他们的政教合一是教来指导政,中华民族的政教合一,却是政来指导教。……秦、汉专制天下定型以后,任何宗教都不能不受专制帝王的影响,宗教人物往往在帝王之前争宠,从没有形成压倒性的宗教力量"。[19]所以,在中国历史上王权永远大于神权。

（2）始终没有形成宗教狂热。比如,"道教"与"道家学派",虽然有着某种联系,但在本质上是有区别的。从它们的来源分析:有资料称,道教大致来源于四个方面:一是自然界海市蜃楼所引发的对仙境的憧憬;二是从封禅演变而来的对鬼神的敬祀、神仙的崇拜;三是从长寿的愿望出发而追求得道成仙、长生不老;四是由传统巫医巫术转化而成的养生之道及各种方术。而道家文化则主要源自老聃和庄周的学说。说到儒家,在中国历史上始终没有以"儒"命名的教派。虽然有人说:"孔学(或儒学)半是宗教,半是哲学。"[20]但笔者理解,那只是"表述的需要"而已;至于释家,它本来就是一种宗教,一个不争的事实是它传入本土之后,其宗教色彩反而淡了,而文化色彩浓了。

（3）培养了中国人的务实品格和自信精神。中国人都生活在现实世界里,敢于正视困难、直面人生,当遇到挫折和危机的时候,一般都求助自己或朋友,而很少去求助鬼神。这与西方文化形成显明对比。

中国传统文化还有其他一些特点,如它的伦理性、务实性等,这里就不再一一展开。

五、国学与传统文化精神

国学是我们的先人留给子孙后代的一份宝贵遗产,是中华民族取之不尽、用之不竭的思想宝库,而其中最有价值的部分之一就是它所蕴含的传统的文化精神。笔者认为,学习、研究国学最现实的意义就是发掘并继承、发扬这些优秀的传统精神,让历史悠久的国学以崭新的形态出现在我们的现实生活中。

1. "人文"精神

所谓"人文"是相对于"天命"、"神权"而言的,换言之,人文精神的出现是对于天命和神权的一种挑战、一种否定,它表明了人类精神的一种觉醒。

中国的人文精神兴起比较早。有研究表明,早在炎黄时代就已经有了人文精神的萌芽,经过夏、商、周几代的培育和成长,到春秋时已有许多很深刻的理论。如《论语·述而》就明确提出:"子不语怪、力、乱、神。"孔子从来不屑于谈论,更不相信什么怪异、暴力、祸乱以及鬼神这些东西。相比之下,他更相信道德的力量,更注重人自身的奋斗,因此,他提出:"不怨天,不尤人,下学而上达,知我者其天乎!"[21]意思是说,不指望上天能赐给自己什么,所以"我不怨恨老天";也不指望别人会带给自己什么,所以"我也不怪罪他人";我一心扑在"下学而上达"这些实实在在的事情上;能了解我的,也就只有上天了。有人会问"知我者其天乎",讲的不是天命吗?就字面意思而言,似乎是在讲天命,而实际上是孔子的一种自我宽慰、自我解嘲——自己不相信天命,还要寄希望于天的理解。正因为孔子不相信,也不依赖上天,所以,他一生都在为自己的政治理想而奋斗,虽屡处困境——挨过饿,被人围攻过,甚至差一点被宋国的司马桓魋杀害,但却从未动摇过自己的意志和决心,他以一种:"知其不可为而为之"的献身精神,与上天抗争、与命运抗争。从这一意义上讲,孔子也是一位历史悲剧人物、一位伟大的殉道者。

孔子的这些思想在此后的《孟子》、《左传》等典籍中,得到进一发挥和深化。譬如:"夫民,神之主也,是以圣王先成民,而后致力于神。"[23]"古者六畜不相为用,小事不用大牲,而况敢用人乎?祭祀以为人也。民,神之主也。"[24]"国将兴,听于民;将亡,听于神。神、聪明正直而壹者也,依人而行。"[25]等等。很显然,反复强调"民为神之主"、坚持做事要"依人而行",是对"人性"、"人权"的肯定,它充分表明了人文精神的觉醒,也具体体现了中国文化的"理性早启"(梁漱溟的理论)。

中国传统文化中的人文精神,因为成就在儒家手里,所以,注重礼教便成为它的一个鲜明特色(本来,"人文"一词的主要含义就是指礼教文化)。其结果是,强调人的自身修养和人格的完美(并把"修身"与"齐家"、"治国"、"平天下"紧紧联系在一起);关注道德的力量,提倡"德治"(也就是"礼治");追求社会公平,主张人与人和睦相处;坚持礼仪形式,主张按社会规范办事等等。实践证明,这些优秀的人文传统,经过一代又一代的积淀和传承已深深根植于每个人的心中,成为推动社会前进源源不竭的精神动力。而其深层的意义,则"决定了中国文化的路向,使中国永远脱离了以恐惧和信仰为基本的宗教控制,哲学上也从无因人与上帝之间的困扰带来的种种问题"[25]。所以在中国历史上,"王权"永远大于"神权","神治"永远服从于"人治"。

2."和合"精神

"和合"一词有多重含义,主要指人与人之间的和睦同心,也指事情的协调、顺利等。《论语·学而》云:"礼之用,和为贵。先王之道,斯为美。"这是有子的话,当然也是孔子的意思。在这里,有子认真总结了前人安邦治国的经验——"先王之道",又在此基础上抽象出了"和为贵"的思想,并且他认为这一思想作为治国之道是最成功、最可贵的——"斯为美"。后来,孟子将这一思想作了更深层次的发挥,进一步提出:"天时不如地利,地利不如人和。"[26]从而,使"人和"超越了"天时",超越了"地利",成为一种至高无上的处世法则。实践也充分证明了这一点。中国是"世界四大文明古国"之一,有着几千年的历史,又是一个多民族的国家,我们之所以没有蹈其他文明古国的覆辙而始终长聚不散、生生不息,这与中华民族的和合精神是密不可分的。

中华民族是一个崇尚和合、追求和睦的民族。有了这种和合精神,从家庭到社会,大家才能你谦我让、大度宽容、和睦相处;遇到困难和挫折,便能同心同德、团结互助、百折不挠、荣辱与共,所谓"人心齐,泰山移"是也。如《列子·汤问》篇中"愚公移山"的故事,就很让人感动。故事虽然讲的是一家之事,然而,在我们这个"家国同构"的国度里,"家事"也就反映了"国事";另外,绝大多数人都乐观向上,处事心态平和,中庸和谐,而且满怀希望、憧憬未来,经常用"万事如意"、"心想事成"等这些美好语言相互祝福。这些,都从某一个侧面反映了我们这个民族的和合精神。

3. "自然"精神

道家以崇尚自然闻名,老庄注重"天道"——人与自然的关系,所以把自然摆到了至高无上的地位。那么,何为自然呢？自然就是事物的本原,是该事物之所以成为该事物(而不是他事物)的自身根据,是它内部的本质联系和未来的发展趋势,也就是哲学意义上的规律。老子讲:"人法地,地法天,天法道,道法自然。"[27]在老子看来,道是世间万物的母亲[28],而自然则是道的终极,是老庄追求的最高境界。所以,老庄号召人们要学会尊重自然、热爱自然,要自觉遵循自然规律办事。

实践证明,人类对于自然的征服欲和破坏性是与生俱来的,这种糟糕的本能借助日益发达的科学技术,给自然带来了史无前例的大灾祸,也越来越让人类自身感到可怕,"这就是现代人的艰难处境。现代人面临战争的恐惧,远超过原始人对天神的恐惧,再加上'自然的反攻'带来的生存威胁,人类在这双重的压力下,将逐渐丧失对自己的信心"。那么,如何走出这种危机呢？"值得尝试的途径之一,是重新了解中国古代哲人的智慧,人不是自然的主人,自然也不是人类的主宰,它们原是可以相亲相爱和平共处的,人有一份爱物惜物之情,也就是保护了人类自己。"[29]所以,道家主张人们要清静、无为。

与道家不同,儒家关注的是"人道"——人与社会的关系,所以,儒家建立起了与道家完全不同的自然观,其中最具代表性的是荀子的"制天用天"思想,即"把天神、天命转化为自然,凭藉人类心智之力,即可以加以制之用之……(乃)控制自然,征服环境,'人定胜天'之谓"。这种思想是在当时生产条件极端落后、生产力非常低下、各种物质产品又相当匮乏的情况下提出来的,其目的,无非是通过对自然的征服和利用,改善人类的生存环境,提高人类的生活质量,同时,也显示人类自身力量的强大以满足其与生俱来的征服欲。从历史进程来看,"它是人类智力和意志力不断提升的结果。……也代表着人与天神长期抗争的一大胜利。荀子已经认识到'宇宙自身是自动的永恒体系,那里的一切变动,完全依照自然法则',因此在他心目中,自然的唯一功用,就是为人类效劳,所以制天用天,是人类的职责"[30]。当然,荀子"制天用天"思想所带来的后果是不言而喻的。

笔者认为,对传统的自然精神的理解不应简单地拘泥于一个方面,而应该将道家与儒家的思想结合起来,这样可能更全面、科学一些。这就是所谓"儒道互补"。

4. "通变"精神

求新求变是人类社会始终不渝的追求,也是摆在世世代代人面前的一个永恒而又常新的大课题。曾几何时,那些起源很早并极度辉煌的古代文明被历史的长河湮灭了、销蚀了——雄伟的城堡化作丑陋的废墟,优美的文字(语言)变成不可解读的化石,灿烂的文化裂成苍凉的碎片……这一切的一切,原因何在? 就是因为它们停滞了,不再发展了。相比之下,中华文明却在一步步走向新的辉煌,这充分体现了"通变"精神所包含的高度智慧。

我们的祖先很早就已经认识到,不论自然界还是人类社会,永远是充满着变数的。如老子就发现了"飘风不终朝,骤雨不终日"的自然规律,并由此而联想到人类社会:"天地尚不能长久,而况人乎?"[31]庄子也持同样的观点,"物之生也,若聚若驰,无动而不变,无时而不移"[32];又说,"万物化作,萌区有状,盛衰之杀,变化之流也"[33]。儒家文化的代表人物孔子,更将自然规律推及人生,于是,便有了"子在川上曰:逝者如斯夫,不舍昼夜"[34]的感叹——孔子站在高高的河岸边,望着奔流不息的河水,情不自禁地慨叹道:"岁月就像这沂河之水一样,日夜不停地向前奔流。"在这里,与其说孔子是在对自然规律的赞美,不如说他是对自然规律的无奈。康有为在为此作注时,对孔子的无奈作了另一种解读:"天运而不已,水流而不息,物生而不穷,运乎昼夜未尝已也,往来过续无一息也。是以君子法之,自强不息。"[35]儒家文化的另一位集大成者荀子,则提出了"大化"思想,强调"阴阳大化,风雨博施"[36]。所谓"大化",就是指宇宙间万事万物的运动、发展与变化。这是我们的祖先对长期农耕实践的一种理性认识,是"通变"精神产生的重要基础。

中国人的这种"通变"精神,在被誉为"五经之首"的《易》中得到系统的表达。"易"字本身就包含着变化之义,"所谓一易而三名:简易、不易、变易,道出了易道变化的意义"[37]。《易》中的核心理论叫"穷则思变"——"穷则变,变则通,通则久"。自然法则告诉我们,不论是自然界还是人类社会,要生存、要发展就必须不断求变,变就是生生,即创造,即弃旧图新,所以《易》又讲:"富有之谓大业,日新之谓盛德,生生之谓易。"[38]由此看来,"通变"精神的意义是,呼唤人们的求新求变意识,永远保持一种创新精神,并不断致力于本民族自主创新能力的提高,从而为事业的发展注入源源不竭的动力。

5. "担当"精神

所谓"担当"精神就是勇于承受、敢于负责的意思。"担当"精神建立在儒家积极入世的哲学基础之上,强调"公利优先"的原则,在涉及江山社稷等重大问题上,尤其是在面临生死存亡的危难时刻,勇于挺身而出,不惜牺牲个体利益(包括生命)

以保全国家、民族的整体利益,它体现了一种强烈的社会责任意识和历史使命感,乃"人之大伦也"(孟子语)。如司马迁于《报任安书》中所言:"常思奋不顾身,而殉国家之急。"又如《三国志·魏书·杨埠传》云:"人谁不死？死国,忠义之大者。"

具有"担当"精神的人,必然是"国耳忘家,公耳忘私,利不苟就,害不苟去"[39]。意思是说,在处理公与私、家与国的关系上,要先公后私、先国后家,不会为了一己之私近利而远害。相传,"当帝尧之时,鸿水滔天,浩浩怀山襄陵,下民其忧",于是,尧便命鲧去治水,结果"九年而水不息,功用不成。……乃殛鲧于羽山以死"。继而,启用鲧的儿子禹"使续鲧之业"。禹领命后,怀着父亲被诛之伤痛,婚后第四天就赶至抗洪第一线,生了儿子启也顾不上抚养,"劳身焦思,居外十三年,过家门不敢入"[40],终于将洪水制服,使天下百姓安居乐业。这是一种多么了不起的奉献精神。再如,汉武帝时的少年将军霍去病,18岁即跟随卫青征伐匈奴,出生入死,战绩卓著,被封为冠军侯;20岁又被提升为骠骑将军,担任主将,统领万骑从陇西出击,开辟抗击匈奴的西线战场。他马不卸鞍,衣不解甲,为国忘私,深得将士们的崇敬。汉武帝为了褒奖他,特意为其"治第,令骠骑视之,对曰:'匈奴未灭,无以家为也！'"[41]这又是何等宽广的胸襟！

具有"担当"精神的人,必然是"忧天下国家者"(林逋语),为邦国大计不惜鞠躬尽瘁、死而后已。屈原就是这种"担当"精神的忠实实践者。他20多岁就担任了楚国的左徒,对内,他力排众议,坚持改革,刷新政治,"举贤而授能",并通过立法限制旧贵族过多、过大的权利,以图富国强兵;对外,他主张"合纵抗秦"、收复失地,并为此曾两次适齐做游说工作。用现在的眼光看,屈原既是一位伟大的改革家,也是一位伟大的爱国者,然而,他的这些努力却屡屡遭到以郑袖(楚怀王的宠妃)、子兰(怀王的小儿子)和靳尚(上官大夫,怀王最信任的宠臣)为代表的旧贵族势力的攻击与排斥。这些人目光短浅,妒贤嫉能,为了一己之私公开出卖楚国的利益。他们整天围在楚怀王身边进谗言,搞诬陷,加之秦国使臣张仪的政治欺骗,使得昏愦无能的楚怀王"怒而疏屈平",并于怀王二十五年(前304年)左右将其放逐。后来,怀王被囚于秦,顷襄王继位,子兰、靳尚等人又到顷襄王面前进谗言,使屈原再一次遭到放逐(时间大约在顷襄王十三年,即前286年)。即便如此,屈原仍然赤心不改,忧国忧民,诚如他在《离骚》中所表白的那样"亦余心之所善兮,虽九死其犹未悔！"。就在屈原62岁那年,秦兵攻破了楚国的京城郢都,他不忍心看到楚国落入强秦之手,便愤然投入汨罗江,用生命殉了他深爱的祖国与自己的政治理想和远大抱负。这就是范仲淹在《岳阳楼记》中所称道的:"居庙堂之高,则忧其民;处江湖之远,则忧其君。"

历史上,正是千千万万个大禹、霍去病、屈原用这种伟大的"担当"精神,撑起了我们民族的脊梁,缔造了我们千年不灭的魂魄。

6."民本"精神

"民本"精神是中国传统精神的一个重要组成部分,且发轫很早。研究证明,"民本思想在孔子以前即已流行,经儒家的发扬,终成为中国政治哲学的主流。以比较文化的观点,它也是中国政治思想的最大特色"[42]。

的确如此,在称为"上古之书"(主要收录上古典籍)的儒家经典《尚书》中,就处处可以看到民本精神的闪光。如《虞书·皋陶谟》中,皋陶和禹讨论安邦治国方略时就提出了"在知人,在安民"的思想。为什么要"安民"呢?因为"民安则惠,黎民怀之";在《周书·文侯之命》中,周平王向晋文侯提出了这样的要求:"柔远能迩,惠小民,无荒宁。简恤尔都,用成尔显德";而在《夏书·五子之歌》中,太康的五位弟弟则唱出了"民可近,不可下,民惟邦本,本固邦宁"的振聋发聩之声。春秋末期,孔子"仁者爱人"的政治主张可看做这一时期民本精神的集中体现;而嗣后的孟子,则将这一精神作了进一步升华和完善,响亮地提出了"民为贵,社稷次之,君为轻"[43]的重要思想,并由"性善"出发,到"仁政",再到"民本",形成了一套较为完整的理论体系,对后世产生了重大影响。

传统的民本精神,主要体现在"民惟邦本"、"民贵君轻"("士贵君轻")、"爱民仁民"、"利民富民"以及"顺民得民"等方面。它的积极意义在于:① **对历代统治者有警醒作用**。每一个清醒的统治者几乎都明白"水能载舟,亦能覆舟"的道理,水看上去似乎很柔弱,也很顺从,然而却蕴藏着极大的能量,一旦出了问题,它就会掀起滔天巨浪,让樯倾而楫摧,引来灭顶之灾。所以,"民之所欲,天必从之",天都要顺从民意,何况天的儿子呢?(帝王们喜欢将自己称为"天子",即天的儿子)② **在一定程度上缓解了统治者与被统治者之间的矛盾**。统治者看到民众力量的巨大,加之很多情况下"民意难违",因此,统治者会对老百姓作出某些让步,比如减轻徭役赋税,让民众得以休养生息,无形中就缓解了统治者与被统治者之间的矛盾,从而,使社会得以相对稳定;③ **在广大民众的心里植下了民主的种子**。诚然,传统的民本精神不等于现代民主,但是它毕竟蕴含着某些民主的因素,作为一种传统精神它深植于民众的心里,并时时刻刻催生着民主的萌发。

六、以科学的态度善待国学

袁行霈先生讲,"要开掘国学的当代意义,必须采取分析的态度、开放的态度、前瞻的态度。取其精华,去其糟粕,处理好中外文化交流关系,立足当前面向未来,建立具有当代形态和前瞻意义的新国学"[44]。也就是要求我们以科学的态度善待国学、善待我们的传统文化。那么,什么样的态度是科学的?什么样的态度又是不科学的呢?

1. "国粹主义"的态度

这是建立在民族优越感之上的所谓"民族中心主义"的典型体现。持此种观点者认为中国传统文化是"美玉无瑕",无可挑剔,就像当年鲁迅先生所批判的,"即使无名肿毒,倘若发生在中国人身上,也便'红肿之处,艳若桃花;溃烂之时,美如乳酪'。国粹所在,妙不可言"[45]。他们动辄文明古国,动辄四大发明,动辄万里长城,却不想一想,像火车、轮船、飞机、火箭还有电灯、电话、电影、电视以及手机、电脑等这些对现代文明产生重大影响的发明,有哪一件是出自中国人的原创?

另外,"国粹主义"似乎只记住了中国历史上的成功与荣耀,像鸦片战争带给国人的屈辱、八国联军践踏祖国大好河山的悲惨情景,特别是日本帝国主义对我国长达十多年的欺凌,他们早已忘到了九霄云外,或者当压根儿就不曾发生过似的。乍看上去,"国粹主义"正宗得很,也爱国得很,其实,不过是一种"消极的历史怀旧情绪"和无所作为的情绪在作祟。试问,如果心安理得地躺在祖宗的怀里,无休止地重复着历史美梦,怎能干成大事? 又如何站到巨人的肩上?

2. "历史虚无主义"的态度

这是建立在文化"全盘西化"或"欧洲中心论"基础上的一种文化观。持这种观点者,总是看西方的一切都好,好像月亮也是别人的圆,而对自己的历史、自己的传统文化则采取了一种虚无主义或取消主义的态度。其视野内无非是什么宦官政权、卖官鬻爵以及吸鸦片、缠小脚、卖淫嫖娼等"历史垃圾",却不愿意从正面看问题。

"历史虚无主义"的一个重要理由就是,中国封建社会的时间太长,有几千年的历史,而我们所讲的传统文化和国学又主要形成于这个时段,于是,就把中国传统文化说成是封建的、落后的、迷信的产物,无多少可取之处,甚至把近代中国的贫弱、落后乃至中国目前存在的一些困难,统统归咎于传统文化。这种不加分析的做法,无异于倒洗澡水连同婴儿一起倒掉。

3. "功利主义"的态度

不管是国学还是传统文化,都必须与我们的现实生活紧密联系起来,"绝不是翻一翻古代的文献典籍就可以弘扬得了的",那种把门关起来,钻进故纸堆里的做法显然是不可取的,也是无益的。然而,这里的关键是把握好一个度,"从搞各种学术研讨、编写著作,一直到'文化搭台,经济唱戏'的经济行为出现,我们都要从哲学的角度加以理性思考、分析"[46]。如果把国学当成了"标签"随意乱贴,或当成了"万金油"任意涂抹,那就从根本上背弃了国学、背离了文化,袁行霈先生就曾批评道:"有的时候,国学仿佛成了'万金油',什么问题都能解决。我认为,如果仅仅从国学中寻找对工商管理、金融、经济、公关等等有用的技巧和方法,那就太简单化了。"所以,他旗帜鲜明地提出:"国学拒绝功利主义!"[47]

4. "文化自觉"的态度

早在20世纪末,我国著名的社会学家费孝通先生就提出了**"文化自觉"**理论。他指出,"人文学科就是以认识文化传统及其演变为目的,也就是我们常说的'文化自觉'。在文化传统上说,世界没有一个民族有我们中华文化那样久长和丰富。我们中国人有责任用现代科学方法来完成我们'文化自觉'的使命,继往开来地努力创造现代的中华文化"[48]。他主张在处理与不同文化之间的关系时,要运用中国传统哲学中"和而不同"的观念对待之,以达到"各美其美,美人之美,美美与共,世界大同"[49]之目的,其要义在于既保持自己的文化传统,又汲取其他文化的优长,通过交流、融合,以实现共同发展,共同繁荣,其中首要的是把握好本土的民族文化的灵魂。"文化自觉"理论提醒我们注意三点:

(1)要以积极的态度应对世界范围内的文化挑战。诚如费老所言,"文化自觉是当今时代的要求,并不是哪一个的主观空想"。在这种情况下,一方面要保护好、发展好自己的文化;同时,又要积极"了解其他文化及其与自身文化的关系"。这样,在这场激烈的文化竞争中才能取得主动,保持不败。对国学亦应如此;

(2)要把握好"和而不同"的原则。这里所讲的"和",就是努力让自己本国、本民族的文化融入世界文化的大格局之中,否则,就可能被冷落,甚至被边缘化。然而,"融入"不等于"取消",在"融入"的过程中,必须保持自己本国、本民族文化的主流地位;要牢固树立起"文化安全"意识,对来自各方面的、形形色色的文化思潮保持高度警惕,坚决防范和抵制各种腐朽、落后文化观念的侵蚀,继承、发扬并保护好我们优秀的民族文化。唯如此,才算达到了"文化自觉"的目标;

(3)要有包容精神。对我们来说,就是要以中华文化的深厚底蕴和兼容并包的博大胸襟,接纳各种文化,并争取其"为我所用"——丰富中华文化,推动中华文化的不断发展。只有这样,我们才算真正肩负起了"文化自觉"的历史使命,在21世纪"跨文化的交流"中,发挥我们民族文化的优势,推动世界上不同文化之间的"美美与共"。

笔者认为,我们有充分的理由为生长在这样一个历史悠久、文化传统丰厚的国度里而感到自豪和骄傲,但又不要让这些东西成为我们的包袱。因为任何事物都有它的局限性和不足,传统文化也好、国学也好,概莫能外。那种崇洋媚外、数典忘祖、不尊重历史、不尊重传统的做法当然不足取;而将传统文化封闭起来,束之高阁,甚至敝帚自珍、拒绝批判的做法,同样也是错误的。

实质上,以什么样的态度看待我们的传统文化,也"就是怎样看待我们自己的问题,怎么认真地反思我们自己身上所固有的优点和缺点、长处和短处,怎么承担起我们现有的权力和责任,好好地生活,好好地探索,好好地创造"。因为,传统不等于过去,国学也不等于典籍,传统文化不能仅仅从过去的书本中找,研究国学也不能单纯地钻故纸堆,"更重要的是要在活的历史当中,在现实之中去理解,去把握"[50]。我们这样做了,也就算善待了自己的传统文化、善待了国学。

参考文献及注释

[1] 罗竹风:《中国汉语大词典》,第三卷,汉语大词典出版社,1989年,第646页

[2] 《国学讲习记》,载《国粹学报》,1906年第19期

[3] 覃光广等:《文化学辞典》,中央民族学院出版社,1988年,第487页

[4] 杜松柏:《国学治学方法·陈序》,中国人民大学出版社,2005年

[5][15][47] 袁行霈:《国学拒绝功利主义》

[6] S.亨廷顿:《文明的冲突与世界秩序的重构》,中文序言,新华出版社,1999年

[7] 引文同[6],分别见第92、130、353、354页

[8] 《青岛晚报》,2004-02-21

[9] 《老子》,66章

[10] 李建中:《中国文化概论》,武汉大学出版社,2005年,第3页

[11] 向仍旦:《中国古代文化史论》,北京大学出版社,1986年,第27页

[12] 周远清,季羡林:《中国大学人文启思录》,第2卷,华中科技大学出版社,1998年,第115页

[13] 引文同[12],第102、103页

[14][17] 周远清,季羡林:《中国大学人文启思录》,第4卷,华中科技大学出版社,1998年,第114页

[16] 于洪卫,王洪军:《中国传统思想·导言》,石油大学出版社,1992年

[18] 张应杭,蔡海榕:《中国传统文化概论》,上海人民出版社,2000年,第17页

[19] 韦政通:《中国的智慧》,吉林文史出版社,1988年,第163页

[20] 李泽厚:《论语今读》,安徽文艺出版社,1998年,第31页

[21] 《论语·宪问》

[22] 也有人认为,孔子"把天看做人的精神力量的外化形式,仍认为天是他的唯一理解者"。吴龙辉:《论语译注·前言》,广州出版社,1998年,第12页

[23] 《左传·桓公六年》

[24] 《左传·僖公十九年》

[25] 《左传·庄公三十二年》

[26] 引文同[19],第147页

[27] 《孟子·公孙丑下》

[28] 《老子》,25章

[29] 《老子》,42章:"道生一,一生二,二生三,三生万物。"

[30] 引文同[19],第12、13页

[31] 引文同[19],第162、12页

[32] 《老子》23章

[33]《庄子·秋水》
[34]《庄子·天道》
[35]《论语·子罕》
[36] 康有为:《论语注》
[37]《荀子·天论》
[38] 引文同[16],第 47 页
[39]《易·系辞下》
[40] 贾谊:《治安策》
[41]《史记》卷二"夏本纪"
[42]《史记》卷一百一十一"卫将军骠骑列传"
[43] 引文同[19],第 4 页
[44]《孟子·尽心下》
[45] 鲁迅:《热风·随感录》
[46] 引文同[12],第 101 页
[48] [49]《文化信息动态》,1998 第 7 期
[50] 引文同[12],第 100、101、103 页

第一章　炎黄文化：国学之源

　　大量考古资料证明,大约距今五六千年前(也就是新石器时代末期),我们的祖先集中居住在黄河与长江的沿岸,于是,便形成了两个明显的大"文化圈"——"黄河文化圈"与"长江文化圈":前者以黄河上游的马家窑文化和齐家文化,中游的仰韶文化、河南龙山文化和陕西龙山文化,下游的大汶口文化等为代表;后者以长江中游的大溪文化、屈家岭文化和青龙泉文化,下游的崧泽文化和良渚文化等为代表。中华民族的人文精神就发端于这一时代,当然也是我们国学"有史可查"的源头。这一时期最具代表性的人物便是炎帝和黄帝,正是从这一意义上,我们尊炎、黄二帝为中华民族的人文始祖。

一、炎黄生活的时代

　　炎、黄时代是中华民族历史发展的一个重大转折(或称一个重要分界线),标志着这一重大转折的,首先是生产方式的改变,由于原始农业的发展,先民们由过去以游牧和狩猎为主变为以农业和畜牧业为主;其次是生活方式的改变,随着生产方式的改变,生活资料有了比较可靠的来源,先民们从此开始了定居生活;再者是生产手段的改变,即在生产过程中,广泛使用了磨制石器,因而使生产力水平有了较大提高;另外还发明了制陶业和纺织业。这一切,昭示着"农耕文明"的出现和人文精神的开端。"农耕文明"是人类历史上出现的第一个真正的文明。我们可以在许多国学文献中找到有关"农耕文明"的记载和描述:

　　(1)《庄子·盗跖》:"古者禽兽多而人民少,于是民皆巢居以避之。昼拾橡栗,暮栖木上,故命之曰'有巢氏之民'。古者民不知衣服,夏多集薪,冬则炀之。故命之曰'知生之民'。神农之世,卧则居居,起则于于。民知其母,不知其父,与麋鹿共处。耕而食,织而衣,无有相害之心,此至德之隆也。"

　　(2)《庄子·胠箧》:"昔者容成氏、大庭氏、伯皇氏、中央氏、栗陆氏、骊畜氏、轩辕氏、尊卢氏、祝融氏、伏戏氏、神农氏,当是时也,民结绳而用之,甘其食,美其服,乐其俗,安其居。邻国相望,鸡狗之声相闻,民至老死而不相往来。"

　　(3)《礼记·礼运》:"大道之行也,天下为公,选贤与能,讲信修睦。故人不独亲其亲,不独子其子,使老有所终,壮有所用,幼有所长,矜、寡、孤、独、废、疾者皆有所养。男有分,女有归。货,恶其弃于地也,不必藏于己。力,恶其不出于身也,不必为己。是故谋闭而不兴,盗窃乱贼而不作。故外户而不闭,是为大同。"

从这些国学典籍的描述中,我们可以作如下几点分析。

(一) 当时的社会形态

当时的社会形态处于母系社会的后期和父系社会的前期,尽管有些地方还存在着"民知其母,不知其父"(典型的母系社会特征)的现象,但由"氏族"联合而成为"部落"已是社会的主流。这里需要特别指出的是:"部落"与"氏族"是两种完全不同的社会组织形式。简单说,"氏族"是基于单一的血缘关系而组成的一种"亲族组织",产生于旧石器晚期,实行"母权制",至新石器时代晚期逐渐过渡为"父权制";而"部落"是由同一血缘的两个以上的"氏族"、"胞族"联合而形成的一种管理层次更多,结构也更加复杂的社会组织,是"国"的前身,到原始社会后期"部落"一般都称"国",这标志着"这个社会组织已经有较大的、比较稳定的疆'域'"[1]。

(二) 主要生产形式

炎、黄时代的主要生产形式是农业和畜牧业。从庄子的描述中我们了解到,炎、黄之前社会还处在一个蛮荒的氏族时代,"禽兽多而人民少",人们为了躲避野兽的侵害,居住在高高的树上;因为没有固定的生产项目和生活资料来源,只好以捡拾"橡栗"充饥;而且"民不知衣服",夏天睡在柴草上,冬天则围在火堆旁。而到了炎、黄时代,人们可以安静地睡觉,自由地行动(即"卧则居居,起则于于"),而且生产相对稳定("耕而食,织而衣")。这说明中华大地上已经出现"农耕文明"。

(三) 社会文明程度

用孔子的目光看,炎、黄时代是个充满着大公无私、公平正义、诚实友好、平安和谐的社会,人们在这里各得其所,生活得无忧无虑。这充分反映了中国社会早期出现的高度文明。诚然,当时的物质条件还非常差,人们过着"结绳而用之"的艰苦生活,但人们的精神世界却比较充实,因此都能"甘其食,美其服,乐其俗,安其居",而没有什么过高的奢望,习惯了过那种"鸡犬之声相闻,民至老死而不相往来"的简单而纯朴的生活,且"(民)无有相害之心,此至德之隆也"。这正是庄子心中所憧憬的"理想国"。

总之,不论是庄子笔下那种闲适的、小国寡民式的生活方式,还是孔子笔下那种充满理想色彩的"大同"天下,所体现的都是我国早期的社会文明(具体说是"农耕文明")。而发生在炎、黄时代的这种社会文明,是中国历史发展的必然,也是包括炎、黄二帝在内的每一位社会成员努力实践的结果。

二、炎黄对中华文明的主要贡献

炎帝和黄帝作为中华民族的人文始祖,他们对当时的社会、对华夏子孙都做了哪些主要贡献?

(一)炎帝的主要贡献

炎帝的主要贡献集中在三个大的方面。

1. 发展了原始农业

"民以食为天"是中国人根深蒂固的传统观念。炎、黄时代,随着部落社会的发展,人口也迅速增加,吃饭成为当务之急。为了解决这一问题,炎帝发展了原始农业。

据《易·系辞下》载:"包牺氏没,神农氏作,斫木为耜,揉木为耒,耒耨之利,以教天下,盖取诸益。"耜、耒的发明和应用,大大提高了当时的社会生产力。炎帝还发明了谷物种植技术,并培植出了最早的良种,古人称之为"嘉禾"。《管子·轻重戊》称:"神农作,树五谷淇山之阳,九州之民乃知谷食,而天下化之。"《礼·含文嘉》也讲:"神农修德作耒耜,地应之以醴泉;神农就田作耨,天应之以嘉禾。"

2. 发明了医药

远古时代生活条件差,人们经常喝一些不干净的水或吃进有毒的食物,加之天灾和瘟疫的流行,各种各样的疾病威胁着人们的生命。为了给大家治病救命,炎帝发明了医药,并冒着生命危险遍尝百草。

《淮南子·修务训》云:"古者,民茹草饮水,采树木之实,食蠃(即螺)蚌(此指蚌蛤)之肉,时多疾病、毒伤之害。于是神农乃……尝百草之滋味,水泉之甘苦,令民知所辟就。当此之时,一日而遇七十毒。"《通鉴》也讲:"炎帝始味草木之滋,察寒温平热之性,辨君臣佐使之义,尝一日遇七十毒。遂作云书,以疗民疾,而医道立矣。"

3. 设市立廛(堆放货物的场所)

炎帝创立了"日市",又修建了存放货物的"廛",人们就可以定期进行产品交换,以互通有无,从而促进了经济社会的发展。《易·系辞下》云:"神农氏作……日中为市,致天下之民,聚天下之货,交易而退,各得其所。"《物原·政原》亦云:"神农始以日中为始而立廛。"

另外,炎帝还发明了制陶、绩麻、制乐等,对人类文明的贡献可谓大矣。

(二) 黄帝的主要贡献

黄帝的贡献也主要表现为三个大的方面。

1. "战蚩尤,败炎帝,四方征战,一统中华大地,肇建中央集权的国家制度"[2]

此举,为以后大一统中国的建立奠定了基础,可谓功高盖世,无人比肩。在此基础上,他又设立了"七辅"、"六相"、"三公"、"四史"、"百官"以治理天下,并坚持对民众实施文明教化,开启了中华文明的历史,同时也确立了他作为中华民族人文始祖的崇高地位。

2. 坚持"以道立法,以法治国"

有学者认为,"轩辕黄帝是中国历史上第一位伟大的哲学家、思想家、政治家、军事家。他从自己的亲身实践中深刻认识到:'道高比于天,道明比于日,道安比于山。故言之者见为智,学之者见为贤,守之者见为信,乐之者见为仁,行之者见为圣人。故唯道不可窃也,不可以虚为也。'中国哲学是天道、地道、人道、时变的一体观,故治国讲天道、重人道,富民不忘地道,施政者以人民为根本,为出发点"[3]。黄帝正是从这一哲学观出发,制定了法律、礼仪等典章制度,使得"大道之行也,天下为公,选贤与能,讲信修睦"(引文见前)。所以,整个五帝时代自黄帝至禹,历经七代,中间除帝喾一人将帝位传给了自己的儿子帝挚外,其他人都按照"选贤任能"的原则将帝位禅让给了贤能者。

3. 开精神文明建设之先河

黄帝令仓颉整理、增创文字,用于述史记事;令胡曹发明了衣裳,以抵御寒暑;令羲、和等进行日、月、星辰的观察,开展天文学研究;使大挠、容成造甲子,定历法,以利于顺时而树;让伶伦等铸钟,制定音律,用于乐器合奏,陶冶人之性情;请岐伯、雷公等研究医药,创建中医学理论,用于防病、治病;他自己还发明了冠冕;其正妃嫘祖则是养蚕的发明者……

可以说,黄帝的贡献遍及社会生活的方方面面,从物质文明到精神文明、到制度文明,都留下了黄帝的辛劳与智慧。

三、炎黄的身世之谜

炎帝和黄帝生活在遥远的、传说中的"三皇五帝"时代,距今年代久远,几乎没有什么文字记载。我们现在能看到的所谓史料,大都是前人根据有关传说记载下来的,有些甚至是经过他们的推想而"加工"出来的,这就难免错讹百出,漏洞多多。

特别是西汉末年以来,文人们所做的工作无非是辑录、注释、转引和进一步地推想,他们造出的"史料"汗牛充栋,而真实性却越来越小。这样便形成了许多历史之"谜",炎、黄二帝的身世就是一个大谜。这里,我们有选择地作一些介绍。

(一) 炎黄也许是亲兄弟

(1)《国语·晋语》:"昔少典娶于有蟜氏,生黄帝、炎帝。黄帝以姬水成,炎帝以姜水成。成而异德,故黄帝为姬,炎帝为姜……"

(2)《孔子集语·主德》:"黄帝,少典之子也,曰轩辕。生而神灵,幼而慧齐,长而敦敏,成而聪明。"

(3)《新书·益壤》:"黄帝者,炎帝之兄也。"《新书·制不定》:"炎帝者,黄帝同父母弟也。"

(4)《帝王世纪》:"黄帝有熊氏,少典之子,姬姓也。母曰附宝……生黄帝于寿丘,长于姬水,因以为姓。"又:"神农氏,姜姓也。母曰任姒,有蟜氏之女,名女登,为少典正妃。游于华阳,有神龙首感女登于常阳,生炎帝,人身牛首。长于姜水,因以氏焉。"

(5)《氏本·姓氏》:"炎帝姜姓。"

由此,我们知道,黄帝和炎帝是一对亲兄弟,黄帝为兄,炎帝为弟。他们的生身父亲是少典,母亲是有蟜氏(还可以理解为:少典部落的首领娶了有蟜部落的女子,生下了炎、黄二帝)。但有一个问题必须弄清楚:既然是一奶同胞,为什么哥哥姓姬,而弟弟姓姜呢?一种解释是,黄帝在姬水长大(即"黄帝以姬水成"),而炎帝在姜水长大(即"炎帝以姜水成"),他们以地名为姓,故黄帝为姬姓,炎帝为姜姓;再一种解释是,黄帝、炎帝的不同姓,与河水无关,"历史上亦根本没有过'姬水'和'姜水'。……而是从生母之姓而得。母姓则来自母之原出氏族之名"[4]。炎帝的母亲叫女登(即"有蟜氏之女,名女登,为少典正妃。……生炎帝"),黄帝的母亲叫附宝(即"黄帝有熊氏,少典之子,姬姓也。母曰附宝"),这样,炎、黄二帝就变成了同父异母的兄弟。

(二) 炎黄不是一辈人

(1)《汉书·古今人表》:"炎帝妃,生黄帝。"

(2)《帝王世纪》:"……炎帝母家有蟜氏之女,世与少典氏婚,故《国语》兼称焉。及神农氏之末,少典氏又取附宝。……生黄帝于寿丘,长于姬水,因以为姓。"

这些资料告诉我们,炎、黄二帝有血缘关系,要么很近(即"炎帝妃,生黄帝");要么是远亲(即"神农氏之末,少典氏又取附宝"),但不是一辈人。

(三) 炎黄根本就是风马牛不相及的两个人

(1)《史记索隐·三皇本纪》:"神农纳奔水氏之女曰听訞为妃,生帝魁,魁生帝承,承生帝明,明生帝直,直生帝釐,釐生帝哀,哀生帝克,克生帝榆罔。凡八代五百三十年而轩辕氏兴焉。"

(2)《姓氏寻源·公孙氏》"路史":"神农之同母弟勖,其嗣少典国君,世为诸侯,后以公孙为姓。九传至启昆,北迁于熊,妻附宝产子于轩辕之丘,号曰轩辕,名伯荼,姓公孙。"

这里,一说从神农氏至轩辕氏,相隔"凡八代五百三十年";一说神农氏的同母弟弟勖传了轩辕氏,且有十代之远(勖"九传至启昆,北迁于熊,妻附宝产子于轩辕,号曰轩辕")。试想,两个相差有十代远、几百年的人,不就是风马牛不相及吗?

四、中华文明史上最早的两次大战役及其历史意义

炎、黄二人是兄弟也好、父子也好,远亲也好,有一点是肯定的:他们都是那个时代的主角,都处在社会舞台的中央,围绕他们所发生的一些事情就成为有着重大影响的"历史事件"。几千年来,数不清的文人墨客都力图从自己的视角、用自己的观点把这些事情说清楚,成为权威的"一家之言",而实际上几乎无法做到。这里,我们只介绍炎黄时期的两次大战役及其意义历史。

(一) 涿鹿之战

这是中华文明发展史上第一个最著名的大战役。战役的三个指挥官分别是黄帝、炎帝和蚩尤。

当是时,黄帝和炎帝共同治理着北部中原最强大的部落方国——有熊,黄帝担任军事首领(帝),炎帝担任行政首领(后)。为了开疆扩域,增强国力,二人商量分治南北:黄帝驻守在涿鹿或有熊[5];而炎帝则带领一部人马去了太昊[6],在那里筑城屯兵,以图大业。所以,贾谊在《新书·制不定》中称:"炎帝者,黄帝同父母弟也,各有天下之半。"

而这一时期,"少昊"(大约在山东半岛地区)也有一个部落方国在悄悄兴起,即所谓九黎(也有研究者认为,应该是"九夷"),它的首领叫蚩尤。对于蚩尤的传说非常多:一说他是"九黎之君"[7];一说他是古天子[8];一说他是炎帝的属臣[9];一说他是黄帝的属臣(《管子·五行》《越绝书·计倪内经》等);一说他是古庶人[10]。更传蚩尤有"兄弟八十一人,并兽身人语,铜头铁额,食沙石子,造立兵仗刀戟大弩,威振天下"[11],或说他有兄弟七十二,"人身牛蹄,四目六手……耳鬓如剑戟,头有角"[12]云云。但有一点是肯定的,即蚩尤时期九黎部落的社会生产力有了很大发展,而且发明了冶铜。蚩尤就用铜制成"五兵:戈、矛、戟、酋矛、夷矛"[13],用两年时

间分别兼并了 9 个和 12 个诸侯,这就是《管子·地数》中所讲的:"葛卢之山发而出水,金从之,蚩尤受而制之,以为剑铠矛戟,是岁相兼者诸侯九;雍狐之山发而出水,金从之,蚩尤受而制之,以为雍狐之戟、芮戈,是岁相兼者诸侯十二,故天下之君,顿戟一怒,伏尸满野,此见戈之本也。"不仅如此,他还积极扩军备战以"伐黄帝"[14]。这样一来,在九黎与有熊两个部落方国之间一场不可避免的大战役便打响了。

涿鹿之战分为两个阶段:第一阶段,先由炎帝率兵北上,进入今山东境内(大约在曲阜一带),筑造城邑,取名"空桑",以备交战。然而,战事一开,炎帝根本不是蚩尤的对手,只好向黄帝求援,并率部朝涿鹿方向节节败退。于是,战役转入了第二阶段,即由黄帝指挥部队迎战蚩尤,这就是著名的"涿鹿之战"。对于这场战役,有关记述很多,但最精彩的当属《山海经·大荒北经》:"蚩尤作兵伐黄帝,黄帝使应龙攻之冀州之野。应龙畜水。蚩尤请风伯雨师,纵大风雨。黄帝乃下天女曰魃,雨止,遂杀蚩尤。"可见仗打得很激烈,也很艰苦,水攻、火攻等各种战法都用上了。至于蚩尤是被杀还是被俘,也有多种版本,但不论怎样,蚩尤的"战神"形象却是不死的。据《太平御览》卷七十九引《龙鱼河图》云:"蚩尤殁后,天下复扰乱不宁。黄帝遂画蚩尤形像以威天下。"而在东夷地区广为流传的一种说法则是:黄帝制服蚩尤后,令其主兵,以治八方,殁后是为战神。

有研究者指出,"蚩尤与炎黄二帝的涿鹿之战,是那个英雄时代发生的东西民族战争——民族融合的重大事件。东夷文化与炎黄华夏文化的这次接触,是东夷部落进入中原,并尊炎黄二帝为华夏共同祖先的开始,也是中国各民族融合的开始。齐建国后,太公吕尚以蚩尤为兵神,作为八神将之一,则是炎黄部族对东夷部落的认同,是炎黄华夏文化对东夷文化的认同"云云[15]。

(二) 阪泉之战

所谓阪泉之战是发生在炎帝与黄帝之间的一场战争。对于这场战争发生的时间历来有争议:一说发生在涿鹿之战前,"蚩尤与黄帝战争(即涿鹿之战),盖黄、炎战争(即阪泉之战)之继续。炎帝兵败,乃有炎帝之裔蚩尤起而为炎帝复仇。后虽尚有夸父、刑天、共工(均炎帝裔或炎帝臣)等继起奋争,特不过为其余波耳。黄帝之战蚩尤,乃几竭其全力"[16]。战争的具体地点当在"轩辕之丘至阪泉之间 6 华里的阪水河谷"[17];而另一说,阪泉之战发生在涿鹿之战后。

对于这场战争,许多国学典籍中作了描述。

(1)《孔子集语·主德》:"轩辕……教熊、罴、貔、豹、虎,以与炎帝战于阪泉之野,三战然后得其志。"

(2)《列子·黄帝》:"黄帝与炎帝战于阪泉之野,帅熊、罴、狼、豹、貙、虎为前驱,鹛、鹖、鹰、鸢为旗帜。"

(3)《新书·益壤》:"黄帝者,炎帝之兄也。炎帝无道,黄帝伐之涿鹿之野。"

(这里把"涿鹿"与"阪泉"搞混了——引者注)

有研究者认为,导致这场战争的直接原因是:"在涿鹿决战之前,黄帝为使骄兵之计,做好战场摆布,故意按兵不动,未及时出兵救援被蚩尤追杀的炎帝,炎帝对此或心有所怨。"[18]这作为"一家之言"无可厚非,但笔者认为,阪泉之战最根本的、深层次的原因恐怕还是"权位之争"。

战争的基本过程是,当黄帝出兵迎战蚩尤时,炎帝已败退到阪泉,部队的实力并没有多大消耗。后来,等黄帝战败了蚩尤在疲惫不堪、喘息未定之际,炎帝乘机向黄帝发难,战争随即爆发。这场战争的意义在于,"阪泉之战,是部落方国时期双头领导体制向文明时代一元领导体制的一个转换。部落方国帝、后双头领导中,其掌握军事领导大权的'帝',取代了行政领袖'后',成为文明国家制度下的第一代君主,是历史发展的一种必然"[19]。

五、我们为什么要重视和研究炎黄文化

早在1990年,杨向奎先生就谈到,"我们的历史从黄帝炎帝开始,这是一个好的开端,因为黄帝一系是汉族远祖,而炎帝一系是以少数民族为主体的远祖。在长久的历史发展中,炎黄两系融合,而变为以黄帝一系为大宗的体系。中国古代王朝中的夏周都是黄帝体系,我们的传统文化,自先秦以来已经是'郁郁乎我从周',而炎帝一系,默默无闻。我们是炎黄子孙,但炎帝的踪迹,炎帝一系的文采风流,却无处可寻,几为黄帝一系所掩,这个问题,我们应当进行探讨……"经他研究证实,"申和吕都是先楚而称王的国家,楚以熊为姓,熊实是炎帝系统的图腾……后来炎黄两系合流为一,黄帝一系遂亦有熊的崇拜,而玄鼋(轩辕)黄帝亦号有熊氏。其实黄帝一系本以龙蛇为图腾,故号'轩辕'(玄鼋),这是炎黄两系融合的结果,于是在《楚辞·天问》中亦有'焉有虬龙,负熊以游'的问话,虬龙即是玄鼋,玄鼋而负熊游,乃炎黄合流的象征,这是我们的《天对》"[20]。

费孝通先生在"炎帝文化与二十一世纪中国社会发展"学术研讨会上(此次会议于2001年11月8日在北京召开)也讲到,炎黄文化对中华文明的形成和发展产生了深刻而长远的影响,早在《逸周书》、《国语》、《周易·系辞》等先秦文献中就有记载。后来,从浙江余姚河姆渡、湖南长沙南托、澧县澎头山和城头山等新石器时代遗址发掘出近万年前大量的人工栽培水稻遗存和6500年前的古城遗迹,与古代文献相印证,说明长江流域和黄河流域都是中华文明的摇篮。几千年来,正是由于有了炎黄二帝为代表的远古文化作为源头和始基,中华文化才得以不断丰富、创新和发展。在这个意义上,炎黄文化可以说就是中华文化。

任继愈先生则指出,过去我们一提中华文明发祥地往往只讲黄河流域,现在经过考证看来是不全面的。对古代我们应当重新认识。以前,我们对文献资料看得

重,对考古资料看得轻,因而对长江流域研究不够。在三峡建设中发掘出的大量有关巴蜀文化资料以及从湖北荆门郭店出土的竹简等丰富遗产,使我们受益无穷。应当说,中华文明是以长江、黄河为基地而不断发展起来的,炎帝精神与黄帝精神同是中华民族的根本所系。

曹敬庄先生在《炎帝神农氏——长江文明的旗帜》中讲得更直接,在"很长一段时间里,抑或是史料的散失,抑或是史家的偏见,人们仅仅尊崇黄河文明为中华文明的唯一源头,而将长江文明冷落了。近些年来,由于许多专家学者对长江文明进行深入研究、探讨,大量研究成果令人们耳目为之一新,视听为之一致:长江文明与黄河文明同为中华文明的源头";而"炎帝神农氏(则)是长江文明的旗帜"[21]。

虽然有关炎帝的历史记载少而不详,且正史中没有为炎帝立纪或传,但我们仍可以从散见于经、史、子、集的有关资料了解到,炎帝一生大部分时间是在南方,他的功业也主要是在南方开创的。《帝王世纪》载,神农氏"有盛德,继无怀氏后,以火承木,住在南方,主夏,故谓之炎帝","在位一百二十年而崩,葬长沙"。宋代罗泌在《路史》中也讲,炎帝"都于陈,盖宇于沙,是为长沙。崩葬长沙茶乡之尾,是曰茶陵,所谓天子墓者"云云。

我们没有理由不重视这些学者、专家的研究成果,这里,最起码我们明白了三点。

(1) 炎帝和黄帝,从一开始就为我们这个多民族、大一统的国家奠定了良好的基础,诚如杨向奎先生所言,"黄帝一系是汉族远祖,而炎帝一系是少数民族为主体的远祖。在长久的历史发展中,炎黄两系融合,而变为以黄帝一系为大宗的体系"。其间,虽有一些争斗和摩擦,但历史发展的总趋势是走向融合、走向统一、走向团结的,因为只有融合、统一、团结,才能保证我们有足够的信心和力量去战胜艰难险阻,从成功走向新的成功,无论什么时候分裂就是倒退,就是逆历史潮流而动。

(2) 过去我们讲中华文明的发祥地"往往只讲黄河流域"。而随着新的资料(特别是考古资料)的不断发现,证明我们原来的论断是不全面的,"长江流域和黄河流域都是中华文明的摇篮","中华文明是以长江、黄河为基地而不断发展起来的"。我们悠久的历史、灿烂的文化,正是建立在以炎、黄二帝为代表的远古文化的"源头和始基"之上的,"炎帝精神与黄帝精神同是中华民族的根本所系"。

(3) 不论是黄帝还是炎帝,他们身上虽有一些神话的色彩,但追根究底他们都是"人"而不是"神",这就充分说明:中华文明是"以人为本位"的,是建立在"人的历史"基础之上的,而不是虚无缥缈的神话。这又与我们之前的一个命题联系了起来,即在中国"王权"永远大于"神权"。

总之,大量事实告诉我们,炎帝和黄帝是中华民族的共同始祖,中华文化的一些基本特征也是从炎黄时代开始显现的。炎黄是我们共同的根,我们共同是炎黄子孙。

参考文献及注释

[1] 曲辰,任昌华:《黄帝与中华文明》,中国华侨出版社,2004年,第155页

[2] 引文同[1],第20页

[3] 引文同[1],第11页

[4] 引文同[1],第198、199页

[5] 据《史记·五帝本纪》载,"黄帝邑涿鹿";《竹书纪年》载,"黄帝居有熊";《舆地志》载,"涿鹿本名彭城,黄帝初都,后迁有熊"。涿鹿在今河北涿州一带,有熊在今山西北部的桑干河沿岸

[6] "太昊"也写作"大昊",即有"大太阳"的地方,也就是涿鹿或有熊的南方,大约在今河南开封一带

[7] 《书·吕刑》陆德明释文、《吕氏春秋·荡兵》、《战国策·秦策》高诱注等

[8] 《山海经·大荒北经》、《史记·高祖本纪》裴骃集解引、《汉书》应劭注

[9] 《逸周书·尝麦》、《太平御览·兵部一》引《世本》宋衷注、《庄子·盗跖》陆德明释文等

[10] 《周礼·春官·肆师》、贾西彦疏引《五经音义》等

[11] 《太平御览》,卷七十九,引《龙鱼河图》

[12] 《述异记》

[13] 《世本》

[14] 《山海经·大荒北经》:"蚩尤作兵伐黄帝"

[15] 王阁森,唐致卿:《齐国史·导论》,山东人民出版社,1992年

[16] 袁珂:《中国神话传说词典》,上海辞书出版社,1985年,第339页

[17] 引文同[1],第263页

[18] [19]引文同[1],第263页

[20] 《齐国史·序》

[21] 曹敬庄:《炎帝的故事·代序》,湖南美术出版社,1996年

第二章 国学与哲学文化(一):儒家哲学

在我们的国学典籍中,很早就有"哲人"一词,如《墨子·尚贤中》云:"求圣君、哲人,以裨辅其身。"而"哲学"一词却出现得很晚,大概是1896年前后由黄遵宪、康有为等人将日本借用古汉语的译称"哲学"介绍而来的。不管是"哲人"还是"哲学"都有一个"哲"字,《说文解字》对"哲"字的释义是:"知也,从口折声。"《尔雅》则直接将其释作"智"。由此可知,"哲人"是智慧之人;"哲学"则是关于智慧的学问。

中国传统哲学是我们的祖先聪明与智慧的结晶,在长达几千年的岁月里,它对中国的经济发展、社会进步、文化繁荣,尤其是民族意识的形成始终产生着深刻的影响,直到今天,它仍是一个取之不尽、用之不竭的思想宝库。

这一章,我们重点讨论儒家哲学。

一、儒家学派的形成与基本发展脉络

在中国的传统文化中,儒家无疑是大宗,也是正统。西汉以降直至明清,对于中国人来讲,儒家文化几乎无处不在,从家庭到社会、从乡野到朝堂、从经济基础到上层建筑无不打着儒家文化的深深烙印。在漫漫的历史长河里,它虽然有过一些潮起潮落、沉沉浮浮,但对后世的影响并没有因此而减弱。儒家哲学作为儒文化的灵魂,直接影响着中国人的思想观念、生活方式、行为习惯等,直到今天。

(一)"儒"与"儒家"

何谓"儒"?何谓"儒家"?我们可以从某些国学文献中找到答案。

(1)许慎《说文解字》中释道:"儒,柔也,术士之称。从人,需声。"这告诉我们"儒"字最原始的含义是"柔";而"术士"则指掌握了一定技能的人。

(2)清人俞樾在《群经评议》卷十二中也称:"儒者其人有技术者也……古谓术士为儒,凡有一术可称,皆名之曰儒。"

(3)章太炎在其《原儒》(载《国故论衡》)一文中说:"儒在古文字里原来写作'需',而'需'是求雨的巫觋。"也就是我们今天指的"巫师",但女者为"巫",男者为"觋"。[1]

(4)1934年,胡适在《说儒》一文中提出了"儒是殷民族的教士"的观点,并对儒者作了这样的描述:"这些人都靠他们的礼教知识为衣食之端,他们都是殷民族的祖先的教士,行的是殷礼,穿的是殷衣冠。"他解释说:"儒是柔懦之人,不但指那逢衣博带的文绉绉的样子,还指亡国遗民忍辱负重的柔道人生观。"又说:"儒是一个古宗教的教师,治丧相礼之外,他们还要做其他宗教职务。"

综上所述,"儒"作为一个社会群体,早在殷商时代就已经存在了,他们大都掌握了祭祖、事神、治丧以及礼乐等方面的知识与技能。最初,这些人以从事宗教活动为主,但随着社会的发展,其工作的宗教色彩日益淡薄,而文化教育的内容大量增加。到春秋末期,他们开始创立自己独立的学派,是为儒家。

(二)儒家学派的形成

春秋末年,随着周王室的逐渐衰微,周朝的整个天下出现了"礼崩乐坏"的混乱局面,像遭到孔子强烈谴责的季氏"八佾舞于庭"[2]的事件,时有发生。然而,坏事也往往能引出好的结果。这种"礼崩乐坏"局面的出现,打破了周王朝对教育资源的垄断,随之,学术开始下移,有些地方出现了"私学"。于是,教育资源得以重新整合,由"学在官府"走向了"学在民间",使许多生活在社会下层的人有了接受教育的机会,从而改变了"士"的成分。这是中国教育史上一次具有根本性意义的转折。

据有关资料记载,孔子是中国教育史上开私人讲学之风的"第一人"。他在自己的家乡设立讲坛,公开招收弟子,并明确提出"有教无类"、"因材施教"等办学理念,通过民间渠道把大量的知识传播给众人,孔子也因此成为中国有史以来最受人们爱戴的教育家。与此同时,孔子又充分发挥自己的智慧与才能,删诗书,修六艺,整理了大批重要的古代典籍,并在此基础上创立了中国历史上最具影响力,也最有生命力的儒家学派。梁漱溟先生曾经说过:"中国有五千年的文化,孔子是接受了古代文化,又影响着他之后的中国文化的。这种影响,中国历史上的任何一个古人都不能与孔子相比。"[3]

但需要指出的是,孔子在世时,儒学并没有多高的地位,也未曾产生很大影响。他的政治主张不被人接受,他的许多行为不被人理解,在游说列国的路上常常是四处碰壁,饿过肚皮,也被人讥笑过、围攻过,有人甚至想要杀他。在当时,孔子被人骂做"知其不可为而为之"的异类,很长一段时间,"儒术既绌焉"[4]。

(三)儒家学派的发展

儒学的第一次振兴与发展应归功于孟、荀。"威、宣之际,孟子、荀卿之列咸遵夫子之业而润色之,以学显于当世。[5]"就是说,到了战国中后期,在孟轲、荀卿等人的积极努力下,儒学才有了真正的地位,即成为当时的"显学"。然而,由于孔门弟子对儒学的认识不一致,取舍标准不同,又各持己见,儒学内部便被分成了八个派系,世称"八儒"。

儒学的鼎盛始于西汉。汉武帝刘彻为了巩固自己的政权,非常需要一种权威的思想去统一和协调人们的思想,于是,他接受了董仲舒"罢黜百家,独尊儒术"的建议,儒家便由原来的"百家"之一摇身变为"经学",成为统治者的"正统学说";原来"百家争鸣"的局面,也由此变成了儒家的"一统天下"。

魏晋南北朝时期,玄学盛行,儒学也免不了被"玄学化"。加之道学的昌兴,佛学的入侵,儒学难以"洁身自好",渐渐失去了其"经学"的光彩,而被代之以"清议"、"清谈",诚如《后汉书·儒林传》所言:"章句渐疏,多以浮华相尚,儒者之风衰矣。"这种情形一直持续到唐代。

宋明时期,儒学的主要成就是理学(又称道学)。理学是儒学的脉延,但与此前的儒学又有较大区别。程颐曾说,"今之学者歧而为三:能文者为之文士,谈经者泥为讲师,惟知道者为儒也"。他所说的"谈经者"即古之儒士,"知道者"即宋代的道学[6]。理学发端于北宋的胡瑗、孙复、石介等,始创者是周敦颐、邵雍、张载、二程(即程颢、程颐)兄弟,南宋的朱熹是集大成者。理学先生把"理"作为宇宙的根本,将道、天、天命、心、气、性、物这些古代重要的哲学范畴用一个"理"字贯穿起来,强调"道之外无物","理外之事则无"[7]。"理学是宋代文化的突出代表,对宋、元、明、清文化产生了深远的影响,各个领域无不打上理学的烙印,成为中国封建社会后期占统治地位的思想。[8]"不可否认的是,在那场"存天理,灭人欲"的"理欲之辨"中,理学为之而蒙垢。

整个清代,由于满人掌权,加之清初大兴文字狱,后期又有西学的冲击,儒学一衰再衰。其间,虽也有"振兴儒学"的呼声起起伏伏,但历史发展的大趋势决定了儒学不可能再有更大的作为。

儒学在其发展过程中,遭受过三次大的打击:第一次是秦始皇的"焚书坑儒";第二次是"五四时期"的所谓"打倒孔家店";第三次则是文化大革命中的"批林批孔"运动。这三次打击都是致命的。然而,每一次它都顽强地挺了过来,足以显出它生命力的强大。而这种生命力与它的哲学精神是分不开的。

二、儒家政治哲学

什么是政治哲学?到目前为止,好像还没有人给过我们一个确切的定义。美国著名政治哲学家施特劳斯认为,"要做出正确的判断就必须了解真理的标准。如果政治哲学希望正确处理本学科的论题,就必须争取获得有关这些标准的真正知识。政治哲学就是要试图真正了解政治事务的性质以及正确的或完善的政治制度这两方面的知识"[9]。对政治哲学最简单的解释,就是关于政治问题的理论与智慧。它的主要任务是围绕政治目的、规律、价值取向等问题作出逻辑分析和价值判断,充分显示政治哲学的智慧性。

(一) 儒家政治哲学的基本特点

笔者认为,儒家哲学的价值主要体现在其政治哲学方面,而儒家的政治哲学与它"德治"与"仁政"的政治主张是一脉相承的。

孔子生活在春秋末年,那是一个礼崩乐坏、人心不古的年代。这与孔子的政治理想产生了极大的矛盾。孔子的政治理想是什么呢?即让整个社会恢复到西周的样子,他有一句政治口号叫"克己复礼",所"复"的就是"周礼"。在孔子心目中,文王、周公所治理的西周政治清明、社会稳定、道德状况良好,他曾赞扬道:"周之德,其可谓至德也已矣。"[10]孔子尤其喜欢周代的礼乐制度,他说:"周监于二代,郁郁乎文哉!吾从周。"[11]面对社会现实与政治理想的矛盾,孔子彰显了他的政治智慧——提出了"德治"与"仁政"的政治主张。他认为,一味地打压杀伐是治理不好国家的,必须坚持"教化",实行"仁政",他说:"道之以政,齐之以刑,民免而无耻;道之以德,齐之以礼,有耻且格。"[12]孔子尤其强调各级统治者的表率作用,他曾批评季康子道:"子为政,焉用杀?子欲善而民善矣。君子之德风,小人之德草。草上之风,必偃。"又说:"政者,正也。子帅以正,孰敢不正?"[13]

孟子则从另一个侧面阐述了"仁政"的重要性。《孟子·离娄上》中说:"桀、纣之失天下也,失其民也。失其民者,失其心也。得天下有道,得其民,斯得天下矣。得其民有道,得其心,斯得其民矣。得其心有道,所欲,与之聚之;所恶,勿施尔也。"又讲:"民之归仁也,犹水之就下、兽之走圹也。故为渊驱鱼者,獭也;为丛殴爵者,鹯也。为汤、武驱民者,桀与纣也。今天下之君,有好仁者,则诸侯皆为之驱矣。虽欲无王不可得已。"

从孔、孟的这些论述中我们不难看出,儒家的政治哲学有两个显著特点。

1. 它是积极"入世"的

儒家政治哲学建立在忧国忧民的基础之上,以关心社稷民生为能事,试图通过他们的政治智慧,化解社会矛盾,促进社会的安定与和谐。

2. 它有着较浓的理性色彩

从整体上看,儒家哲学基本上是形而下的,但其政治哲学却有着较浓的理性色彩。这充分体现在孔子身上。他明明知道当时的社会现状非常糟糕,甚至出现了"八佾舞于庭"那样严重的政治事件,却坚持把恢复"周礼"作为其政治目标,至少是一个假托的理想状态,这种现实与理想的尖锐矛盾,使儒家政治哲学无形中蒙上了一层浓浓的理性色彩。

(二)儒家政治哲学的几个重要范畴

构成儒家政治哲学的要素很多,我们着重介绍它的几个重要范畴。

1. 仁

"仁"是构建儒家文化的基石,也是儒家政治哲学最重要的范畴之一。据统计,在《论语》中"仁"字反复出现了 109 次之多,可见孔子对它是多么重视。

"仁"字的含义很多,其中最具代表性的意见就是将"仁"字解释为"爱"。子思在《中庸》中讲:"仁者人也,亲亲为大。"宋儒朱熹则说,仁乃"爱之理,心之德"。但这里的"爱"不只局限于亲情之爱,更不是情欲之爱,而是一种"大爱"——"为家者爱家之谓仁,为国者爱国之谓仁"[14]。孔子将这种"大爱"概括为四个字:"仁者爱人"。其目的是要建立一个平等仁爱的"理想国"——"天下归仁"。孟子继承并发展了孔子的这一思想。

在实践中,不论孔子还是孟子都强调要做"仁"的先行者,主张由己推人、由近及远、由内到外,所以孔子提出,"己欲立而立人,己欲达而达人"[15];反之,"己所不欲,勿施于人"[16]。孟子则要求,"老吾老,以及人之老;幼吾幼,以及人之幼"[17],强调"仁者爱人,有礼者敬人;爱人者人恒爱之,敬人者人恒敬之"[18]。随着时间的推移,这些思想不断得到发展和深化,如韩愈就提出了"博爱"精神,他在《原道》中讲,"博爱之谓仁"。再后来,孙中山又提出了"天下大同"的思想,等等。

我们认为,以上表述不论文字上有多大差异,但其基本精神是一脉相承的,那就是宽厚仁和,尊重人的价值,努力地去同情人、关心人、帮助人。"仁"是一种人道主义精神的体现,并由此升华出爱国主义情怀。

2. 礼

在儒家那里,"礼"和"仁"是一脉相承的。孔子提出:"克己复礼为仁。"[19]在我们看来,"礼"是儒家实现其政治主张的基本手段,也是其政治哲学的核心。

(1)就社会整体而言,儒家提出了"礼之用,和为贵"[20]的重要命题,强调以礼来"经国家,定社稷,序民人,利后嗣"[21],以达到"民不迁,农不移,工贾不变,士不滥,官不滔,大夫不收公利"[22]的目的,也就是说,通过"礼治"创造出一种宽松、和谐的社会环境,以达到安邦治国、稳定有序的目的。

(2)就个体而言,礼是仁人君子的安身立命之本。当年,孔子就曾对他的儿子鲤讲,"不学《诗》,无以言;……不学礼,无以立"[23]。意思是说,不认真研习《诗》(即《诗经》),就不会说话;不努力学习礼道,就无法立足于社会。因此,他要求他的弟子们要"博学于文,约之以礼"[24]。在孔子看来,学礼、知礼以及按照礼的要求规范行为、约束自己,是一个人立足社会、成就事业的基本前提。

(3)就道德层面而言,礼是最大众化的道德规范。孔子就要求人们"非礼勿视,非礼勿听,非礼勿言,非礼勿动"[25],做到一言一行都必须符合"礼"的要求。有学者认为,正是这种"礼"的观念,培养了中国人特有的道德感和自律意识,"礼是人人心中一道无形的墙,防闲着我们的行为,随时提示我们,人行到此,必须止步,否则便是越礼。……礼是最大众化的,它与民间的习俗,融合无间,是习俗的道德,也是最具约束力的社会规范"[26]。正是从这一意义上,笔者曾讲到:在中国人看来,有很多时候"礼＝理"。所谓"越礼"也就是"越理",即"悖理"、"无理"、"不合理"。那种"最大众化"的道德感告诉我们,不合理的事情是不能做的,否则就要受到众人的指责,就失去了"人缘",就会孤立自己,那是最可怕的。因为中国人的骨子里早已种下"理直"方能"气壮"、"有理走遍天下,无理寸步难行"的种子,这样,无形中便又培养了每个人的自律意识。因此,费孝通先生指出,"礼在社会控制方面,比法律,甚至比一般的道德,都更具效力"[27]。

其后的孟子则将礼与仁、义、智并列,形成了他的"四端"说。到了汉儒那里,又提出了所谓"五常",即仁、义、礼、智、信。这样,经过历史不断地发酵与提纯,"礼"就变成了中华民族的一种人文精粹,"尚礼"也就成为这一文明古国一以贯之的文化传统。

3. 和

"和"是儒家政治哲学一个重要命题(道家也讲和,但与儒家有质的不同)。据现有文字记载,最早将"和"作为哲学概念使用的应该是西周的太史伯。他在与郑桓公分析天下大势时讲过这样一段话:"夫和实生物,同则不继。是以他平他谓之和,故能丰长而物归之。若以同裨同,尽乃弃矣。故先王以土与金木水火杂,以成百物。是以和五味以调口,刚四支以卫体,和六律以聪耳,正七体以役心,平八素以成人,建九纪以立纯德,合十数以训百体。"又说:"声一无听,物一无文,味一无果,物一不讲。"[28]这是我们的祖先对上古初民长期农耕实践的经验总结,也是对自然规律的初步认识。在这里,太史伯一方面说,金木水火土相协调能生成万物,五种滋味相调和能调出好的口味,六种音律相配和能奏出动听的乐章……这就是所谓"和实生物";另一方面又说,一种声调组不成美妙动听的音乐,一种颜色构不成绚烂夺目的色彩,一种味道算不上是美味,一种物体无法对它作优劣的评判,这就是所谓"同则不继"。

很明显,儒家所说的"和"不是一个数学概念,即某种相同事物的简单相加,而是更多地关注了事物的差异性与多样性,强调"兼容对立的两端,在阴阳相生相合的发展变化中,获得平衡统一的和谐。《周易》中'一阴一阳之谓道','刚柔发散、变动相和'的观点,典型代表了这一思想"[29]。

与"和"密切相关的另一个概念是"中",二者既有相同之处,也有明显的差异。"'和'是把杂多与对立的事物有机地统一起来;而'中'则是指在'和'的基础上所采取的居中不偏、兼容两端的态度。儒家论中和,偏重于把其作为道德标准及行为方式的中庸哲学"[30]。

三、儒家人生哲学

笔者认为,儒家的人生哲学是其政治哲学的衍生,同样带有很浓重的政治色彩。我们从以下两个方面作简单分析。

(一) 儒家人生哲学的主要特点

儒家人生哲学充分体现在其"内圣外王"的政治信条中。所谓"内圣",是指主体心性修养方面的要求,以达到仁、圣境界为极限;所谓"外王",则是指社会政治教化方面的要求,以实现王道、仁政为目标。表现在其人生哲学中,即强调"道德"与"政治"的统一,政治只有以道德为指导,才会有正确的方向;道德只有落实到政治中去,其影响才会彰显出来。所以,不论是孔子还是孟子,都要求"政治家"首先成为"道德家",成为受民众爱戴的仁人君子,如孔子言:"为政以德,譬如北辰,居其所而众星共之。"[31]这就是所谓"内圣"。"内圣"的最终目的(或结果)是为了"外王",即齐家、治国、平天下,而实现"外王"的前提是"修身",《大学》开篇即讲:"古之欲明明德于天下者,先治其国;欲治其国者,先齐其家;欲齐其家者,先修其身;欲修其身者,先正其心;……心正而后身修,身修而后家齐,家齐而后国治,国治而后天下平。"由此可知,儒家人生哲学的最大特点是注重个体的自我修养——"修身"。

但需要指出的是,儒家只把修身作为手段而不是目的,目的是为了更好地"事父"、"事君",完成齐家、治国、平天下的大业。换句话说,儒家把"立己"、"达己"作为基础,而把"立人"、"达人"视做目的,为了更好地"治人"而"修己"。这便是儒家人生哲学中"内圣"、"外王"的辩证关系。

(二) 儒家人生哲学中最具人性化的闪光

什么是儒家人生哲学中最具人性化的闪光呢?笔者认为就是人们经常议论的"孔颜之乐"、"吾与点也"。

颜回是孔子最喜欢的学生,被列为"七十二贤"之首。他为人谦逊好学,对孔子无事不从、无言不悦,且从来"不迁怒,不贰过",最值得称道的是,在当时那样一个"礼崩乐坏"、道德不彰的社会形势下,颜回能牢牢守住自己的"精神家园",以"安贫乐道"为乐事,从不为功名利禄、声色犬马所诱惑。孔子曾称赞他:"饭蔬食饮水,曲肱而枕之,乐亦在其中矣"[32];又说:"一箪食,一瓢饮,在陋巷,人不堪其忧,回也不改其乐",因此孔子发自内心地赞扬他"贤哉,回也!"[33]

孔子为什么如此喜欢颜回?不仅仅因为上述这些原因,还有一些深层次的东西需要研究。长期以来,人们一直不肯放弃孔子"积极入世"、"克己复礼"这样的政治信条,其实孔子也是人,首先是"普通的人"然后才是"圣人"。孔子在政治上有着强烈的追求,却处处碰壁;在仕途上有着做官的欲望,却建树无多,不得已才做了学问。这一点司马迁看得很清楚,他在《史记》中称"孔子厄而作春秋"。假如"不厄"呢? 司马迁没讲,但我们可以去设想。明人李贽说得更直接:"有孔子之圣,苟无司寇之任,相事之摄,心不能一日安心于鲁也。"[34] 从这些分析中我们不难看到,所谓"孔颜之乐"实际上是作为"圣人"的孔子在政治上、仕途上失意后不得不回到"平民"的孔子,并从他的学生颜回身上找到的某种精神慰藉。言外之意,儒家的人生哲学并非一味"入世",也并非全是社会民生等邦国大事。这一点,据《论语·先进》中"吾与点也"的表述就看得更清楚了:

子路、曾皙、冉有、公西华侍坐。子曰:"以吾一日长乎尔,毋吾以也。居则曰:'不吾知也。'如或知尔,则何以哉?"

子路率尔而对曰:"千乘之国,摄乎大国之间,加之以师旅,因之以饥馑;由也为之,比及三年,可使有勇,且知方也。"夫子哂之。

"求,尔何如?"对曰:"方六七十,如五六十,求也为之,比及三年,可使足民。如其礼乐,以俟君子。"

"赤,尔何如?"对曰:"非曰能之,愿学焉。宗庙之事,如会同,端章甫,愿为小相焉。"

"点,尔何如?"鼓瑟希,铿尔,舍瑟而作,对曰:"异乎三子者之撰。"

子曰:"何伤乎? 亦各言其志也。"曰:"莫春者,春服既成,冠者五六人,童子六七人,浴乎沂,风乎舞雩,咏而归。"

夫子喟然叹曰:"吾与点也!"

我们把它简单译一下:有一天,子路、曾皙、冉有、公西华四人陪孔子闲坐。孔子说:"不要认为我比你们年纪大一点,就不敢在我面前随便说话,你们平时总在说:'没有人了解我呀!'如果有人了解你,那么你打算干什么呢?"

子路第一个回答说:"一个拥有千辆兵车的国家,夹在大国之间,时刻受到外国军队的侵扰,加上内部又遇到大饥荒,让我去治理,只要三年,就可以使国民勇敢善战,而且还懂得做人的道理。"孔子听了,微微一笑。

孔子又问:"冉求,你是怎么想的?"冉求回答:"一个纵横六七十里或者五六十里的小国家,让我去治理的话,三年以后,就可以使那里的老百姓富足起来。至于修明礼乐,那就只有等待仁人君子了。"

孔子又问:"公西赤,你怎么样?"公西赤答道:"我不敢说能够做到(什么),只是愿意学习。在宗庙祭祀或接待外宾时,我愿意穿着礼服,戴着礼帽,做一个小小的司仪。"

孔子再问:"曾点,你有什么打算呢?"正在弹瑟的曾点,逐渐把声音慢下来,并铿然一声停下,然后放下瑟直起身子回答道:"我和他们三位的想法不一样!"孔子说:"那有什么关系呢? 不过是各自谈谈志向罢了。"曾点说:"暮春时节,春装已经做好,约上五六个小伙子,再叫上六七个少年,到沂河里游游泳,在祭坛下吹吹风,然后一路唱着歌儿回家。"

孔子长叹一声说:"我赞同曾点的主张!"

……

笔者认为,这才是除去了政治包装后的"本我"的孔子。"吾与点也"既是孔子内心深处所向往的一种生活方式、审美追求,也是他的一种灵活处世法则,如前边所言,"儒家的人生哲学并非一味'入世',也并非全是社会民生等邦国大事"。可以为此作补充的是孔子在《论语·公冶长》中讲过的一段话:"子曰:道不行,乘桴浮于海。"意思是说,我的政治主张行不通了,就坐上木排到海里漂流。后来,孟子对此作了理性归纳,即"古之人,得志,泽加于民;不得志,修身见于世。穷则独善其身,达则兼善天下"[35]。李泽厚先生评论道:"这是孔子和儒家的道家(退隐)面。至苏东坡还有'小舟从此逝,江海寄余生'的著名词句。不过海上难居,多半退隐于山野、水边。后世诗文山水画中的渔樵与半角草堂中的儒生(读书人)当相映成趣。他们与大自然(山水)似乎就代表着、象征着永恒。它们就是中国人的本体符号。"[36]

四、先秦儒家哲学三位最具代表性的人物及其主要哲学观

儒家哲学在不同历史时期有不同的代表人物,"其大经大脉,实大成于孔孟"(引文见前),另外还有荀子。荀子是先秦最后一位儒学的大师级人物,他有许多观点与孔孟,尤其是与孟子相左,笔者认为这恰恰是对儒家文化的一个补充。接下来,我们重点对先秦的这三位儒学大师作一些介绍。

(一) 孔子

孔子(前551年~前479年),名丘,字仲尼,春秋末期鲁国陬邑(今山东曲阜)人。孔子本是殷商后裔,先祖孔父嘉为宋国宗室,后遭到宋国权臣杀害,其后人便逃到了鲁国。到孔子时,在鲁国已是第四代了,他的父亲叔梁纥"与颜氏女野合"[37]而生了他。孔子家境贫寒,父亲去世又早,他不得不过早地肩负起生活重担,所以,孔子自己讲:"吾少也贱,故多能鄙事。"[38]孔子讲的"鄙事"指什么?也许与"儒"、与"士"有关。孔子有很高的志向,但却生不逢时、机遇不好,一生只做过管理仓库的"委吏"和管理牛马的"乘田",也曾一度做过"司空"(管理牢狱和囚犯的官)和"司寇"(掌握刑狱、纠察的官),但时间都很短,总之,孔子在仕途方面很不顺利。从这个意义上讲,孔子可以说是一个悲剧人物,然而,他后来的成功也许和他的"悲剧命运"不无关系。西方人讲,"上帝为你关上一道门,又为你打开一扇窗"。当上帝为孔子关上那道通往仕途之门的同时,也没有忘记为他打开另一扇窗——

让他专心致志做学问、做研究、做教育,从而,成就了这位中国,乃至世界历史上最伟大的教育家、思想家、哲学家。孔子的贡献主要表现在如下几个方面。

1. 开私人讲学之先河并创立了许多重要的教育理念

孔子作为中国历史上第一代教育家,不仅开私人讲学之先河,而且结合自己的教育实践总结、创立了许多重要的教育理念:① 在培养对象上,他主张"有教无类"[39],即不分贵贱贤愚,教育机会要均等;② 在教育方法上,提出了"因材施教"[40],即根据教育对象的不同,采用不同的教育、教学手段;③ 在教育内容上,坚持射、御、数、书、礼、乐等并行,培养学生的多才多艺、全面发展;④ 在学习方法上,强调要"学而时习之"[41],要"温故而知新"[42],以巩固、提高学习的效果;⑤ 在学习态度上,要谦虚好学,取长补短,提出"三人行必有我师"[43],等等。

通过这些教育理念的实施,孔子为社会培养出一大批有用之才,并从一开始就奠定了中国教育的基础,直到今天,这些教育理念仍有着重要的启发意义和实践意义。

2. 整理、修订了大批古代文献,对保存和阐发古人的思想发挥了重要作用

这主要表现在孔子对"六经"的整理和修订上。所谓"六经"是指《诗》、《书》、《礼》、《乐》、《易》、《春秋》这六部儒家的典籍。在整理、修订过程中,孔子不但钩稽大批珍贵史料,而且注入"微言大义",为儒家学派的"教材建设"做出重大贡献。在中国封建社会的两千多年间,"六经"是儒家最基本的教材,也是儒家文化的重要载体。

3. 建立了儒家较为系统、完备的哲学思想与理论体系

孔子不但是伟大的教育家,也是伟大的哲学家和政治思想家。他在整理、研究古代文化的过程中,认真吸取前人的经验、教训,认真分析当时社会存在的一系列矛盾,进而发挥自己的聪明才智,建立起一套较为系统和完备的思想与理论体系。简单说,这一体系主要指以"仁"、"礼"为核心内容,包括了"民本"、"礼治"、"中庸"、"诚信"等一系列修身、齐家、治国、平天下的问题和主张,既是儒家的政治理想,也是儒家政治哲学、人生哲学所关注的焦点,又是儒家为历代统治者提供的治国方略。

这里,我们特别拈出孔子的"天人合一观"谈一谈,这是他政治哲学与人生哲学共同的基础。在孔子心目中,"天"不是上帝、不是鬼神,也不是什么怪异的力量(他曾在《论语·述而》中讲过,"不语怪力乱神"),而是"人的精神力量"的一种外化形式(或者理解为一种精神信仰)。所谓"天人合一",就是将人看做自然界的一部分,并承认自然界与精神世界存在着某种联系(即规律性的东西)。张岱年曾经说过:

"中国古代哲学家所谓'天人合一',其最基本的涵义就是肯定'自然界和精神的统一'。"[44]

这种"天人合一观"在孔子那里具体表现为"知天命"。他曾说:"不怨天,不尤人,下学而上达,知我者其天乎!"[45]有了这样一种信念,他就能坦然地面对一切。他不认为道德高尚的人一定会有好的命运;同样,一个命运好的人也不一定有德。比如他的学生伯牛德行高洁,却得了恶疾,孔子握着他的手说:"亡之,命也夫!斯人也而有斯疾也!斯人也而有斯疾也!"[46]他的另一位学生子路在鲁国推行改革,遭到了贵族公伯寮的干扰,孔子说:"道之将行也与?命也。道之将废也与?命也。公伯寮其如命何!"[47]。正是在这种精神力量的支持下,他才勇于面对困难和挫折,义无反顾地向世人传播他的政治理想和人生追求。

总之,孔子是一位古代的圣人,他对中华文化乃至世界文化做出了无与伦比的贡献。诚如有人评价的那样:"孔子是一位中国古代人格完满发展的圣人;他是一位实际的教育家,他是一位不得意的政治思想家,他是一位专研道德问题的伦理学家。他对于中国文化给予以巨大影响;而且这影响曾经波及到东亚的其他国家。"[48]

(二) 孟子

孟子(前372年~前289年),名轲,字子舆,邹(今山东邹县东南)人。他一生的经历与孔子很相似。其先世曾是鲁国贵族孟孙氏,但到孟子时,已家道衰落。他幼年丧父,生活贫困,但母亲一直对他进行精心教导,并由此留下了"昔孟母,择邻处。子不学,断机杼"[49]等动人故事。及长,孟子便"受业子思之门人"[50],"治儒术之道,通五经,尤长于《诗》、《书》"。学成之后,"遂以儒道游于诸侯"[51]。他先后到过齐、宋、邹、鲁、滕、梁等国,用自己的主张游说各国的君王。然而,当时各诸侯国都忙于战争,所以很少有人理会他那些主张和建议,他也每每因"与所如者不合"[52]而得不到重用。孟子唯一的一次辉煌是在齐国,当时齐宣王"加齐之卿相"[53]于孟子,可还是"无官守","无言责",最后,终因齐宣王不能采纳他的主张他离齐而去。此时,孟子已年近60岁,从此便不再远游,"退而与万章之徒序《诗》、《书》,述仲尼之意,作《孟子》七篇"[54]。

孟子一生最崇拜和景仰的人是孔子。他曾盛赞孔子是"出于其类,拔乎其萃。自生民以来,未有盛于孔子也",继而表示"乃所愿,则学孔子也"[55]。他一生致力于孔子学说的宣传与发挥,对后世儒学产生很大影响,故被尊为"亚圣"。孟子的学说内容很丰富,主要有如下几个方面。

1. 继承并发展了孔子的仁学思想

孔子讲仁,多着眼于社会理想、治国安邦的角度,而孟子却将仁发展为一种带有"普世"性的思想,认为"民之归仁也,犹水之就下,兽之走圹也"[56],强调从"天子"到"庶人"都要归仁。他说:"三代之得天下也以仁,其失天下也以不仁。国之所以废兴存亡者亦然。天子不仁,不保四海;诸侯不仁,不保社稷;卿大夫不仁,不保宗庙;士庶人不仁,不保四体。今恶死亡而乐不仁,是犹恶醉而强酒。"[57]他指出,"欲为君,尽君道;欲为臣,尽臣道",欲为民,也要尽民道,那么如何辨别一个人尽"道"了没有呢?——"仁与不仁而已"(引文同上)。

2. 提出了"民贵君轻"的政治理论,进一步发展了孔子的民本思想

他说:"民为贵,社稷次之,君为轻。"[58]在当时的社会背景下,能提出这样的理论是很了不起的。实际上,这里边蕴含着他的社会理想,即通过君王的仁政,建立一个自给自足的美好社会。在这个社会里,"百亩之田,匹夫耕之,八口之家足以无饥矣。……五十非帛不暖,七十非肉不饱……文王之民无冻馁之老者,此之谓也"[59]。同时,这还是一个充满着爱心的社会,人人都能"老吾老以及人之老,幼吾幼以及人之幼"[60]。

3. 提出了"性善论"

在孟子的哲学思想中最具代表性的是他的"性善论"。他在《孟子·告子上》中讲到:"人性之善也,犹水之就下也。人无有不善,水无有不下。今夫水,搏而跃之,可使过颡;激而行之,可使在山。岂是水之性哉?其势则然也。人之可使为不善,其性亦犹是也。"孟子认为,在人的本性中有一种与生俱来的善性,这种善性包括四个方面,即仁、义、礼、智,孟子称之为"四端"。他具体解释道:"仁之于父子也,义之于君臣也,礼之于宾主也,智之于贤者也。"[61]这就是所谓"性善论"。

但是,人性中又有"饮食男女"等可使人"近于禽兽"的恶源,怎么办呢?孟子提出必须加强个人道德修养,通过"修身"、"立命"以养其"浩然正气",从而实现儒家的人生理想——"内圣外王",也"就是通过人的主观努力使为善的可能性变为现实的过程。包括对'善端'的扩充和对'恶源'的抑制,以及在'善端'丢失后'求其放心'的补救措施。这三者,构成了孟子关于道德修养的基本原则"[62],也是他人生哲学的基本原则。

(三)荀子

荀子(约前325年~前235年),名况,号卿,又称孙卿,战国时赵国人,是先秦诸子中最后一位儒学大师。荀子一生经历丰富。可大体分为三个阶段。

荀子15岁之前,基本上生活在他的故乡赵国。15岁即到齐国游学,《风俗通义·穷通》载:"齐威、宣王之时,孙卿有秀才……年十五,始来游学。"(但另据《史记·孟荀列传》:"荀卿赵人,年五十始来游学于齐。")70岁左右离开齐国到了楚

国。在齐国,他主要生活、工作在稷下学宫——当时中国的最高学府(也有人称它是中国最早的社会科学院),曾三任"祭酒","齐襄王时,而荀卿最为老师,齐尚修列大夫之缺,而荀卿三为祭酒焉"[63]。在齐期间,他先后到过楚国和秦国。

荀子大约70岁去齐就楚。至于为什么离开齐国有这样一种说法:"齐人或谗荀卿,荀卿乃适楚。"[64]荀子到楚国后,"春申君以为兰陵令"[65],不久,有人蛊惑春申君,于是荀子被辞谢,他便离开楚国回到故乡赵国,并被拜为上卿。后来(两、三年后),春申君明白过来,派人到赵国将荀子请回,荀子执意不回,春申君坚请,"不得已,乃行,复兰陵令焉"[66]。公元前238年,春申君被舍人李园遣人刺杀,荀子也被废职,"春申君死而荀卿废,因家兰陵"[67]。公元前235年左右,荀子去世,时年约90岁。

荀子作为战国后期的一位儒学大师,依然以继承和发扬儒家学说为己任,但在儒家中他最推崇的是孔子,然后是孔子的学生仲弓,而对"思孟"一派的学说却作了严厉批判。他的主要思想集中在《荀子》一书中。我们可以对荀子的哲学思想作如下几点分析。

1. 荀子提出了"化性起伪"说

他是"性恶论"的主张者,认为"人之性恶,其善者伪也"[68]。意思是说,人生性是恶的,那些善性是后天人为的结果("伪"者,人为也)。在这个问题上,荀子与孟子的观点针锋相对,他曾批评孟子道:"不及知人之性而不察乎性伪之分。"[69]意思是说,孟子把人的先天的本性和后天学到的东西混淆了。那么,人性为什么生来是恶的而不是善的呢?荀子解释说:"今人之性,生而好利焉,顺是,故争夺生而辞让亡焉;生而有疾恶焉,顺是,故残贼生而忠信亡焉;生而有耳目之欲,有好声色焉,顺是,故淫乱生而礼义文理亡焉。"又说:"若夫目好色,耳好声,口好味,心好利,骨体肤理好愉快,是皆生于人之性情者也。"还说:"今人之性,饥而欲饱,寒而欲暖,劳而欲休,此人之情性也。"[70]正因为如此,荀子特别强调人们后天的学习,专门写了《劝学》篇,倡导人们学习各种文化知识,学习谋生的技能,更要学好儒家的"礼",因为"礼者,法之大分,类之纲纪者也"。

2. 荀子提出了"天人相分"的天人关系说

孔子当年曾表示"不语怪、力、乱、神"(引文见前),即不谈论,更不相信怪异、暴力、祸乱以及鬼神这些东西,将人永远置于神之上;荀子将这一思想作了进一步升华,明确指出:"天有常道矣,地有常道矣。"又说:"天行有常,不为尧存,不为桀亡。应之以治则吉,应之以乱则凶。"[71]意思是讲,天是自然之天,地是自然之地,它们都按照自己的规律运行,与人间祸福、社会兴衰根本没有什么关系。人的责任是"应之以治",而不要"应之以乱"。他的结论是"明于天人之分,则可谓至人矣"[72]。

3. 荀子思想中最闪光的地方和他最重要的哲学思想即"制天命而用之"的思想

这一思想是其"天人相分"理论的升华。他说:"天不为人之恶寒也辍冬;地不为人之恶辽远也辍广。"[73]意思是,天不会因为人们讨厌冷寒,而把冬天变短;也不会因为人们不喜欢大地的辽远,而放弃广阔。言外之意,自然规律是不会以人们的意志为转移的。所以,人们对于天的态度应该是:"大天而思之,孰与物畜而制之!从天而颂之,孰与制天命而用之!望时而待之,孰与应时而使之!因物而多之,孰与骋能而化之!思物而物之,孰与理物而勿失之也!愿与物之所以生,孰与有物之所以成!故错人而思天,则失万物之情。"[74]在天的面前,人们与其仰慕它、赞颂它、期待它,乃至听任万物、思念万物、仰慕万物,不如主动控制天、利用天、进而变革万物、治理万物。总之,不能"错人而思天"。荀子的这一思想,充分表现了人的自我意识的觉醒,显示了人类自身力量的强大和与生俱来的征服欲,"人定胜天"的理论即源于此。

在荀子的思想中还有许多闪光点,如他强本节用、开源节流的观点,"省工贾、众农夫"的观点,"隆礼"、"重法"的观点,"百王之道,后王是也"的"法后王"的观点等,都具有很大的进步意义,是对儒家学说的重大贡献。

关于儒家哲学,我们就介绍这些。

参考文献及注释

[1]《国语·楚语》
[2]《论语·八佾》
[3]梁漱溟:《我的努力与反省》,载《中国儒学史》,第77页
[4][5]《史记·儒林传》
[6][8]曾枣庄:《文化盛世的启示》,载《光明日报》,2008-03-27
[7]《二程集·遗书》卷4、卷15
[9]《什么是政治哲学》,载"百度网",2007-02-11
[10]《论语·泰伯》
[11]《论语·八佾》
[12][13][19][25]《论语·颜渊》
[14]《国语·齐语》
[15][24][33][46]《论语·雍也》
[16][39]《论语·卫灵公》
[17][60]《孟子·梁惠王上》
[18]《孟子·离娄下》
[20][41]《论语·学而》
[21]《左传·隐公十一年》

[22]《左传·昭公二十六年》
[23]《论语·季氏》
[26][27]韦政通:《中国的智慧》,吉林文史出版社,1988年,第72页
[28]《国语·郑语》
[29]成复旺主编:《中国美学范畴辞典》,中国人民大学出版社,1989年,第308、309页
[30]引文同上,第315页
[31][40][42]《论语·为政》
[32][43]《论语·述而》
[34]李贽:《童心说》
[35][59]《孟子·尽心上》
[36]李泽厚:《论语今读》,安徽文艺出版社,1998年,第126、127页
[37]《史记·孔子世家》
[38]《论语·子罕》
[44]周桂钿:《中国传统哲学》,北京师范大学出版社,2000年,第18页
[45][47]《论语·宪问》
[48]《周予同经学史论著选集》,上海人民出版社1983年,第388页;转引自《中国儒学史》,第74页
[49]《三字经》
[50][52][54][63][64][65][67]《史记·孟子荀卿列传》
[51]赵岐:《孟子题辞》,载《中国儒学史》,第111页
[53][55]《孟子··公孙丑上》
[56][57]《孟子·离娄下》
[58][61]《孟子·尽心下》
[62]赵吉惠等:《中国儒学史》,中州古籍出版社,1991年,第128页
[66]《风俗通义·穷通》
[68][69][70][73][74]《荀子·性恶》
[71][72]《荀子·天论》

第三章 国学与哲学文化(二):道家哲学

这一章,我们重点讨论道家哲学。

道家文化和儒家文化一样,都是土生土长的中国传统文化,而且是唯一可以和儒家文化相提并论的一个流派。它的创始人是老子,后又经庄子得以发展,故亦称"老庄"。与儒家文化不同,道家所关注的重点不是人生、社会、伦理、道德等问题,而是道、自然、虚静、无为这些范畴,这便与儒家的"入世哲学"形成了明显对比。所以,一般都称道家哲学为"出世哲学",其主流品格是"形而上"。

其实,"形而下"和"形而上"并不能说明什么。在笔者看来,道家文化的最大特点是:充满了哲学意味和思辨性,既深刻又生动,对后人产生了重要的教育和启迪作用。所谓生活的艺术、处事的艺术,更多地来自道家哲学。

一、道家学派的形成与发展

有资料载,"道家"之名,始见于西汉司马谈的《论六家之要旨》,称做"道德家";《汉书·艺文志》称"道家",列为"九流"之一。道家学派的创始人是老子,后经庄子得以发展,故又称"老庄"。

(一)道家学派的形成

道家学派的理论基础乃"黄老之学"。春秋战国时期,中央政权基本失去了掌控能力,各诸侯国之间为了争权夺利不断发动战争,老百姓痛苦不堪,社会陷入一片混乱。面对这样一种局面,每一个有良知的人都在试图寻求一种拯救社会、拯救民生的良策,于是一大批思想家、政治家应运而生,并形成了各种不同的学派。这些思想家、政治家充分发挥自己的聪明才智,提出各种治国之策,"黄老之学"就是这一时期的产物。

所谓"黄老","黄"指的是黄帝,"老"指的就是老子。黄帝虽是传说中的人物,但他是华夏各民族共同的精神领袖,是大家公认的"人文初祖",天下百姓多是他的后裔,所以,人们对黄帝的崇拜起源甚早。老子虽实有其人,却又带有强烈的传奇色彩,他因修道而长寿,活了160岁(一说200岁)之多,后来弃官而去,在函谷关留下了五千言的《道德经》(即《老子》一书)。世人称《道德经》有君主南面之术、兵书之奇和养生之道,与黄帝的顺天治民、振兵保国、功成升天[1]的传说有异曲同工之妙,故将"黄""老"相提并论。

(二) 道家学派的主要发展脉络

老子之后，比较有影响的是以杨朱（亦称杨子、阳生或阳子居战国初期哲学家。他的许多哲学思想后来为庄子接受并发挥）为代表的"为我""贵己"学派，主张"全性葆真，不以物累形"[2]。战国时期道家思想广为流传，尤其在齐国稷下，形成了几个大的流派：如主张"情欲寡浅"、"进攻寝兵"的宋钘、尹文学派；主张"弃知去己"、"齐万物以为首"的田骈、慎到学派；主张"澹然独与神明居"的关尹学派，以及"以阴阳主运显于诸侯"的邹衍学派等等。当然成就最大的当属庄子，道家学说经过庄子的发挥而达到全盛，与当时的儒、墨鼎足而三。

西汉初年，"黄老之学"更加盛行，曹参（汉初政治家，曾任齐相九年，后继萧何为汉惠帝丞相"举事无所变更，一遵萧何约束"，故有"萧规曹随"之谓）是阐扬黄老之学的重要人物。他主张清静无为，让人民休养生息，顺应了时代潮流，促进了社会的稳定与发展。后来由于汉武帝采纳了董仲舒"罢黜百家、独尊儒术"的建议，道家学派曾一度沉寂。然而到了东汉，经学日趋僵化，道学再度崛起。

魏晋南北朝时期，道学崇尚自然、强调精神自由，对这一时期人们思想的解放、尤其是艺术精神的高扬，产生了重要作用。当代著名美学家宗白华就说："汉末魏晋六朝是中国政治上最混乱、社会上最痛苦的时代，然而却是精神史上极自由、极解放，最富于智慧、最浓于热情的一个时代。因此也就是最富有艺术精神的一个时代。"[3]这一时期，《老子》、《庄子》、《易经》被称做"三玄"。开始阶段，有人（主要是何晏与王弼）试图用老庄思想解释儒家，使儒家思想"道家化"、"庄学化"；而到了阮籍、嵇康那里，则完全走上了"崇庄反儒"的路子。刘勰在《文心雕龙》中讲："聃（老聃）、周（庄周）当路，与尼父争涂矣"；并称聃、周是人杰，"师心独见"。庄子作为道家学派领衔人物之一，其哲学思想在这一时期大放异彩。

唐朝政治、经济的繁荣也带来哲学思想的繁荣，这个封建的大一统的帝国，哲学思想的发展却呈现出儒、释、道三家鼎立的格局。这种格局，对各种哲学思想的发展起到了某种促进作用。

宋明时代是中国古代哲学思想大发展的时期。宋代是中国由中古转入近代的开始，其生产力发展水平超过了唐代，文化辉煌灿烂"前世莫及"（朱熹语）；而明代，随着资本主义的萌芽，经济、社会、文化进一步繁荣，这些都推动了哲学的大发展。这一时期，除了物质条件的提高（如造纸术、印刷术）之外，还出现了儒道互补、儒释互补等特点。这种情况一直延续到清。

需要说明的一点是，"道家学派"与"道教"不是一回事，但又不能截然分开。有资料称，道教的来源大致有四个方面：①从自然界海市蜃楼引发的憧憬仙境，向往彼岸；②从封禅演变而来的敬祀鬼神，崇拜神仙；③从希望益寿延年，发展到追求得道、长生不死；④由传统巫医之术，转化成的养生实践、各种方术。"此四者互相交融,合为一体"[4],便构成了道教的主体。笔者的理解是,道教信仰道学,道学是道教的灵魂。

二、道家政治哲学

道家与儒家不同,他们的政治主张不是"入世"而是"出世"(也有人称"忘世")。面对一个道德不彰、混乱不堪的社会局面,老、庄没有像孔、孟那样迫不及待地直接参与社会的治理与建设,而似乎采取了一种"冷眼旁观"的态度。原因何在?因为道家追求的不是现实的功利。"道家强调走出现世的家中温情(仁、孝),从超世的宇宙智慧来运思。这构成了儒道的基本差异:儒家是古道热肠,道家是冷心静智:'天地不仁,以万物为刍狗,圣人不仁,以百姓为刍狗。'"[5]

(一) 清静无为、顺天而治:道家政治哲学的核心

老子认为,儒家的仁义道德都是些表面文章,这些表面文章做得越多,人们离真正的仁义道德就越远,这是导致社会混乱的根本原因,即所谓"夫礼者,忠信之薄而乱之首"[6],因此,老子主张实行"小国寡民"、"无为而治",强调"绝圣弃智"、"绝仁弃义",从而使老百姓常处于一种"无知无欲"的状态——一种精神绝对自由的状态。

对法家推行的"严刑峻法"老子同样也不赞成,认为那样不但于事无补,而且法律条令越详细、越明确,盗贼反而会越多,即所谓"法令滋彰,盗贼多有"[7]。

于是,老子便提出了一套自己的主张,世人称之为"黄老之学"。"黄老之学"的核心是清静无为、顺天而治,这也正是道家政治哲学的核心。

(二) 道家政治哲学的其他几个重要范畴

1. 道

这是道家的基本信仰,也是道家哲学的根本范畴。"道"最初的意思是指人们走的路,如《诗·小雅·大东》:"周道如砥,其直如矢。"后引申为道理,意思是说,就像道路一样为人们所共同遵循。

老子最早从哲学的角度对道作出阐释,即道为宇宙的本原,认为天地万物皆由道所派生,《老子》25章讲:"有物混成,先天地生,寂兮寥兮,独立而不改,周行而不殆,可以为天下母,吾不知其名,字之曰道,强为之名曰大。"又说:"道生一,一生二,二生三,三生万物。"[8]于是,以老子为创始人的这一学派,就冠以"道"字,世称"道家"。

在道家那里"'道'不是神,不是宗教的情感崇拜物,也不是一种纯粹的哲学要素,而是老子理性化思考的对象"[9],有人称它是"《老子》用来说明宇宙演化的精神

实体。《老子》把一个精神实体的道作为宇宙的唯一本原,那它的宇宙观就是客观唯心主义的道一元论。《老子》认为道是自然无为的,没有意志的,是一切事物的总法则、总规律。《老子》道一论是中国历史上第一个无神论哲学体系,是后代哲学家反对天命论的重要的理论武器"[10]。从这个意义上讲,对"道"的认识和把握,就是对一切事物的自然规律在精神领域内的体认与把握。

需要说明的是,"道"不是道家的专利,儒家也同样讲道,但却有本质的不同。我们不妨称道家的道一元论为"天道";而儒家之道则是以"天道"为"则",具体化为人间之道。孔子所讲的道,更多的是指尧、舜、禹、汤、文王、周公等的"先王之道",实际上是用以教诲人、约束人的那些道德规范与伦理准则,也就是所谓"人道"。

2. 自然

老子虽然信仰道、崇尚道,但"'道'还不是老子心路历程的终点站,因为还有一个比'道'更高的目标,那就是所谓'自然'。老子主张'人法地,地法天,天法道,道法自然'。很显然,在老子看来'自然'才是世间万物的终极,也是他所要追求的最高境界"[11]。"自然"是道家哲学思想的精髓。

这里,我们要重点讨论一下何谓"自然"? 万能的"道"为什么要"法"自然? 这是很久以来,人们一直争论不休的问题。

早在汉代,被称做"仙人"的河上公曾解释说:"道性自然,无所法也。"于是,有人认为"自然原是道的属性",道法自然就是"以自己为法",因为"道是最终极的存在,在它之上、之前,都没有其他的存在物,因此它不能效法也不需要效法其他东西,只能效法自己"。

也有人将"自然"与"道"混为一谈,如三国时代的魏人王弼说,"道不违自然,乃得其性。法自然者,在方而法方(矩),在圆而法规,于自然无违也。自然者,无称之言,穷极之辞也"[12]。

还有人将"自然"理解为"人的对立物",如南华真人认为,"万物各有本性,这种本性,就是自然"。然而,人们给牛马穿上鼻绳,戴上笼头,这就违背了牛马的自然。人自身也不例外,被名缰利锁牢牢套住,便失却了人的自然(本性),云云。

王中江先生撰文指出,"这里的关键是,'自然'属于'何者'的属性,或者它是'谁'的'自然'('状态'或'方式'),回答是'万物','自然'是'万物之自然'。'万物'为'道'所生,'道'何以还要遵循万物之'自然',回答是'道'生成万物又'无为'于'万物'。对'万物'无为,就是让万物按其本性'自己'成就自己,这就是'自然而然'。宇宙秩序的奥妙,就是道不干预万物,万物各得其宜,万物自然造化"[13]。此论颇有道理。

我们不妨再重复几句:在老子那里,"道"是宇宙的本原,而"自然"是"道"的本质的体现——万物自身所固有的"规律",由它来决定着万物的发展趋势——"自然而然"。就是说,万物虽由"道"所生,但"道"却不干预万物(是"无为"),让万物按照自身的规律(也就是"自然而然"地)发展,是谓"道法自然"。

3. 无为

这是道家哲学中的一个核心命题。笔者粗略统计了一下,在《老子》一书中,先后有9章提到了"无为":① "是以圣人处无为之事,行不言之教。"[14] ② "为无为,则无不为。"[15] ③ "道常无为而无不为。"[16] ④ "上德无为而无以为,下德为之而有以为。"[17] ⑤ "吾是以知无为之有益也。不言之教,无为之益,天下希及之。"[18] ⑥ "为学时损,为道日损,损之又损,以至于无为。无为而无不为。"[19] ⑦ "故圣人云:'我无为而民自化'。"[20] ⑧ "为无为,事无事,味无味,大小多少,报怨以德。"[21] ⑨ "是以圣人无为,故无败。"[22]

庄子继承并发展了老子的这一学说,提出:"无为而尊者,天道也;有为而累者,人道也。"[23] 从庄子的观点看,"无为"是相对"有为"而言的,也是用来区别"天道"与"人道"的。

与"无为"密切相关的还有一个概念"虚静"。在老庄那里,"虚静"与"无为"是合二而一的,"无为"也就是"虚静"。而这种虚静无为的状态则是万事万物生生不息的根本所在。老子曾说:"致虚极,守静笃,万物并作,吾以观复。"[24] 庄子也讲:"夫虚静恬淡寂寞无为者,天地之本而道德之至也。"[25] 那么,怎样才能做到虚静无为呢?

第一,**保持"不欲"**,即淡泊(甚至排除)功利,甘于寂寞。老子讲:"故常无欲,以观其妙;常有欲,以观其徼。"[26] 意思是说,一个人只有经常保持虚静无欲,才能洞察天地万物的奥妙;假如他(她)陷入了过分的欲望之中,就会被纷纷扰扰的表象迷住眼睛,哪里还能探得世间的真谛呢?所以,老子劝导世人要"无欲以静"[27]。庄子则把欲望与恶行的祸根比喻成芦苇,"欲恶之孽,为性萑苇蒹葭"[28],如果任其蔓延滋长,就会像危害庄稼那样危害人的本性,继而,让人全身患恶疮,得重病。老庄的目的,无非是引导人们淡泊名利,节制欲望,排除种种杂念,面对纷纭复杂的大千世界,始终有一颗"平常心",对金钱、名誉、地位等不要看得太重,更不能成为这些东西的奴隶,要保持一种"虚静"、"无为"的心态。这是道家做人的准则,也是人格历练的功夫。

第二,**顺其自然**,即不做那些"知其不可为而为之"的蠢事。庄子曾讲:"夫恬淡寂寞,虚无无为,此天地之平,而道德之质也。"[29] 在庄子看来,恬淡、寂寞、虚无、无为,这是天地赖以平衡的基础,也是道德修养的最高境界。那么,怎样才能达到这样一种高境界呢?他的回答是:"不刻意而高,无仁义而修,无功名而治,无江海而闲,不导引而寿,无不忘也,无不有也,淡然无极而众美从之。"[30] 总之一句话,顺其自然,不刻意为之,就能"众美从之"——将世间美好的东西集于一身。

第三，坚守本真，"不敢为先"。老子说，"见素抱朴"[31]；庄子也讲，要"明白入素，无为复朴"[32]，并举例："鹄不日浴而白，乌不日黔而黑。"[33]这种不浴之白、不黔（黑色，用作动词）之黑，就是保持了事物的本真，也就是素朴之美。老庄以此引导人们要本本分分地做人、老老实实做事，努力使自己心地清静，不可装腔作势、妄自尊大。否则，就很难立足世上，也不可能办成什么大事。

继而，他们又提出"不敢为先"。老子讲："我有三宝，持而保之：一曰慈，二曰俭，三曰不敢为天下先。慈，故能勇；俭，故能广；不敢为天下先，故能成器长。"[34]意思是说，我有三件法宝，牢牢地把握在心中：一是对人对事态度平和、亲善；二是虚静无为、心地宽广；三是不争强好胜、贸然为先。因为平和、亲善，所以才能勇猛无畏；保持了虚静无为，所以才能无所不为；不敢争强好胜、贸然为天下人之先，所以才能成为万物之长。

需要强调的是，对道家讲的"无为"、"不敢为天下先"等观点，一定要作全面理解。他们的目的绝不是让人们谨小慎微、畏首畏尾，即所谓"无为者，寂然无声，漠然不动"，也就是我们今天所批评的"不作为"。《淮南子·修务训》云："天子以下，至于庶人，四肢不动，思虑不用，事治求澹者，未之有也。"意思是说，上至天子，下到庶民，四肢不勤，又懒于动脑，办事敷衍，不负责任，是根本不行的。"所谓无为者，不先物为也。"[35]说白了，就是要顺应自然，不做那种违背自然规律的事情。

三、道家人生哲学

道家人生哲学最精彩、最有价值的部分都集中在庄子那里，其中有两大亮点："放达"与"逍遥"。

（一）"放达"

一个人要做到"放达"是很不容易的，必须是真正参透了人生，同时，心里又要很干净。庄子做到了。仅举一例："庄子妻死，惠子吊之，庄子则方箕踞鼓（一写作'覆'）盆而歌。惠子曰：'与人居，长子老身，死不哭亦足矣，又鼓盆而歌，不亦甚乎！'庄子曰：'不然。是其始死也，我独何能无慨然！察其始而本无生，非徒无生也而本无形，非徒无形也而本无气。……人且偃然寝于巨室，而我噭噭然随而哭之，自以为不通乎命，故止也。'"[36]故事说，庄子的妻子去世了，惠子去吊唁，庄子正分开腿坐在那里击盆而歌。惠子不解，就问："你跟妻子生活了一辈子，生儿育女直至衰老，如今妻子死了，你不哭也就罢了，怎么还能连敲带唱呢？这不是太过分了吗？"庄子回答说："不是这样。她刚死去的时候，我何尝没有悲伤呢？但仔细考察了一下，她原本就没有生命；不但没有生命，而且没有形体；不但没有形体，而且没有元气。……死去的人将要安稳地沉睡在天地之间，而我却围着她呜呜地哭个不停,自认为这是没有了解生命的真谛,所以,也就不再哭了。"这告诉我们,一个懂得生命、懂得生活的人,光有眼泪不行,还要有理智、有胸怀。正是从这个意义上,我们说庄子的人生哲学是真正智慧的结晶。

(二)"逍遥"

庄子把生活加给自己的那份压抑,还有那份愤世嫉俗的情怀,统统揉进了他的精神追求里,发酵出两个字——逍遥。所以,《庄子》一书开篇即讲"逍遥游",其中描绘了鲲鹏的南冥之游、列子的"旬有五日"之游等;又于《在宥》篇中讲述了"云将东游"……总之,"'游'之一字,贯穿于《庄子》一书之中"[37]。

那么,如何理解庄子的"逍遥游"呢?所谓"逍遥",就是安闲自得、优游不迫的状态;而"逍遥游",就是无拘无束、自由自在地支配自己的身心。这是庄子的人生追求,也是他最高的理想境界。然而,要实现这一目标绝非易事,所以他提出:"至人无己,神人无功,圣人无名。"[38]这里的"至人"、"神人"、"圣人",我们可以理解为庄子理想人格的代名词,当一个人真正完全忘掉了自我("无己"),又摆脱了功利("无功"),丢弃了虚名("无名"),其身心便进入了所谓"绝对自由的精神境界"。这既是庄子的人生追求,也是他的无奈。

四、老庄及其主要哲学观点

如果说,儒家哲学实大成于孔孟,那么道家哲学则实大成于老庄。所以,我们有必要对老庄及其主要哲学观点作一些介绍。

(一)老子

老子(约前580~前500年),姓李,名耳,字聃,又称老聃,春秋末期楚国苦县厉乡曲仁里人。他曾担任过周朝管理藏书的史官,是当时很有名的学者。孔子对老子非常崇敬,年轻时(大概30多岁)曾专程向老子请教有关古代礼仪方面的问题。后来,孔子在自己的学生面前称赞老子是一条能"乘风云而上天"[39]的龙。据有关资料分析,老子对当时的政治状况、社会风气很不满,于是便辞职出走。相传,老子路过函谷关时,守关的官员尹喜为这位大学者的隐退甚为惋惜,便劝他著书立说,为后人留下点东西。于是,老子便写了上、下两篇文章,这就是我们今天所看到的《老子》一书。尔后,又继续西行。至于他到了什么地方,又做了些什么,至今仍是个谜。

关于老子的身世还有种种说法,如有人说他就是楚国的老莱子(老莱子是楚国的一位著名隐士);又说他是"二十四孝"中的人物;还有人说老子是与秦献公同时的周太史儋,等等。

从哲学角度看老子,笔者曾经说过:"在先秦诸子中,老子是最善于思辨和最富于理性的一个。"[40]我们可以拿他与孔子作一个比较。孔子尊崇的是"仁",是"克己复礼,天下归仁"的"仁",是紧紧联系着家、国、天下的那个"仁"。一个感性的"仁"字,活脱脱体现出孔子积极"入世"的主张,也注解出他形而下的哲学观;而老子恰恰相反,他所尊崇的是超现实、超功利的"道",是"道可道,非常道"的"道",是"道生一,一生二,二生三,三生万物"的"道","道"的这种理性品格告诉我们,老子的思想是以形而上为哲学基础的。有人评论说:"《老子》提出了'道',进一步用理性把神逐出了整个宇宙。'道'作为宇宙根本和宇宙规律的总称,标志了先秦理性化的完成。"[41]笔者很赞成这一观点。

在老子的哲学观中,最著名的、影响最大的当是他"无为而无不为"思想。它是老子人生智慧的经典之作。关于"无为",我们在前边已经作了很多阐述,这里换一个角度讲:"无为"就是一种生存状态,更是一种处世艺术。为什么要"无为"?——也许是为了更好地休养生息,也许是为了避开进攻的锋芒,也许为了麻痹对方,也许为了蓄势待发,也许……但"无为"的最终目的是"有为",即"无为而无不为"。围绕"无为",老子还有一些精辟的观点,如引导人们和光同尘、贵柔守雌、知足抱朴,恢复到无知无欲的婴儿状态。为什么呢?因为"物壮则老"、"兵强则灭"是千古不易的铁律,所以要懂得"天下之至柔,驰骋天下之至坚","唯不争,故天下莫能与之争"的道理,而保持婴儿的状态,正是通过示弱以实现自我保全、自我发展的目的。

(二) 庄子

庄子名周,字子休(一说子沐),战国时期宋国蒙城(今河南商丘东北;一说今安徽蒙城)人。其生平事迹的历史资料不多,生卒年也很难考定。据《史记·老子韩非列传》载,庄子"与梁惠王、齐宣王同时"。马叙伦先生就此考定,他大约生于周烈王七年,卒于周赧王二十九年,即公元前369~前286年。

庄子一生过得很淡然,很潇洒,也很清苦,更有许多无奈。据说,他曾做过"漆园吏"(漆园者,故城也),由于不愿与他人合作,不久就辞掉了;后来楚威王派人带着重金请他去做卿相,也被他拒绝了。这是为什么呢?因为他看透了世道的污浊和那些圣人君子的伪装,所以,宁肯淡泊一生、清静无为、与世不争。庄子继承了老子的学说,把"道"作为世界的本原,认为"道""自本自根,未有天地,自古以固存;神鬼神帝,生天生地"。[42]他是道家学派的标志性人物之一。

庄子的哲学观与老子一脉相承,也建立在"道"的基础之上,属于形而上学派。当然也有不同意见,有人就认为:庄子的"道"与老子的"道"有着根本的不同——老子讲的"道"是纯精神的,而庄子所说的"道"却在很大程度上是物质的。

庄子哲学最大的特点是继承并发展了老子哲学中的思辨性与哲理性,《庄子》一书的字里行间都充满着朴素的辩证思想。例如,老子讲:"飘风不终朝,骤雨不终日。"自然界的这种现象让老子联想到了"天地尚不能长久,而况人乎?"[43]庄子也讲:"物之生也,若骤若驰,无动而不变,无时而不移。"[44]并由此而联想到"安危相易,祸福相生,缓急相摩,聚散以成。"[45]庄子的意思是说,世间的一切事物都是在运动的,都是发展和变化的,永远不会停顿下来;而正是这种运动、这种发展和变化,导致了事物的此消彼长、充满变数,正所谓"万物化作,萌区有状,盛衰之杀,变化之流也"[46],于是"腐臭复化为神奇,神奇复化为腐臭"[47]。

庄子的哲学观深深影响着他的人生观。在他的人生观中,最值得称道是"放达"与"逍遥",这一点我们在前边已作了论述。那么,庄子人生哲学的意义何在呢?

庄子放达、逍遥的人生态度对艺术产生了重大影响,尤其在魏晋南北朝时期。徐复观曾经讲过,"庄子之所谓道,落实于人生之上,乃是崇高的艺术精神";又说,"由老学、庄学所演变出来的魏晋玄学,它的真实内容与结果,乃是艺术性的生活和艺术上的成就。历史上的大画家、大画论家,他们所达到、所把握到的精神境界,常期然而然的都是庄学、玄学的境界"[48]。李泽厚也说,"庄子的哲学就是美学",他认为:庄子"对整体人生采取审美观照的态度,不计较利害、是非、功过,忘乎自我、主客、人己,从而让自我和整个宇宙合于一体"[49]。

参考文献及注释

[1] 相传,黄帝先治国再治身,最后荆山铸鼎,骑龙上天
[2]《淮南子·氾论》
[3] 宗白华:《美学散步》,上海人民出版社,1981年,第208页
[4] 薛明扬:《中国传统文化概论》,上册,复旦大学出版社,2003年,第317页
[5] 张法:《中国美学史》,上海人民出版社,2000年,第61页
[6]《老子》,33章
[7]《老子》,57章
[8]《老子》,42章
[9][11][40] 张光兴:《道法自然与书法之美》,载《美与时代》,2005年2月下,第7页
[10] 周桂钿:《中国传统哲学》,北京师范大学出版社,1990年,第89、90页
[12] 张文勋:《华夏文化与审美意识》,云南人民出版社,1992年,第209页
[13] 王中江:《"道"何以要法"自然"》,载《光明日报》,2004-08-31
[14]《老子》,13章
[15]《老子》,18章
[16][27]《老子》,37章
[17]《老子》,38章
[18]《老子》,43章
[19]《老子》,48章
[20]《老子》,57章
[21]《老子》,63章

[22]《老子》,64 章
[23]《庄子·在宥》
[24]《老子》,16 章
[25][46]《庄子·天道》
[26]《老子》,1 章
[28][45]《庄子·则阳》
[29][30]《庄子·刻意》
[31]《老子》,19 章
[32]《庄子·天地》
[33]《庄子·天运》
[34]《老子》,67 章
[35]《淮南子·原务训》
[36]《庄子·至乐》
[37]徐复观:《中国艺术精神》,春风文艺出版社,1981 年,第 41 页
[38]《庄子·逍遥游》
[39]《史记·老子韩非列传》
[41]引文同[5],第 60 页
[42]《庄子·大宗师》
[43]《老子》,23 章
[44]《庄子·秋水》
[47]《庄子·知北游》
[48]引文同[37],第 3 页
[49]《李泽厚哲学思想概说》,载"百度网",2007-05-08

第四章　国学与哲学文化(三):禅宗哲学

佛教文化,对我们中国人来讲是一个"舶来品",它和生于斯、长于斯的儒、道两家完全不同。

佛教是世界三大宗教之一,[1]创立于公元前6世纪~前5世纪,其诞生地是古印度北部的迦毗罗卫国(即今尼泊尔南部的提罗拉科特附近),它的创始人是悉达多·乔达摩。佛教以"无常"和"缘起"的思想反对婆罗门教的"梵天创世说",以"众生平等"的思想反对婆罗门教的"种姓制度",因而受到广大民众的欢迎和支持,并迅速得以传播。在公元前1世纪左右,佛教文化传入中国,在漫长的历史进程中,与儒家、道家等本土文化不断地撞击、融合与发展,终于成为有着重大影响的中国传统文化之一。

一、释迦牟尼与佛教

(一) 释迦牟尼其人

要了解佛教就应该先了解它的创始人释迦牟尼。

释迦牟尼(前565~前486年,或前563~前483年),姓"乔达摩",名"悉达多","释迦"是种族名,"牟尼"是明珠的译音,比喻圣人。"释迦牟尼"是佛教徒对他的尊称,意思是"释迦族的圣人"。他成道后,又被称做"佛陀",或简称"佛",并被用"如来"、"法王"、"世尊"、"大雄"等尊号称之。

释迦牟尼原是迦毗罗卫国净饭王的儿子。据有关资料称,他一生都在印度北部、中部的恒河流域一带活动,从未离开过。相传,蓝毗尼园是其出生地(故址在今尼泊尔南部的罗美德),佛陀伽耶(今印度比哈尔邦加雅城南)为其坐菩提树下成道处,而祇园和竹林精舍为其长期居住和传道的地方。释迦牟尼在29岁那年,痛感人世生、老、病、死等种种苦恼,特别是怀着对婆罗门教神权统治和梵天创始世说的强烈不满,毅然舍弃王族生活,离妻别子,出家修行。他在尼连禅河独修苦行了整整6年,却一无所得。于是,他便渡过尼连禅河来到了伽耶城外的菩提树下,发下誓言:如果不能证得无上正等正觉,决不起座。终于有一天,释迦牟尼大彻大悟:确信已经洞察了人生痛苦的本源,断除了生老病死的根本,使贪婪、瞋恨、愚痴等烦恼不再出现在心头,从而获得了解脱。这一年,释迦牟尼35岁。

此后的45年,释迦牟尼的足迹遍布恒河两岸,所到之处,他一心讲法,几乎不参与政治和世俗生活。在释迦牟尼的弟子中,既有国王和富商,也有乞丐和妓女,成员复杂,人数众多,因此,他在世的时候十分重视组织僧团、制定教规。他宣布:"众生平等";他规定:众僧必须剃发,穿黄衣,托钵行乞,遵从安贫、持律、清净身心的誓约;他要求:众僧犯过忏悔,不杀生、不偷盗、不邪淫、不妄语、不饮酒,等等。这些原始教义,后来都成为佛教的基本制度与戒律。就在释迦牟尼80岁那年,他不幸身染恶疾,在末罗国拘尸那迦城外的娑罗双树林中逝世。

(二) 佛教的创立与发展

释迦牟尼悟道成佛之后(也就在他35岁那年),即在鹿野苑设坛说法,向众生宣讲自己证悟的真理,主要内容是"四圣谛"、"八正道"、"十二因缘"等法门。最初前去听讲的有憍陈如等5人,他们便成为释迦牟尼最早的弟子,初成僧团。这次说法,佛教史上称之为"初转法轮"。因为佛教的"三宝"——佛、法、僧都已具备,它标志着佛教的正式形成。

释迦牟尼去世后不久,其大弟子大迦叶召集500名比丘在王舍城附近的七叶窟集会,共同忆诵佛说(因当时没有文字,只能靠众僧的记忆),这就是佛教史上的第一次结集。在那次集会上,阿难诵出"经",优婆离诵出"律",得到大家的认可,遂成为佛教的原始经典。

第一次结集后,比丘们分别率领徒众到各地传教,口口相授、师徒相传,因大家对教义的理解各有不同,便逐渐形成了不同的派系,时间一长,便出现了分裂。最初分为"上座部"和"大众部"两大派系;后来,大众部又分为"大乘"、"小乘"两个教派。简单点说,"乘"就是"乘载"或"道路"的意思。从修行目标上看,"小乘"佛教偏重自我解脱,以证得阿罗汉果为最高目标;"大乘"佛教则以普度众生、修持成佛、建立佛国净土为最高目标,即运载众生从生死大河的此岸到达菩萨涅槃的彼岸。

二、禅宗及禅宗哲学

我们首先对"禅"作一点初步了解。所谓"禅",乃是梵文 Dhyana 的音译"禅那"的略称,原来意译为"思维修"、"弃恶"等;后通常译作"静虑"。与"禅"相关的另一个词是"定",即梵文 Samadhi 的意译,指用心专一。佛教认为,静坐敛心,专注一境,久而久之就能达到身心轻安、观照明净的状态,是为"禅定"。

我们讲的"禅宗",严格来讲应该叫"东土禅宗"或"中国禅",是中国佛教最具代表性的一派,因以专修"禅定"为主而得名。禅宗的影响很大,尤其到了唐代后期,禅宗几乎代替了其他佛教宗派而一帜独树,"禅学"甚至成为"佛学"的同义词,其直接影响到宋明理学。而说到"禅"、"禅宗",就不能不说到一位来自南印度的伟大僧人——菩提达摩。

(一) 菩提达摩与东土禅宗的创立

宋代普济在《五灯会元》卷一中列出 7 佛,释迦牟尼是第 7 佛;又列西天祖师共 28 祖,其中第 28 祖为菩提达摩。就是这位名叫菩提达摩的僧人由南印度来到东土,开创了佛教中的禅宗一派,后世中国僧人称其为初祖。我们平时讲的佛教,在很多情况下不是指广义的释(佛教),而是由菩提达摩创立的禅宗,即中国化了的佛教。

1. 初祖达摩

菩提达摩生卒年不详简称达摩,亦作达磨,为南天竺国香至王的第 3 个儿子,本名叫菩提多罗,27 祖认为他比较通达,"夫达摩者,通大之义也。宜名达摩",故改名为菩提达摩。公元 526 年(梁武帝普通七年),达摩由南天竺国泛海到了广州;527 年到金陵[2];随之又到了北魏洛阳;同年再到嵩山少林寺。他在少林寺"面壁而坐,终日默然",长达 9 年(一说 10 年)之久,人称"壁观婆罗门"。终于有一天他大彻大悟,创立了东土禅宗。

达摩初到北魏,自称"南天竺一乘宗"。他将原由印度输入东土的繁难复杂的坐禅方法与中国当时的国情相结合,简化为"二入"、"四行"的修行方法:①所谓"二入"即"理入"和"行入"。"理入",是指凭借经教的启示,令一切妄念归真。"行入",是指从亲身实践出发,于日常生活中参悟禅机,证得正果。总之,通过"二入"使修行者达到一个"舍伪归真"、"无自无他"的境界。②所谓"四行",则是指"行入"的 4 条根本途径,包括"报怨行"(即放弃一切逆反心理)、"随缘行"(即放弃辨别是非的心理)、"无所求行"(即放弃一切要求和愿望)与"称法行"(即依照佛教教义行事)。

2. 二祖慧可

在禅宗的初创阶段,还有一个非常重要的人物那就是二祖慧可。慧可(487~593 年)俗姓姬,北魏洛阳人,"博极群书,尤精玄理"[3],依宝静禅师出家,初名神光,后改名慧可,乃一代高僧。

相传,达摩祖师在少林寺修行期间,神光朝夕承侍于他面壁参悟的洞口旁,但达摩并不太在意他。如此持续了很长一段时间,这一年腊月初九的晚上,天气寒冷异常,北风刺骨,大雪飘飘。神光依旧侍立在洞口一动不动,到天快亮的时候,积雪居然没过了他的膝盖。达摩心生怜悯,回头问道:"汝久立雪中,当求何事?"神光流着眼泪表达了自己一心向佛、请达摩收其为徒的迫切心愿,为了表达自己的虔诚,神光自断左臂,鲜血染红了一大片雪地。这便是佛教故事中"神光断臂"的传说。达摩终于被感动,对他说:"内传法印,以证其心;外付袈裟,以定宗旨。"神光就是东土禅宗二祖慧可。从此之后，禅宗都以袈裟作为传法的凭证——谁有袈裟，谁就是正宗的传法者。

3."南顿北渐"

"禅宗"初创于菩提达摩，然后传二祖慧可，传三祖僧璨，再传四祖道信，又传五祖弘忍，有研究者认为，从达摩到弘忍是为禅宗的初创阶段；至弘忍门下，禅宗分为南北两宗，世称"南北宗"或"南顿北渐"。这里牵扯到两位高僧。

一位是神秀（约606~706年），本姓李，唐开封尉氏人，少时出家，"学通内外，众所宗仰"。弘忍曾感叹道："东山之法，尽在秀矣，命之洗足，引之并座"[4]，随为上座及教授师，开北宗"渐悟说"之先河，数传渐衰。神秀强调"主观修行"的重要性，认为人心自然本有"净心"和"染心"之分，即"净心"为无漏真如之心，"染心"为有漏无明之心。若能拔除"染心"妄念而显示真如自体，即能成圣。武则天曾诏迎其入宫，奉为国师；唐中宗神龙元年敕留神秀，并自称弟子云云。另一位是慧能（638~713年），本姓卢，生于南海新兴（今属广东），世居范阳（郡治在今北京城西南），幼孤，目不识丁，以卖柴为生。偶于市上闻诵佛经，即发奋学佛，在弘忍门下作舂米工役，靠慧心佛性，被弘忍选为法嗣，乃南宗"顿悟说"的开创者。他认为心是产生万物的根源，"一切万物，尽在自身中"，"性（即心）含万法是大，万法尽是自性（即心）"，主张修行不必于寺，"常行于敬，自修身即功，自修心即德"[5]。

据传，当年五祖弘忍要选拔一位接班人，就对700僧众讲："正法难解，不可徒记吾言，持为己任。汝等各自随意述一偈，若语意冥符，则衣法皆付。"神秀很快便于廊壁上书一偈子："**身是菩提树，心如明镜台。时时勤拂拭，莫使惹尘埃。**"慧能虽是个役工，在文化修养方面比不了神秀，但其慧心、佛性却远胜他人。慧能看了神秀的偈子后，也和了一偈："**菩提本无树，明镜亦非台。本来无一物，何处惹尘埃？**"弘忍见此情景，就把衣（袈裟）印（法印）传给了慧能，并秘宣《金刚般若波罗蜜经》。慧能得了袈裟和法印之后，担心神秀加害于己，所谓"**受衣之人，命如悬丝**"，便连夜南逃，后于韶州曹溪宝林寺（今南华禅寺）传授顿悟之说，时间长达15年；而神秀成为五祖的旁出法嗣，居北方，倡"渐悟"之说。这就是"南顿北渐"的来历。

在随后的传播过程中，北宗渐渐衰竭，独南宗盛行，并遍及全国，远播海外，成为禅宗的"正宗"。因此，一般都认为，禅宗的正式建立应从7世纪后半叶慧能算起。慧能以后，又分出许多派系，分分合合，到南宋时，只有黄龙宗、杨歧宗和曹洞宗盛行，且流传到日本，其他均不传。

（二）禅宗最具代表性的哲学（佛学）思想

1. 佛性

六祖慧能在《坛经》中讲："如是一切法，尽在自性。自性常清静。日月常明，只为云盖覆。"[6]意思是说,佛性存在于每个人的本性之中,而人的本性是清静的,且具有先天的智慧,只是因为一向被虚妄的浮云遮盖着,未能自悟罢了。只要人们抛弃了世俗的虚妄心念,回归自我本性,即可见性成佛。言外之意是,佛性无须刻意寻找,也无须一天天坐禅念经、累世修行,只要真心向佛,就可"直指本心"、"顿悟成佛",甚至可以"放下屠刀,立地成佛",这就是所谓"直指人心,见性成佛"。

《坛经》上有这样一个故事:"时有风吹幡动。一僧曰风动,一僧曰幡动,议论不已。慧能进曰:不是风动,不是幡动,仁者心动。"心动风幡动,心静风幡静。"心静"则"心净";"心净"则妄念绝,"凡所有相,皆是虚妄;离一切相,即名诸佛"[7]。这告诉我们,佛性与心性是连在一起的。

2. 悟

禅宗最讲究悟,而且特别强调"自悟",所谓"境由心造",悟到"成法皆空"即是人生究竟。

相传,有一次大梵天王[8]在灵鹫山上请佛祖释迦牟尼说法。大梵天王率众把一朵金婆罗花献给佛祖,"顶礼佛足"(即礼拜佛陀的足,佛教中最隆重的礼节),之后大家退坐一旁。佛祖随机拈起所奉金婆罗花,瞬(同眴,目转动,以目示意)目扬眉,向众人示意。大家不明白佛祖的意思,都默然相觑,不知所措,唯有摩诃迦叶[9]破颜而微微一笑。于是,佛祖宣布道:"我有普照宇宙、包容万有的佛性,有超越生死轮回的奥妙心法,这样就能摆脱一切虚假表相而修成正果,其中妙处难以言说。我不立文字,以心传心,于教外别传一宗,现在就传给摩诃迦叶吧。"然后,便把平素所用的金缕袈裟和钵盂授予迦叶。这就是禅宗"拈花微笑"和"衣钵真传"的典故。[10]

"拈花微笑"是一种至高境界,是情与景(境)的交融、心与物(自然万象)的契合,不能用语言,也无须用语言表达,而只能靠感悟和领会;而迦叶的微微一笑,正是因为他领悟到了这一切,所以佛祖把衣钵传给了他。摩诃迦叶历来被中国禅宗尊为"西天第一代祖师"。

我们在前边已经讲到,禅悟又有渐、顿之分。笔者理解,"渐悟"注重的是功夫、是过程,诚如北宋诗人吴可有于《学诗诗》中所言:"**学诗浑似学参禅,竹榻蒲团不计年。直待自家都了得,等闲拈出便超然。**"而"顿悟",注重的是才情、是灵性,明代诗人都穆也有一首诗:"**学诗浑似学参禅,不悟真乘枉百年。切莫呕心并剔肺,须知妙悟出天然。**"都穆讲的"妙悟"也就是"顿悟"。这所谓的"妙悟"注重的不是过程、不是时间长短,而是悟的质量——"真乘"。

从六祖慧能开始,禅宗所追求的正是这种"顿悟"。他曾经讲:"说通及心通,如日至虚空,惟传顿教法,出世破邪宗。"[11]这里的"说"是指用来度人的方法,"心"指"真如佛性"。慧能认为,这两方面都通了,就像太阳照耀在空中,一切都明明亮亮。

他甚至主张创建所谓"顿教法"来取代其他佛教宗派(即所谓"出世破邪宗")。这种"顿教法"不拘形式,不重过程,直指人心,顿悟成佛。元代的吴昌龄写道:"溪河杨柳影,不碍小舟行;佛在心头坐,酒肉穿肠过。"这是对禅宗顿悟的典型写照。

3. 无念

"无念"是禅宗的最高境界。《坛经》讲:"我此法门,从上以来,先立无念为宗,无相为体,无住为本。"[12]所谓"**无念**",是指自性清静,思想上不要存留任何世俗的想法与念头;"**无相**"是指不要为世俗的某些表象迷住心窍,以保持本心的虚空与寂静;而"**无住**"则是指不要贪恋外物、执著于外物,即所谓"勿以物累"。"'三无'之中,无念为本,无相与无住归根到底也就是无念。达到无念境界,也就可以顿悟成佛了。"[13]

三、对禅宗的两点分析

我们通过禅宗与严格意义上的佛教的比较、与道家的比较,对禅宗作一点简单分析。

(一) 东土禅宗与佛教

禅宗本身是佛教,但与严格意义上的佛教又有很大不同。这种不同表现在什么地方呢?——佛教营造的是一种在世俗世界之外的超世俗世界,是完完全全"出世"的,过的是一种出世的纯宗教生活,类似于道家之流的隐居;而禅宗却着眼于现世的生存,追求的是不离现实的超世,不离此世而成佛。所以,禅宗主张"不立文字,教外别传,直指人心,见性成佛"。这是二者最根本的区别。

在禅宗看来,佛不是外在于人的,它就在人的心中,就是人的本心,要想成佛不是求诸于人,而是求诸于己。这无形中便染上了儒家、道家的色彩——儒家强调"君子求诸己,小人求诸人",道家讲究"清静自正",从这个意义上看,禅宗是中国化了的佛教文化。

(二) 东土禅宗与道家

禅宗和道家都主张"出世",但却有着不同的内涵。道家的"出世"是为了"回避"现实的矛盾,或强迫自己"忘记"现实世界带给自己的痛苦;而禅宗的"出世"却是因为把寄托放在了"来世"(在这一点上,禅宗与其他佛教教派没有什么区别),希望自己能够悟得正果,早日成佛。那么,怎样才能实现成佛的愿望呢?禅宗的智慧显现出来了——它没有引导你走进那种"鸡犬之声相闻,民至老死不相往来"[14]的"小国寡民"的虚幻世界,也没有让你一天到晚盘腿打坐、面壁静观,更不主张死啃书本、穷究佛理,而是让你立足于现实之中,在日常生活实践中参透佛理,悟出佛性,以达到成佛的目的。因此,有人讲"禅宗的智慧,其核心,就在于如何在面对一个看似矛盾、也确实矛盾的现象——在世与超世,做人与成佛,求佛与求己——中超越这一对矛盾。这种特殊的超越,是兼有二者,又使二者成为一种统一"[15]。

佛教文化作为中国传统文化的重要组成部分,其历史影响是深远的。特别是在哲学方面,佛教文化对宇宙、对社会、对人生的分析,蕴含着独到的哲学智慧,因此对中国古代哲学产生过重大影响,如宋明理学在很大程度上是受华严宗、禅宗理论的刺激才得以产生的;佛教理论中诸如"世界"、"情相"、"止观"、"定慧"、"心性"、"道统"等新命题启发和推动了中国古代哲学思想的发展[16]。所以,我们对佛教文化的认识不能停留在"唯物主义"、"唯心主义"的浅表层上。

附:"儒道互补"与"儒释互补"问题

我们在《导论》中已经讲到,中国传统文化的特点之一就是"包容"与"互补"的统一。这种包容性和统一性,在儒、释、道三种文化的关系上,得到充分体现。

1. 关于儒道互补问题

儒道互补是中国古代文化发展的一条主线。有人认为,当"孔子问礼于老聃"时,"其实就是儒道两家的第一次对话,也就显示了儒道两家文化的差异"。在历史发展过程中,儒道互补曾经历了两次高潮:① 第一次发生在战国中后期百家争鸣的学术环境中,这一时期,道家在伦理思想和政治主张上吸收了儒家"仁学"和"礼治"文化的精髓;而儒家的孟、荀则在哲学上受到道家的宇宙论、自然观和认识论的影响;② 第二次发生在宋、明时期,儒家对道家思想的进一步融合与吸收,对儒学新体系的重建有着重要的作用和意义。

李泽厚先生也认为,"儒家与道家的结合有两个方面,一是儒家与老子和道法家的互相利用、补充、渗透、交融,终于形成了历代的'阳儒阴法'的政治和权术,我称之为'儒法互用'。另一是儒家与庄子以至佛家的互补而造就个体人格的完成,我称之为'儒道互补'"[17]。

儒、道两家之所以要"结合"、要"互补"、要"利用",就是因为它们之间存在着较大的差异。过去,我们可能过分夸大了这种差异,所以认为它们的互补性也许是有限的,甚至是次要的。而近来有学者强调,"这些差异并不是互不相融、截然对立的,不构成激烈的冲突。儒道互补思想成为中国传统思想文化的主要内容,从未来的全球多元化的眼光来看,中国式的儒道互补文化格局必将长期存在下去"[18]。

2. 关于儒佛互用、互补问题

由古印度传入的佛教,主张出世、超尘、脱俗,而儒家则主张入世,积极干预社会与人生。所以,儒、佛两家的差异与对立是显而易见的。佛教文化在传入中原大地的前一、二百年,一直被视为"异域方术"而受到压抑和排斥,这便逼迫它加快与中国本土文化的融合,尤其要接受作为主流文化的儒家文化的改造,努力使自身成为中国文化的一部分。于是,便发生了儒家文化与佛家文化的互用、互补趋势,东土禅宗的出现就是最好的例证。到北宋,新儒家——"理学"的出现,标志着儒、释、道三种文化的融合初步完成,也是儒家文化改造、影响、吸收、融合佛教文化的结果。

从历史上看,佛教利用儒家文化的例子数不胜数,如敦煌遗书 S2679(3)号释利涉《奏请僧徒舍依定》卷中称:"孔子曰:'宽则得众,敏则有功。'孔子是东国贤人,尚能如此,利涉幸得生圣朝,事圣主,虽同草木,辄献辞,死罪死罪。"[19]而将释迦牟尼与孔子一起供奉的,更是屡见不鲜(如四川大足石刻妙高山第 2 号区崖面,就有所谓"三教合一窟",窟的中间为释迦牟尼,左为老君,右为孔子)。"这些资料说明,印度传来的佛教文化已经自觉地认识到只有实现自己的儒化,只有在尊奉自己教主释迦牟尼的同时,也尊奉中华民族的圣祖孔子,才能在中华民族这块土地上生根、开花、结果,才能取得广大东土臣民的信仰。"[20]

与此同时,"魏晋以降,许多社会统治者、当权者,既供奉佛教,又尊儒学,宋、元、明、清历朝的许多儒者,同时信仰佛教,这对于儒释互补,起了历史的积极作用"[21]。

通过以上简单分析,我们了解到中国传统文化就像这个多民族的国家一样,它不是一种单一的、封闭的文化,而是有多种要素组成的;这些文化要素在中国这片古老的大地上相互撞击,相互影响,又相互渗透,从而形成了以儒、道、释为主体的多元的文化格局;这种多元的格局,也彰显了中国传统文化的开放性、兼容性以及再生性等特点。

参考文献及注释

[1] 其他两大宗教分别是基督教和伊斯兰教
[2] 旧传,达摩过金陵时,与梁武帝面谈不契,遂乘一苇渡江北上,于是给我们留下了一个"一苇渡江"的故事
[3]《中国人名大辞典》,第 1499 页
[4]《张说作神秀碑铭》
[5] [7]《坛经》
[6] 敦煌本《坛经》,李建中:《中国文化概论》,第 52 页
[8] 印度神话中的创世者,因其善恶不分,有时是上帝,有时是魔鬼
[9] 摩诃迦叶,即佛祖在末罗国的拘尸那涅槃后召集 500 名比丘在七叶窟集会的大迦叶(又称摩诃叶波、迦叶尊者等),是佛祖的大弟子,在佛家弟子中有"头陀第一"、"上行第一"之誉,佛祖也经常赞叹他"头院、严整、少欲、乐出离",为佛教中禅宗的初祖,至菩提达摩为 28 代,

故中国禅宗尊其为"西天第一代祖师"

[10]《五灯会元·七佛·释迦牟尼佛》卷一:世尊于灵山会上,拈花示众。是时众皆默然,唯迦叶尊者破颜微笑。世尊曰:"吾有正法眼藏,涅盘妙心,实相无相,微妙法门,不立文字,教外别传,付嘱摩诃迦叶。"

[11]《中国传统哲学》,第163页

[12][13] 郭朋:《坛经校释》,第31、32页,转引自李建国:《中国文化概论》,武汉大学出版社,2005年,第53页

[14]《老子》,80章

[15] 张法:《中国美学史》,上海人民出版社,2000年,第339页

[16] 唐得阳:《中国文化源流》,第574页

[17] 李泽厚:《论语今读》,第139页

[18]《儒道五大误解之澄清》,载"千龙网,2003-02-17"

[19][20] 赵吉惠等:《中国儒学史》,中州古籍出版社,1991年,第82页

[21] 引文同[19],第82、83页

第五章 国学与制度文化

让我们从两段历史故事讲起。

汉高祖五年,汉王刘邦率兵夺取天下,"诸侯共尊汉王为皇帝于定陶",是为高帝(又称高祖)。夺取江山后,"高帝悉去秦苛仪法,为简易。群臣饮酒争功,醉或妄呼,拔剑击柱。高帝患之"。博士叔孙通建议,根据古礼和秦仪制定朝廷的礼仪。礼成后,刘邦便令群臣学习演练。汉高祖七年,借长乐宫落成之机,"诸侯群臣皆朝十月"。朝十月的礼仪是:天蒙蒙亮,掌管礼仪的官员就将群臣依次引入殿门,只见宫廷中"陈车骑步卒卫宫,设兵张旗志"。礼官一声令下"趋!"文武百官便依次"趋"向殿上各自的位置:功臣及武官站在西边面向东,文臣则站在东边面向西。"于是皇帝辇出房,百官执职传警",群臣依次朝贺,"自诸侯王以下莫不振恐肃静"。礼毕后,皇帝置酒大宴群臣,"诸侍坐殿上皆伏抑首,以尊卑次起上寿",再"无敢讙哗失礼者。于是高帝曰:'吾乃今日知为皇帝之贵也。'乃拜叔孙通为太常,赐金五百斤"云云[1]。这段历史故事告诉我们,制度在巩固政权、维持纲常秩序方面发挥着十分重要的作用。

还有一段可能是大家所熟悉的,即《红楼梦》第十八回元妃省亲一节:元妃定于正月十五回生她养她的荣国府去省亲,"自正月初八日,就有太监出来先看方向:何处更衣,何处燕坐,何处受礼,何处开宴,何处退息。又有巡察地方总理关防太监,带了许多小太监出来,各处关防,挡围幕;指示贾宅人员何处退,何处跪,何处进膳,何处启事,种种仪注不一。外面又有工部官员并五城兵备道打扫街道,撵逐闲人。贾赦等督率匠人扎花灯烟火之类,至十四,俱已停妥。这一夜,上下通不曾入睡"。这里极讲皇家礼数之烦琐和排场。而到了省亲的这天,"礼仪太监跪请(元妃)升座受礼",元妃的伯父、父亲等都要"于月台下排班"行礼,元妃传旨"免",方才退出;当元妃"至贾母正室,欲行家礼,贾母等跪止不迭"云云。这里告诉我们,国礼大于家礼,极讲礼仪的严肃性。

一、制度的基本含义

制度文化是人类社会进步的重要标志,属于政治文化的范畴。中国传统的制度文化包括了很多方面,如礼制、官制、法制、兵制以及科举制等。这一章,我们将有选择地作一些介绍。

(一) 制度的传统意义

要了解传统的制度文化,就必须首先弄清楚什么是制度。"制度"一词,在我国的典籍中很早就出现了,而且词义比较清晰。它大体上包含以下几层意思。

1. 在一定历史条件下形成的法令、礼仪(礼俗)等规范

《易·节》:"天地节,而四时成。节以制度,不伤财,不害民。"这里的"节"应理解为"法度"。意思是说,天地运行有法度,所以四季分明;当权者以法令、礼仪为法度,就不会害民伤财。所以,孔颖达疏:"王者以制度为节,使之有道,役之有时,则不伤财,不害民也。"

2. 制定规范

《左传·襄公二十八年》:"且夫富,如布帛之有幅焉,为之制度,使之无迁。"这是当年晏子与子尾对话时的内容,是说人们富有(的程度)像织出的布帛那样要有一定幅度,把这幅度制定好了,让它不能改变。再如《汉书·严安传》:"臣愿为民制度,以防其淫。"意思是,臣下愿意为管理民众而制定规范,以防备他们受到不良诱惑。

3. 规定

元结《与何员外书》:"昔年在山野,曾作愚巾凡裘,异与制度。"这封信的起因是,何员外送给元结(字次山)一顶皮帽子("皮弁"),"皮弁时俗废之久矣,非好古君子,谁能存之?忽蒙见赠,惊喜无喻",于是,元结便给何员外写了这封信。他在信中自称是"漫浪者",并回忆当年没有做官时("昔年在山野")自己制作的那些"愚巾凡裘",太随意,不符合规定。所以,从这里又引申出了制度的另一层意思,即官府规定的品级的服饰,如丝弦戏《空印盒》第十场有一句台词:"与他去了制度!"意思就是"给他脱去官服!"

4. 制作或制作方法

赵元一《奉天录》卷一:"国家不出三年,暂有离宫之象。臣望奉天有天子气,宜制度为垒,以备非常。"这是"建中(唐德宗年号,780~783年)之始",卫士桑道茂上奏皇帝时讲的一段话。"上以道茂言事数验,遂令京兆尹严郢充筑城使,具畚锸,抽六军之士督策之"云云。很显然,这里的"制度为垒"就是筑造堡垒的意思。再如,朱彧《萍洲可谈》卷二:"东坡在黄州,手做菜羹,号东坡羹,自叙其制度。"是说,苏东坡在黄州的时候,亲手做过一种菜羹,取名"东坡羹",并自己讲述它的制作方法。

另外,制度还有规模、样式等多重意思[2],不再一一介绍。

(二) 制度的现实意义

我们今天所讲的制度,它有三方面的主要功能:一是规范、约束人们的行为;二是协调、整合社会组织和社会力量;三是激励人们向真、向善、向美。从这个意义上讲,制度是在一定历史条件下形成的一种社会约束与保障体系,它涉及政治、经济、社会、文化等方方面面。制度通过规范约束人们的行为,以协调、整合社会组织和社会力量,从而实现保障社会稳定、促进社会发展的目的。

二、礼 制

我们在《导论》中讲到,中国古代的传统精神之一就是"人文"精神。"人文"一词的主要含义就是指礼教文化。

中国人向来有崇礼、重礼、守礼的良好传统,所以被称做"礼义之邦"。那么,中国人为什么特别看重"礼"呢?因为中国古代的礼仪反映了社会秩序,代表着人们的尊卑、贵贱,管子曾说:"礼之八经……上下有义(即仪,引者注),贵贱有分,长幼有等,贫富有度。凡此八者,礼之经也。"[3]意思是说,礼的作用就是当权者通过对不同身份、地位的人的不同约束与规范,达到维护秩序、巩固政权的目的。所以,在很多时候礼仪和纲常,甚至和国家命运是联系在一起的,乱了礼仪在很大程度上也就是乱了纲常。管子就把"礼"比做维系国家命运的"四维"之一:"国有四维……一曰礼,二曰义,三曰廉,四曰耻。……一维绝则倾,二维绝则危,三维绝则覆,四维绝则灭。倾可正也,危可安也,覆可起也,灭不可复错(措)也。"[4]正因为如此,王夫之给礼作出了这样的定义:"古帝王治天下之大经大法,统谓之礼。"[5]

(一) 礼・礼仪・礼制

从礼的诞生,到它的制度化,有一个比较复杂的过程。这一过程大体上可分为三个阶段。

1. 礼的诞生

荀子曾讲:"人生而有欲,欲而不得,则不能不求,求而无度量分界,则不能不争。"那么,如何有效地避免这种争斗呢?"先王恶其乱也,故制礼以分之,以养人之欲,给人以求。使欲必不穷乎物,物必不屈于欲,两者相持而长,是礼之所起也。"[6]

荀子的分析虽然带有明显的"性恶论"倾向,但却不无道理。在原始社会,生产力水平非常低下,物质条件也非常差,无法满足人们的欲望。在这种情况下,族群内部很容易发生争斗,然而"争则乱,乱则穷"[7],于是,便需要一种"约定俗成"的东西来约束和规范人们的行为,引导人们自觉抑制"无度量分界"的欲望,这就出现了

"礼"。可见,"礼"在它刚刚出现的时候有着明显的"礼让"的意思,而不带有强制性,这与西方恰恰相反。这就是笔者经常思考的一个问题:中华民族为什么称做"礼义之邦"而不是"礼仪之邦"?因为从一开始,这个民族就注重"礼让",而"礼让"一词更多地包含了"义"的成分而不是"仪"的成分。但需要说明的是,"礼"的诞生未必像荀子讲的那样由"先王制之",它是原始先民们在劳动和生活的实践中总结、归纳出来的,并为大家共同遵守。比如,大家在分食物的时候,谁先?谁后?谁应该分到哪种成色的?都需要"礼"。这便为以后"礼制"的诞生创立了基础。

但我们必须清楚,"礼"还不等于"礼仪",更不等于"礼制"。

2. 礼仪的诞生

"礼仪"是礼的程式化。笔者认为,礼仪的形成是与祭祀鬼神分不开的,并由祭鬼神发展到对人的礼敬。《礼记·礼运》讲:"夫礼之初,始诸饮食,其燔黍捭豚,汙尊而抔饮,蒉桴而土鼓,犹若可以致其敬于鬼神。"这段文字就是对远古先民祭祀鬼神的描写。郭沫若先生讲得更清楚、明白:"礼之起,起于礼神……其后扩展而为对人,更其后扩展而为吉、凶、军、宾、嘉等各种仪制。"[8]当约定俗成的"礼"成为一种相对的(后来变为严格的)形式时,就变成了"礼仪"。

从"礼"到"仪"不仅仅是一种形式的出现。有学者认为,它"是原始文化的核心。世界原始文化的共同点是原始性的信仰——宗教——巫术形态。它包含两个基本方面,一是人类社会的本质,一是宇宙的本质,二者合一地表现在仪式中。仪式是原始社会认识宇宙和自身的一套符号体系"[9]。

3. 礼制的确立

中国的礼制起源很早,大概在夏、商时代就已经出现了,但遗憾的是前人留给我们的文献资料太少太少,所以,早在孔子时代就因文献不足而不能"征之"。古代的礼,应该到西周时发展得比较完备。孔子念念不忘要"克己复礼",他所"复"的也就是周礼。西汉伏胜《尚书大传》云:"周公摄政,一年救乱,二年克殷,三年践奄,四年建侯卫,五年营成周,六年制礼作乐,七年致政成王。"这段文字讲的是,当年周公(姓姬,名旦,周成王的叔叔)在摄政期间所做的一些大事,其中之一是"制礼作乐",这就是所谓"周公制礼"说。

我们应特别注意到"礼"和"乐"的密切关系。这是中国传统文化的一大特点。就功能而言,礼主要是对人的行为进行规范与约束,而乐则主要对人进行教化和陶冶。孔子当年就说过:"昔者,舜欲以乐传教于天下,乃令重黎举夔于草莽之中而进之,舜以为乐正。夔于是正六律,和五声,以通八风,而天下大服。"[10]可见,这是一个问题的两个方面。对于"乐"的内容与形式有人作了这样的分析:"'乐'字代表着仪式艺术。乐,从字面看是打击乐……原始舞蹈以节奏为主,打击乐是仪式活动的核心,指导着整个仪式活动。因此,乐,不仅是音乐,而且是诗乐舞合一,更具体地说,是诗(咒语)、乐(以打击乐为主)、舞(纹身人之舞)、剧(情节模拟)的合一。"又说:"中国文化后来的主要观念,都来自原始意识。"[11]发展至今天,礼和乐更是难解难分,几乎所有的仪式都离不开音乐,例如,结婚奏《婚礼进行曲》,丧礼奏《哀乐》,迎接贵宾奏《迎宾曲》,开运动会奏《运动员进行曲》……音乐成为礼仪的重要组成部分。

需要指出的是,周朝的礼制是依照宗法制原则制定的,主要是通过正名分、定等级以调适统治阶级内部关系,维持和稳定统治秩序。很显然,这样的礼制是没有公平可言的——所谓"礼不下庶人,刑不上大夫"是对这种不公平性的最好写照。《礼记正义》解释说:"'礼不下庶人'者,谓庶人贫,无物为礼,又分地是务,不服燕饮,故此礼不下庶人行也。"又说:"'刑不上大夫'者,制五刑三千之科条,不设大夫犯罪之目也。所以然者,大夫必用有德,若逆设其刑,则是君不知贤。……非谓都不刑其身也,其有罪则以八议议其轻重耳。"其不公平性昭然若揭。

(二) 礼制的分类

古代的礼制分为五大类,即吉礼、凶礼、军礼、宾礼、嘉礼,世称"五礼"。这一说法主要源于《周礼》一书,后来为历代礼学家所沿用。具体说来为以下五方面。

1. 吉礼

吉礼简单说就是祭祀之礼。《周礼·春官·大宗伯》:"以吉礼事邦国之鬼神示。"郑玄注:"事,谓祀之,祭之,享之,故书吉或告。"古代认为,祭祀是"国之大事",如《礼记·祭统》所云:"礼有五经,莫重于祭。"所以,吉礼便理所当然地被列为五礼之首。礼祭的内容很多,文献记载也不相同,大体上有三大类:一是祭天帝;二是祭地祇;三是祭人鬼。祭天帝主要是为了乞求上苍保佑;祭地祇主要是为了乞求丰收;而祭人鬼则主要乞求社稷平安。

2. 凶礼

凶礼一般指丧葬之礼。《周礼·春官·大宗伯》:"以凶礼哀邦国之忧。"郑玄注:"哀谓救患分灾。"贾公彦疏:"凡言哀者谓被(遭受)凶灾,从后以物哀之也。"即邻国发生了凶灾,国君派使臣带着物资救患分灾。凶礼的主要内容包括:"以丧礼哀死亡","以荒礼哀凶札","以吊礼哀祸灾","以禬礼哀围败","以恤礼哀寇乱"等[12]。

3. 宾礼

宾礼是接待宾客之礼。《周礼·春官·大宗伯》:"以宾礼亲邦国。春见曰朝,夏见曰宗,秋见曰觐,冬见曰遇,时见曰会,殷见曰同,时聘曰问,殷覜曰视。"所以郑玄注道:"亲,谓使之相亲附。宾礼之别有八。"

4. 军礼

军礼就是军队操演、征伐之礼。《周礼·春官·大宗伯》:"以军礼同邦国。大师之礼用众也,大均之礼恤众也,大田之礼阅众也,大役之礼任众也,大封之礼合众也。"郑玄注:"同,谓威其不协僭差者。军礼之别有五。"意思是说,军礼以其威严震慑不法之徒使之不敢僭越。军礼包括了五种类型:大师之礼是军队出兵征伐时所用的礼仪;大均之礼是国君与诸侯均土地、征赋税时为了安抚民众所举行的礼仪;大田之礼是天子通过定期狩猎以练习战阵,检阅兵马;大役之礼是国家在筑城邑、修宫殿、开河渠等时候检阅部队所用的礼仪;大封之礼是勘定国家疆界、私家(封)地界,并树立界碑时采用的礼仪。

5. 嘉礼

《周礼·春官·大宗伯》:"以嘉礼亲万民。"郑玄注:"嘉,善也。所以因人心所善者而为之制。"贾公彦疏:"《礼运》云,饮食男女,人之大欲存焉,此嘉礼有饮食男女之等,皆人心所善者,故设礼节以裁制之。"可见,嘉礼是因人心所喜好("善也")的事情,如饮食、婚姻、贺庆等而制定的礼节,其目的是使万民和睦("亲万民")。

上述五种礼制,是古代国家为整个社会而制定的。这其中既有"国礼"也有"家礼"。比如,"凶礼"的范围就不限于"邦国",据《汉书·哀帝记》:"博士弟子父母死,予宁三年。"颜师古注:"宁,谓处家持丧服。"所谓"丁忧三年"就是指此。

(三) 对礼制的简单思考

说到礼制,孔子功不可没。我们在前边讲到,春秋末期周王室日益衰败,各诸侯国之间的战争屡屡爆发,周王朝原来制定的那些礼仪没有人再去理会,常常出现越礼僭用之事,如季氏就曾"八佾舞于庭",惹得孔子大动肝火,斥责道"是可忍也,孰不可忍也"[13]。这就是司马迁在《史记·孔子世家》中讲到的:"孔子之时,周室微而礼乐废。"

然而,礼制的作用又是不可忽视的,所以许多统治阶级的代表人物都为重建礼制而努力,其中贡献最大的当属孔子。据统计,《论语》中记载孔子说礼、论礼的文字有34处之多,他反复强调礼的重要性,并认为之所以出现礼崩乐坏的局面主要是因为"不仁",于是他把"礼"与"仁"相提并论,从而构造了儒家文化的核心内容。"这样,仁礼结合起来,转化成了一种伦理道德之礼。儒家主张用这种伦理道德之礼来完成从外到内、从内到外的社会秩序构建工作。"[14]

1. 这种"伦理道德之礼"创造了一种相互礼让、谦和宽松的人际关系

英国作家费利克斯·格林曾写道:"我被中国人吸引住了,特别是他们那宝贵的人与人之间的关系。我钦佩他们远大的历史观、他们固有的彬彬有礼行为、他们对友谊的特大度量以及他们对朋友的忠诚(他们永远不会忘记别人做的好事)。……我佩服他们那自然而文雅的礼貌,对老年人的尊敬和对年轻人的关切。……如果我处在一个紧要关头或遇到一个真正的危险时,我情愿要一个中国朋友和我站在一起而不要其他任何人。"[15]这是很少听到的外国人的肺腑之音,也是对中国"礼"的由衷礼赞。

2. 这种"伦理道德之礼"培养了中国人特有的道德感和自律意识

我国台湾学者韦政通讲,"礼是人人心中一道无形的墙,防闲着我们的行为,随时提示我们,人行到此,必须止步,否则便是越礼。……礼是最大众化的,它与民间的习俗,融合无间,是习俗的道德,也是最具约束力的社会规范"[16]。笔者在前边谈到,在中国人看来有很多时候"礼=理"。那种"最大众化"的道德感告诉我们,失礼、悖理、无理不合理的事情是不能做的,否则就要受到众人的指责,就失去了人缘,就会孤立自己,那是最可怕的。这样,无形中便又培养了每个人的自律意识。正是从这个意义上,费孝通先生指出,"礼在社会控制方面,比法律,甚至比一般的道德,都更具效力"(引文见前)。

三、官　　制

"官"字的一个最基本含义是房舍。《易·随》:"官有渝,贞吉,出门交有功。"高亨先生注:"官之初义正为舍,故宀在上,则官古馆字……官有渝,谓馆舍有毁圮也。"《论语·子张》:"夫子之墙数刃,不得其门而入,不见宗庙之美,百官之富。"由房舍引申为官府、衙门。《礼·玉藻》:"凡君召……在官不俟屦,在外不俟车。"注:"官,谓朝廷治事处也。"再引申为行使权力的官员。

官制是国家政权的构成形式以及设官分职的管理制度。人类进入阶级社会之后,职官制度是国家政治制度的核心内容,在我国漫长的封建社会里,它直接关系着政权的稳定和天下的归属。

我国古代官制是一个很复杂的系统,包括的内容非常多,归纳起来有两大项:一是指国家的管理体制及构成该体制的各级官府衙门的名称、官员编制序列、组织结构、权力运作方式、制衡机制及历史沿革等;二是指官吏的培养、选拔、任用、考核、监察、奖惩、品级、俸禄以及退休等制度。这里,我们将有选择地作一些介绍。

（一）我国古代官制的基本沿革

自古以来，中国的官制就有中央和地方之分。我们也将沿着中央、地方两条线窥探一下我国古代官制的发展与变化。

1. 中央官制的沿革

这一过程可大体分为四个阶段。

第一，先秦时期。据有关研究者称，早在夏朝就已经有官制的雏形。由六卿辅佐夏王，而司空为六卿之首，后稷掌管农业，司徒掌管教化，大理主管刑狱，共工主管营建百工，虞人掌管山泽畜牧。此外，夏王朝还初步建立了管理军事、农事和赋税征收的机关等。

商代中央官制已趋向系统化，建立起了以商王为核心的中央权力机构。辅佐商王的主要大臣为伊尹。其下设有司徒、司空、司寇，分别掌管力役、工程和刑狱。当时，由于受到条件的限制，人们对许多自然现象不能作出合理解释，便统统归于鬼神，因此掌管占卜、祭祀的司巫就显得特别重要。《周礼·春官·神仕》："司巫掌群巫之政令。若国大旱，则帅巫而舞雩；国有大灾，则帅巫而造巫恒；祭祀，则共匰主，及道布，及蒩馆。凡祭事，守瘞。凡丧事，掌巫降之礼。"

春秋战国时期，诸侯国各自为政，政令不通，官制纷繁复杂。但鲁国却是一个例外，周公旦不仅很好地继承了周礼，而且将其进一步完善（参见前文）。一般说来，这一时期各诸侯国大体上都实行了卿、大夫、士三级官制结构，卿为众官之首。

第二，秦汉魏晋南北朝时期。这一阶段，中央的官制以"三公九卿制"为主体。秦始皇统一中国后，建立了中国历史上第一个中央集权制的封建帝国，并采用了以皇帝为核心的"三公九卿制"。所谓"三公"，是指丞相、太尉和御史大夫，他们分别掌管行政、军事和监察大权；所谓"九卿"，是指中央政府各部门的行政主官，分别是：掌管宗庙祭祀和文化教育的长官"奉常"（被称为九卿之首）、负责皇宫安全尤其是皇帝安全的侍卫长官"郎中令"、负责宫门警卫的长官"卫尉"、掌管皇帝车马以及全国马政的长官"太仆"、中央最高司法长官"廷尉"、掌管国家民族事务及朝聘的长官"典客"、专管皇室事务的长官"宗正"、负责征收盐铁谷物租税和国家财政收支的长官"治粟内史"、掌管山海池泽之税和官府手工业制造以供皇室之用的长官"少府"。

西汉基本承袭了秦的官制，并不断对"三公九卿制"进行调整和完善。比如，西汉初年九卿的名称就稍有变动，将郎中令改为光禄勋，典客改为大鸿胪，奉常改为太常，廷尉改为大理，治粟内史改为大司农，但九卿的职权范围基本没有多少改变。汉武帝时，中央官制的一个最大变化是：削弱了"三公"之一丞相的权力，而强化了尚书令的权力。

东汉时，尚书的权力进一步扩大，尚书机构称"台"，所谓虽置三公，"事归台阁"

是也。尚书台设令、仆射各一人,尚书六人,分掌了三公、吏、民、客、二千石及中都官等六曹,分割或取代了九卿的部分权力。

魏晋时期又有了新的变化,主要是强化了中书省而弱化了尚书省。这样,中央政务便逐渐由"三公"转向"三省",而行政事务则由"九卿"转向"六部"。

第三,唐宋时期。这一时期中央的官制以"三省六部制"为主体。隋唐时期,专制的中央集权政体已趋于完备,其标志就是建立了以皇帝为核心的"三省六部制"。所谓"三省"即尚书省(主要负责处理国家的行政事务)、中书省(掌管国家策令的起草与颁布)、门下省(主要负责对国家策令的审议和颁布),其中尚书省是中央行政管理的中枢机构,下辖六部二十四司。"六部"分别为吏部、户部、礼部、兵部、刑部、工部,其长官为尚书,副手为侍郎。"六部"的基本分工是:吏部掌管官吏的选授、勋封以及考课之政;户部掌管人口、土地、钱谷及赋税之政;礼部掌管礼仪、祭祀、贡举之政;兵部掌管武选、地图、车马、甲械之政;刑部掌管律令、刑法、徒隶以及按复谳禁之政;工部掌管山泽、屯田、营建与工匠之政。各大部下设四个司,分管具体业务。唐代除"六部"外,还设有"九寺五监","九寺"基本由"九卿"演变而来,但职责有了很大变化;"五监"即国子监、少府监、将作监、军器监、都水监。"九寺五监"独立设置,职能上与"六部"配合,这体现了唐代封建国家权力机构的进一步成熟。

宋代基本上延续了唐代官制,但又有很大不同。如神宗元丰以前,虽设有"三省六部",但实权却掌控在中书、门下两省手中,是所谓的"真宰相",参知政事为副宰相,总掌行政,而尚书省则形同虚设;又设有枢密院掌军事(其长官为枢密使、副枢密使);设转运使司、铁盐使司、度支使司等三司掌财政。这样,就形成了行政、军事、财政的三权分立,从而削弱了宰相的权力。"六部"的职权也比原来小了许多。直到神宗元丰五年(1082年),才基本恢复了唐代"三省六部制"的权力格局。

第四,明清时期。这一时期的中央官制变革较大。明代官制作了四大调整:①日常公务方面改秦汉以来的"宰相制"为"内阁制";监察方面改汉以来的"御史台"为"都察院";军事方面改"大都督府"为"五军都督府";②大大提高了"六部"的地位,改过去间接向皇帝负责为直接向皇帝负责;③建立了宦官机构,分设十二监,每监各设一员太监统领,同时,宦官机构又设立东厂、西厂、锦衣卫等特务组织,从而形成了一个特殊的权力集团和政治势力[17];④废宰相设内阁。内阁由翰林院学士组成,分首辅、次辅和群辅,其主要职责是代拟诏书,批答奏折。永乐后,内阁学士逐渐参与正事,成为掌握实权的全国行政中枢。

清朝定鼎之初,实权基本掌握在八旗王(即所谓"铁帽子王")与议政王大臣会议手中。雍正年间有了改变,即为了战争需要朝廷设立了"办理军机处",简称"军机处",后来其权力不断扩大,不仅取代了议政王大臣会议,而且变成了皇帝直接操控下处理全国军政事务的中枢辅政部门。清代还有一大变化,即"六部"的权力大大缩小,已不是行政管理的中枢,也不能对下直接发布政令;"九寺"剩下了"五寺",

即大理寺、太常寺、光禄寺、太仆寺、鸿胪寺；而"五监"则仅存国子监，其余"四监"先后并归了工部。

我国古代中央官制的创建与沿革过程，大致如此。

2. 地方官制的沿革

这一过程可大体分为如下五个阶段。

第一，先秦时期。这一时期基本实行的是"分封制"。据资料载，当时中华大地上分散着许许多多的诸侯国，西周初年曾多达"一千八百诸侯"。这些受封的诸侯就是各王朝的地方官，他们同时又在各自的封国内仿照王室的做法设置百官。直到春秋战国时期，一些国家才在边远地区或兼并来的国土上设置郡县，派官吏进行管理，这实为秦代郡县制的前奏。

第二，秦汉魏晋南北朝时期。秦汉时期，虽然也保留了一些封国，但地方官制基本上实行的是"郡县制"。秦始皇统一中国后，将其划为36个郡县，即三川、河东、南阳、南郡、九江、鄣郡、会稽、颍川、砀郡、泗水、薛郡、东郡、琅琊、齐郡、上谷、渔阳、右北平、辽西、辽东、代郡、巨鹿、邯郸、上党、太原、云中、九原、雁门、上郡、陇西、北地、汉中、巴郡、蜀郡、黔中、长沙和相当于郡一级的内史（"内史"为秦代的行政区，即秦代京畿附近由内史管理，故以官名为之，而不称郡或县，治所在咸阳）。到秦末，郡县的数量增至40余个。郡设太守，县分二级：一级为万户以上，设县令；二级为万户以下，设县长。

汉武帝时，又把全国分为13个监察区，各置刺史一人，史称"十三刺史部"，简称"十三部"。成帝时，又改"刺史"为"牧"，成为事实上的一级行政组织。这种县令、郡守、州牧的三级地方长官制，一直延续到魏晋南北朝时期。

第三，隋唐及宋时期。隋及唐代初期，地方官制基本实行州、县二级，州的长官为刺史，县的长官为县令。唐贞观元年，依自然形势又将全国分成"十道"，即关内、河南、河东、河北、山南、陇右、淮南、江南、剑南、岭南等十道，每道派出一名观察使。这样，地方官制就演变成为道、州、县三级。另外，唐代还在边疆地区设立都督府，长官为都督，后称节度使；唐中后期，内地也实行了这一制度，且节度使一般兼任州刺史之职，成为军政大权独揽的地方长官。

宋代的地方官制与唐中后期相似，基本上是路、州、县三级。路设转运使，州设知州，县设知县，分别为地方的三级行政长官。

第四，元代。这一朝地方官制的最大特点是设立了"行省"。1279年元灭南宋而统一了中国，其有效势力范围之大，"北逾阴山，西极流沙，东尽辽左，南越海表"，"唐所谓羁縻之州，往往在是。今皆赋役之，比于内地"。[18]为了加强中央的控制权，元朝除京师附近地区直隶于中书省外，又将全国划分为11个行省，即河南、江北、江浙、江西、湖广、陕西、四川、辽阳、甘肃、岭北、云南等。这是中国建立省制的开始。行省之下,一般为路、府、州、县四级,其长官分别为总管、知府、知州、县尹。

第五,明清时期。这一时期的地方官制基本上为省、府、县三级。明初沿袭元制,后来明太祖意识到省的权力过大,便想办法削权。将全国划分为13个省,设承宣布政使司,即山东、山西、河南、陕西、四川、湖广、浙江、江西、福建、广东、广西、云南、贵州,其长官为左、右布政使,只管一地之民政和财政,权力远比元代要小得多。永乐七年(1409年)又在奴儿干城设置"奴儿干都司"。省以下仍设府与县。后,省一级的最高长官又改称总督或巡抚。

清基本承袭明制,只是扩大了总督的权力,一般要管辖一至三省,综理军民政务;巡抚则主管一省之军政刑狱,又称抚台。乾隆时,又专设分守、分巡道,多兼兵备衔,管辖府、州,成为省以下府、州以上的行政长官,别称道台。府、县两级与明时的变化不大。

以上,便是我国古代地方官制沿革的大致情况。

(二) 我国古代官制的基本特点

在漫长的封建社会里,我国古代的职官制度形成了许多独到的特点。可以简单归纳为以下几点。

1. 相对稳定,且不变中有变,变又不离其宗

纵观中国封建社会几千年,职官制度虽然发生了许许多多的变化,但就总体而言却是相对稳定的,尤其是隋唐确立了"三省六部制"之后,几乎是代代相袭。这与西方社会大相径庭。当然,由于社会的发展和当权者的某种需要,也作了一些改进,但又百变不离其宗,而所谓的"宗"就是强化皇权、巩固以皇帝为核心的"家天下"。

2. 中央集权,且皇权至上

这是我国古代职官制度最明显的特点。历朝历代的职官制度无不围绕如何扩大、加强、巩固中央集权而大做文章;而在中央集权中,又特别突出了"皇权"的至高无上,即所谓"溥天之下,莫非王土,率土之滨,莫非王臣"是也,这样便形成了一种以皇权为核心的封建独裁政权。这种政治格局的形成,与中国人根深蒂固的"宗法意识"和封建社会"家国同构"的政治模式密不可分。

所谓"宗法意识"也就是血统意识,是一种根据家族血缘关系的远近来等贵贱、分亲疏的等级意识。作为一种制度,它起源于氏族社会父系家长制,到周代与嫡长制密切结合,渐趋完备,嗣后为各个朝代的统治者所尊崇和利用。从政权角度分析,"宗法制"的核心是"世袭制度",也就是所谓"世卿世禄"制度;扩而大之,便是"上品无寒门,下品无士族"。这种宗法意识在历史上曾发挥过重要作用,尤其是在

某些危难关头,俗语讲"打虎亲兄弟,上阵父子兵",但其贻害也是有目共睹的(此种危害在"文革"中发展到极致)。

以这种宗法观念为基础所形成的"家国同构"政治模式,是指家庭(家族)与国家在组织结构方面的共同性。在社会生活中,把维护家长(族长)的绝对权威与维护国君的专制权威合二为一,也就是"视'忠'和'孝'为一体:'忠'是建立在'孝'基础之上的,是对'孝'的升华和放大;而'孝'则是对'忠'的体现和补充。借用孔子的话说,'迩之事父'谓之'孝','远之事君'谓之'忠'。"[19]"家国同构"政治模式的核心概括地讲就是"**江山社稷的家族化**"和"**国家政权的家长化**"。

3. 实行官职、品阶双轨制

古代把职官分为若干等级,通称为"品"。汉代以俸禄的多少作为官职高低的标准,即所谓"食禄",如"九卿"是中二千石(即月谷 180 斛),刺史、太守级别的是二千石(即月谷 120 斛),县令是千石到六百石(即月谷 100～70 斛);曹魏时官分九品,所谓"九品中正制",一品最高,九品最低;隋、唐时又将四品以上分为正、从,于是便有了十三阶;明、清两代九品都分正、从,共有十八阶。隋、唐时,九品以内的官称为"流内",九品以外的官称为"流外","流外"的官经过考铨转授"流内"的官谓之"入流";清代把不列入九品之内的官称做"未入流"。

实行官职与品阶双轨制,就是"职务与待遇挂钩",让责、权与利益统一,最大的好处是有利于调动各级官员的积极性。

附表一:秦代地方机构职官简表[20]

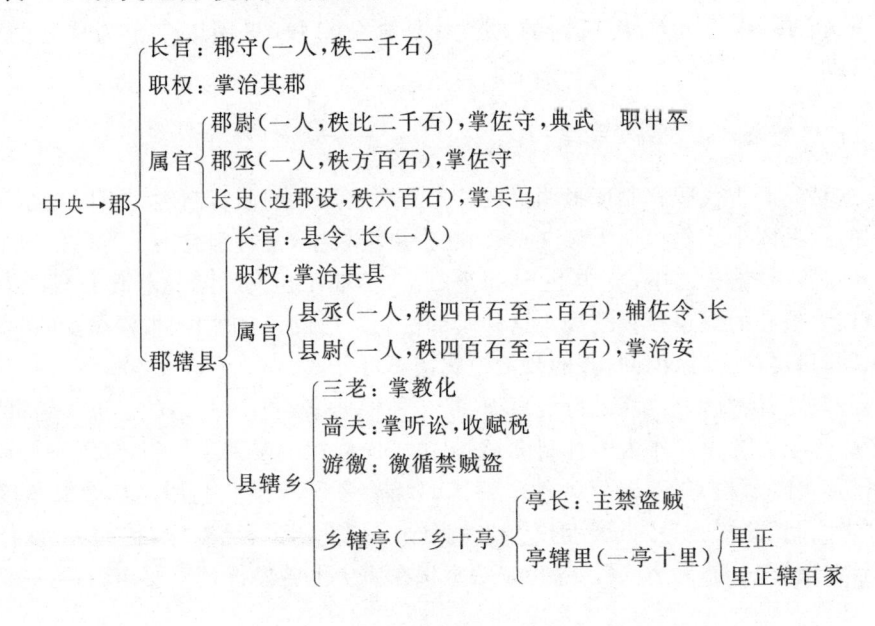

```
                    ┌ 长官:郡守(一人,秩二千石)
                    │ 职权:掌治其郡
                    │       ┌ 郡尉(一人,秩比二千石),掌佐守,典武  职甲卒
         中央→郡 ──┤ 属官 ┤ 郡丞(一人,秩方百石),掌佐守
                    │       └ 长史(边郡设,秩六百石),掌兵马
                    │
                    │       ┌ 长官:县令、长(一人)
                    │       │ 职权:掌治其县
                    │ 郡辖县┤       ┌ 县丞(一人,秩四百石至二百石),辅佐令、长
                    │       │ 属官 ┤ 
                    │       │       └ 县尉(一人,秩四百石至二百石),掌治安
                    │       │
                    │       │       ┌ 三老:掌教化
                    │       │       │ 啬夫:掌听讼,收赋税
                    │       │ 县辖乡┤ 游徼:徼循禁贼盗
                    │       │       │                  ┌ 亭长:主禁盗贼
                    │       │       └ 乡辖亭(一乡十亭)┤             ┌ 里正
                    │       │                          └ 亭辖里(一亭十里)┤ 
                    │                                                     └ 里正辖百家
```

附表二：清代地方机构职官简表[21]

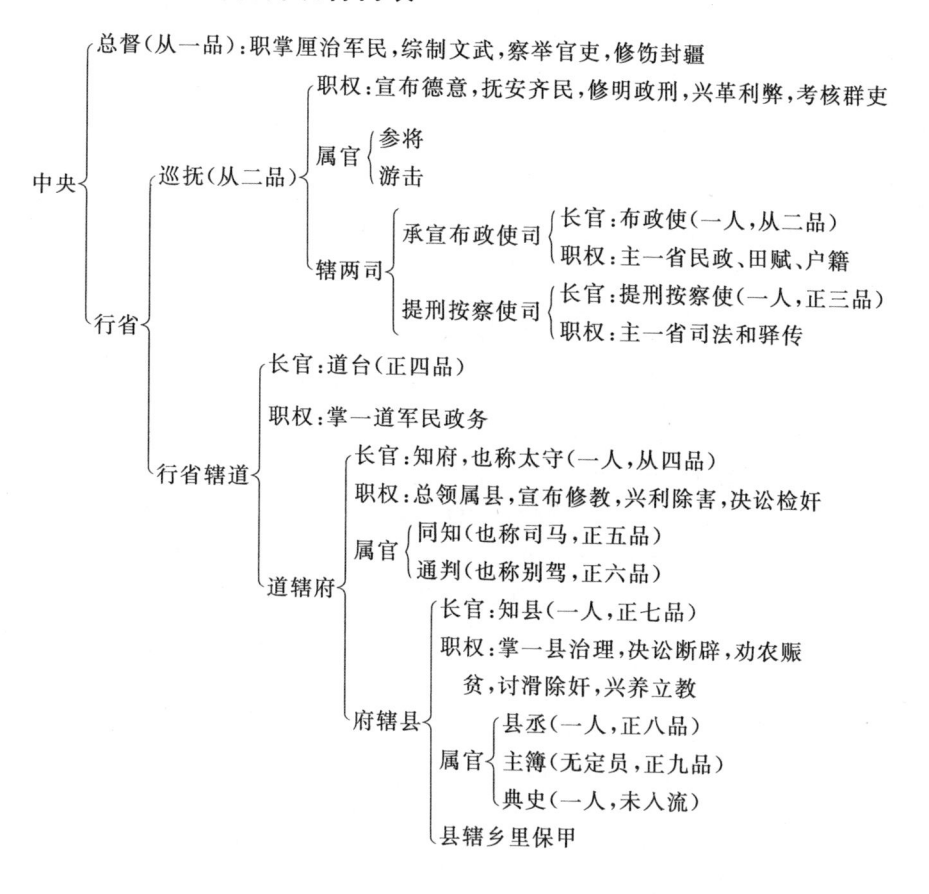

- 中央
  - 行省
    - 总督（从一品）：职掌厘治军民，综制文武，察举官吏，修饬封疆
    - 巡抚（从二品）
      - 职权：宣布德意，抚安齐民，修明政刑，兴革利弊，考核群吏
      - 属官
        - 参将
        - 游击
      - 辖两司
        - 承宣布政使司
          - 长官：布政使（一人，从二品）
          - 职权：主一省民政、田赋、户籍
        - 提刑按察使司
          - 长官：提刑按察使（一人，正三品）
          - 职权：主一省司法和驿传
    - 行省辖道
      - 长官：道台（正四品）
      - 职权：掌一道军民政务
      - 道辖府
        - 长官：知府，也称太守（一人，从四品）
        - 职权：总领属县，宣布修教，兴利除害，决讼检奸
        - 属官
          - 同知（也称司马，正五品）
          - 通判（也称别驾，正六品）
        - 府辖县
          - 长官：知县（一人，正七品）
          - 职权：掌一县治理，决讼断辟，劝农赈贫，讨滑除奸，兴养立教
          - 属官
            - 县丞（一人，正八品）
            - 主簿（无定员，正九品）
            - 典史（一人，未入流）
          - 县辖乡里保甲

四、科 举 制

在许多教科书中把"科举"和"教育"混为一谈，这是一种概念上的模糊。科举和教育密不可分，但又不完全是一回事。科举制是我国古代的一种考试制度，是通过考试选拔人才的重要途径。这种考试制度始于隋，止于清，先后跨越了1300余年，是历朝历代选拔人才的主要手段。所以，研究中国的制度文化，不研究科举制则是一种缺憾。

（一）科举制走过的主要历程

科举制不是凭空产生的，作为一种重要的历史现象、一种制度文化，它先后经历了酝酿、发生、发展、极盛、衰败的历史过程。

1. 科举制之前的选人途径

从进入阶级社会到春秋战国之前,各王朝选人、用人的基本途径是"世卿世禄"制,也就是我们常说的世袭制。战国时期,选人、用人制度发生了大的变化,即出现了"善士"、"军功"、"客卿"制。所谓"善士"制,是由国君和贵族供养着一批有才干的人,以备随时选用;所谓"军功"制,是从立有战功的人员中选拔、任用官员;而所谓"客卿"制,是从别国选拔人才到本国来担任要职。

两汉时期,选拔人才的基本方式是"征辟"制和"察举"制。什么是"征辟"制呢?"征辟"又称"辟除",是汉代高级官员任用属员的制度,如朝中的"三公"、地方的"州牧"和"郡守"等都可以自行选拔、任用僚属;而"察举"制则是由州、郡等地方官员在自己的辖区内考察、选拔出优秀人才,以"孝廉"或"贤良方正"的名义推荐给朝廷,再由朝廷进行考核、任用的一种人事制度。

魏晋南北朝时期,基本的选人方法是"九品中正"制。东汉末年曹操提出了"唯才是举"的用人方略。延康元年,魏文帝曹丕在全国各州设"大中正"、在郡设"小中正",大、小中正都由中央选派贤能的官员担任。大、小中正将自己辖区内的人士按照品德与才识分别评定为上上、上中、上下、中上、中中、中下、下上、下中、下下九品(九个等级),每十万人举一人,由吏部授予官职,这便是"九品官人法",又称"九品中正制"。这一选才制度的推出,为朝廷选拔了许多优秀人才。但随着时间的推移,当初的"唯才是举"观慢慢变成了"门第"观,遂出现了"上品无寒门,下品无士族"的不正常现象。科举制正是在这种背景下应运而生的。

2. 科举制的形成与发展

变味的"九品中正制"妨碍了优秀人才的正常选拔,特别是阻碍了中小地主阶级的进身之路,引起他们的强烈反对。所以,到隋文帝时便废除了"九品中正制",打破了士族垄断;隋炀帝开始设置"进士科",用一种公开考试的方法选拔官员,遂开"科举制"之先河。

唐代在隋的基础上对科举制作进一步完善,除设置进士科之外,又增添了秀才、明经、明法、明算、明书等科。"明经"就是通晓经书;"明法"就是懂得法律;"明算"就是精通算术;"明书"就是书法要好。另外,还有一史、二史等科,分科取士,故称"科举"。在唐代的各科考试中,最贵进士科,《登科记考·点校说明》就讲:"科举取士肇端于隋,但至唐始盛,并且逐步制度化,成为选拔人才的主要手段。各科中,尤重进士,虽然每年取中的不过三十人上下,而其中'位极人臣常十有二三,登显列十有六七'[22],还有不少人后来成为知名的学者、诗人。"《唐摭言卷一·散序进士》也讲:"搢绅虽位极人臣,不由进士者终不为美。"考取了进士称做"及第",喻称"登龙门",这在当时是非常高的荣誉,人们用"朝为田舍郎,暮登天子堂"形容进士及第前后的变化和荣耀。进士的第一名称状元,第二名称榜眼,第三名称探花。新进士要在长安曲江亭聚会游宴,叫做"曲江宴";游宴后还要在慈恩寺雁塔下题名,称为"题名会"。唐朝著名诗人孟郊登科后诗中写道:"春风得意马蹄疾,一日看尽长安花。"后来"春风得意"便成为进士及第的代名词。唐朝主持科举考试,初由吏部,后改为礼部。考取与否,不但根据考生成绩,还要有名人推荐,于是,考生纷纷奔走于达官贵人之门。为了提高考试的公平性,后来又增加了"殿试",即皇帝亲自参与考试。

宋朝的科举制度基本沿袭了唐制,但也有不少改进:①科目比唐减少。常科开始有进士、九经、五经、三礼、三传等,后来合并为一进士科;②考试内容注重儒学经义的阐释,而取消了唐代偏重记忆的帖经和墨义;③常科考试明确定为三级:州府试、礼部试和殿试;④考试定为三年一次(元、明、清三朝遂为定制);⑤取士名额大大增多,唐时"不过三十人上下",而宋朝通常是两三百人,多达五六百人;⑥进士开始分等级(唐时未分),一二等称"进士及第",三等称"进士出身",四五等称"同进士出身";⑦考试规则比唐朝更加严密,建立了锁院、糊名和誊录等制度。

3. 科举制从极盛走向衰败

明、清两朝是科举制的极盛时期,同时也是走向衰败的时期。这一时期,朝廷明确规定科举必须经过学校教育,进学校便成为科举的必由之路,所以,所有的学校教育都在围绕科举的指挥棒转,学校基本沦为科举考试的附庸。明、清两朝在科举考试的等级上固定为院试、乡试和殿试。

所谓"院试",即由各省学政主持的考试,参加"院试"者必须是经过府试录取的士子(因学政又称提督学院,故称院试),录取者称为"秀才",也称"诸生";

所谓"乡试",即每三年一次在京城或各省城举行的考试,参加者必须具有秀才资格,考中者称"举人",第一名称"解元",《明史·选举志》:"三年大比,以诸生试之直省,曰乡试。中式者为举人。"中举之后,就有了做官的资格,一般说来秀才不能做官,所以叫做"穷秀才",而举人就有机会参加会试而获得高官厚禄,即便不做官也可以成为"乡绅"。乡试要有皇帝派正、副主考官主持;所谓"会试",也是每三年(即逢丑、未、辰、戌年)一次在京城举行的考试,时间是乡试的第二年春天,所以会试又称"春试"、"春闱",因会试在礼部举行,也称"礼闱"。"乡试……次年,以举人试之京师,曰会试。"[23]会试的主考官称"总裁",由皇帝钦点一、二品大员担任,均须进士出身。会试的成功者为中进士,第一名称状元。新科进士要到孔庙拜圣人,还要把名单刻在太学的石碑上,叫"进士题名碑"。

"物极必反"是一种自然规律。明、清两朝将科举制推到了极盛,也就预示着它的衰败。尤其是"八股制艺"的出现,也就是它自我颠覆的开始。《清史稿·选举志》:"科举之法不同,自明至今,皆出于时艺。"《明史·选举志》:"其文略仿宋经义,然代古人语气为之,体用排偶,谓之八股,通谓之制义。"八股文的题目,全出自四书五经,有严格的固定模式和一系列规矩。每篇文章都要分破题、承题、起讲、入手、起股、中股、后股、束股八部分。"破题",即用两句话破解题意;"承题",即承接前文用三四句话对题义作进一步说明;"起讲",即概说全体,为议论的开始;"入手",即承接起讲,进入正题;"起股"、"中股"、"后股"、"束股"四部分是正式议论,其中"中股"是全文的重心,由于四部分中每部分都有两股排比、对偶的文字,共为八股,所以世人称做"八股文"。"明清两朝的读书人,为了科举仕途,往往把自己毕生的精力耗费在八股文上,死啃经书,结果变成酸腐迂拙、不学无术的蠢才。"[24]

(二) 对科举制的简单思考

1. 科举制体现了我国古代"教育公平"原则

从隋开皇七年(587年)至清光绪三十一年(1905年)的1300多年间,科举制度一直是各封建帝王选拔、任用官吏的主要途径。昔年,唐太宗李世民看到新科进士们从考场鱼贯而出时,掩饰不住内心的兴奋,脱口而出:"天下英雄尽入吾彀中。"彀中,即箭能射及的范围。言外之意,通过科举考试把天下的人才都搜罗到了皇帝的身边。

科举制,通过科举考试选拔人才,坚持"学而优则仕"的原则,从而建造了一个相对平等的人才竞争平台,有利于真正的"精英"脱颖而出,尤其是为下层百姓挤入上流社会开辟了一条合理、合法的通道。因而,它特别受广大民众的欢迎,这也是科举制能够长盛不衰、绵延1000多年的一个重要原因。科举制对教育的导向作用也十分明显。它形成了一种"万般皆下品,唯有读书高"的社会氛围,从某种意义上讲,它体现了对人才、对知识的尊重。正如有人评论的那样,"科举制度所奠定的依照教育程度来选拔官员的制度,是一种十分先进的文官制度。它最具有认识价值的特殊之处,是在一千多年前便已确立知识优先的准则,根据人的教育程度、学习水平来划分人的社会地位,分配社会资源,从而奠定了一种知识社会、学历社会的雏形——所谓'唯有读书高'、'书中自有黄金屋',体现的都是对教育、知识的重要性排序"[25]。

2. 科举制的负面作用也是显而易见的

两院(中国科学院、中国工程院)院士潘家铮在《光明日报》开办的"院士论坛"专栏上,就曾历数儒家封建思想、教育制度对科技发展产生的种种负面影响,他认为,几千年来封建的"思想体系、教育模式、政治制度的熏陶、统治和约束,极大地压制、挫伤了整个民族的创造力。也使几千年来生产力进步不多,科技发展不快。这是十分明显的事实,如果不发生大的变动,再过一千年在中国也出现不了工业革命"。

尤其需要提及的是科举制对知识分子的戕害。当年就曾有人写诗讽刺道,"太宗皇帝真长策,赚得英雄尽白头"。许多优秀的知识分子,为了书中的"颜如玉"、"千钟粟"、"黄金屋"而不惜呕心沥血,皓首穷经。一旦科场失败,便心灰意冷,甚至痛不欲生,蒲松龄就是很典型的一个。据有关资料介绍,他从39岁到66岁的27年间,参加和准备参加乡试就达10次之多(只有三次放弃了机会),其中两次对他刺激最大。一次是康熙二十六年(他时年48岁),因"闱中越幅被黜",让他悲痛欲绝:"得意疾书,回头大错,此况何如! 觉千瓢冷汗沾衣,一缕魂飞出舍,痛痒全无……"这是他为记载此事而赋的一阕《寄调大圣乐》,让人不忍卒读;还有一次是在康熙二十九年,蒲松龄再次赴闱,头场下来,"主司已拟元矣",然而,"二场抱病不获终试,主司深为惋惜,而自此亦不复闱战矣"[26]。蒲松龄为了功名,几乎耗尽毕生精力,直到71岁时,满腹经纶的他才勉强弄了个岁贡生。科举制度对人性的摧残和对人才的变相埋没,可见一斑。

正因为如此,所以当时间隧道延长到20世纪初的时候,中国教育史上迎来了第一场大的变革——《奏定学堂章程》的诞生[27],它标志着中国现代教育的开端,而持续了1300多年的科举制寿终而正寝。

五、法 制

有一个成语叫"画地为牢",指的是用一些规矩将人们的行为限制在一定的范围之内,不得逾越。而这个成语的原始意却起自法律。说的是,远古时候,刑律宽缓,在地上画个圈,让罪人立于圈中以示惩罚。我们现在所说的牢狱,就是由当年的圈圈演变而成的。《武王伐纣平话》中有这样一段文字,周文王"画地为牢,刻木为吏;洽政恤民,囹圄皆空"。意思是说,周文王时代,在地上画个圈圈当牢狱,刻个木头人充狱官,竟无人越狱逃跑。由于他治国有方,体恤民众,社会上几乎无人犯罪,所有的监狱都空了。这段传说让我们想到了两点:①远古时代的法律是那种约定俗成的"习惯法",没有太多的强制性,主要靠人们自觉地约束自己;②我国古代法律从一开始就埋下了"德治"的种子,主张"德法并重"。

从文化的角度看法律,它是制度文化的一个重要组成部分,在我国不仅有着悠久的历史,而且结出了丰硕的成果,近代法学家称之为"中华法系"。

(一) 法制在我国的起源

法的产生,是人类社会由低级文明走向高级文明的重要标志之一。在原始社会,人们的行为一般靠自觉的习惯来调节,所以称做"习惯法"(可参阅有关"礼"的内容)。随着社会生产力的发展和社会关系的不断变化,出现了生产资料私有制并以私有财产的多少区分不同的阶级。这时,原来的社会机构已不适应需要,它必须寻求一种新的组织形式,于是便产生了国家;同时,单靠过去的"习惯法"已无法顺利协调人们之间日趋复杂的关系,于是又产生了"成文法"。所以在人类社会的发展史上,法和国家不是从来就有的,它是伴随着私有制、阶级的出现而产生的;同样,法也不是永恒存在的,它只存在于阶级社会或由阶级社会向无阶级社会过渡的社会阶段中。

法的产生与形成有一个漫长的过程。那么,我国历史上法是如何产生的呢?

相传,中国最早的法律是由皋陶制定的。皋陶一作咎繇,"舜命作士,明五刑,弼五教"[28],于是,便有了所谓"皋陶作刑"的传说。在"皋陶之刑"中规定:凡是犯有贪赃枉法、抢劫杀人等罪行,以及做了坏事还要自我标榜者,都要处以死刑。因此,后人将皋陶奉为法官的始祖,同时又奉为狱神。

这些虽属传说,但也从一个侧面告诉我们,伴随着中国历史上第一个奴隶制王朝——夏的出现就已经有了法律。所以,研究者一般认为中国古代的法律文明可以追溯到公元前21世纪的夏朝。

(二) 我国古代法制的基本沿革

1. "习惯法"时期

《左传·昭公六年》载:"夏有乱政,而作与刑;商有乱政,而作汤刑。"从夏到周,是我国古代法律的开端时期,特别是到了西周,周公制礼,吕侯制刑,有了号称《九刑》的周代法律,开创了我国"礼刑并重"的古代法制体系。在夏、商、周前后两千年间,法律相对简陋,且多为习惯法,因而这段时间被称为中国的习惯法时期。

2. 由"习惯法"向"成文法"过渡时期

战国时期,中国古代法律完成了从"习惯法"向"成文法"的过渡,其标志是出现了《七法》(齐国)、《韩符》(韩国)、《国律》(赵国)等一大批"成文法",其中影响最大的是魏国制定的《法经》。

《法经》是李悝变法时主持制定的,后人认为是中国历史上第一部"成文法",包括《盗》、《贼》、《囚》、《捕》、《杂》、《具》六篇,内容都是有关犯罪和刑罚的规定,显示出中国的"成文法"从一开始就具有"以刑为主"的突出特征。就编纂体例而言,《法经》已经相当完整,成为后世封建法典的蓝本。

继李悝变法之后,各国诸侯都相继实行变法,但最成功的当数秦国的商鞅变法。为了实现富国强兵的目的,商鞅用法律手段推行农战政策。于是,他在沿用《法经》的基础上又制定了许多新的法律,诸如编制居民组织的《什伍之法》、强制将家庭单位化小以增加税收的《分户令》、奖励军功的《军爵令》等。这些,不仅在当时取得很大的成功,也为秦王朝的法律建设奠定了基础。

3. 我国古代法律制度的成熟期

秦始皇统一中国后,建立了中国历史上第一个统一的、多民族的、中央集权的封建制国家。为了维护中央集权和推进社会发展,秦始皇十分重视法制建设。秦朝法律直接沿用战国时期秦、魏各国法律,并集其大成最终形成了统一施行于全国的法典——《秦律》,使中国传统的法律制度和封建社会一起走向成熟和稳固。

此后,历经汉、魏晋南北朝、隋、唐、宋、元、明、清长达两千多年漫长的中国封建社会,历朝历代均有各自的基本法律制度。例如,汉朝的《九章律》、《魏律》,晋朝的《泰始律》,隋朝的《开皇律》,唐朝的《唐律》,宋朝的《宋刑统》,元朝的《大元通制》及《元典章》,明朝的《大明律》,清朝的《大清律》等,都是历史上著名的法典。

其中《唐律》是我国封建社会鼎盛时期的产物,它所确认的规范完备周详,涉及经济基础和上层建筑的各个方面,将秦、汉以来占统治地位的法律思想和行之有效的立法与司法经验加以制度化、法律化,使之更切合于地主阶级的利益和封建专制主义中央集权制度的需要,成为一部具有代表性的、完备的封建法典。《唐律》为唐以后的封建王朝的立法提供了样本,在中国法制史上具有不可取代的重要地位。同时,《唐律》还对亚洲许多国家封建法律制度的建设与发展起到了重要的示范作用,如历史上朝鲜的《高丽律》、日本的《大宝律令》、越南的《刑书》等,均以《唐律》为蓝本。因此,有学者评价道:如果说《罗马法》是奴隶制法典的代表,那么,《唐律》就可以称做封建制法典的代表。

(三) 我国古代法制的基本风格

中国古代的法律制度是特定的自然经济条件的产物,是中华文明的重要组成部分。而中国古代文明的基本特点是:以当时东方亚细亚生产方式为条件,以宗法血缘关系为基础,以专制的中央集权统治为政治特征。与之相适应,中国古代法律制度与世界古代其他国家和地区,特别是西方法律制度(如古希腊的、古罗马的法律制度)相比较,具有鲜明而独特的风格,体现在以下几个方面。

1. 诸法合体,以刑为主

中国古代的法典没有部门法的划分,历朝历代有代表性的法典都以刑法为主,兼有民事、行政和诉讼等方面的内容,这种传统直到 20 世纪初(清末修律)才得以改变。

2. 以儒家思想为理论基础

自汉武帝"罢黜百家,独尊儒术"以后,儒家思想成为封建法制建设的理论基础和指导原则,而儒家思想一个突出的特点是"重人治而轻法治",且将政治道德化、道德政治化,道德政治不分,这便导致了中国古代法律有如下文化特色:①确认"三纲"(君为臣纲、父为子纲、夫为妻纲)为封建法典的核心内容;②贯穿德主刑辅、明刑弼教的精神;③通过"春秋决狱"使儒家经典法典化;④实行秋冬行刑,把儒家"则天行法"思想制度化。

3. 礼法结合

从中国进入阶级社会后,作为氏族社会祀神祈福仪式的"礼"就被统治阶级改造成为阶级统治的手段,对古代宗法社会起着广泛的调整作用。孔子所强调的"出礼入刑"思想,为中国古代礼与法的相互作用和渗透提供了理论指南。礼法结合在唐代达到了高峰,此后,二者虽互有消长,但总的趋势是一直贯穿下来,直到明、清。

4. 确认维护封建伦理的家族法

中国封建社会是以家族为本位的,因此宗法的伦理精神和原则渗透和影响着整个社会。封建法律制度则以法律的强制力确认父权、夫权,维护尊卑伦理关系。

5. 突出了皇帝的特殊地位

皇帝体现了政权、神权、父权的统一,同时又是立法与司法的枢纽。

6. 行政机关兼理司法

在漫长的封建社会,中央虽设有专门的司法机关,但它的活动或为皇帝所左右,或受宰相及其他行政机关所牵制,很少有可能独立地行使职权。至于地方则由行政机关兼理司法事务,行政权与司法权直接合一。

7. 融合了以汉民族为主体的各民族的法律意识和法律原则

中华民族自古以来就是一个多民族的大家庭,在"中华法系"中融合了以汉民族为主体的各民族的法律意识和法律原则,以及治国理政的经验。这一状况,是由我国封建时代统一的多民族国家体制以及独特的国情所决定的。

从总体上看,中国古代法律制度有其科学合理的一面,它对国家稳定、民族团结、社会进步发挥了重大作用;同时,它也存在着某些重大缺陷,比如,它一定程度上阻碍了商品经济的发展,使中国古代社会长期停滞于自给自足的自然经济状态。1840年以后,西方列强的侵略使中国沦为半殖民地半封建社会,近代西方的政治法律观念也随之传入中国,与中国固有的法律文化发生激烈碰撞。而随着西方法律制度的被引入,中国传统的法律观念、法律制度开始出现转型。以清末修律为标志,古老的中华法系逐渐解体,近代的立法与司法体制艰难起步,中国法律建设开启了现代化进程。

制度文化是一个很复杂的系统,尤其是在我们这个有着几千年封建历史的国度,所以,不可能轻而易举地讲清楚。我们只是有选择地作了一些介绍,目的无非起一个抛砖引玉的作用。

参考文献及注释

[1]《史记》,卷九十九;《汉书》,卷四十三
[2] 罗竹风:《中国汉语大词典》,第二册,第 466 页
[3] [4]《管子·牧民》
[5] 王夫之:《读四书五经》,卷五;《论语》,中华书局,1957 年
[6] [7]《荀子·礼论》
[8] 李建中:《中国文化概论》,武汉大学出版社,2005 年,第 57 页
[9] 张法:《中国美学史》,上海人民出版社,2000 年,第 11 页
[10]《吕氏春秋·察传》
[11] 同[9],第 14 页
[12]《周礼·春官·大宗伯》
[13]《论语·八佾》
[14] 引文同[8],第 60 页
[15] 韦政通:《中国的智慧·序》,吉林文史出版社,1988 年
[16] 引文同[15],第 72 页
[17] 有资料载,"太监"之称谓始于明朝,但宦官政权却早在秦代就已经存在,如当年"指鹿为马"的赵高就是一名宦官;汉高祖刘邦,开太监封受王侯之先河;而唐朝最后 100 年间先后即位的 9 位皇帝,竟有 7 位是太监拥立的,如太监李辅国就曾杀死皇后,气死肃宗,拥立肃宗之子为代宗,他自己则荣升宰相;宋朝初年对太监管理比较严格,太祖规定太监的人数不得超过 50 人,但到宋徽宗时,由于朝政腐败太监重新当道,于是便出现了像童贯那样臭名昭著的太监;明代则形成了一股特殊的太监势力,如刘瑾、马永成、谷大用以及魏忠贤等恶太监,都是十恶不赦的家伙
[18]《元史·地理志》,卷 58,转引自《中国文化的源流》,第 28 页
[19] 张光兴于《青岛理工大学报》所开设的"修身漫谈"专栏,第 41 期
[20] 杨殿奎等:《古代文化常识》,山东教育出版社,1983 年,第 76 页
[21] 引文同[20],第 77 页
[22]《国史补》,卷下
[23]《明史·选举志》
[24] 唐得阳:《中国文化的源流》,第 230、231 页
[25] 杨东平:《中国传统教育的现代命运》,载"每日文华网",2001-09-27
[26] 路大荒:《蒲松龄年谱》
[27] 又称"癸卯学制",由清政府于 1904 年颁布
[28]《中国人名大辞典·皋陶》

第六章　国学与道德伦理文化

我们必须清楚这样一点："道德"和"伦理"是两个不同的概念——有些时候,伦理和道德是相互矛盾的,如在"忠"和"孝"的问题上。更多的时候,伦理制约着道德,道德考验着伦理。但是,在我们这个有着浓厚宗法意识的国度里,传统的道德与伦理又是很难分开的,假如一定要区分,其结果必然是"剪不断,理还乱"。因此,我们选择了将道德文化与伦理文化放在一起讨论。

一、道德与道德观

在古汉语中,"道德"一词大概由荀子最早提出并使用,他在《劝学》一文中写道:"故《书》者,政事之纪也;《诗》者,中声之所止也;礼者,法之大分,类之纲纪也。故学至乎《礼》而止矣。夫是之谓道德之极。"很显然,荀子这里的"道德"是从修身角度讲的,与"道德"一词的现代意义很接近。

(一) 传统道德的基本含义

因为人与人之间的社会经历不同、人生目标不同、认识问题的方法不同等,这就决定了他们的世界观、人生观、价值观会有很大差异,这种差异会直接影响到他们对道德的理解。我们可以随便举一些例子:在公共汽车上应不应该让座？艰苦奋斗精神还要不要继承和发扬？21世纪还需不需要雷锋精神？考试作弊是精明还是耻辱？……在这些问题上,都可以折射出一个人的追求、信仰与道德标准。

"道德"一词不论在东方还是在西方,都有着十分广泛的含义。我们可以从以下几个方面去探讨我们民族传统道德的基本内涵。

1. 传统道德是指对人们的行为有约束作用和规范作用的风俗、习惯

上古时代,尤其是在法律法规不完备之前,风俗、习惯是评判人们言行的重要标准——凡是符合一定风俗、习惯的言行称为"道德的";反之,则是"不道德的"(源于拉丁文"mores"的"道德"一词,在西语中原本就是风俗、习惯的意思)。

2. 传统道德指一个人的品行和修养

比如,孔子提出"三达德"——仁、智、勇;孟子提出了"四端"说——仁、义、礼、智;汉儒提出了"五常"说——仁、义、礼、智、信。这些对道德的表述,都突出了人的

品行与修养问题。古人之所以赞扬尧、舜、禹、文王、周公等贤明君王,以及伯夷、叔齐、许由等仁人君子,就是因为他们品德高尚、行为高洁,并对世人产生了强烈的感召作用。

3. 传统道德指人的尊严,与物和物性相对

当一个人在物的面前失去人的尊严时,他就变成了物的"俘虏",即所谓"身为物累、心为形役",那就变成了为正人君子所不齿的"尘世马牛",也就在人们心目中失去了他应有的尊严。所以,孟子特别强调:"富贵不能淫,贫贱不能移,威武不能屈,此之谓大丈夫。"[1]

4. 传统道德还指人与人、人与社会、人与自然之间关系的调整与和谐

比如,在人与人的关系上,要少一点嫉妒、怨恨与自命不凡,多一点谅解、忍让与谦虚谨慎;在人与社会的关系上,要少一些索取多一些奉献,少一些刻薄多一些宽容;在人与自然的关系上,要少一点对物欲的放纵,多一点对自我的克制,诚如荀子所言:"草木荣华滋硕之时,则斧斤不入山林,不夭其生,不绝其长也;鼋鼍鱼鳖鳅鳝孕别之时,罔罟毒药不入泽,不夭其生,不绝其长也;春耕、夏耘、秋收、冬藏,四者不失时,故五谷不绝,而百姓有余食也;污池渊沼川泽,谨其时禁,故鱼鳖优多,而百姓有余用了;斩伐养长不失其时,故山林不童,而百姓有余材也。"[2]

(二) 几种道德起源理论

1. 天启说

就是把道德的起源及其各种规范的形成,看成是上天的启示,是"绝对观念"的产物,是一种精神力量使然。当年孔子周游列国,到处去宣传他的仁政之道。有一天孔子来到宋国,与他的学生们在大树底下习礼,桓魋想杀孔子,就派人去拔掉那棵大树。于是,孔子便对他的学生说:"天生德于予,桓魋其如予何?"[3]意思是说,上天把道德交给了我,桓魋又能把我怎么样呢?西汉的董仲舒则大讲,"……人之德行,化天理而义;人之好恶,化天之暖清……"[4];又说,"道之大原出于天,天不变,道亦不变"[5]。宋明理学的创始人周敦颐也认为,仁义道德本乎天道,非人力所为。

2. 天赋说

此种观点认为,人的道德感(诸如善良、诚信、谦和、尊老爱幼、扶贫济困以及自尊、自强、羞耻感等)都是与生俱来的,与人们后天的行为养成没有多大关系。在中国古代,这一观点有着广泛的群众基础,其代表性理论就是所谓"人之初,性本善",

孟子则是这一观点的集大成者。人和禽兽的根本区别在哪里？就在于人有自觉的道德观念而禽兽却没有。孟子说，"人性之善也，犹水之就下也。人无有不善，水无有不下"；又说，"恻隐之心，人皆有之；羞恶之心，人皆有之；恭敬之心，人皆有之；是非之心，人皆有之"[6]。他认为，人有道德（人性之善）就好比水向低处流（水之就下），是自然而然的事情，且道德的产生完全出于人不虑而知的"良知"，不学而会的"良能"。

与孟子观点完全相左的是另一位重要历史人物——荀子（我们在前边已经讲到）。他是"性恶论"的提出者，"人之性恶，其善者伪也"。他认为人性中的"恶"是与生俱来的，即所谓"生而有好利焉"、"生而有疾恶焉"、"生而有耳目之欲，有好生色焉"云云，因此，必须加强后天的学习和改造，"今人之性恶，必将待圣王之治，礼义之化，然后皆出于治，合于善也"[7]。荀、孟的观点虽然背道而驰，甚至有些水火不容，但认真分析一下，其观点都根植于天赋说。

3. 欲望说

持这种观点的人认为，道德是人的一种生理、心理现象，是人生理与心理需要的产物，是从人的欲望中引申出来的。管子当年就曾讲过，"仓廪实而知礼节，衣食足而知荣辱"。也就是说，人们的道德伦理观念取决于经济的发展和自身利益的实现程度。韩非则认为，人与人之间的伦理规范和善恶情感体验，全部来自于人的自私本性和求利目的。宋代的叶适也认为，道德规范根源于人们的利益要求，应让农民有土地耕种，这样他们才会具有忠信仁义之道德。

4. 本能说

持这种观点者认为，人类的道德观念、道德情感以及道德规范乃是千百年来动物进化的结果，认为道德起源于动物的社会本能或动物的"合群性"。

(三) 道德观

所谓道德观就是人们对道德的总的、根本看法，是关于道德的性质、产生根源、运行机制、社会功能等宏观问题的系统理论。我们可以从四个方面来把握它。

1. 一定的社会经济基础是道德产生的客观条件

任何一种道德都是由一定的社会经济基础决定并为一定的社会经济基础服务的。换句话说，任何道德都具有历史性——奴隶社会有奴隶社会的道德、封建社会有封建社会的道德、资本主义社会有资本主义社会的道德、社会主义社会有社会主义社会的道德，永远找不到一种"放之四海而皆准"的、永恒不变的、适应于一切社会的道德。

2. 意识的形成和发展是道德产生的主观条件

道德是人类主体精神的一种自律的产物,因此,未经意识的道德不能称为真正意义上的道德。比如一个婴儿,道德对他(她)没有任何约束作用,当然也就没有任何实在的意义,当他(她)长大了,明白了什么是道德并意识到道德对维护社会秩序和人际关系的重要性时,才能自觉地用道德约束自己。所以,没有意识的形成和发展,人类道德就无从谈起。

3. 道德是一种社会关系的体现

它既体现了人与人之间的关系,也体现了人与社会、人与自然等之间的关系。道德是社会关系的产物,诚如马克思所言:"动物不对什么东西发生'关系',而且根本没有'关系';对于动物来说,它对他物的关系不是作为关系存在的。"[8]人类独有的这种关系,在不同的历史阶段和社会形态下有着不同的内容和表现形式,比如资本主义社会的人际关系与社会主义社会的人际关系,就有着极大的差异。

4. 道德是一种约定俗成的行为规范,虽然不带有强制性,但其约束力却非常强

道德与法律不一样,法律主要靠自身的权威发生作用,而道德却主要靠社会舆论以及某些约定俗成的规范产生作用;法律的实施带有不容置疑的"强制性",是一种"他律",而道德的实施则主要体现于道德的"感召性",是一种"自律"。总之,二者是有很大区别的。然而,道德的力量又是不可小觑的。我国台湾学者韦政通在谈到"礼"的作用时说,"礼是最大众化的,它与民间的习俗,融合无间,是习俗的道德,也是最具约制力的社会规范",礼在社会控制方面,有时候比法律"都更具效力"[9]。

简单讲,这就是我们的道德观。

二、伦理与伦理观

"伦理"是一个外来词,于19世纪初被引入中国并得以广泛使用。然而,这并不影响中华民族那种根深蒂固的伦理意识和浓厚的伦理观念。我们理解:伦理中的"伦"是指人与人之间的关系;而"理"则是道理和规则。所谓"伦理",简单点说就是处理人们之间相互关系时应遵守的道理和规则。

(一) 对伦理的传统理解

在中国传统文化中,占主导地位的儒家文化其实质是一种伦理型文化。受其

影响,中国古代的政治学说,始终与伦理学说融合在一起,形成了一种独特的"伦理型政治文化学说"。这种伦理型政治文化学说是中国几千年封建社会"家国同构"政治模式的文化基础,同时也导致了中国人浓厚的宗法意识。

这种把政治与伦理道德密切结合起来的做法,已经成为中国古代政治文化的一贯传统和主要特点,最典型的观念就是将忠、孝融为一体,形成了"忠孝两全"的政治伦理观。当年,周公就提出要"以德配天"、"敬德保民"、"明德慎罚"等伦理政治思想,认为统治者只有讲道德,对百姓施德政,才能取得上天的保佑,巩固自己的统治。他同时还把"孝"、"友"作为家庭中的重要道德规范,并把它作为衡量一个人能否参政做官的重要道德标准[10]。

作为中国传统文化"正宗"的儒家文化,正是建立在周公上述思想基础之上的。孔子强调,"君子务本,本立而道生。孝悌也者,其为仁之本与?"[11]。"仁"是孔子政治主张的核心,那么,构成这一核心的根本是什么呢?——"孝悌"。所以,孔子对弟子们的要求是:"入则孝,出则悌。"[12]"很显然,孝已经成为约束和衡量人们行为的一种道德规范和准则,因而它也就不折不扣地成了中国封建伦理的核心。"[13]然而,这还只是低层面上的孝,将孝扩而大之便是忠。这样,就由"事亲孝"开始,而后"忠移于君",便实现了"忠"与"孝"的理论对接。儒家的这一思想,随着董仲舒"罢黜百家,独尊儒术"主张的提出,发展得更加完备,建立了以"三纲五常"为基本内容的哲学伦理政治体系,从而,为封建社会长期以来实行纲常名教式的封建专制主义统治提供了理论依据。直到今天,我们的各种生活(政治、经济、社会、家庭等)中也不能完全排除它的影响。

(二) 伦理观与伦理问题

伦理与道德是息息相关的。所谓伦理观就是关于人与人之间关系的基本理论与基本观点,其研究重点应该是道德理论与道德规范问题(现代伦理观,还必须包括人与社会、人与经济、人与环境、人与科技等的关系问题,从而形成了众多伦理学分支,如社会伦理学、市场伦理学、环境伦理学、科技伦理学等)。

伦理问题历来是人们所关注的重点,并产生出许许多多的伦理学派及理论,诸如快乐论、功利论、禁欲论、完全论等。我们认为:伦理问题是一种特殊的社会意识形态,它离不开社会生产力水平与社会文明程度这个基础,伦理的原则与规范是伴随人们的经济生活、社会生活以及各种关系的变化而变化的,那种超社会、超时代甚至永恒不变的伦理原则与规范是不存在的。

三、中国传统的道德伦理精神

中国传统的道德伦理精神,是中华民族几千年来的文明积淀,源远流长。它融道德、伦理、政治、经济、文化等于一体,是一个内容丰富、博大精深,且具有鲜明特色的价值体系。这个价值体系随着历史的潮起潮落,几经革故,又几经鼎新,已经发生了很大变化。但就其内容而言,有两个核心的东西却始终不变,那就是教人如何"做事"(也就是"处世")与"做人"。

(一) 关于"做人"的基本道德伦理

如何做人的道德伦理,历来是中国传统文化最为关注的内容。诸如儒家追求的"圣人气象"、"君子之风",道家倡导的"上善若水"、"返朴归真"精神以及佛家讲究的"佛境"等,一言以蔽之无非是教人们"如何做人"和"如何做好人"。

然而,做人是一门大学问,也是一门真功夫,要想探其堂奥,"修身"是一条重要途径。人非生而圣贤,也非生而知之,要通过不断的学习和修身来"正其心"、"诚其意",诚如荀子所言,"君子耻不修,不耻见污"[14]。所以,中国传统道德中有关做人的道德始终贯穿着一条主线——强调"自天子以至于庶人,一是皆以修身为本"[15]。这道理很简单,因为修身是一个人安身立命的根本,是"齐家"、"治国"、"平天下"的重要基础。具体说来有以下几点。

1. 坚持从自身做起——"躬自厚而薄责于人"

儒家认为,提高自己的品性、完善自己的人格,要靠主观努力,而不能过多地依赖他人。孔子曾提出过一个做人的原则,叫"躬自厚而薄责于人"[16]。意思是说,当一个人遇到问题或出了差错时,要多从自己身上找原因,而不应过多地强调客观原因,更不应怨恨、指责别人。他甚至用这一原则来区分君子与小人,即"君子求诸己,小人求诸人"[17]。

纵观古今中外,凡成大事者,一般说来都能做到这一点。像大家所熟悉的诸葛亮"一生谨慎",他既善于"察人",也善于"用人",曾从七个方面论述"知人之道"[18]。尽管如此,他在用人方面还是犯了大错误,即错用了马谡当先锋。这位骄傲轻敌、刚愎自用的马谡,驻扎街亭(今甘肃秦安县东北)时,根本听不进参军王平的意见,又违背了诸葛亮的战略部署,错误地将兵营扎在了山上,被魏将张郃切断汲水道路,蜀军饥渴难耐,不战自乱,街亭遂失。事发后,诸葛亮不仅"挥泪斩马谡",而且上书后主刘禅,主动检讨自己用人不当、军令不严的错误,并要求给自己降职三级,同时,还把自己的错误向臣下公布,让更多的人从中接受教训。诸葛亮这种"赏不遗远,法不阿近"、公正执法、严于律己的精神,成为后人学习的楷模。

而现在的情形恰恰相反:有的人政治上不进步,埋怨没遇上好领导,是珍珠埋在了土里;有的人不能发家致富,埋怨当地条件太差,自己生的不是地方;有的学生书读不好,一埋怨学校,二埋怨老师,三埋怨社会,四埋怨家长;有些领导干部出了问题,甚至犯了错误,则把责任推到下边,从不主动地就自身找原因,有人形象地比之曰:"领导得病,群众吃药。"这些行为,都从根本上违背了我们民族的文化传统。

2. 坚持从小事做起——"勿以善小而不为"

历史上曾有过"扫一室"与"扫天下"之争:"陈蕃,平舆人,字仲举。年十五,尝闲处一室,而庭宇芜秽。父友薛勤谓之曰:'孺子何不洒扫以待宾客?'蕃曰:'大丈夫当扫除天下,安事一室?'"[19]有人据此便提出一种观点:干大事的人不必拘于小节,即所谓"大礼不辞小让"也。听起来似乎有一定道理,但实践证明,不屑于做小事或者连小事都做不好的人,是很难做大事、成大器的。老子曾讲过,"合抱之木,生于毫末;九层之台,起于累土;千里之行,始于足下"[20]。刘安在《淮南子·缪称训》中也说:"君子不以小善不足为而舍之,小善积而为大善;不谓小不善为无伤也而为之,小不善积而为大不善。"又说:"积薄为厚,积卑为高,故君子孳孳以成辉。""孳孳",即盛饰貌,在这里可理解为堂堂正正。意思是在告诫人们在做人做事问题上,要踏踏实实,从小事做起、从点滴做起、从身边做起,绝不可好高骛远,眼高手低。只有这样,才能成为"孳孳以成辉"的圣人君子。

人的生命是有限的。谁都梦想在"有限"的生命旅程中去干一番惊天动地的大事业,让自己流芳百世、名垂千古,但实践证明,那样的机遇实在太少太少,所以,更多的人只能选择平凡、选择做"小事"。像大家所熟悉的时传祥不过是个环卫工人,张秉贵是个卖糖果的商业职工,而雷锋则是普普通通的一兵,他们都是从"小事"做起、从平凡中走来,当他们把"有限的生命投入到无限的为人民服务中去"(雷锋日记中语)的时候,他们获得了成功,成为时代的宠儿、人民心中的英雄。这说明,平凡与伟大之间没有绝对的界限,就看你怎么理解、怎么干。

3. 坚持自省、自律——"君子慎其独也"

莱州有座"四知堂",这其中有一段真实的故事:后汉人杨震,字伯起,自幼好学上进,被"诸儒称为关西孔子",然而却屡试不第。"年五十始举茂才。四迁荆州刺史,东莱太守。当之郡,道经昌邑,故所举荆州茂才王密为令谒见。至夜,怀金十斤遗震。震不受。密曰:'暮夜无知者。'震曰:'天知神知我知子知,何谓无知?'"密愧而出。后来,杨震转为涿郡太守,"故旧或欲令为开产业。震曰:'使后世称清白吏(利)子孙,以此遗之,不亦厚乎'。"[21]这段故事告诉我们,人要活得清清白白、堂堂正正,就必须严于自省、自律,我们的祖先把这种律己精神称之为"慎独"。

子思在《中庸》一书中写道:"道也者,不可须臾离也,可离非道也。是故君子戒慎乎其所不睹,恐惧乎其所不闻。莫见乎隐,莫显乎微。故君子慎其独也。"意思是说,道德原则是一刻也不能离开的,因此,真正的君子在他人看不到、听不见的情况下,更要格外谨慎和警惕。这是因为当一个人在独处的时候更容易放纵自己,在一些别人察觉不到的细微之处更容易使自己松懈,所以,这时候要更加严于律己,谨慎行事,以防止违背道德原则的意念或不符合道德要求的行为出现。这便是"慎独"一词的来历。"慎独"是一种重要的道德修养方法,是一门做人的真功夫、大学问。它体现了一种强烈的自律精神,是一个人道德自觉的重要表现。

4. 讲诚信、重道义——"与朋友交而不信乎?"

讲诚信、重道义,是做人做事的共同准则,历来备受中国人的崇尚。从做人的角度讲,孔子认为"人而无信,不知其可也"[22],一个人如果不讲信用,就无法在世上立足;而从做事的角度讲,诚信比军队、粮食更重要,"自古皆有死,民无信不立"[23],即失去了民众的信任,政权也就无法保住。孟子也说,"诚者,天之道也;思诚者,人之道也"[24],意思是说,诚实是自然法则中的最高准则,当然也是做人的最高准则。可见,我们的前人对诚信是何等的重视。

"诚信"又往往和"道义"联在一起。孔子的学生有子就说过,"信近于义,言可复也"[25]。有子的意思是说,只要"信"符合"正义",就应该履行承诺。所以,有人解释说"义是一种承担艰巨的能力,一切舍生取义的行为……义代表公正、正义"[26]。

在儒家看来,"义"还和"利"相对立,是区别君子与小人的分水岭,孔子就明确提出,"君子喻于义,小人喻于利"[27]。当然,还有一种与之相反的理论,即墨子提出的:"义,利也。"[28] 故而,诚信问题就成为曾子天天要反省的重要内容之一,"吾日三省吾身:为人谋而不忠乎?与朋友交而不信乎?传不习乎?"[29]。

历史上有关诚信的故事非常多,譬如"曾子杀彘"的故事:"曾子之妻之市,其子随之而泣。其母曰:'女还,顾反为女杀彘。'适市来,曾子欲捕彘杀之。妻止曰:'特与婴儿戏耳。'曾子曰:'婴儿非有知也,待父母而学者也,听父母之教。今子欺之,是教子欺也。母欺子,而不信母,非以成教也。'遂烹彘也。"[30]

再如"商鞅立木"的故事:"令既具,未布,恐民之不信,已乃立三丈之木于国都市南门,募民有能徙置北门者予十金。民怪之,莫敢徙。复曰:'能徙者予五十金。'有一人徙之,辄予五十金,以明不欺。"[31]

司马光在《资治通鉴》中说:"夫信者,人君之大宝也。国保于民,民保于信;非信无以使民,非民无以守国。是故古之王者不欺四海,霸者不欺四邻,善为国者不欺民,善为家者不欺亲。不善者反之,欺其邻国,欺其百姓,甚至欺其兄弟,欺其父子,上不信下,下不信上,上下离心,以至于败。"所以,有人讲"诚信是生命线"。如果一个人失去了诚信,他(她)就无法在世上安身立命;如果一个国家、一个民族失去了诚信,就无法自立于世界民族之林。

有人讲,现在最大的社会问题是诚信缺失,最严重的道德危机是诚信危机。我们看到,社会上形形色色的虚假之风、浮夸之风,把人们吹得心浮气躁;而各种"假冒伪劣、欺诈活动",不仅干扰了人们的正常交往,还严重地腐蚀着人们的感情,已成为地地道道的"社会公害"。所以,当前道德建设的一个重要任务就是进行诚信教育,反对虚伪和欺诈——包括欺人者,也包括自欺者。

5. 知错就改——"过而不改,是谓过矣"

这是发生在900多年前的一桩文坛公案:相传,有一次苏东坡去拜访宰相王安石,正好赶上他不在家。无意中,他在王安石的书桌上发现了一首未写完的诗:"西风昨晚过园林,吹落黄花遍地金。"苏东坡不禁觉得好笑,"与竹、兰、梅同称作'四君子'的菊花,向来以傲霜之骨被人称颂,怎么会花瓣飘零、落英缤纷呢?这个王安石真有点'江郎才尽'了!"于是,提笔续道:"秋花不比春花落,说与诗人仔细吟。"然后便拂袖而去。后来,苏东坡被调到湖北黄州去做团练副使,总以为是自己的续诗得罪了王安石,才被弄到了这样一个偏僻、落后的地方。有一天,他与好友陈季常在后花园赏菊饮酒,忽然一阵大风刮来,枝头上的花瓣纷纷飘落,满地一片金黄。望着眼前的情景,苏东坡一下子愕然了。陈季常忙问怎么回事?苏东坡才把藏在心里的话吐了出来,并自责道:"我总以为是王公的诗写错了,并借机报复于我,现在才明白,错的是我。"后来苏东坡见到王安石,第一件事就是向他道歉,并请求王安石的原谅。以苏东坡的地位和名气,能做到知错就改,足以表现其人格的高尚。正是从这一意义上,宋人司马光说,"不以无过为贤,而以改过为美"[32]。

古人云,人非圣贤,孰能无过?退一步讲,即使是圣贤,孰能无过?一个人活在世上,要和各种各样的人打交道,要和周围形形色色的事物打交道,而在打交道的过程中,由于受到主客观条件的限制,就难免有偏差、犯错误。这是很正常的事。问题的关键在于对待错误的态度。孔子讲得好,"过而不改,是为过矣"[33]。意思是说,如果有了错误而不改正,那才是真正的、不可原谅的过错。他的学生子夏就批评那些文过饰非的人为"小人":"子夏曰:'小人之过也必文。'"[34]孟子还曾做过这样的比喻:"古之君子,其过也,如日月之食,民皆见之;及其更也,民皆仰之。"就是说,古代的仁人君子,他的过错就像日蚀、月蚀一样,一时遮掩了太阳和月亮的光芒,老百姓都看得清清楚楚;他一旦改正了自己的过错,就像日月重现光芒,老百姓会更加敬仰他。

6. 持之以恒——"时时勤拂拭,莫使惹尘埃"

我们在前边讲到,当年禅宗五祖弘忍大师带了许多弟子,其中首座弟子叫神秀,他曾作过一偈子:"身是菩提树,心如明镜台。时时勤拂拭,莫使惹尘埃。"从禅学角度讲,他注重的是过程、强调的是"渐悟";而从做人的角度讲,他强调的是做人的功夫、是持之以恒的修行。

从理论到实践,往往有着较大的一段距离。能够坚持不懈地注重修养,完善人格,而不是一曝十寒、半途而废,是件很不容易的事。所以,毛泽东同志在《吴玉章寿辰祝词》中写道:"一个人做点好事并不难,难的是一辈子做好事,不做坏事,一贯地有益于群众,一贯地有益于青年,一贯地有益于革命,艰苦奋斗几十年如一日,这才是最难最难的啊!"

(二) 关于"做事"的基本道德伦理

所谓"做事"(或称"处世")的道德就是指一个人对待理想、人生、事业以及社会重大问题的基本态度和应把握的道德伦理准则,它事关人生的成败、荣辱,是一门大学问。所以,中国传统的道德伦理向来注重"做事"的问题,而且从大处着眼。认真盘点一下,"做事"的道德伦理大体上包括了如下主要内容。

1. 公而忘私、先公后私的"忠孝"精神

几千年"家国同构"的政治模式、浓厚的宗法意识,培养了中华民族的"忠孝"思想。诚如前文所言,"忠"和"孝"是一致的。"忠"是建立在"孝"的基础之上的,是对"孝"的升华和放大;而"孝"则是对"忠"的体现和补充。借用孔子的话说,"迩之事父"谓之"孝","远之事君"谓之"忠"。但是,在很多情况下"忠"和"孝"又是一对矛盾,尤其是当国家和民族遇到困难、出现危机的时候。所以,战国末期的儒家学者,特别提出"忠先于孝"的思想,把忠提到了至高无上的地位。这样一来,许多圣贤之士、仁人君子,为了"忠"而不得不放弃"孝",这便出现了伦理学上的一个悖论——"忠孝不能两全"。其实质,是视国家利益、民族利益、社会整体利益高于一切的精神。

历史上这方面的例子非常多,像远古时代的治水英雄大禹就非常典型。"当帝尧之时,鸿水滔天,浩浩怀山襄陵,下民其忧",禹的父亲鲧受命治水,然而却"治水无状,(舜)乃殛鲧于羽山以死",与此同时,舜又"举鲧子禹,而使续鲧之业"。禹虽"伤先人父鲧功之不成受诛",但还是把国家的安危、把民众的生死放在第一位,为了治理水患,禹"劳身焦思,居外十三年,过家门而不入"[35],足以表现了他的"大忠"。

我们看到,有某些评论家对古人的这种"忠"大不以为然,理由是它只忠于当时的最高统治者一人,是"愚忠",结论是这类"忠"不可取。这种分析不无道理。但是看问题必须把现象和本质区分开来。我们认为,忠于皇帝只是一种表现——几千年浓厚的宗法意识作用下的一种表现,其本质是一种可贵的大局意识和对国家、民族利益(包括权力)的高度责任感。比如岳飞,他屈从于宋高宗赵构和宰相秦桧,逆来顺受,表现出明显的时代局限性,但不能简单地说岳飞就是"愚忠",因为真正能体现其抱负与人格的是"精忠报国"的伟大精神。从这个意义上讲,正是"忠孝"这种高尚的情怀酝酿、升华出了中华民族伟大的爱国主义精神和民族自尊品格,而且深深积淀于每一个炎黄子孙的心中,当国家、民族遇到危难的时候,就会万众一心、同仇敌忾、不畏艰险、勇往直前。

2. 为了理想与信念勇于追求、敢于牺牲的精神

中华民族历来注重"立志"和"励志",认为"志不立,天下无可成之事。虽百工技艺,未有不本于志者"[36]。

古籍《山海经·北次三经》中有一个"精卫填海"的故事:"发鸠之山,其上多柘木。有鸟焉,其状如乌,文首,白喙,赤足,名曰精卫,其鸣自詨。是炎帝之少女,名曰女娃。女娃游于东海,溺而不返,故为精卫。常衔西山之木石,以堙于东海。"这是一则早期的中国神话。据研究者分析,炎帝作为有熊部落方国的行政首领,经常要远离家门到熊耳、龙门、空桑诸山之间组织垦荒、进行天文观察等活动。他的爱女女娃"或正是思父心切,独自东行寻父,途中溺于古桑干河之大泽而亡"[37]。这一则凄美动人的故事,不仅表达了炎帝父女的深厚感情,而且从一个侧面反映了中华民族那种不屈不挠、矢志不移的可贵精神。所以陶渊明在《读山海经》诗中赞曰:"精卫衔微木,将以填沧海。刑天舞干戚,猛志固常在。"

在社会生活中,这类人和事就更多了。从为了改革而惨遭"车裂"的商鞅到"九死而无悔"的屈原,从"匈奴未灭,何以家为"的霍去病到"中流击楫"的祖逖,从"我花开后百花杀"的黄巢到一度攻占北平城的李自成,从"公车上书"的康、梁师徒到豪气冲天的鉴湖女侠,从为了传播马列主义而洒尽热血的李大钊、瞿秋白到为了中国人民的解放事业和建设事业而英勇奋斗的每一位英模,他们哪一个不是勇于追求的人?哪一个不是满怀理想与抱负的人?

3. 不屈不挠、自强不息的奋斗精神

我们的先人很早就讲,"天行健,君子以自强不息"[38]。又说,"士欲立义行道,毋论难易,而后能行之;立身著名,无顾利害,而后能成之"[39]。还说,"不患人之不能,而患己之不勉"[40]。前辈们倡导的这种自强不息的精神、坚忍不拔的毅力、不屈不挠的意志以及知难而进的信心与决心,是我们宝贵的精神财富,也是我们传统道德伦理精神的重要组成部分。

古往今来,大凡成大事者,都要经过一番曲折,都要付出艰辛和努力,甚至宝贵的生命,诚如孟子所言,"天将降大任于斯人也,必先苦其心志,劳其筋骨,饿其体肤,空乏其身,行拂乱其所为……"[41]。当年,司马迁在《报任安书》中就列举了许多这样的例子:"盖西伯拘而演《周易》;仲尼厄而作《春秋》;屈原放逐,乃赋《离骚》;左丘失明,厥有《国语》;孙子膑脚,兵法修列;不韦迁蜀,世传《吕览》;韩非囚秦,《说难》《孤愤》;《诗》三百篇,大抵圣贤发愤之所为作也。"其实,司马迁本身的遭遇就很能说明问题。当他人生最得意的时候,却因替好友李陵当庭辩护而获罪下狱,以至受到残酷的腐刑。面对如此奇耻大辱,他一度想到了死,但强烈的责任意识让他顽

强地活了下来。出狱后,他便发愤著书,终于写成了中国第一部纪传体通史——《太史公书》(后称《史记》)。他于书中,"究天人之际,通古今之变,成一家之言",被鲁迅称之为"史家之绝唱,无韵之《离骚》"。

在中华民族历史上,正因为有了千千万万个司马迁和"司马迁精神",才战胜了一个个艰难险阻而生生不息、绵延发展,且一步步走向光明、走向强盛。进入21世纪后,我们既面临着机遇,也面临着挑战,所谓"万事如意"、"一帆风顺"只不过是人们的一种奢求和祈盼而已。我们必须进一步发扬这种自强不息、百折不回的精神,才能应对各种复杂的局面和更加严峻的考验,渡过重重难关,到达胜利的彼岸。

4. 忍让、宽容的友爱精神

中国人讲究"和为贵",讲究"忍让"、"宽容",这是我们这个多民族大家庭千百年来始终团结友爱、和睦相处、和谐发展的重要基础,而这一基础的核心则是"仁爱"精神。

忍让,是中华民族的传统美德。《尚书·君陈》云:"必有忍,其乃有济。"清人吴汝纶则大声称赞,"忍让为家居美德"[42]。其实,不仅是"家居",在外面干事业、闯天下也同样需要忍让。因为,不论你处在哪个社会层面上,也不论你从事什么样的工作,不可能时时、处处随心如愿,当你遇到挫折了怎么办?不被别人理解怎么办?一时让人误会了又怎么办?……对付这些"怎么办",最好的方法就是学会忍让,也就是孔子讲的"克己"。

可能在有些人看来,忍让就是"吃亏",甚至有人将其误认为"懦弱",实际上,它们之间是绝对不能画等号的。在现实生活中,忍让最能体现一个人的胸怀和雅量,也最能展示强者之风范。像大家所熟悉的历史故事《将相和》,蔺相如不就是靠着忍让精神才把将军廉颇感动了吗?所以,我们称忍让是一种美德。

忍让还是化解矛盾、处好人际关系的重要方法。相传,安徽某地有条"六尺巷"。说起这巷子,还有一段很美的故事:某君在朝中做官。这天,他接到了老家的来信,拆开一看,才知道家人与邻居为一堵墙而发生了争执。原来,两个庭院间的墙倒了,在重新垒这堵墙的时候,都为了多占点地皮而互不相让。于是,家人恳求他能利用手中的权力给对方施施压。这事该如何处理呢?他想了想,便提笔回了一封家书,实际上是四句打油诗:"千里捎书为堵墙,让他三尺又何妨。长城万里今犹在,谁人识得秦始皇?"家里人看了诗,深明其中的意思,便主动后退后了三尺;对方一看,人家的姿态那样高,也主动让出了三尺。于是,便留下一条千古传颂的"六尺巷"。我们设想一下,假如那位官员当时不这样处理呢?恐怕就不会有后来这样好的结局了。

忍让又是躲避风险、实施自我保护的有效手段。当年,白居易曾说,"孔子之忍饥,颜子之忍贫,闵子之忍寒,淮阴之忍辱,张公之忍居,娄公之忍侮;古之为圣为贤,建功树业,立身处世,未有不得力于忍也。凡遇不顺之境者其法诸"[43]。譬如"淮阴之忍辱",讲的是当年韩信的故事。在他"为布衣时","淮阴屠中有少年侮信者,曰:'若虽长大,好带刀剑,中情怯耳。'众辱之曰:'信能死,刺我;不能死,出我袴下。'于是信孰视之,俯出袴下,蒲伏。一市人皆笑信,以为怯"。那么,韩信真的是胆怯吗?"及项梁渡淮,信仗剑从之";梁败,"又属项羽";再"亡楚归汉",被刘邦拜为大将军,后又"将兵会垓下",击败项羽,成为汉朝的开国元勋,与张良、萧何被誉为"汉初三杰"。可见,当年韩信不过是借助忍让精神以保护自己罢了。

"忍让"的前提是"宽容"。所谓宽容就是保持一种随和、平易的心态,对人、对事不苛求,懂得"水至清则无鱼,人至察则无徒"的道理,要学会容忍他人的缺点与错误,尤其要学会"得理饶人"、甚至"得理让人",不去无谓地争强好胜。

当然,我们讲忍让、宽容不是让你奴颜婢膝,苟且偷安,以牺牲人格为代价,人家打完你的左脸,还要急忙把右脸凑上去。而是提醒你遇到问题,特别是遇到棘手的问题时,冷静思考,尽量避免"情绪化",该让步时就让步,不要"一碰南墙不回头"。古人讲,"房下留三尺好走路,身后留三尺好退步"。仔细想想,不是很有道理的吗?

5. 自尊、自爱、自强的节操意识

中国人历来看重节操问题,将其视为"立人之大节"、"治世之大端",即做人、处世的重大原则,是儒家倡导的仁、义、礼、智、信、勇等德行的集中体现。孟子曾提出了"大丈夫"的三条标准,即"富贵不能淫,贫贱不能移,威武不能屈,此之谓大丈夫"[44]。实际上是其本人所言、所行的一种写照,因为孟子一生周旋于诸侯与权贵之间,一直都在为争取人格尊严与自身价值而努力。

《礼记·檀弓下》记载了这样一个故事:"齐大饥,黔敖为食于路,以待饿者而食之。有饿者蒙袂辑屦,贸贸然而来。黔敖左奉食,右执饮,曰:'嗟来食。'扬其目而视之,曰:'予,唯不食嗟来之食以至于斯也。'从而谢焉,终不食而死。"这便是成语"嗟来之食"的出处(与之意思相近的还有"盗泉之水"的传说。据《尸子》载:孔子"过于盗泉,渴矣而不饮,恶其名也")。这是一个非常古老的故事,但它却告诉我们一个永远有着新意的道理——人不能失去尊严,丢掉气节;否则,便成了行尸走肉,毫无意义。

这种高尚的节操意识,当国家、民族处于危难关头的时候,显得尤其可贵。有一个成语叫"宁为玉碎,不为瓦全",出自《北齐书·元景安传》。说的是,公元550年,高洋推翻了东魏政权而建立了北齐,取年号天保,高洋为文宣皇帝。为了巩固自己的统治,高洋对"诸元帝室亲近者"大肆杀戮,为了苟且偷生,元景安等人便想将自己的姓氏随了皇帝而改为姓高。自古以来,中国人讲究的是"大丈夫行不改名、坐不改姓",元景安的堂兄景皓听说此事后,凛然道:"怎能丢弃了自己的祖宗而随他人姓氏?大丈夫宁可玉碎,不能瓦全。"然后便慷慨赴死。后人将此来比喻:为了真理与正义,坚守自己的节操,宁肯失去性命也不愿苟且偷生。

高尚的节操意识,还体现了中国人传统的知耻精神。管子曾讲:"礼义廉耻,国之四维。四维不张,国乃灭亡。"意思是说,礼义廉耻这四种德行,是维护国家生命力的四条大纲,如果这四条大纲废弛了,国家就要灭亡。可见它的重要性。

所谓知耻,是指人们对于是与非、善与恶、美与丑的一种情感反映,即"荣辱感",也就是我们常讲的"羞恶之心"。孟子曾讲,"人不可以无耻,无耻之耻,无耻也"[45]。它是中国传统道德伦理的基本内容之一。清人王豫曾告诫人们,"士不可一刻忘却耻字"[46]。以"匡复大明为己任"的顾炎武,原名"绛",字"忠清",明亡后,他厌恶"忠清"二字,便绝不再用,并改"绛"字为"炎武",又写作"炎午",以效前贤。[47]他还提出两条古训,"博学于文"、"行己有耻",以激励自己与他人。另据《明遗民录》载,清兵入关后,顾炎武与归庄等人参加"惊隐诗社",以不仕清廷相激励。待清廷诏举博学鸿儒,顾炎武拒荐,并致书在京的门人:"刀绳俱在,无速我死。"他本来与朱彝尊是很好的朋友,因为朱氏应试了博学鸿儒,便耻于与之为伍,毅然断交,更不再提及。

6."无为而无不为"的辩证精神

我们在前边讲到,"无为"是道家的人生哲学、政治主张,也是他们的一种修身艺术。那么,"无为"是什么意思呢?《淮南子·原道训》解释说:"所谓无为者,不先物为也。"就是说要顺应自然,不做那些违背自然规律的事情。在做人问题上,就是要保持一种平和心态,不盲目攀比;要有自知之明,不贸然行事;要学会放弃,抑制自己过高的欲望;要力戒浮躁、甘于寂寞,坐得住冷板凳。

张大千的弟子杨铭仪讲过这样一段话:"在国人都不知道敦煌时,张大千在了无人烟的洞窟前的小泥屋一住就是三年,经他的呼吁,才有了留法画家常书鸿的镇守,以及随后的敦煌成为显学。"他还讲到:"张大千说过,'画画没有秘诀,一要有耐性,二要有悟性'。当代的国画家或许不缺悟性,而尤缺耐性。似乎大都忍受不了'十年磨一剑',甚至'临池三年',习艺不精就下海遨游。或者小有名气就耐不住寂寞,习艺时间不及拉关系、走门子时间的一半。"[48]杨铭仪的这段话讲的是习艺,更讲的是做人。在人心越来越功利、社会越来越浮躁的今天,人们最缺乏的就是这种做人的功夫。

我们今天讲"无为",更深层的意思是引导人们去尊重科学,自觉弘扬科学精神,而"科学精神的精髓是实事求是",因此,我们必须"坚持实事求是的科学精神,加强科学道德建设,克服急于事功的浮躁心态,反对一切弄虚作假行为"[49],努力在全社会形成尊重科学、学习科学、相信科学、按科学规律办事的良好气氛。同时,认真接受教训,绝不能再重复诸如"跑步进入共产主义"、"十五年内超英赶美"等历史性错误;而在国际事务中,坚持贯彻执行邓小平同志提出的"冷静观察,稳住阵脚,沉着应付,韬光养晦,善于守拙,决不当头,有所作为"[50]的战略方针,确保我们的现代化建设沿着科学的方向前进。

7. 处事有"度"的中庸精神

"度"是一个哲学概念,即事物的"质"所能容纳的"量"的幅度,表现为事物的"质"与"量"的统一。作为一种处世原则,就是要求人们"不偏"、"不倚",保持适中,其典型表现就是儒家所强调的"中庸"精神。宋代大儒朱熹曾讲过:"不偏之谓中,不易之谓庸。中者,天下之正道;庸者,天下之定理。"[51]

孔子是中庸精神的积极倡导者,他曾经高声赞美:"中庸之为德也,其至矣乎!"[52]在孔子看来,中庸作为一种社会道德那是最高尚的了!然而,令他不满意的是"民鲜久矣"[53]——很久以来,人们却不重视这种道德的养成,对它了解得太少,做得就更不够了。据《左传·哀公十一年》载:"季孙欲以田赋,使冉有访于仲尼……私于冉有曰:'君子之行也,度于礼。施取其厚,事举其中,敛从其薄。如是,则以丘亦足矣。若不度于礼,而贪冒无厌,则虽以田赋,将又不足。且于季孙若欲行而法,则周公之典在;若欲苟而行,又何妨焉!'"季孙氏要按照田(田)赋的标准收取租税,而田赋要高出丘赋三倍。孔子对此坚决反对。孔子坚持认为,应"施取其厚,事举其中,敛从其薄",这样才能达到安民治国的目的。孔子的这种处事原则,充分体现了儒家的中庸精神。

笔者认为,"中庸"就是孔门的心法,既是他做人的道德,也是他做事的准则。台湾学者韦政通在分析《中庸》一书对儒家思想的贡献时曾归纳了三条:"1、中庸是戒惧、谨慎的态度;2、中庸是判别君子与小人的标准,合者为君子,不合者为小人;3、中庸是不偏不倚、合适而又难以企及的生活理想。"[54]笔者以为然。

中庸精神的现实意义在于,引导人们正确处理人与经济、人与政治、人与社会、人与自然以及人与自身的关系,不论在任何情况下都保持一份清醒、一份自我克制,不至于产生过分的冲动,干出一些蠢事来。林语堂先生曾在《生活的艺术》一书中说道:"生活的最高典型终究应该属于子思所倡导的中庸生活……与人类问题有关的古今哲学,还不曾发现过一个比这种学说更深奥的真理,这种学说,就是介于两端之间的那种有条不紊的生活——酌乎其中学说。"

8. 居安思危的忧患意识

《易》告诫世人:"安而不忘危,存而不忘亡,治而不忘乱";"君子终日乾乾,夕惕若。"传达出一种强烈的忧患意识。孟子将这种忧患意识渗透到他的"民本思想"之中,提出"乐民之乐者,民亦乐其乐;忧民之忧者,民亦忧其忧;乐亦天下,忧亦天下"[55]。这是典型的"忧民"意识。范仲淹则将这种忧患意识作了进一步发展,不仅"忧民"、"忧国（君）"、而且"忧天下"，他说，"居庙堂之高，则忧其民；处江湖之远，则忧其君。是进亦忧，退亦忧，然则何时而乐耶？其必曰：'先天下之忧而忧，后天下之乐而乐。'"[56]。

居安思危，就是要牢记历史教训，时时警醒自己。近代以来，中华民族经历了太多的不幸与苦难，帝国主义列强依靠他们强大的经济实力、先进的科学技术以及"船坚炮利"，找种种借口疯狂侵略中国，并妄图瓜分中国，陷中华民族于亡国灭种的危机之中。特别是1900年的八国联军侵略中国和1931年"九一八事变"后日本帝国主义对中国的野蛮入侵，给中国人民带来的灾难尤其深重，但同时，这些不幸的遭遇也培养了中国人居安思危的忧患意识。当年，康有为就曾慷慨陈情："俄北瞰，英西睒，法南瞵，日东邻，处四强邻之中而为中国，岌岌哉！"[57]孙中山先生则大声疾呼："蚕食鲸吞，已效尤于接踵；瓜分豆剖，实堪虑于目前。"[58]正是这种强烈的民族忧患意识，成为"中国发展的一个精神动力"[59]。

居安思危，就是要做到有备无患。"忧患"不是目的，是前提，它的目的是要消除"祸患"，实现"无患"。所以，《左传·襄公十一年》云："《书》曰：'居安思危。'思则有备，有备无患。"正是从这一意义上，毛泽东同志提出了"落后就要挨打"的著名论断，动员全党和全国各族人民要通过"自力更生，奋发图强"，以实现"自立于世界民族之林"的目的。今天，我们的国力强大了、国际地位高了，但忧患意识一点也不能少。它将时刻提醒我们牢记历史教训，始终保持头脑清醒，紧紧抓住发展这个"第一要务"，只有我们经济实力、国防实力和民族凝聚力都大大增强了，不管国际风云如何变幻，我们才能"任凭风浪起，稳坐钓鱼舟"。

居安思危的忧患意识是我们民族宝贵的精神财富，也是我们处世的重要准则。

我们在前面讲到，中国传统的道德伦理精神源远流长、博大精深，是一个独具特色的价值体系，尽管我们用了很大的篇幅来讨论它、阐释它，也难免以偏概全。另外，做人处世是一种大本领，单从书本上是学不成的，还必须结合实践认真历练，诚如曹雪芹所言："世事洞明皆学问，人情练达即文章。"只有把理论和实践结合起来，才能学到做人处世的真功夫。

参考文献及注释

[1]《孟子·滕文公上》
[2]《荀子·王制》
[3]《论语·述而》
[4] 董仲舒：《春秋繁露·人副天数》
[5] 引文同[4]，"举贤良对策"
[6]《孟子·告子上》
[7]《荀子·性恶》
[8]《马克思恩格斯选集》，第2版，第1卷，第35页

[9] 韦政通:《中国的智慧》,吉林文史出版社,1988年,第72页
[10] 唐得阳:《中国文化的源流》,第4章,山东人民出版社,1993年,
[11][12][25][29]《论语·学而》
[13] 张光兴:《蒲松龄与中国的"孝"文化传统》,载《蒲松龄研究》,1997年第2期,第56页
[14]《荀子·非十二子》
[15]《大学》
[16][17][33]《论语·卫灵公》
[18]《将苑·知人性》
[19]《中国人名大辞典·陈蕃》
[20]《老子》,64章
[21]《中国人名大辞典·杨震》
[22]《论语·为政》
[23]《论语·颜渊》
[24]《孟子·离娄上》
[26] 引文同[9],第71页
[27]《论语·里仁》
[28]《墨经·经说上》
[30]《韩非子·外储说左上》
[31]《史记》,卷六十八
[32]《资治通鉴·汉纪四》
[34]《论语·子张》
[35]《史记》,卷二,"夏本纪第二"
[36] 王守仁:《教条示龙场诸生》
[37] 曲辰,任昌华:《黄帝与中华文明》,中国华侨出版社,2004年,第201页
[38]《易·乾》
[39] 刘向:《说苑》
[40] 王安石:《临川先生文集·上仁宗皇帝言事书》
[41]《孟子·告子下》
[42] 吴汝纶:《桐城先生全书》
[43] 邵道生:《学会生存》,中国青年出版社,1997年,第360页
[44]《孟子·滕文公下》
[45]《孟子·尽心下》
[46] 王豫:《蕉窗日记》
[47] 据说,元兵攻陷临安后,太学生王应梅去拜见文天祥,以陈抗金之志,然后又毁家以助军饷,文天祥将其留做幕僚。后来,他因母病辞归故里。不久,文天祥兵败被金兵所俘。王应梅悲痛万分,遂作生祭文激励文天祥速死。自此,王应梅杜门却扫,不复问世事,并更名"炎午"。顾氏更名"炎午",显然有效仿前贤、不事异族之意
[48]《中国青年报》,2001-06-21

[49]《江泽民论有中国特色社会主义》,第 273 页
[50] 引文同[49],第 99 页
[51]《四书章句》
[52][53]《论语·雍也》
[54] 引文同[9],第 99 页
[55]《孟子·梁惠王下》
[56] 范仲淹:《岳阳楼记》
[57]《强学会宣言》,转引自《大学道德教育概论》,第 393 页
[58]《兴中会章程》,转引自《大学道德教育概论》
[59]《邓小平文选》,第 3 卷,第 358 页

第七章 国学之美(一):古代诗歌

中国传统文化,既有物质与精神的之分,又有功利与审美的之别。中国审美文化包括了文学、音乐、书法、绘画等各种形态或门类,这多姿多彩的艺术门类构成了一个庞大的审美文化体系,充分体现出中国传统文化的精神价值和国学之美。这一章,我们将从文化的角度对古代诗歌作一些粗浅的介绍。

一、诗歌概说

中国是一个诗歌的王国。自古以来,上至天子朝臣,下至草民百姓,都喜欢用诗歌表达自己的感情,也喜欢用诗歌显示自己的才学。比如,被世人称做"风流天子"的康熙,最让他惬意的事就是写诗、题字,有材料说他一生写的诗比陆游还多出2万多首(陆游一生写了9300多首诗,是公认的"高产诗人");"草根们"也喜欢吟诗作对,以表达情怀。像陕北的"信天游"、西北的"花儿",还有那些流行于各少数民族的、式样繁多的"山歌"、"渔歌"、"采茶歌"等,其基本形式都是"可吟可唱"的"诗歌"。它是"草根们"用以寄情抒怀,特别是表达爱情的重要手段,而这种地道的"民间创作"往往是"即兴"的,很少人工雕琢的痕迹,显得"大美无痕"、趣味盎然,如那首大家比较熟悉的壮族民歌,真可以说是美到了极致:"进山看见藤缠树,出山看见树缠藤。树死藤生缠到死,藤死树生死也缠。"

说到"草根诗",笔者想到了一位名叫张打油的人,此人极喜欢写诗,虽没有那些文人骚客的诗来得高雅、来得有学问,但却简洁质朴、生动可爱,后来人们就把这类民间诗人写的诗称做"打油诗"。有一首《雪》诗这样写道:"天上一笼统,地下黑窟窿。黄狗身上白,白狗身上肿。"不亦好玩乎?

(一) 诗歌与诗歌之美

1. 何谓诗歌

诗歌是最具有大众基础的一种文学形式,同时,它又是人类最早创造出的一种文学体裁。诗歌的历史可以追溯到远古时代。鲁迅曾经讲过,诗歌起源于生产劳动,古时候,人们在一起抬木头,为了减轻劳累、协调动作,有人不自觉地喊了一声"杭唷",于是,人们就一起跟着喊"杭唷杭唷"。这便是最早的文学创作,其创作形式就是"诗歌",假如要分派,那么就是"杭唷杭唷"派。

在诗歌产生的初期,它与音乐、舞蹈是合为一体的。《毛诗序》中讲:"诗言志","言之不足故歌之,歌之不足故手之、舞之、足之、蹈之"。可见,音乐和舞蹈是用来配合诗更好地"言志"的。比如,《诗经》中的"十五国风",其实就是产生于不同地域的民歌,当年既可以拿来吟诵,也可以拿来歌唱,还可以用来伴舞。到后来,诗和歌才变成了两个不同的概念——不合乐者(也就是不能歌唱的)为诗,合乐者为歌。

不管是"诗"还是"歌",最重要的一点:它必须来自生活,又必须反映生活,而这种反映不是机械的、呆板的、照相式的,而是凝结着诗人的深情或感悟,并用灵动的、"诗化"的语言表达出来。所以,如果我们要给诗歌下个定义的话,那么诗歌就是:能高度集中地反映社会生活,始终饱含着诗人丰富的思想与情感,富有独特的想象,语言精练且形象性强,并符合一定的韵律,一般说来要分行排列的一种文学形式。

2. 诗歌之美

诗歌之美可以大体总结为四个方面。

(1) 饱含着诗人强烈的情感和独特的想象。诗歌不像小说,靠故事情节吸引读者;也不像散文,靠优美的语言打动读者;诗歌必须靠强烈的情感推动着想象,熔铸成一种情景交融的意境,这就是刘勰讲的:"……思理为妙,神与物游……登山则情满于山,观海则意溢于海。"[1]也就是董其昌说的,"诗以山川为境,山川以诗为境"[2],让诗人禀赋的诗心映射着天地的诗心。所以,诗的境界的显现,绝不是纯然地、客观地、机械地去描摹对象,而以"心匠自得为高"(米芾语),"尤其是山川景物,烟云变化,不可临摹,须凭胸臆的创构,才能把握全景"[3]。

除了情感之外还有想象,这也非常重要。可以说,没有想象就没有诗。如元代赵孟頫的夫人管仲姬曾写过一首很有名的情诗:"我侬两个,忒煞情多。譬如将一块泥儿,捏一个你,塑一个我。忽然欢喜呵,将它来都打破,重新下水,再团再炼再调和,再捏一个你,再塑一个我。那时间,我身子里有你,你身子里有我。"可以这么说,假如管仲姬没有丰富的情感和超乎常人的想象,是万万不可能写出这样的好诗的(后来,被誉为当代"四大诗人"之一的李季,在写叙事长诗《王贵与李香香》时,几乎完全地套用了管氏的诗)。

(2) 诗歌要具有音乐美。早在1920年,宗白华先生就提出:"诗的定义可以说是'用一种美的文字……音律的绘画的文字……表写人的情绪中的意境'。……换句话说:诗的'形'就是诗中的音节和词句的构造;诗的'质'就是诗人的感想情绪。"又说:"优美的诗中都含有音乐,含有图画。他是借着极简单的物质材料……纸上的字迹……表现出空间、时间中复杂繁富的'美'。"[4]诗歌正是靠着这种音乐美——抑扬顿挫的节奏、铿锵悦耳的旋律,加之汉语中"乐音"较多的特点,从而构成了一种特色独具的"诗美"。

（3）诗歌要具有绘画美。当年苏东坡论王维的《蓝田烟雨图》说："味摩诘之诗,诗中有画;观摩诘之画,画中有诗。诗曰:'蓝田白石出,玉川红叶稀。山路元无雨,空翠湿人衣。'"笔者理解"诗中有画,画中有诗"的意思,就是要求画中要体现出诗的特质;诗中要体现出画的特质。那么画的特质是什么？——如形象美、构图美、色彩美、动态美等,都是画的特质,要能在诗中表现出这几种美的确不容易,换句话说,如果能在诗中表现出这几种美,肯定是好诗。

（4）诗歌要始终不渝地追求意境美。什么是意境？宗白华先生认为,人与世界接触,因关系的层次不同构成了五种境界:功利境界、伦理境界、政治境界、学术境界、宗教境界。他解释说："功利境界主于利,伦理境界主于爱,政治境界主于权,学术境界主于真,宗教境界主于神。但介乎后二者的中间,以宇宙人生的具体为对象,赏玩它的色相、秩序、节奏、和谐,借以窥见自我的最深心灵的反映;化实景而为虚境,创形象以为象形,使人类最高的心灵具体化、肉身化,这就是'艺术境界'。艺术境界主于美。"又说："意境是'情'与'景'(景象)的结晶品。"[5]

诗歌是艺术,它当然要追求"艺术境界",即"意境美"——这种意境,会因景、因人、因情的不同而表现各异——或阳刚或柔美,或雄浑或淡远,或奔放或凄婉……但有一点却是相通的,即始终不渝地追求诗的最高境界——神韵。严羽在《沧浪诗话》中讲："诗之极致有一,曰入神。诗而入神,至矣尽矣,蔑以加矣。"而所谓"入神"就是王士祯所崇尚的"诗如神龙,见其首不见其尾,或云中露一爪一鳞而已";就是"笔墨之外,自具性情,登览之余,别有怀抱";就是"须其自来,不以力构";就是"不著一字,尽得风流"云云。

(二) 古代诗歌的地位和作用

当年孔子曾这样教导他的弟子："小子莫学夫《诗》？《诗》可以兴,可以观,可以群,可以怨。迩之事父,远之事君。多识于鸟兽草木之名。"[6]意思是说:同学们,你们为什么不认真研习《诗经》呢？它可以激发人的情感,可以帮助你观察和了解社会,可以用来调和人际关系,还可以用来讥刺时政;从近处说,有利于孝敬父母,从远处说,有利于忠于君王;还可以帮助你增加有关自然界的许多见识等等。这就是著名的"兴观群怨说"。**所谓"兴"**,即引譬连类,也就是由此及彼,触物起情;**所谓"观"**,即观察社会的种种现象,以"考见得失"(朱熹语);**所谓"群"**,即大家凑在一起,通过切磋来肯定对的,纠正错的,以达到协调众人(也就是"合群")的作用;**所谓"怨"**,即"刺上政也"(孔安国语),也就是所谓"不平则鸣",然而这种"鸣"必须把握好分寸——"怨而不怒"(朱熹语)。

除此之外,还有两种影响比较大的诗歌理论,即"言志说"与"缘情说"。

（1）"言志说"。这是"中国古典美学关于艺术本质特征的最早命题",也是儒家诗歌美学的核心内容,始见于《尚书·尧典》："诗言志,歌永言,声依永,律和声。"

到了汉代,对《诗》进行传授的有四大家,即鲁、齐、韩、毛,前三家的《诗》用汉隶记录,称做"今文经";而毛《诗》(作者为毛亨)却用秦篆记录,称"古文经"。在《毛诗序》中写道:"诗者,志之所之也。在心为志,发言为诗。动情于中而形于言,言之不足故嗟叹之,嗟叹之不足故永歌之。"又提出:诗可以"明得失之迹,伤人伦之废"。我们由此可以知道,这里讲的"志"包括两层主要意思:第一层,"反映了集体的事功、政教、历史和社会(包括宗教)内容,如所谓'一国之事'、'四方之风',所谓'经夫妻,成孝敬,厚人伦,美教化'"等等;第二层,又具体地体现了诗人的情感,"同时,志中还反映了作家对现实生活和外在环境的认识,让人们辨别出'治世之音'和'亡国之音','多识于鸟兽草木之名'"等[7]。

(2)"缘情说"。它出自陆机的《文赋》:"诗缘情而绮靡,赋体物而浏亮,碑披文以相质,诔缠绵而凄怆,铭博约而温润,箴顿挫而清壮,颂优游而彬蔚,论精微而朗畅,奏平彻以闲雅,说炜晔而谲诳。"本来,陆机是在阐述各种文体的特点(诗、赋、碑、诔、铭等都是古代不同的文体),结果,一句"诗缘情而绮靡"却成为"缘情说"的源头。我们在前边讲到,诗本来是情感的结晶,没有情感的"聚集"与"爆发"是断成不了诗的。然而在此之前,人们基本上羁绊于"言志说"的樊笼,很少从理论上突破,而陆机的"缘情说"却"完全把文艺当作一个情的世界,根本不顾及什么求贤成圣、齐家治国之类的'君子之志'"[8],这表明了魏晋时期人们精神的解放和艺术的觉醒。

需要指出的是,有许多研究者认为"缘情说"是与"言志说"、"载道说"相对立的诗歌理论。客观上讲,它们之间的确有某些对立和矛盾的因素,历史上也曾产生过对立和矛盾,但对这种对立和矛盾应该如何理解?怎样把握?这是需要认真思考的。

二、我国古代诗歌的几座高峰

中国既然是一个"诗的王国",那么,能代表中国文学最高成就者必然是诗歌,而不是其他。是的,在中国文学史上有几座诗的巅峰很值得后人去游览、去观赏、去探索。

(一)《诗经》与《楚辞》

这是先秦诗歌创作最具有代表性的作品,合称为"风骚"。有研究者认为,《诗经》与《楚辞》是中国古代诗歌创作的两大源头:前者为现实主义创作风格的源头,后者为浪漫主义创作风格的源头。几千年来,对这两部经典进行研究者前赴后继,顶膜礼拜者也代不乏人。那么,这到底是怎样的两部著作呢?

1. 《诗经》

到目前为止，《诗经》是我国历史上有据可查的最早的一部诗歌总集。它收录了西周初年到春秋中叶（约前 11 世纪～前 6 世纪）大约 500 年间的 305 篇作品,所以又称《诗三百篇》。这 300 多篇作品按照风、雅、颂三类编排。那么,何谓风? 何谓雅? 何谓颂呢?

(1) 关于"风"的释义。自古以来,对"风"有多种多样的解释,我们择其要而介绍之:① 《毛诗序》:"风,风也,教也;风以动之,教以化之……上以风化下,下以风刺上,主文而谲谏,言之者无罪,闻之者足以戒,故曰风。"② 朱熹《诗集传·国风序》:"风者,民俗歌谣之诗也。谓之风者,以其被上之化以有言,而其言又足以感人,如物因风之动以有声,而其声又足以动物也。"③ 郑樵《通志序》:"风土之音曰风……"综合前人之解,我们以为:《诗经》中的风(又称"国风"、"十五国风")是相对于当时周天子所在的京城而言的地方小调、俗曲,大约相当于现在传唱于各地、独具特色的民歌、民谣等。

(2) 关于"雅"的释义。有关"雅"的释义也非常多,其中影响较大的如下:① 《毛诗序》:"雅者,正也,言王政之所由废兴也。"② 朱熹《诗集传·小雅序》:"雅者,正也,正乐之歌也。"③ 郑樵《通志序》:"朝廷之音曰雅……"说白了,"雅"就是"正"的意思,"雅乐"就是"正乐",也就是王畿之乐,相对于地方音乐的"风"来讲,它是乐中之"正宗"。"雅"又分为"大雅"和"小雅",这大概与它们诞生的年代有关,"小雅"中的诗一般要比"大雅"晚,且风格比较接近"风",有可能是受了"风诗"的影响。但有一点是肯定的,即"雅"大都出自贵族文人之手。

(3) 关于"颂"的释义。对于"颂"的解释有如下几种:① 《毛诗序》:"颂者,美盛德之形容,以其成功告于神明者也。"② 朱熹《诗集传·颂序》:"颂者,宗庙之乐歌。"③ 郑樵《通志序》:"……宗庙之音曰颂。"④ 王国维《说周颂》:"'颂'之所以异于'风'、'雅'者,虽不可得而知,今就其著者言之,则'颂'之声较'风'、'雅'为缓了。"那么,"颂"到底是什么呢? "颂"可以理解为古代祭神祭祖时用的歌曲。在古代,尤其是远古时代,祭祀是朝廷的大事,每次都要表演歌舞,"颂"就是用于这种严肃而隆重场合的一种舞乐。其节奏与风格较之"风"、"雅"要舒缓、庄重一些。

(4) 《诗经》作品赏析。在《诗经》中最有价值的是"十五国风"和"小雅"中的一部分。它们直接来自当时的民众,是《诗经》的精华所在。我们选择有代表性的几篇来赏析。

【《王风·君子于役》赏析】

君子于役,不知其期。曷至哉? 鸡栖于埘,日之夕矣,羊牛下来。君子于役,如之何勿思?

君子于役,不日不月。曷其有佸? 鸡栖于桀,日之夕矣,羊牛下括。君子于役,苟无饥渴?

这是一首反映徭役、兵役给老百姓带来灾难与痛苦的诗篇。诗中描写了一个山村妇女对在外服役、久久未归的丈夫的思念之情,情感真挚、感人至深。诗分两章:第一章侧重写女主人公对丈夫的怀念;第二章侧重写女主人公对丈夫的担心。这首诗最大的特点是:触景生情,情景交融,入情入理,以情动人。

【《秦风·蒹葭》赏析】

蒹葭苍苍,白露为霜。所谓伊人,在水一方。溯洄从之,道阻且长,溯游从之,宛在水中央。

……

这是一首反映人们对美好爱情和婚姻无限向往的诗篇。在《诗经》中,这类诗占了很大的比例,而且有较高的艺术性,《秦风·蒹葭》是大家比较熟悉的。该诗共分为三章,中间只换了少许字,如"蒹葭凄凄/白露未晞"、"蒹葭采采/白露未已",其他内容几乎一样。它以北方地区的秋天为背景,用一种亦真亦幻、虚实相生的手法和哀婉凄凉的情调,描写了一位人间"情种"对美好爱情的向往与追求。

【《魏风·十亩之间》赏析】

十亩之间兮,桑者闲闲兮,行与子还兮!

十亩之间兮,桑者泄泄兮,行与子逝兮!

这是一首反映劳动人民热爱生活、热爱劳动的诗篇。诗中的主人公是一群活泼可爱的采桑女,她们一边采桑,一边歌唱。整首曲子,节奏舒朗,韵律和谐,简洁而明快,把姑娘们轻松愉快的心情充分展现出来。

2.《楚辞》

它是继《诗经》之后又一座诗的高峰,大约产生在公元前4世纪的楚国南部,其奠基者和代表作家是伟大的爱国诗人屈原。屈原,我们在"导论"中已有过比较具体的介绍,就不再重复了,这里只介绍楚辞。

关于"楚辞",如果望文生义地解释,"楚辞"就是产生于楚地的一种有着浓郁地方色彩的歌辞;从历史发展的角度讲,它是继《诗经》古朴的四言诗之后在楚地产生的又一种崭新诗体。宋代学者黄伯思曾指出:"盖屈、宋(玉)诸骚,皆书楚语,作楚声,纪楚地,名楚物,故可谓之'楚辞'。"[9]鲁迅当年在《汉文学史纲要》中也说:"战国之际……在韵言则有屈原起于楚,被逸放逐,乃作《离骚》。逸响伟辞,卓绝一世。后人惊其文采,相率仿效,以原楚产,故称'楚辞'。"[10]。李泽厚则认为,楚辞"集中代表了一种根柢深沉的文化体系",这就是"充满浪漫激情、保留着远古传统的南方神话——巫术的文化体系"。他分析道:"当理性精神在北中国节节胜利,从孔子到荀子,从名家到法家,从铜器到建筑,从诗歌到散文,都逐渐摆脱巫术宗教的束缚,突破礼仪旧制的时候,南中国由于原始氏族社会结构有更多的保留和残存,便依旧强有力地保持和发展着绚烂鲜活的远古传统。……表现在文艺审美领域,这就是以屈原为代表的楚文化。"[11]

【《离骚》赏析】

屈原给后人留下了许多撼人心魄、催人泪下的诗作,如《离骚》、《九歌》、《九章》、《天问》、《招魂》等,都是脍炙人口的名篇佳作,其中以《离骚》的影响最大。

此诗写于屈原第二次被放逐期间,是他的代表作,也被誉为古典浪漫主义诗歌最杰出的典范,全诗共 373 句,有 2400 字之多,其篇幅之宏大也是我国古典诗歌中少有的。至于为什么叫"离骚",司马迁解释说:"《离骚》者,犹离忧也。……屈平之作离骚,盖自生怨也。《国风》好色而不淫,《小雅》怨诽而不乱。若《离骚》者,可谓兼之矣。"[12] 王逸则说:"离,别也;骚,愁也。"[13] 也有人考证:"离骚"是"劳商"二字的异写,而"劳商"则为古代楚地的一种歌曲名,云云。

屈原在诗中充分表达了对进步的政治理想的追求和对祖国的无限热爱,以及为了祖国、为了理想而宁死不屈的斗争精神。

请听:"汨余若将不及兮,恐年岁之不吾与。朝搴阰之木兰兮,夕揽洲之宿莽。日月忽其不淹兮,春与秋其代序。惟草木之零落兮,恐美人之迟暮。"这是诗人因事业无成而发出的一种焦虑之情。他一方面担心自己没有那么多的时间,"**恐年岁之不吾与**","**日月忽其不淹兮,春与秋其代序**";另一方面又担心楚王的昏庸无能耽误了祖国的前途,"**恐美人之迟暮**"。

再请听:"已矣哉!国无人莫我知兮,又何怀乎故都?既莫足与为美政兮,吾将从彭咸之所居!"这是诗人发出的最后的呐喊:算了吧!偌大的楚国竟没有一个人了解我,我又何必再去怀念故国?既然不能实现自己美好的政治理想("美政"),那我只好像彭咸(殷朝的一位大夫)那样投水而亡。呜呼,壮哉!呜呼,哀哉!

当年,鲁迅曾对《离骚》做过这样的评论:"逸响伟辞,卓绝一世。……较之于《诗》,则其言甚长,其思甚幻,其文甚丽,其旨甚明,凭心而言,不遵矩度。……其影响后来之文章,乃甚或在三百篇以上。"[14]

(二) 汉代乐府民歌

汉代的乐府民歌是我国诗歌史上继《诗经》、《楚辞》之后的又一个高峰。民歌是中国诗歌的母体,是历代诗歌取之不尽的渊薮。

1. "乐府民歌"概说

所谓"乐府民歌"就是由"乐府"所收集到的民歌,而"乐府"是官家设立的一种音乐机构,考古资料证明,这种机构最早可追溯到秦代。汉代设立乐府机关,大规模地搜集民歌,当始于汉武帝刘彻。《汉书·礼乐志》云:"至武帝……乃立乐府,采诗夜诵,有赵、代、秦、楚之讴。以李延年为协律都尉,多举司马相如等数十人,造为诗赋,略论律吕,以合八音之调,作十九章之歌。"那么,朝廷为什么要下这么大的力气去搜集民歌呢?大概有两个目的:一是为了了解民情,即所谓"以观风俗,知薄厚云"[15];二是为了供宫廷的各种典礼和娱乐之用。

2. 汉代乐府民歌赏析

据有关资料载,西汉时期采集的民歌有138篇之多,后来,大部分散失,现存的作品只有40多篇。这些乐府民歌内容丰富,比较广泛地反映了下层民众的喜怒哀乐,从内容上看,大体分为四类:①反映劳动人民生活穷困和受压迫、遭迫害的作品;②揭露战争和徭役给民众带来灾难与痛苦的作品;③反映男女爱情的作品;④揭露上层社会残暴和腐朽的作品。

【《十五从军行》赏析】

十五从军行,八十始得归。道逢乡里人,"家中有阿谁?""遥望是君家,松柏冢累累。"兔从狗窦出,雉从梁上飞,中庭生旅谷,井上生旅葵。舂谷持作饭,采葵持作羹。羹饭一时熟,不知贻阿谁? 出门东向望,泪落沾我衣。

这首诗通过对一个退役老兵晚年生活的描写,揭露了残酷的战争给社会、给人民留下的无法愈合的创伤。诗中的主人公,15岁就从军打仗去了,80岁才解甲归里。满希望晚年能与亲人团聚,享受一点天伦之乐,可迎接他的却是家破人亡、满目疮痍。尤其是读到诗的最后"羹饭一时熟,不知贻阿谁? 出门东向望,泪落沾我衣"时,一个白发苍苍的80岁退役老兵的那种无奈、那种无助、那种无法言表的痛苦,令人心碎!

【《上邪》赏析】

上邪! 我欲与君相知,长命无绝衰。山无陵,江水为竭,冬雷阵阵,夏雨雪,天地合,乃敢与君绝!

《上邪》这类诗,主要描写男女之间的忠贞爱情以及不幸婚姻。这类作品在汉乐府中占着很重要的地位,像大家所熟悉的《有所思》、《孔雀东南飞》、《陌上桑》、《上邪》等,都是非常优秀的诗篇。《上邪》是一位痴心女子向所爱之人表达心迹的诗,是一篇真正的"爱情诗"。诗中用了大胆的想象和丰富的联想,把五种自然界中不可能发生的现象连在一起——"山无陵,江水为竭,冬雷阵阵,夏雨雪,天地合",以表示自己对爱情的坚定与忠贞,足以让我们感受到这位女子的勇气、率真和火一般的热情。对这首诗还有另外一种说法,即一位遭了谗言的忠臣对天发的誓词:"此忠臣被谗自誓之词欤,抑烈士久要之信欤。凛凛然,烈烈然"云云。[16]

【《江南》赏析】

江南可采莲,莲叶何田田,鱼戏莲叶间——鱼戏莲叶东,鱼戏莲叶西,鱼戏莲叶南,鱼戏莲叶北。

《江南》这类诗,主要是描写劳动和劳动场景的,其数量不是太多,但大都清新可人、生动优美。如该诗,用一种回环往复的句式和简洁质朴的语言,把江南水乡的秀丽风光和采莲女孩的轻松、愉悦心情,描写得淋漓尽致,给读者留下了深刻印象。

【《童谣》赏析】

举秀才,不知书。举孝廉,父别居。寒素清白浊如泥,高第良将怯如黾(青蛙的一种)。

《童谣》应该算是乐府民歌中的"另类",它主要揭露当时上层社会的黑暗与腐朽,大都以歌谣的形式出现,亦庄亦谐,但又入木三分。这首流行于桓、灵时期的《童谣》,看上去简简单单,然而却有着十分辛辣的讽刺意味。它用一连串丑恶的社会现象,揭露了上层社会的黑暗与腐朽,读后不由得令人击节称妙。

(三) 魏晋诗

我们在前边已经讲到,魏晋南北朝是一个很特殊的历史时期。这一时期政治黑暗、社会混乱,老百姓处于水深火热之中;然而,这一时期又是"精神史上极自由、极解放,最富于智慧、最浓于热情的一个时代。因此也是最富有艺术精神的一个时代"(引文见前)。正是从这一意义上,我们可以称魏晋南北朝是人性自觉的时代,也是艺术自觉的时代。

这一时期的主要文学形式是诗歌,其发展道路基本上分为两条:① **建安道路**(形成于汉献帝建安年间)。建安诗派以曹氏父子为代表,包括孔融、陈琳、王粲、徐干、阮瑀、应玚、刘桢即"建安七子"以及蔡琰等在内的一大批优秀诗人,他们将笔触伸向社会、直指黑暗的现实,揭露当时的弊政和民生疾苦,同时抒发自己的政治理想和远大抱负,形成一种慷慨悲凉、刚健有力的诗风,后人称之为"建安风骨"或"建安风力";② **太康道路**(形成于晋武帝太康年间)。太康诗派以陆机为代表,还有与之齐名的潘岳以及张华、张协等。他们模拟古人,追求辞藻的华美与对偶的工整,而忽视了诗歌的社会内容,形成一种浮华、绮丽的诗风。诚如刘勰在《文心雕龙·明诗》中所批评的:"采缛于正始,力柔于建安。或析文以为妙,或流靡以自妍。"

我们选择这一时期最具代表性的诗人曹操、陶渊明及其代表作,作一些简单介绍。

1. 曹操

曹操(155~220年)字孟德,沛国谯(今安徽亳州)人,是三国时期最杰出的政治家、军事家和诗人,在曹氏父子的努力下,开创了建安文学的新局面。曹操靠镇压黄巾起义发展了自己的势力。献帝初年,他曾随袁绍伐董卓,后迎献帝迁都许昌,自己做了大将军和丞相,"挟天子以令诸侯",成为当时北中国的实际统治者。曹操接受了农民起义的教训,采取了打击豪强势力、抑制土地兼并的政策,并积极兴修水利,促进农业生产的不断发展;与此同时,他打破"上品无寒门,下品无士族"的"世卿世禄"制度,不拘一格,唯才是举,尤其注意网罗地主阶级中下层人才,使大批人才聚集在自己周围。靠着这些策略,他统一了北方,后封魏王,子曹丕称帝后,追尊他为武皇帝,史称魏武帝。

曹操精兵法,善诗文,现存其诗20余首,全为乐府,其内容多描写战乱带给人民的苦难和抒发自己的雄心壮志;诗的风格沉雄而悲凉,充分体现了"建安精神"。

【《观沧海》与《龟虽寿》赏析】

这是曹操《步出夏门行》(汉乐府《相和歌·瑟调曲》名)中的两章,也是他的代表作。

《观沧海》:东临碣石,以观沧海。水何澹澹,山岛竦峙。树木丛生,百草丰茂。秋风萧瑟,洪波涌起。日月之行,若出其中;星汉灿烂,若出其里。幸甚至哉,歌以咏志。

《龟虽寿》:神龟虽寿,犹有竟时;腾蛇乘雾,终为土灰;老骥伏枥,志在千里;烈士暮年,壮心不已。盈缩之期,不但在天;养怡之福,可得永年。幸甚至哉,歌以咏志。

《观沧海》写于北征乌桓的途中。那是一个"秋风萧瑟"的季节,大战之前,作为主帅的曹操登上了"树木丛生,百草丰茂"的碣石山,那可是当年秦皇、汉武曾经登临过的地方!此时此地,他望着波涛汹涌、纵横激荡的大海,心中涌起无限感慨。他用一个政治家、军事家特有的气度和眼光,欣赏着大海那苍茫、浩淼的气势,极力赞美它的博大与雄浑:"日月之行,若出其中;星汉灿烂,若出其里。"实际上,他是在借大海以抒怀——用大海那包孕日月星辰的宏大气魄暗指自己的襟怀与气度,同时也表露了此次征战必胜的信心与决心。

《龟虽寿》和《观沧海》的表现手法完全不同,它通篇没有任何景物描写,却渗透着很强的人生哲理。诗的开首写道:"神龟虽寿,犹有竟时;腾蛇乘雾,终为土灰;老骥伏枥,志在千里。"一连三个比喻从反(前两个比喻)、正(后一个比喻)两个方面阐述生命的价值;接着诗人便直抒胸臆:"烈士暮年,壮心不已。"接下来,诗人议论道:"盈缩之期,不但在天;养怡之福,可得永年。"是的,人的生命期限自己是无法决定的,但精神的力量却会让你益寿延年。据说曹操写这首诗时已年过五十,他试图通过这首诗告诉世人,也告诉自己:人的生命虽然是有限的,但却无须为此而烦恼,只要有一种好的心态、有一种奋斗不息的精神,自然便延年益寿了。

2. 陶渊明

陶渊明(365~427年)又名潜,字元亮,浔阳柴桑(今江西九江西南)人,出生在一个没落的官僚家庭。其曾祖父陶侃曾做过晋朝的大司马,封长沙郡公,但因出身寒微被人讥为"小人";其祖父、父亲都做过太守;其外祖父孟嘉曾任征西大将军桓温的长史。但他们都去世很早,到陶渊明时已家道式微。陶渊明一生可大致分为三个阶段。

29岁以前可为他人生的第一阶段。这一时期基本是在柴桑农村里度过的。当时家境贫困,他也屡弱多病:"少而贫病,居无仆妾,井臼弗任,藜菽不给。"[17]陶渊明也在《自祭文》中讲:"自余为人,逢运之贫。箪瓢屡罄,希谷冬陈。"但是四季变幻的田园风光,特别是家乡的庐山和彭蠡湖,培养了他热爱生活、热爱大自然的高尚情怀。

29～41岁是陶渊明人生的第二阶段。29岁那年,为了实现自己"大济苍生"的宏伟志愿,同时也因生活所迫,他走出家门开始了仕途生涯,先作江州祭酒,不久因"不堪吏职",便辞官回家了。后江州府召他任主簿,不应,在家中闲居了六七年。36岁时他第二次出仕,做了荆州和江州刺史桓玄的僚佐。时间不长,他发现了桓玄试图弑君篡位的政治野心,于是又动了归隐念头。就在第二年,母亲去世,陶渊明借此辞官。在他"丁忧"的三年里,政局发生了很大变化。公元402年,桓玄举兵东下,攻陷京师建康,次年称帝;公元404年,刘裕起兵讨伐,克复京师并杀桓玄于江陵。就在这年,陶渊明投到大将军刘裕麾下做了参军,后因与刘裕不合,改任建威将军、江州刺史刘敬宣的参军。义熙元年(405年)八月,陶渊明求为彭泽令,仅仅过了89天,逢郡派督邮来县巡视,县吏告诉他"应束带见之",陶渊明讲:"我岂能为五斗米,折腰向乡里小儿!"当天便辞官归里,时年41岁。

嗣后的岁月是陶渊明人生的第三阶段。归隐后的陶渊明过着自食其力的艰难生活,杜甫曾在诗中写道:"每恨陶彭泽,无钱对菊花。"这无形中加深了他对世道黑暗与统治者昏庸的认识,所以,晋末曾征他为著作佐郎,拒而不就。宋文帝元嘉三年(426年),江州刺史檀道济曾亲自到家中看望他,此时,陶渊明已饿了几天,起床都困难了。檀道济说:"贤者处世,天下无道则隐,有道则至。今子生文明之世,奈何自苦若此?"陶渊明答道:"潜也何敢贤?志不及也。"檀道济赠以粱肉,陶渊明挥而去之。足见其骨气也!元嘉四年(427年)秋,陶渊明大病一场,自感将不久于人世,九月九日写下《挽歌诗》三首、《自祭文》一篇,两月后与世长辞,享年63岁。亲友们用简单朴素的仪式安葬了他,并私谥之曰"靖节征士"。

陶渊明的思想表现较为复杂,但主要受儒、道两家的影响。儒家思想使他早年立下"大济苍生"之志,他的几次出仕正是儒家积极用世、兼济天下思想的体现,而退隐后,儒家安贫乐道、君子固穷的思想又成为他的精神支柱;陶渊明的道家思想也是显而易见的,他继承了"正始"以后道家批判现实、否定现实的一面,其中又不乏老庄消极避世的一面。陶渊明是我国文学史上开宗立派的重要诗人。他所处的时代形式主义盛行于诗坛,到处充斥着谈玄悟禅、模山范水之作,陶渊明的创作发挥了革故鼎新的重要作用。

【《归园田居》赏析】

现存陶渊明诗 120 多首,另有文 11 篇,如《五柳先生传》、《归去来兮辞》等都是传世名篇,但当以诗歌成就最突出。而其诗歌中,又以田园诗写得最好。我们选其代表作之一《归园田居》,试分析之。

少无适俗韵,性本爱丘山。误落尘网中,一去三十(应为"十三"之误)年。羁鸟恋旧林,池鱼思故渊。开荒南野际,守拙归园田。方宅十余亩,草屋八九间。榆柳荫后檐,桃李罗堂前。暧暧远人村,依依墟里烟。狗吠深巷中,鸡鸣桑树颠。户庭无尘杂,虚室有余闲。久在樊笼里,复得返自然。

此诗写于诗人从彭泽归隐后的第二年春天。在诗中,他认真回顾了自己所走过的路,尤其是 13 年的仕途生涯,让他大有一种堕入"尘网"的感觉——如"羁鸟"、"池鱼"得不到自由。如今他辞官归里,就像"羁鸟"飞到了"旧林",更似"池鱼"游回了"故渊"。他望着那熟悉而又陌生的田园、草屋、榆柳、桃李、远村、近烟,听着那远远近近、长长短短的狗吠、鸡鸣,感到那样亲切、那样舒心,如"久在樊笼中,复得返自然"。这是诗人陷于宦海 13 年后,重新回归自我、回归自然时的那种发自内心的喜悦。这是诗人对自由人性的大声礼赞,也是对自然美的由衷赞叹。

(四) 唐诗

唐诗,是迄今为止中国诗歌史上一个高不可攀的巅峰,说它"前无古人,后无来者"[18],绝不过分。

唐代诗歌的繁荣,首先表现在作品的数量上,据清朝康熙年间所编的《全唐诗》所录,有作品 48 900 余首,共 900 多卷。据胡震亨统计,有别集者 691 家;其次表现在诗人的数量上,有唐约 300 年间,可查可考的诗人多达 2300 多位,且大家、名家数不胜数,像被称做"初唐四杰"的王勃、杨炯、卢照邻、骆宾王;盛唐时期优秀的边塞诗人高适、岑参、王昌龄,著名的山水田园诗人王维、孟浩然(如果作为一个"诗派",还应包括韦应物、柳宗元),诗仙李白,诗圣杜甫;中、晚唐时期的著名讽喻诗人白居易,诗鬼李贺,风流诗人杜牧,爱情诗人李商隐等,可谓群星灿烂,耀眼夺目。我们选择几位有代表性的诗人作介绍。

1. 王维

王维(701~761 年),字摩诘,太原祁(今山西祁县)人。他出身官僚地主家庭,从小受到很好的教育,加之聪颖过人,故少时即有才名。《新唐书·王维传》云:"九岁知属辞,与弟缙齐名资孝友。"开元九年(721 年,时 20 岁)中进士,任大乐丞,开元二十二年(734 年,时 33 岁)被宰相张九龄擢为右拾遗,开元二十五(737 年,时 36 岁)为监察史,奉使出塞,在凉州河西节度幕兼为判官。开元末为殿中侍御史,知南选,至襄阳,旋归。王维亲身经历了"安史之乱"(755 年 11 月),被安禄山拘于洛阳菩提寺,并"迫为给事中"。乱平,因陷贼官论罪,虽因《凝碧寺》(一诗)曾闻于行在,遂特宥之,责授太子中允"[19],但从此他心灰意懒,笃志奉佛,故又有"诗佛"之称。

王维诗歌的题材非常广阔,主要为三个大的方面:一是政治诗;二是边塞诗;三是山水田园诗。其中以山水田园诗的成就最高,所以,他也就成了盛唐山水田园诗人一个辉煌的标志。

【《鸟鸣涧》赏析】

人闲桂花落,夜静春山空。月出惊山鸟,时鸣春涧中。

《鸟鸣涧》是一首山水诗。诗人用他的生花妙笔极力渲染春山夜之"静"。静到什么程度呢?静到桂花飘落的声音都清晰可闻,静到月亮出来竟吓坏了熟睡的鸟儿,这种描写可谓出神入化。然而,诗人并不满足于这些,他又于"静"中寓于"动"——"月出惊山鸟,时鸣春涧中",这便收到了"蝉噪林愈静,鸟鸣山更幽"的效果,也就是我们常说的"烘云托月"效果。仅仅四句诗,给我们留下了如此广阔的遐想空间,这就是诗人的高明之处。

【《新晴野望》赏析】

新晴原野旷,极目无氛垢。郭门临渡头,村树连溪口。白水明田外,碧峰出山后。农月无闲人,倾家事南亩。

《新晴野望》是一首田园诗。这首诗用了一种很特殊的表现手法,诗人很像是一个老练的摄影师站在雨后的野地里由远而近地拍摄:旷野、天空、郭门、渡头、村树、溪口;再由近及远,白水、田外、碧峰、山后……当你闭上眼睛,那一个个镜头似乎就活现在你的面前。当年苏东坡曾讲:"味摩诘之诗,诗中有画;观摩诘之画,画中有诗。"可谓至论也!

2. 李白

李白(701~762年),字太白,祖籍陇西成纪(今甘肃天水附近),先世于隋末移居中亚碎叶城(这是中国历代王朝在西部地区设防最远的一座边陲城市,在唐代也是一座重要的商城,现仅存古城遗址),李白就出生于此。李白的父亲是一位富商,他5岁时随父迁居绵州(今四川江油县)。

据资料载,李白自幼受到多方面的教育,"五岁诵六甲,十岁观百家";"十五好剑术","十五游神仙","十五观奇书,作赋凌相如"[20]。20岁前后开始在成都、峨嵋等地游历,25岁便离开四川,漫游全国。当时人们要想进入上流社会有两条基本途径,一是通过科举;二是有达官显贵的推荐。李白不屑于前者,他希望凭借自己的真才实学得到某个"伯乐"的赏识而直取卿相。他的漫游就是为了寻找这样一个机会。李白离开四川后,先到洞庭、金陵、扬州、江夏一带游历,其间在湖北安陆与唐高宗时做到宰相的许圉师的孙女结了婚;尔后又漫游于洛阳、太原、齐鲁以及会稽等地,先后十几年的时间,然而,好运却迟迟没有降临到他的头上。直到天宝元年(742年),42岁的李白才得到吴筠的推荐被召入京城。

初到长安,李白曾受到唐玄宗的礼遇,如李阳冰在《草堂集序》中所写:"置于金銮殿,出入翰林中,问以国政,潜草诏诰,无人知者。"[21]然而,供奉翰林只是一个虚职,并无实权,自然无法实现其"济苍生"、"安社稷"的政治抱负。加之,生就的"诗人情结"决定了他不善于从政,更重要的是他狂放、散漫、桀骜不驯的天性使他与那些政治权贵们(如李林甫、杨国忠之流)格格不入。于是,他在长安只待了三年,便无可奈何地离开了。

从天宝三年到天宝十四年(744~755年),李白又浪迹天涯12年,踪迹遍于汴梁、齐鲁、江浙、燕赵等地。李白这次漫游最大的收获是结识了杜甫,并与之结下了深厚的友谊。杜甫曾在诗中写道:"白也诗无敌,飘然思不群。"[22]又说:"世人皆欲杀,吾意独怜才。敏捷诗千首,飘零酒一杯。"[23]有人称,这是中外诗坛上两位最伟大的诗人结下的最伟大的友谊!

"安史之乱"暴发后,李白写下许多反映战乱的诗篇,表达了忧国忧民的情怀。他出于报国安民之心,还加入了肃宗的弟弟永王李璘的幕府。没想到,这竟是一步错棋,肃宗与永王之间有着很深的矛盾,至德二年(757年),永王兵败被杀,李白也被牵连入浔阳狱,第二年被流放夜郎(今贵州桐梓一带)。乾元二年(759年),李白行至三峡遇赦放还,后往还于宣城、历阳等地。宝应元年(762年),李白投奔其族叔安徽当涂县令李阳冰,十一月病逝,享年62岁。

【李白诗歌赏析】

李白伟大在何处?李白的诗又好在何处?

李白的诗总让人感到气薄云天,慷慨雄壮,又犹如鬼神相助,浑然天成。请听他的那首《蜀道难》:

噫吁嚱!危乎高哉!蜀道之难难于上青天!蚕丛及鱼凫,开国何茫然。尔来四万八千岁,不与秦塞通人烟。西当太白有鸟道,可以横绝峨眉巅。地崩山摧壮士死,然后天梯石栈相钩连……

李白的诗勇于超越现实,想象奇特,极度夸张,然而又入情入理,贴切自然。请听他的《将进酒》:

君不见,黄河之水天上来,奔流到海不复回。君不见,高堂明镜悲白发,朝如青丝暮成雪……

再请听他的《秋浦歌》:

白发三千丈,缘愁似个长。不知明镜里,何处得秋霜。

还有他的《北风行》:

烛龙栖寒门,光耀犹旦开。日月照之何不及此,唯有北风号怒天上来。燕山雪花大如席,片片吹落轩辕台……

李白有许多诗也充满了浓郁的人情味,写得质朴生动、亲切感人。如写友情的

《闻王昌龄左迁龙标,遥有此寄》:

　　杨花落尽子规啼,闻道龙标过五溪。我寄愁心于明月,随君直到夜郎西。

　　再如那首写思妇心声的《子夜吴歌》:

　　长安一片月,万户捣衣声。秋风吹不尽,总是玉关情。何日平胡虏,良人罢远征?

　　笔者认为:李白继屈原之后,缔造了我国诗歌史上浪漫主义的又一座新高峰。它直插云表,傲视群峰,至今无人与之争雄。从他的诗中,我们可以读出一个伟大的灵魂,以及这个灵魂所包容着的浪漫主义、英雄主义、傲岸不群的精神和无拘无束的天性,这就是诗仙李白。

3. 杜甫

　　杜甫(712～770年),字子美,祖籍襄阳,后迁居河南巩县,杜甫便生于斯。他出身官僚家庭,祖父杜审言,著名诗人,官修文馆学士;父亲杜闲,曾官朝议大夫,兖州司马,终奉天令。杜甫受家学的影响,7岁即能作诗文,14岁便出游翰场,且"脱略小时辈,结交皆老苍"[24],20岁游吴越,24岁归东都,举进士不第。次年又东游齐赵之地,30岁再回到东都。当时,他过着"裘马轻狂"的生活,对未来充满着乐观与自信。

　　然而,两年的东都生活使杜甫渐渐地感到了厌倦,如其诗中所言:"二年客京都,所历厌机巧,野人对膻腥,蔬食常不饱。"[25]恰在这时(天宝三年,即744年的夏天),他遇到了自长安东来的李白。李白那傲视权贵、追求自由的精神,那狂放不羁、无拘无束的天性,那热情奔放、卓尔不群的诗才,一下子吸引了他。嗣后,杜甫便跟随李白一起游历了汴州(开封)、孟诸(山东单县)、齐州(济南)、兖州(曲阜)等地,两人成了"醉眠秋共被,携手日同行"[26]的挚友。天宝四年(745年),两人在兖州城东石门依依惜别,从此,再也没有机会见面。李、杜的这段交往,成为中国文学史上广为流传的佳话。

　　杜甫35岁到了长安。他满怀希望,也很自负:"读书破万卷,下笔如有神。"[27]他自以为凭着满腹才学就能登上高位,实现其"立功立言"的抱负。然而,由于奸相李林甫专权,大力排除异己,加之杜甫又不会溜须拍马、投机钻营,所以,他的美好愿望一次次化为泡影,直到44岁那年,他才被任命为河西尉,不受,改任右卫率府兵曹参军。

　　杜甫也遭遇了"安史之乱",直到至德二年(757年)四月,他才从叛军控制下的长安逃了出来,抵达肃宗行在的凤翔,任左拾遗。随着两京的收复,肃宗于是年回驾长安,杜甫也于十一月回到了长安,仍任左拾遗。至德三年(758年)六月,杜甫又遭到一次打击,"坐房琯党,出为华州(今陕西华县)司功参军。他最终离开了长安,离开了宫廷"[28]。乾元二年(759年)秋,杜甫以关辅大饥,弃官携家至秦州(今甘肃天水),此后,又到了同谷,年底再迁至成都。期间颠沛流离,饱受磨难。

杜甫最后的10多年,是在四川度过的。在朋友的帮助下,他于浣花溪边建起了草堂,生活相对安定和平静。但晚年的他仍在忧国忧民——为国家的前途担忧,为战乱中的人民焦虑,无奈他贫困交加,又有疾病缠身,只能是心有余而力不足了。大历五年(770年),59岁的杜甫病死在由长沙到岳阳的一条破船上。《风疾舟中伏枕书怀》是其绝笔,诗中仍念念不忘"战血流依旧,军声动至今"。据统计,杜甫留给后人的诗作1400余首,历代杜诗校注、批点本约550余种,现存170多种,是当之无愧的一代"诗圣"。

杜诗有"诗史"之誉,《新唐书·杜甫传赞》:"甫又善陈时事,律切精深,至千言不少衰,世号诗史。"他的诗内容丰富、感情充沛、精雕细琢、鞭辟入里。

【《自京赴奉先县咏怀五百句》赏析】

据资料载,杜甫的这首诗作于天宝十四年十一月初。"是月安禄山反于范阳,甫时妻子留奉先,故甫往省家焉。"[29]。诗中用了大量的篇幅描写宫中的铺排张扬:"凌晨过骊山,御榻在嵽嵲。……君臣留欢娱,乐动殷樛嶱,赐浴皆长缨,与宴非短褐。……中堂舞神仙,烟雾蒙玉质。煖客貂风裘,悲管逐清瑟;劝客驼蹄羹,霜橙压香橘"。可是,当他回到家中一看,却是另一番景象:"入门闻号咷,幼子已饿卒。吾宁舍一哀,里巷亦呜咽。所愧为人父,无食致夭折。"这便形成了强烈的对比,面对统治者的穷奢极侈和自己一家的悲惨遭遇,他发自内心地喊出:"朱门酒肉臭,路有冻死骨!"

【《兵车行》赏析】

车辚辚,马萧萧,行人弓箭各在腰。爷娘妻子走相送,尘埃不见咸阳桥。牵衣顿足拦道哭,哭声直上干云霄……

这是一首典型的"反战歌谣"。在诗的一开篇,诗人就直接描写了因战争造成的那种妻离子散、怨声载道的场面。接着,又用曲笔描写了连年战争导致的民生凋敝、苦难重重:"君不闻汉家山东二百州,千树万落生荆杞。纵有健妇把锄犁,禾生陇亩无东西";接下来,诗人把矛头直指各级统治者:"县官急索租,租税从何出?"再接下来,便是一种无可奈何的叹息:"信知生男恶,反是生女好"云云。那么,谁是战争的罪魁祸首呢?——当朝皇帝。所以,王深父在《九家注》引中评说:"此诗盖托于汉,以刺玄宗。"

【《春夜喜雨》赏析】

好雨知时节,当春乃发生。随风潜入夜,润物细无声。野径云俱黑,江船火独明。晓看红湿处,花重锦官城。

这首诗充分表现了诗人关心社会、热爱生活的情怀。据说,杜甫本身就是一个非常热爱生活的人。他爱好广泛,充满情趣,对绘画、书法、音乐、舞蹈等都有很高的修养。所以,他的许多诗能贴近生活,写得生动而亲切。试想,一个不热爱生活的人,一个不熟悉、不关心农事的人,能写出《春夜喜雨》这样的好诗吗?

杜甫与李白,是中国文学史上两座并峙的高峰:李白是浪漫主义诗歌的高峰;杜甫则是现实主义诗歌的高峰。杜诗既有很高的思想性,也有很高的艺术性。笔者认为,他的艺术成就是多方面的,但最突出的是他高度凝练的语言。胡应麟在《诗薮》中指出:"盛唐一味秀丽雄浑,杜则精粗、巨细、巧拙、新陈、险易、浅深、浓淡、肥瘦,靡不毕具。"所谓"凝练"就是用尽量少的语言,表达尽量多的意思。在这一点上,杜甫是盛唐诗人中无可匹敌的。如他自己所言:"为人性僻耽佳句,语不惊人死不休。"[30]至于"香稻啄余鹦鹉粒,碧梧栖老凤凰枝"那种过分雕琢、令人费解的东西,就不去论它了吧。

(五)宋词

宋代也有很多大诗人,如欧阳修、梅尧臣、王安石、苏轼、黄庭坚、杨万里、陆游、范成大等,他们也写了许多名篇佳作。但是,讲成就、讲影响、讲在文学史上的地位,宋诗远不如宋词。所以,我们选择了宋词。

1. 词的名称、起源与发展

"词"是"曲子词"的简称,"以文写之则为词,以声度之则为曲"[31]。可见,这是一种配合音乐用来歌唱的文学形式。"词"也就是歌词的意思,"曲"就是词牌。另外,"词"又被叫做"诗余"、"乐府"、"长短句"等。

那么,"词"为什么又叫做"诗余"呢?宋翔凤解释说:"谓之诗余者,以词起于唐人绝句。……则词实诗之余,遂名曰诗余。"[32]词为什么又叫"乐府"呢?大概是因为它能入乐的缘故。但有研究者分析道:"严格地说,词和汉魏六朝乐府不同,它所配合的音乐以及合成的方式跟乐府诗都有很大区别。《旧唐书·音乐志》说:词是'胡夷、里巷之曲',它所配合的音乐是燕乐。……燕乐又叫谦乐、宴乐,是供宴会上演奏的。而乐府诗所配的音乐却是雅乐(汉魏以前的古乐)和清乐(清商曲,汉魏六朝以来的'街陌歌谣')。词是由乐以定词,根据乐调的要求填词;而乐府诗则是选词以配乐。"[33]至于词为什么又叫"长短句",可能是着眼于句式,然而,句式的参差并不能说明问题(有些杂言诗,句式也是长短不齐的)。说到底,"诗和词的主要区别在于它和音乐相结合的方式上"[34]。

关于词的起源问题,历来在学术界是有争议的,但相对集中的意见是起源于隋。宋人王灼《碧鸡漫志》卷一载:"盖隋以来,今之所谓曲子者渐兴";又在卷四中引《脞论》云:"水调《河传》,炀帝将幸江都时所制"。后蜀的何光远《鉴戒录》卷七中也载:"《柳枝》者,亡隋之曲,炀帝将幸江都,开汴河,种柳,至今号隋堤,有是曲也。"而《河传》、《柳枝》都是后来常见的词牌。由此可见,说"词"起源于隋代是有一定根据的。

词在唐代已经有了很大的发展,朱彝尊、汪森的《词综》载唐词68阕,像李白、张志和、韦应物、王建、韩翃、白居易、温庭筠、皇甫松、段成式、司空图等,都是很有名的词人。尤其是"花间派"的代表人物温庭筠,开了"婉约"词派之先河,他长于"写爱情、相思,又多用女子声吻。色彩浓艳,充满浓烈的脂粉气",能准确地"把握感情的每丝细微的波澜,以艳词秀句出之,兼有幽深、精绝之美"[35]。

五代时期虽时局动乱,社会不宁,但仍出了不少词人,像蜀主王衍、南唐后主李煜、韦庄、牛峤、欧阳炯、冯延巳等,在文学史上都有一定影响。特别是南唐后主李煜的词,达到了很高的艺术境界,一曲《虞美人》千百年来刺痛了多少人的心,那句"问君能有几多愁?恰似一江春水向东流",把一位亡国之君的失国之恨、浩荡离愁,描写得淋漓尽致。

但是,词的巅峰期无疑是在两宋。"由于北宋前期近百年间的经济繁荣、社会安定,城市的歌舞伎艺、乐曲新声因此十分兴盛,帝王及达官贵人都普遍爱好,一方面用以满足生活的娱乐享受,一方面用以点缀皇家的'太平盛世'。词,就在这样的特定社会环境下,在晚唐五代文人词创作的基础上大量发展起来。"[36]查朱彝尊的《词综》,全书共辑36卷(包括6卷补遗),其中宋词就占了22卷,涉及的宋代词人有375位之多,词作1397阕。这足以证明宋代词的兴盛。

2. 关于"豪放派"与"婉约派"

就美学范畴而言,"豪放"与"婉约"是两种对立的审美类型。由此可知,"豪放派"与"婉约派"是中国文学史上两个相对立的词派。

(1) 所谓"豪放",就是狂放不羁、纵横恣肆、热情奔涌、洒脱自在,如一泻千里的黄河,如纵横激荡的大海,如岩浆怒喷的火山,又如自由舒卷的白云。有研究者指出,"豪放这种类型的特征在于'放'",而放到一定程度便是"狂放","'狂'字又从另一个角度表明豪放的主要特征。所以司空图描述它的形态是:'观花匪禁,吞吐大荒,由道返气,处得以狂。'……但这样'狂'不是剑拔弩张,而是潇洒放浪,气魄宏大:'天风浪浪,海山苍苍,真力弥满,万象在旁。'"[37]"豪放"所体现的往往是一种"阳刚之美",其典型意境就是所谓"骏马、秋风、冀北"。一般认为,这一派的代表人物是苏轼、辛弃疾、张元干、张孝祥等。

(2) 所谓"婉约",就是委婉柔美的意思。据考,"婉约"一词,最早见于先秦古籍《国语·吴语》的"婉约其辞"。晋陆机《文赋》用以论文学修辞:"或清虚以婉约,每除烦而去滥。"从训诂学的角度分析,"婉"与"约"都有"美"、"曲"之意:"婉"者柔美、婉曲;而"约"的本义为缠束,引申为精炼、隐约、微妙。"婉约"主要体现为一种"阴柔之美",特别崇尚那种恬淡、消散的审美意境,如"杏花、春雨、江南"。宋人沈义父《乐府指迷》标举作词的四个标准:"音律欲其协,不协则成长短之诗;下字欲其雅,不雅则近乎缠令之体;用字不可太露,露则直突而无深长之味;发意不可太高,高则狂怪而失柔婉之意。"这基本说明了"婉约"词派的艺术手法。这一派词人的优秀代表有晏殊、欧阳修、柳永、秦观、李清照等。

有了以上分析,我们就可以对"豪放派"与"婉约派"作一点简单的比较:①在题材的选择上,"婉约派"往往局限于"樽前"、"花间";而"豪放派"却放眼于"塞外"、"江天";②在创作形式上,"婉约派"醉心于谐音合律,刻意雕章琢句,重视形式超过了重视内容;而"豪放派"却强调内容、形式、情感的和谐统一,打破了"词必协律"的陈套;③在表现手法上,"婉约派"坚持写景要具体细腻,精雕细琢,曲尽其形,抒情则委婉含蓄,用词考究;而"豪放派"则主张写景要大笔勾勒(犹如书法中的狂草和绘画中的大写意),简洁明快,重在"传神",抒情则直写胸臆,所谓"一喷即是"。

3. 苏轼

当年,有一个故事广为流传:东坡在玉堂,有幕士善讴,因问:"我词比柳词何如?"对曰:"柳郎中词,只好十七八女孩执红拍板,唱'杨柳岸晓风残月';学士词,须关西大汉执铁板,唱'大江东去'。"公为之绝倒。[38]这个故事,从某一个侧面反映了苏词的豪放之气。

苏轼(1037~1101年)字子瞻,号东坡居士,眉州眉山(今四川眉山)人。眉山坐落在岷江边上,又靠近灵光神秀的峨嵋山,所以他在诗中说:"吾家蜀江上,江水绿如蓝。"[39]又说:"每逢蜀叟谈终日,便觉峨嵋翠扫空。"[40]苏轼自幼受着良好的家庭教育,世称他与父亲苏洵、弟弟苏辙为"三苏",都被选入"唐宋古文八大家"之列;他与苏小妹斗智、斗才的故事,更在民间广为流传。

宋仁宗嘉祐元年(1056年),19岁的苏轼与18岁的弟弟苏辙,在父亲的带领下赴汴京应试,次年考中进士。当时的主考官欧阳修看到苏轼的文章后"惊喜以为异人",准备录为第一,但为了避嫌疑,终取置第二,但欧阳修讲:"老夫当避此人,放出一头地。"并预言:"更数十年,后世无有诵吾文者。"

嘉祐六年(1061年),苏轼参加秘阁的制科考试,上《进策》、《进论》各25篇,又作《王者不治夷狄论》等6篇,全面阐述了他的政见。这一年,他被任命为凤翔府签判,接着,又回朝判登闻鼓院,入直史馆。这时期,他刚刚踏入仕途不久,政治上有一股锐气,处处忧国忧民,主张通过改革达到"涤荡振刷"之目的。但同时,他又求稳怕乱,反对轻举妄动,说穿了,他根深蒂固的儒家思想、中庸意识,决定了他不可能成为真正的改革派。所以,当王安石向仁宗皇帝提出一系列改革措施时,他们之间便产生了尖锐的矛盾。实际上,苏轼已经自觉不自觉地站到了保守派的一边。

熙宁二年(1069年),苏轼任殿中丞、直史馆、判官告院。这时,王安石正在大张旗鼓地推行新法,而苏轼却几次上书神宗,全面反对新法。在激烈的斗争中,他感到自己力不从心,便请求外调。从熙宁四年(1071年)起,他先后任杭州通判,密州、徐州、湖州知州。

熙宁九年(1076年),王安石罢相,原来围绕变法而形成的政治分歧与原则斗争变成了排除异己、争权夺利的倾轧与陷害。苏轼便是这场政治纷争中的牺牲品之一。御史中丞李定等摘取苏轼一些讽刺新法的诗句,深文周纳,将其送入狱中,这便是著名的"乌台诗案"。出狱后,苏轼受黄州团练副使,本州安置,于是他就在黄州城东一个他称之为东坡的地方垦荒种田,自娱自乐,并自号东坡居士。

元丰八年(1085年),神宗死,高宗继位,起用司马光等旧党,公开废除新法。时任翰林学士、知制诰的苏轼,又对司马光"专欲变熙宁之法,不复校量利害,参用所长"的做法提出批评。他认为,新法可以废除,但新法中那些行之有效的措施如"免役法"等,应该保留。为此,他与司马光又展开了激烈地论争。面对司马光的一意孤行和旧党的重重排挤,他只好再次请求外调。从高宗元祐四年(1089年)起,苏轼先后任杭州、颍州、扬州、定州知州。

元祐八年(1093年),高宗死,哲宗亲政,新党又重新上台。次年,59岁的苏轼被贬到惠州安置;3年后再被贬到海南岛昌化军安置。元符三年(1100年),哲宗死,徽宗继位,他得到大赦而内迁,第二年病逝于常州,终年66岁。苏轼的逝世,标志着一个文学时代的结束。

【《念奴娇·赤壁怀古》赏析】

元丰五年(1082年),苏东坡到黄州(今湖北黄冈)之赤壁游览,抚今追昔,感慨万千,遂创作了该词,以怀古抒情。

大江东去,浪淘尽、千古风流人物。故垒西边,人道是,三国周郎赤壁。乱石穿空,惊涛拍岸,卷起千堆雪。江山如画,一时多少豪杰!

遥想公瑾当年,小乔初嫁了,雄姿英发。羽扇纶巾,谈笑间、樯橹灰飞烟灭。故国神游,多情应笑我,早生华发。人生如梦,一樽还酹江月。

就所写的内容而言,它是一首宏大的怀古词。苏轼在词中截取了历史上一段最令人难忘的时空——著名的三国赤壁之战;一个最令人震撼的场景——蜀、吴联手火烧曹军;一群最具有个性的人物——曹操、诸葛亮、周瑜以及小乔(有些人物是暗写)等。词中写道:"大江东去,浪淘尽、千古风流人物。故垒西边,人道是,三国周郎赤壁";"遥想公瑾当年,小乔初嫁了,雄姿英发。羽扇纶巾,谈笑间、樯橹灰飞烟灭"。这是何等的恢宏、何等的气派、何等的壮阔。

就表达的情感而言,它是积极豪迈、乐观向上的,与那种无病呻吟"发思古之幽情",决然不是一回事。苏轼在词中通过对那场战争的回忆与追述,高声赞美了祖国壮丽的河山:"乱石穿空,惊涛拍岸,卷起千堆雪";又赞美了"雄姿英发"的周瑜和刚刚出嫁、年轻漂亮的小乔等历史人物,并由此联想到自己事业的成败:"故国神游,多情应笑我,早生华发",从而,表达了他对祖国的热爱、对历史的向往、对事业的追求。

就表现手法而言,苏轼在词中展开了大胆的想象与联想,令古今交织、时空交织、描写与议论交织,无拘无束、大开大合,充满了浪漫主义气息。诚如苏东坡评价吴道子的画那样:"出新意于法度之中,寄妙理于豪放之外。"

需要指出的是,苏词的主调属"豪放"一派,但却并非全是"大江东去"、"金戈铁马",如他的那阕《定风波》:"莫听穿林打叶声,何妨吟啸且徐行。竹杖芒鞋轻胜马,谁怕?一蓑烟雨任平生。料峭春风吹酒醒,微冷,山头斜照却相迎。回首向来萧瑟处,归去,也无风雨也无晴。"是何等的消闲与洒脱。

可以说,苏轼一生在政治上基本不成功,而他在文学、艺术方面的成就却令后人高不可攀。他是宋代诗坛上一面最辉煌的旗帜,又是唐宋古文"八大家"之一,他还与黄庭坚、米芾、蔡襄号称书坛"宋四家",而他在词坛上的地位更是让人望其项背、仰慕不已。苏轼通过自己的创作实践,扩大了词的题材,丰富了词的意境,开创了"豪放"词派,并从根本上提高了词在文学史上的地位。胡寅在《酒边词序》中说,苏词"一洗绮罗香泽之态,摆脱绸缪宛转之度,使人登高望远,举首高歌,而逸怀浩气,超然乎尘埃之外。于是《花间》为皂隶,而耆卿为舆台矣"。此论极是。

4. 李清照

李清照(1084~1155年),号易安居士,山东济南人。父亲李格非是当时著名的学者和散文家,受知于苏轼。母亲王氏也知书能文。李清照自幼受到良好的教育,并早有诗名。18岁与赵明诚结婚,夫唱妇随,感情笃好。赵明诚乃崇宁间宰相赵挺之第三子,曾任莱州、淄州知州,高宗建炎元年(1127年)起知江宁,建炎三年(1129年)移知湖州,未赴,病逝于建康。赵氏还是著名的金石学家和文物收藏家,夫妇二人除爱好诗词外,还致力于金石图书的搜集与整理。金兵入侵中原,夫妇相继避兵祸而南下。赵明诚病逝后,李清照便只身漂泊在杭州、越州(今绍兴)、金华一带,过着辗转无依的流亡生活,在凄凉与孤苦中,度过了晚年。

李清照是个多才多艺的女作家,诗、词、散文都擅长,以词的成就最大,与辛弃疾并称"济南二安"[41]。但辛弃疾继承了"豪放"一派传统;而李清照却承袭了"婉约"一派的衣钵。李清照明确提出词"别是一家"之说,强调协律,崇尚典雅与精致,反对以诗文之法作词。她的词独具一家风貌,被后人称做"易安体"。其主要特点有三:①将女性特有的细腻以及自身特殊的经历寓于词中;塑造了前所未有、个性鲜明的女性形象,从而扩大了传统"婉约派"的情感深度和思想内涵;②具有极强地驾驭词汇的能力,并善于从书面语言和日常口语中提炼出生动晓畅的语言;③善于运用白描和铺叙的手法,使作品浑然一体、妙手天成。

【《声声慢·寻寻觅觅》赏析】

寻寻觅觅,冷冷清清,凄凄惨惨戚戚。乍暖还寒时候,最难将息。三杯两盏淡酒,怎敌他晚来风急!雁过也,正伤心,却是旧时相识。

满地黄花堆积,憔悴损,如今有谁堪摘?守着窗儿,独自怎生得黑!梧桐更兼细雨,到黄昏,点点滴滴。这次第,怎一个愁字了得!

南渡不久,词人的丈夫就因病去世,她孤苦一人,背井离乡,饱尝了颠沛流离之苦。国破家亡的怨恨、失去亲人的悲痛、无依无靠的愁苦,都浓缩在、凝结在这97个字里。词中以一个"乍暖还寒"的深秋的黄昏为背景,通过对秋风、秋雁、秋菊、秋桐、秋雨的描写,进一步烘托了词人的万千愁绪。其中,最值得称道的是,开首她连用了14个叠字:"寻寻觅觅,冷冷清清,凄凄惨惨戚戚",可谓是一个创举。这不仅使声调抑扬顿挫、铿锵动听,而且准确地表现出词人情感活动的进程与发展层次:"寻寻觅觅",以动态反映了环境孤寂、心灵空虚时的那种若有所失的情状,它像是词人正在寻找丢失的什么东西,更像一种下意识的动作;"冷冷清清",写出了"寻"而未得之后的那种寂寞、冷落、灰心、失意之感,也暗指萧瑟、凄清的残秋景色;"凄凄惨惨戚戚",则是直接抒发那种长期郁积内心的无从解脱的凄凉、哀伤、怨恨的精神上的痛苦,令人听了不由不心碎。万树声曾在《词律》中称其:"用字奇横而不妨音律,故卓绝千古。"[42]

(六) 元散曲

在我国古代文学史上,有所谓"唐诗"、"宋词"、"元曲"之说。所谓"元曲",是指元代得到充分发展并产生出较大影响的两种文学体裁:一是杂剧;二是散曲。杂剧,我们将在戏曲文学部分作介绍,这一节我们重点讲元散曲。

1. 散曲及其发展

散曲是继宋词之后产生的一种可以配乐歌唱的新体诗,在中国文学史上有着较大的影响和较高的地位。

那么,散曲是如何发展起来的呢?大体有两方面的原因:一方面,因为宋词发展到后来,过分追求雕词琢句和讲求韵律,使之渐渐远离了现实、远离了人们的生活,这在很大程度上限制了自身的发展,也导致了它的日益衰落;另一方面,"由于金元统治者兴起北方,先后入主中原,外族的乐调和乐器,随之大量地传播。这样,北方原来的'里巷之歌'和外来的'胡夷之曲',也就逐渐为人们所采用,并混合起来,用新的诗歌形式以适应抒情和歌唱的需要,加以革新,代替了僵化的宋词。所以,元代的散曲,实际上是词体的解放和发展。由于兴起、流传于北方,所以元代的散曲,又称北曲"[43]。

散曲虽然是在宋词的基础上发展起来的,但与宋词却有很大不同,这主要表现在韵律和结构上。在韵律方面,诗词一般要求平声入韵,仄声原则上不能入韵(个别情况例外),对入声字的处理有一些灵活性。而散曲的平、上、去三声却可以互押,而且用韵加密,一韵到底,没有换韵。仄声字中,上、去声也分别得很清楚(元曲没有入声),这一点它与词有很大不同;在结构方面,元曲的篇幅一般都比较短,不像词那样有三叠、四叠的调,而且它结构非常灵活,从一字句、二字句到二十字句都有,作者还可以根据需要任意加衬字(个别的曲调还可以增加句子)。"这样,它既保持了一定的曲调格律,又可增加语言的生动性和灵活性,这就更能自由地抒发感情,加强表达的效果。所以说,它是比词更为进步、发展的新体诗歌。"[44]

散曲就形式而言,可分为小令和套曲两种。所谓小令,就是单一支的曲子,即通篇只用一个曲牌子(个别情况例外,如"带过曲"就是用两三支同一宫调、可以相接的小令串在一起);而所谓套曲,是指同宫调内两支以上的小令相连而成,好像一整套似的,故称做套曲(或散套)。元代的杂剧,就是在套曲基础上发展起来的。

这里牵扯一个词——"宫调"。古人将宫、商、角、徵、羽、变宫、变徵为7声,是乐律之本。以宫声为主的调式称"宫",如黄钟、大吕之类;以其他各声为主的调式称"调",这便是"宫调"一词的来历。所谓"宫调",实际上就是古代曲调的总称。唐代的燕乐只有4个声,即宫、商、角、羽;每声7调,总数为28调。到了宋代,不再用7调,宫、商、羽各调也有所缺,只剩下了17调。而到了元代,又有所减少,只剩下了12宫调,即宫声5宫(分别为正宫、中吕宫、南吕宫、仙吕宫、黄钟宫)、商声5调(分别为越调、双调、小石调、商调)、羽声1调(般涉调),另有1商角调。由于元人杂剧不使用小石、般涉、商角,那么就只有5宫4调了。

每一宫调下又有许多曲牌,这些曲牌有的来自唐宋时期的大曲、法曲,有的直接借用唐宋词牌或金诸宫调,也有的来自民间歌谣,还有些是艺人们新创的。据最早的曲谱《太和正音谱》所载,当时共有335个曲牌。时至今日,我们能知道的已寥寥无几。

2. 元散曲的重要作家及代表作

据统计,元代有作品传世的散曲作家达200多人。以元成宗大德四年(1300年)为界,前期作家当以关汉卿、马致远、郑光祖、白朴、卢挚、张养浩等为代表;后期的代表作家则有张可久、乔吉、贯云石、徐再思、刘时中等。我们选择马致远的《天净沙·秋思》与张可久的《卖花声·怀古二首》为例,作一些必要的讲解。

(1)马致远与他的《天净沙·秋思》。马致远(生卒年不详。据近人推定,约为1250年前后至1321年或1324年间),号东篱,大都(今北京)人。他曾做过江浙行省务官,但始终怀才不遇,半生蹉跎,晚年隐居林下,过着闲适的生活。他的散曲不少是所谓"叹老"之作;而他的剧作中,"神仙道化"的题材占了不小比例。这些都是他的生活环境与当时思想状态的反映。马致远是元代散曲的"领军人物"之一,与关汉卿、郑光祖、白朴被合称元曲"四大家"。"他对曲坛的贡献是扩大了曲的范围,提高了曲的意境。各种题材,在他的笔下,都能挥洒自如,而且情感真挚。"[45]纵观马致远的散曲,不乏豪放雄肆之作,但他的那些清淡、秀丽、恬静的小令,也许给我们留下的印象更深。比如,大家所熟悉的这首《天净沙·秋思》。

【《天净沙·秋思》赏析】

枯藤老树昏鸦。小桥流水人家。古道西风瘦马。夕阳西下。断肠人在天涯。

这是马致远的名作之一。它表达的是漂泊他乡的旅人,在秋日的黄昏,在寂寞无助、冷清凄凉的环境下,所产生的那种无尽秋思——愁思。小令的篇幅很短,而"秋思"又是一个很大的题目(历史上写这类内容的诗文,可谓汗牛充栋),如何才能写出新意呢?作者在前三句(即 2/3 的篇幅),用完全白描的手法写旅途见到的各种景物——"枯藤老树昏鸦。小桥流水人家。古道西风瘦马。"这些景物与旅人那种寂寞无助、愁绪绵绵的心情,可以说是"天衣无缝地吻合",尤其是第三句的"古道"、"西风"、"瘦马",三种东西把旅人长途跋涉、疲惫不堪、冷清凄凉的狼狈相,活灵活现地衬托了出来。接下来,点出时间——"夕阳西下",这一点更增加了寂寥、凄凉的气氛;最后一句,点破全篇主题——"断肠人在天涯"。

马致远的这首曲子,历来受到人们的称赞。元人谓之"秋思之祖";清人王国维则说:"寥寥数语,深得唐人绝句妙境。有元一代词家,均不能办也。"[46] 而笔者以为,这首小令之所以好,最重要的一点是活画出了作者自己。试想一下,马致远本人在坎坷不平的仕途上,不就很像一个落拓、失意的旅人吗?

(2) 张可久与他的《卖花声·怀古》二首。张可久(约 1280~1330 年),字小山,庆元(今浙江鄞县)人,曾做过小官,但仕途不得志,于是便放情诗酒,浪迹江湖。他应该算是一位专业的散曲家,将毕生精力倾注于散曲的创作,且成果颇丰。据有关统计,张可久流传下来的小令有 700 多首,另有套曲 7 支,是元代散曲家中作品数量最多的一位。

张可久的创作风格"清而且丽",但"华而不艳",非常注意字句的工整和韵律的和谐。他经常寄情家乡的山水,所以西湖便成了他题咏的主要对象。

【《卖花声·怀古》二首赏析】

阿房舞殿翻罗袖。金谷名园起玉楼。隋堤古柳揽龙舟。不堪回首。东风还又。野花开暮春时候。

美人自刎乌江岸。战火曾烧赤壁山。将军空老玉门关。伤心秦汉。生民涂炭。读书人一声长叹。

这两首曲子都是怀古之作。它的最大特点就是善于用典:前一首用了阿房宫、金谷园、隋堤柳之典——阿房宫为秦始皇所建,传说被项羽一把火化为灰烬;金谷园为晋代豪富石崇(曾官卫尉)所建;隋堤柳则是隋炀帝开挖大运河时所植。这些都是旧日君主、官僚们生活奢侈的象征。后一首,则用了垓下之围、火烧赤壁、班超封定远侯之典——当年项羽为刘邦所败,与他宠爱的虞姬双双自刎乌江边;火烧赤壁是孙权、刘备合兵打败曹操的故事;"将军空老玉门关"讲的则是汉代班超的故事,他封定远侯,在西域长达 31 年,晚年上书请还,书中有"但愿生入玉门关"之句。这些指的都是古代的英雄豪杰们,为了争夺天下,干戈长舞、生死绝别的情形。

结果如何呢？不管他们当初多么豪华奢侈，其结果却"不堪回首"；也不管他们当初如何雄心勃勃、豪气盖世，到头来无非是"生民涂炭"，只落了个让"读书人一声长叹"而已，正所谓"人事有代谢，往来成古今"[47]。

参考文献及注释

[1] 刘勰：《文心雕龙·神思》

[2][3] 宗白华：《美学散步》，上海人民出版社，1981年，第73、74页

[4] 引文同[2]，第287、288页

[5] 引文同[2]，第50页

[6] 《论语·阳货》

[7] 成复旺：《中国美学范畴辞典》，第447页

[8] 引文同[7]，第452页

[9] 黄伯思：《校定楚辞·序》

[10] 《中国文学史纲要》，第1册，第181页

[11] 李泽厚：《美的历程》，广西师范大学出版社，2000年，第123页

[12] 《史记·屈原列传》

[13] 王逸：《楚词章句·离骚序》

[14] 转引自[10]，第229页

[15] 《汉书·艺文志》

[16] 陈沆：《诗比兴笺》，上海古籍出版社，1981年，第15页

[17] 颜延之：《陶征士诔》

[18] 陈子昂：《登幽州台歌》

[19] 《中国文学史纲要》，第2册，第146页

[20] 引文同[19]，第175页

[21] 引文同[19]，第176页

[22] 杜甫：《春日忆李白》

[23] 杜甫：《不见》

[24] 杜甫：《壮游》

[25] 杜甫：《赠李白》

[26] 杜甫：《与李十二寻范十隐居》

[27] 杜甫：《奉赠韦左丞丈二十二韵》

[28] 引文同[19]，第197页

[29] 高步瀛：《唐宋诗举要》，上册，上海人民出版社，1959年，第45页

[30] 杜甫：《江上值水如海势聊短述》

[31][32] 宋翔凤：《乐府余论》

[33][34] 引文同[19]，第304页

[35] 引文同[19]，第308、309页

[36] 《中国文学史纲要》，第3册，第38页

[37] 引文同[7],第 382 页
[38] 俞文豹:《吹剑录》
[39] 苏轼:《东湖》
[40] 苏轼:《秀州报本禅院乡僧文长老方丈》
[41] 辛弃疾字幼安,号稼轩,故与李易安并称"济南二安"
[42] 张光兴:《例话修辞》,山东教育出版社,1988 年,第 4 页
[43][44] 龙潜庵选注:《元人散曲选》前言,广东人民出版社,1984 年
[45] 引文同[43],第 26 页
[46] 引文同[43],第 29 页
[47] 孟浩然:《与诸子登岘山》

第八章　国学之美(二):古代散文

在许多人的印象中,散文是与诗歌、小说、戏剧(文学)并列的一种文学形式,然而,这一概念的形成已经很晚了。我们这里讲的散文特指"古代散文",它的"资格"远比小说、戏剧(文学)要老得多,当小说、戏剧(文学)"尚未臻于成熟时,散文就早已进入了它的黄金时代"[1]。这一章,我们将对古代散文展开一些讨论。

一、散文与散文之美

从什么时候有了散文? 现在还无人说得清楚。不过,有研究者认为,自从有了文字也便有了散文。如此说来,散文的历史大概有 6000 年之久。在西安半坡原始部落遗址中,已发现在陶器上刻划有各种各样的符号,它们是迄今发现的中国最早的原始文字的孑遗,[2];退一步说,就是从甲骨文算起的话,也有了近 3000 年的历史。目前,我们所能见到的最早的"散文"是一些片段的甲骨卜辞,如① 癸卯卜,今日雨。其自西来雨? 其自东来雨? 其自北来雨? 其自南来雨? ② 帝令雨足年? 帝令雨弗足年? ③ 今夕奏舞,有从雨。

第一段文字的意思是占卜雨的方向:是来自西方? 来自东方? 来自北方? 还是来自南方? 第二段文字是占卜年景的:上帝降雨是让年景丰足还是不丰足(因为当时的生产力水平极低,雨量的足与不足决定年景的好坏);第三段文字记录了一次歌舞晚会,结果遇上雨了。有人认为,这些最早的甲骨卜辞,就是记叙散文的萌芽。

(一) 何谓散文

"散文这个名词,在古典文学里,原先已有两个概念。其一是和韵文对立的,指不押韵的文章。其二是和骈文对立的,指句法不整齐的文章。这两者都属于文体的概念,而不是文学形式的概念。"[3]这段文字,把古代散文与现代散文,作了十分明确的区分。

古代散文原本称"文"、"笔"、"古文"等,包括经、史、子、传等文学作品和非文学作品在内的"广义散文"。如曹丕《典论·论文》中的"文"就包括了奏议、书论、铭诔、诗赋等,实则"散文"与"韵文"兼而有之。晋以后,奏议、书论又被称做无韵的"笔";而铭诔、词赋被称做有韵的"文"。

(二) 散文之美

散文又叫"美文",它到底美在哪里呢?

1. 它贵在"散"

所谓散就是自由灵活、不拘一格、信笔写来、恰到好处。如苏轼在其《自评文》中所云:"吾文如万斛泉源,不择地皆可出。在平地滔滔汩汩,虽一日千里无难,及其与山石曲折,随物赋形,而不可知也。所可知者,常行于所当行,常止于不可不止,如是而已。"

然而,这"散"又是最难把握的,有人把它说成"形散而神不散"。意思是说,它的表现形式是散的,即作者在写作过程中,可以充分驰骋自己的想象,上下几千年,纵横几万里,无拘无束,洋洋洒洒,这叫"形散";但是,无论形怎样"散",散文的立意必须集中,这叫"神不散"。假如形散了,神也散了,那就成为一片散沙,何谈艺术个性?

2. 它贵在"小中见大"

这有两层含义:一是说,散文虽小,却肩负着重大的使命,如曹丕在《典论·论文》中所言:"盖文章者,经国之大业,不朽之盛事。"散文虽小,同样可以兴,可以观,可以群,可以怨;二是说,散文往往撷取一些小的事物作为自己关注的对象,如一花、一叶、一草、一木、一飘雨、一游云以及一个小的生活场景或一段小的心路历程等,都可能引起散文家的重视,但他的目光绝不可停留在这一点一滴、一事一物上,而是通过这些小的事物努力挖掘出大的主题,所谓"一叶落而知秋"是也。

3. 它贵在"有情"

有人称散文是"情文",意思是说,散文要以情制胜,以情动人,没有情感的散文不是好散文。学会"用情"是一个优秀散文家的基本功,他要倾一生心血去打造那些"情文并茂"的文章,即便是以说理为主或以记事记物为主的散文,也应该寄托着作者的某种情感。而这情又必须是真情、深情、高尚之情,不能装模作样,不能贴标签,因为"情不真则文伪,情不深则文贫,情不酣则文滞,情低俗则文无高格"[4]。

以上几点,是古今散文共有的审美特征,舍此,就称不上"散文"。

二、我国古代散文几个重要发展阶段

我国古代散文经历了几个重要的发展期,这分别是以诸子百家为代表的先秦散文、汉代的政论与史传、以"唐宋八大家"为代表的唐宋散文以及明清的小品文。

(一) 诸子百家散文

春秋战国时代,伴随着奴隶制的逐步瓦解,"废井田,开阡陌",出现了大量"私田",加之铁器的使用和农耕技术的提高,社会生产力得到很大解放,与此同时,政治变革持续进行,兼并战争连绵不断。在这样一个大的背景下,旧体制、旧制度以及旧思想、旧观念受到严重冲击,各种新的思潮空前高涨,从而促进了文化学术的极大繁荣。

我们在前边已经讲到,周朝末年,旧的教育制度的崩溃导致了"学术下移",由"学在官府"变成了学在民间,即所谓"天子失学,学在四夷"[5]。这样一来,无形中造就了一个庞大的"士"的阶层。他们中的许多人具有丰富的知识和很高的才干,从不同阶级、阶层和社会集团的利益出发(因为他们本身就来自各个阶级、阶层和社会集团),到处游说、讲学,围绕当时社会的热点、难点问题,阐述自己的观点,提出各种政治主张,所谓"言治乱之事,以干世主"是也[6]。于是,便出现了各种各样的学术派别,各学术派别之间相互论争、相互指责,从而形成了战国时代"百家争鸣"的局面。

班固在《汉书·艺文志》中,把当时各流派概括为"九流十家"——儒家、道家、阴阳家、法家、名家、墨家、纵横家、杂家、农家等9家。他们师徒相传,成为流派,故称"九流"。另外,还有小说家,班固说它是"街谈巷语,道听途说"的人创立的,大概当时它还够不上一个流派,但合起来是所谓"十家"。其实,班固的概括并不全面,如当时影响较大的兵家,就未列入。另外,即使同一师承,在发展中也会分为不同流派,如儒家后分为八,墨分为三等。总的说来,当时是学派众多,活跃异常,蔚为壮观[7]。

诸子纷起,百家争鸣,表现在文学上便是散文的勃兴。当时,一些著名思想家、政治家、史学家、军事家、纵横家的论著,就是很好的散文作品。因此,春秋中叶以后至战国时代便成为我国散文发展史上的第一个重要阶段。这一时期的散文大体可分为两大类:一是以记述历史人物和历史事件为主的历史散文;一是以议论、说理为主的散文,又称"诸子散文"。

1. 历史散文

它包括《春秋》、《左传》、《国语》、《战国策》等。

(1)《春秋》。它是由孔子根据鲁国史料编纂的一部编年史,也是我国第一部由私人编纂的史书(过去,史书都有史官来写,"左史记言,右史记事。事为《春秋》,言为《尚书》"。但是,孔子写的《春秋》和《尚书》没有直接关系,只是沿用了《春秋》的名字而已)。其时间从鲁隐公元年(前722年)一直到鲁哀公十四年(前481年)。它是一部提纲式的史书,全书大约16 000字,却记载242年间发生的重大历史事件。它记事清楚条理,语言平实、精确,并具有一定的文采,被儒家奉为"五经"之一。

(2)《左传》。它又称《左氏春秋》,东汉人认为它是专门用来"传"孔子所著的《春秋》的,故又称之《左氏春秋传》,后世简称《左传》,与《公羊传》、《穀梁传》并称"春秋三传"。需要说明的是,《公羊》、《穀梁》以解释《春秋》的"微言大义"为主,可以称"传";而《左传》不同,它只是仿照《春秋》的编年体而已,性质上却是一部由作者独立编纂的新史书。《左传》有着丰富的内容、深刻的思想,比如,在天人关系上,它强调人的作用;在君民关系上,它注重民的作用,表现出一定的"民本思想";在对历史的态度上,它本着"不隐恶"的原则,对统治者的残暴、荒淫丑行作了大胆暴露;它还通过对历史事件的记述和描写,表彰了许多有见识、对国家有贡献的人物等等。

《左传》虽然是一部历史著作,却包含着丰富的文学要素,也是一部很好的文学作品。至于它的作者和写作年代,长期以来一直有争论。司马迁、班固都认为它的作者是与孔子同时代的盲人左丘明,也就是孔子在《论语·公冶长》中所讲到的那个对"巧言、令色、足恭"而"耻之"的左丘明;现代一般人都倾向于《左传》是战国初年的作品。

(3)《国语》。它是一部分国记载的"国别史"。"语"就是语录的意思,所以,它长于记言,略于记事。其年代始自周穆王,终于鲁悼公(前1000~前440年)。全书21卷,分载周、鲁、齐、晋、郑、楚、吴、越等8国的历史片断。据传,《国语》与《左传》为同一作者,即出自春秋时期的左丘明之手,后人多有异议,现在一般认为,它是战国时期的作品,由后人汇编、整理而成。《国语》语言比较浅显,笔墨比较精炼,记事完整,且具有故事性,有些篇目刻画人物很成功。

(4)《战国策》。它是战国末年和秦汉间人杂集各国史料编纂而成的一部历史著作。它基本上依照《国语》的体例,以记言为主,按国别划分,共计32篇,记载了从战国初至秦并六国约240年间的历史。就其内容而言,《战国策》主要反映了战国时代纵横家们的生活与思想情况,书中对邹忌、冯谖、鲁仲连以及荆轲等,都有十分精彩的描写。

从文学角度看,《战国策》的文笔生动,清新流畅,文采飞扬;长于细致地刻画人物和生动地编织故事;善于用比喻和寓言故事进行生动形象地说理。《战国策》对后世散文的发展,产生了重要的影响作用。大家比较熟悉的《邹忌讽齐威王纳谏》就选自《战国策·齐策》。

【《邹忌讽齐威王纳谏》赏析】

邹忌修八尺有余,而形貌昳丽。朝服衣冠,窥镜,谓其妻曰:"我孰与城北徐公美?"其妻曰:"君美甚,徐公何能及君也!"——城北徐公,齐国之美丽者也。忌不自信,而复问其妾曰:"吾孰与徐公美?"妾曰:"徐公何能及君也!"旦日,客从外来,与坐谈,问之客曰:"吾与徐公孰美?"客曰:"徐公不若君之美也。"明日,徐公来,孰视之,自以为不如;窥镜而自视,又弗如远甚。暮寝而思之,曰:"吾妻之美我者,私我也;妾之美我者,畏我也;客之美我者,欲有求于我也。"

于是,入朝见威王曰:"臣诚知不如徐公美;臣之妻私臣,臣之妾畏臣,臣之客欲有求于臣,皆以美于徐公。今齐地方千里,百二十城。宫妇左右,莫不私王;朝廷之臣,莫不畏王;四海之内,莫不有求于王,由此观之,王之蔽甚矣!"王曰:"善!"

乃下令:"群臣吏民,能面刺寡人之过者,受上赏;上书谏寡人者,受中赏;能谤讥于市朝,闻寡人之耳者,受下赏。"令初下,群臣进谏,门庭若市;数月之后,时时而间进;期年之后,虽欲言,无可进者。燕、赵、韩、魏闻之,皆朝于齐。此所谓战胜于朝廷。

布衣出身的宰相邹忌,明明知道自己没有徐公潇洒、帅气,但他的妻、妾、客人却都说他比徐公美。为什么呢?因为他的妻子私(私心,偏爱)于他,他的妾畏于他,他的客人有求于他。于是,他向威王进谏道:"齐国有方远千里的土地,有大大小小百二十座城市,是当今首屈一指的大国、强国。您作为这样一个大国的国君,宫女们莫不偏爱您,朝臣们莫不畏惧您,四海之内莫不有求于您。由此看来,您受到的蒙蔽太多了!"威王听了之后说:"讲得好!"于是,威王发布命令,让国人都来进谏,并制定了不同的奖励政策。开始时,进谏的人门庭若市;几个月后,偶尔还有人来;一年之后,大家想进谏也没有可说的了。周围的燕、赵、韩、魏等国听说了此事后,都纷纷来朝拜威王。这就是身在朝廷,不动用一兵一卒,却战胜了他国。

这是一篇重在说理的散文,然而,文章却没有夸夸其谈、大呼小叫,而是通过比喻阐明事理。它由齐相邹忌的"家事"说起,然后由"家事"喻"国事",寓情理于比喻之中,最后达到了进谏的目的。文章由小及大,顺理成章,逻辑清晰,令人信服;叙事、说理、心理描写转换自然;语言简洁明快,无丝毫拖沓。

2. 诸子散文

《诸子集成》中收录了《论语》、《孟子》、《荀子》、《老子》、《庄子》、《墨子》、《晏子》、《管子》、《韩非子》等15家之多。我们有选择地对《论语》、《孟子》、《庄子》、《韩非子》作一点简单介绍。

(1)《论语》。这是一部语录体著作,主要记述孔子及其弟子们在一起讲学论道时的言行,如班固所言:"当时弟子各有所记,夫子既卒,门人相与辑而论纂,故谓之《论语》。"[8]在前几章,我们已经从政治角度、哲学角度对它有过论述。这里,我们着重从文学角度来认识它。作为"记言"的散文,《论语》最突出的特点是:语言精练,含义深刻,可谓言简意赅。我们现在常用的一些成语,如"学而不厌"、"诲人不倦"、"尽善尽美"、"既往不咎"、"不耻下问"等,都出自《论语》。同时,它写人、记事也非常精彩,尤其是在写人方面,把各种场合人物的仪态举止、音容笑貌描写得惟妙惟肖,逼真传神,情趣益然。这在"《论语》"以前是还不曾有过的。它标志着文学描写技巧大幅度的进步"[9]。

（2）《孟子》。它主要是记述孟子言行的一部书,也属于语录体著作,但较之《论语》写人、记事更生动、更完整,也更具有文学色彩。《孟子》散文可大体上分为两部分：① 以对话、论辩为主的散文。孟子在先秦诸子中以"好辩"著称,所以《孟子》散文的一个最大特点就是充满了很浓的论战气息。在很多文章中用语犀利、感情充沛、逻辑性强,显得气势磅礴。如《公孙丑下》第一章,文章一开始就提出了"天时不如地利,地利不如人和"的观点,接着层层递进,如快手剥笋,一气呵成,给人以痛快淋漓之感；② 某些以叙事为主的散文。这类散文虽为数不多,但艺术性很强——叙事简洁,情节曲折生动,人物形象饱满,已具有短篇小说的雏形。其中最典型的要数《离娄下》第33章"齐人有一妻一妾"。文章通过对那个内心虚伪、行迹猥琐、面目可憎的"齐人"的描写,借以揭露和讽刺了当时某些市井混混丑陋的形态与肮脏的内心世界。这可称得上是一篇优秀的"讽刺小品"。

（3）《庄子》。我们在前边对《庄子》一书有过介绍。就其内容而言,可分为两大部分：① 反映庄子对当时社会现实的不满,并由此对当权者所制造的某些黑暗、腐朽与虚伪现象进行辛辣的嘲讽与无情的鞭挞；② 反映庄子对美好理想的追求,即企图躲身于自己创造的各种虚幻的神话中以逃避现实的矛盾。这便导致了《庄子》散文的主要艺术特色:充满浓浓的虚幻和浪漫色彩。

《庄子》散文有着很高的艺术成就,当年鲁迅先生曾评价道:"其文则汪洋辟阖,仪态万方,晚周诸子之作,莫能先也。"[10]它的艺术特色可以简单地归纳为三个方面：① 具有超乎寻常的想象力,这使得《庄子》散文构思奇特,出人意表。如《逍遥游》,开首就为读者展示了一幅神奇而宏大的画面:"北冥有鱼,其名为鲲。鲲之大,不知几千里也；化而为鸟,其名为鹏。鹏之背,不知几千里也。"没有非凡的想象力,是无论如何也写不出来的；② 对事物描写生动、刻画逼真,用词精准。比如,庄子对自己心目中那位美丽女神的描写:"肌肤若冰雪,淖约若处子。不食五谷,吸风饮露。乘云气,御飞龙,而游乎四海。"寥寥几笔,就把一个想象中的"维纳斯"描绘了出来,她是那样的美:"肌肤若冰雪,淖约若处子"；她远离尘世:"不食五谷,吸风饮露"；她自由自在:"乘云气,御飞龙,而游乎四海。"这实际上是他对美的境界的追求,也是他苦苦寻找的精神的"伊甸园"；③ 有些故事性较强的散文,如"庖丁解牛"、"佝偻承蜩"、"井中之蛙"、"蜗角相争"等,融叙事、说理、抒情于一体,寓意深远,且有很强的感染力。其中"蜗角相争"写道:"有国于蜗之左角者,曰触氏；有国于蜗之右角者,曰蛮氏。时相与争地而战,伏尸数万,逐北,旬有五日而后返。"庄子通过这则小小的寓言故事,对当时各诸侯国之间发生的那些不义之战作了辛辣的讽刺,可谓入木三分也。

(4)《韩非子》。韩非出身韩国的贵族之家,与秦国的宰相李斯曾同学于荀子门下。他主张"严刑峻法",认为只有把"法"、"术"、"势"三者结合起来,才能有效地管理国家、巩固政权。他把自己的政治主张多次上书韩国国君,却始终不被采纳,于是,他"观往昔得失之变",发愤著书立说,这便有了《韩非子》一书。公元前234年,韩非适秦,欲一展宏图,却受到李斯的嫉恨与排斥。李斯勾结姚贾谗害韩非,秦王不辨是非,将其下狱,次年被迫服毒自杀,年仅40余岁。《韩非子》是先秦散文中的一朵奇葩。它立论鲜明、论辩犀利、语言生动、大气磅礴,尤其里边那些优美的寓言故事,如《南郭吹竽》、《郑人买履》、《曾子杀彘》等,构思精巧、寓意深刻,广为流传。

【《外储说左上·说五》赏析】

齐桓公好紫服,一国尽服紫。当是时也,五素不得一紫,桓公患之。

谓管仲曰:"寡人好服紫,紫贵甚,一国百姓好服紫不已,寡人奈何?"管仲曰:"君欲止之,何不试勿衣紫也?谓左右曰:'吾甚恶紫之臭。'于是左右适有衣紫而进者,公必曰:'少却!吾恶紫臭。'"公曰:"诺。"

于是日,郎中莫衣紫;其明日,国(城也)中莫衣紫;三日,境内莫衣紫。

有句谚语说得好,"吴王好刀剑,国人多伤疤;楚王好细腰,宫中多饿死"。多少年来,中国人养成了一种不太好的风气,叫"上行下效",意思是说,"上边"怎么干"下边"就跟着怎么干,不问为什么,也不管对不对。这就要求那些当权者,做事一定要"三思而行",不可随心所欲,更不能忘乎所以,否则,就会留下后患。这一道理,韩非通过一个短小的故事,讲得明明白白。

(二)汉代散文

秦代时间短,还来不及进行文化建设,加之秦始皇的"焚书坑儒",使得秦代几乎是一片"文化沙漠",唯一值得一提的是李斯。李斯的代表作是《谏逐客书》,文章围绕"不问可否,不论曲直,非秦者去,为客者逐"的做法展开议论,意气风发,排比铺陈,文采飞扬。历史上曾有人认为它是"骈体初祖"。

汉代的情况恰恰相反,不仅历史跨度长,而且整个社会发展达到了一个高峰。因而,出现了一大批优秀的作家和作品,是古代散文发展史上的一个重要时期。汉代散文可以分为两个大的"板块"。

1. 政论散文

汉代初年,承接战国时期"百家争鸣"的余绪,当时的一些政治家、思想家、理论家秉承"诸子百家"的优良传统,以关心国计民生为能事,写出了许多优秀的政论文章,像贾谊的《过秦论》、《治安策》和晁错的《论贵粟疏》、《贤良对策》等,都在文学史上产生过重要影响。

【《论贵粟疏》赏析】

这是晁错的一篇力作,其核心内容是"重农抑商"。汉朝初年,由于统治者对老百姓采取了"轻徭薄赋"、"休养生息"的政策,社会生产力得到很大提高,到文帝时,农业已有了长足的发展,粮价大大降低,商业得以活跃,然而,许多新的社会问题随之出现——谷贱伤农,土地兼并,农民被迫流亡,社会秩序混乱。文章就是针对这些问题阐述自己主张的。

今海内为一,土地人民之众不避禹、汤,加以无天灾数年之水旱,而畜积未及者,何也?地有遗利,民有余力,生谷之土未尽垦,山泽之利未尽出也,游食之民未尽归农也。民贫,则奸邪生。贫生于不足,不足生于不农,不农则不地著,不地著则离乡轻家,民如鸟兽,虽有高城深池,严法重刑,犹不能禁也。

文章接下来,分析了造成以上问题的主要原因:广大农民"春耕夏耘,秋获冬藏,伐薪樵,治官府,给徭役;春不得避风尘,夏不得避暑热,秋不得避阴雨,冬天不得避寒冻,四时之间无日休息;又私自送往迎来,吊死问候,养孤长幼在其中。勤苦如此,尚复被水旱之灾,急政暴虐,赋敛不时,朝令而暮改。当者半贾而卖,无者取倍称之息,于是有卖田宅,鬻子孙,以偿债者。而商贾大者积贮倍息,小者坐列贩卖,操其奇赢,日游都市,乘上之急,所卖必倍。……此商人所以兼并农人,农人所以流亡者也。今法律贱商人,商人已富贵矣;尊农夫,农夫已贫贱矣。故俗之所贵,主之所贱也;吏之所卑,法之所尊也。上下相反,好恶乖迕,而欲国富法立,不可得也。"

文章的后面,提出了解决问题的办法,即提高粮价、"入粟拜爵":"方今之务,莫若使民务农而已矣。欲民务农,在于贵粟;贵粟之道,在于使民以粟为赏罚。今募天下入粟县官,得以拜爵,得以除罪,富人有爵,农人有钱,粟有所渫。"这样做的结果是什么呢?"一曰主用足,二曰民赋少,三曰劝农功"云云。

整篇文章有情况、有分析、有主张,结构严谨,条理明晰,鞭辟入里,实乃我国古代有关"重农"的不朽之作。

2. 人物传记

人物传记以司马迁的《史记》和班固的《汉书》为代表,当然,成就最大的是《史记》。

1) 关于司马迁其人

司马迁(前145~约前87年,即武帝末年),字子长,出生于龙门(今陕西韩城)。其先人"世典周史",即都是周代的史官。他的父亲司马谈在汉武帝时官太史令,曾想修著一部记述"明主贤君忠臣死义之士"的史书,但未能如愿,临死时对司马迁留下遗嘱:"余死,汝必为太史。为太史,无忘吾所欲论著矣。"司马迁流着眼泪对父亲说:"小子不敏,请悉论先人所次旧闻,弗敢阙!"[11] 司马谈去世后三年,司马迁继承父职,任太史令,并开始着手搜集资料,作写作上的准备。至武帝太初元年(前104年),即着手起草。

为了真实地再现历史,司马迁一方面大量阅读历史文献;另一方面,他又利用一切机会考察、访问那些遗闻旧事。司马迁曾有过三次大的出游:第一次在汉武帝元朔三年(前126年),他在《屈原列传》中写到了这次出游的一些情况:"适长沙,观屈原所自沉渊,未尝不垂涕,想见其人。"他还到庐山、九嶷、会稽等地,搜集了有关帝舜、夏禹的传说,访察了春秋时越王勾践的遗迹。他又北上淮阴,访汉将韩信的家乡;到曲阜,观察了儒家的旧存礼器;过徐州,考察楚汉"垓下之战"的旧战场;归途中,又到魏都大梁观看了信陵君的遗迹等等。回到长安后,司马迁便做了郎中,开始了他的政治生涯。时隔不久,汉武帝命他到四川南部和云南一带巡视,他便有了第二次出游机会。他在《太史公自序》中对这次出游的情况作了记录:"奉使西征巴、蜀以南,南略邛(今四川邛崃)、笮(今四川汉源境内)、昆明。"他通过考察,对当地的地形地貌、风土人情以及物产等有了较充分了解,并特别考查了"栈道"和交通情况。司马迁的第三次出游,当在汉武帝元封元年(前110年),他随汉武帝从长安出发,东行到泰山参加"封禅"典礼。典礼结束后,他又扈从武帝"帅师巡边","出长城,北登单于台(今内蒙古呼和浩特附近)",又东至碣石(今河北昌黎北)、辽西(今辽宁义县西),借机考察了中国北部、东部的许多地方。这三次考察,为司马迁撰写《史记》奠定了坚实的基础。

司马迁32岁那年,开始了《史记》的写作。然而就在这时,一件不幸的事情发生了:武帝天汉二年(前99年),李陵出击匈奴时,被俘而降。司马迁认为,李陵不会是真投降,是想另寻机会报答汉朝。他为李陵的辩护令武帝十分恼火,因此获罪下狱,又因"家贫,货赂不足以自赎;交游莫救,左右亲近不为一言"[12],于是,天汉三年他受到了残酷的"宫刑"。这件事,给了司马迁很大的打击,同时也让他认清了"土上"的残忍、世态的炎凉,他曾经想到了死,但强烈的责任感又让他顽强地活下来:"所以隐忍苟活,幽于粪土之中而不辞者,恨私心有所不尽,鄙陋没世,而文采不表于后世也。"[13]他经常用那些先贤的功业鼓励自己:"盖西伯拘而演《周易》;仲尼厄而作《春秋》;屈原放逐,乃赋《离骚》;左丘失明,厥有《国语》;孙子膑脚,兵法修列;不韦迁蜀,世传《吕览》;韩非囚秦,《说难》、《孤愤》;《诗》三百篇,大抵圣贤发愤之所为作也。"[14]就这样,司马迁经过大约10年的努力,终于写成了《史记》。

司马迁遭李陵之祸后,陷囹圄4年之久,后遇大赦出狱,任中书令一职。据研究,在当时这一职务是由"宦者"担任的。这告诉我们,司马迁的后半生是在屈辱中度过的。用我们现在的眼光看,司马迁的人生遭遇是不幸的,但所幸的是他为后人奉献了一部伟大的传世之作,同时,也实现了他"欲以究天人之际,通古今之变,成一家之言"的人生愿望。

2) 关于《史记》

这是一部宏大的历史巨著,也是一部卓越的文学作品。它开创了我国纪传体史学与传记文学的先河。从散文角度看,《史记》把中国的历史散文推到了一个新的高度,这主要体现在人物传记部分。《史记》的艺术特征,可以简单地概括为三点:

(1) 它长于记事,更长于描写,"故事化的手法和紧张场面的运用,使《史记》的叙事更为生动而饶有波澜,人物形象也各具特征而更为个性鲜明,因而成为历史与文学互相结合的典范著作"[15]。

(2) 它构思谨严,巧妙剪裁,匠心独运,尤其在塑造人物的过程中,它不是面面俱到、巨细不分、平均用墨,而是截取最能体现人物命运和展示人物个性的部分放情挥洒;而对那些无碍大局、不关痛痒的地方则"惜墨如金"。

(3) 它一反历史性著作语言呆板沉闷、艰涩古奥,且过分简单的弊病,开创了一条独具特色的语言蹊径:其记叙性语言,平实简洁,收放自如;对话性语言,则生动传神,个性鲜明。

【《项羽本纪》赏析】

项羽是楚国贵族的后代,一生充满传奇色彩。他积极参加了反秦大起义,冲锋陷阵,屡立战功,而最后却以失败告终,成为一个悲剧式英雄。司马迁对他给予了充分的肯定和同情,将他与帝王相提并论。

在项羽的性格中,最突出的特点是勇武过人,敢打敢拼,且直率磊落,不善计谋;同时,他又刚愎自用、残忍暴烈。对他的这些人格特征,司马迁抓住了影响他人生的三件大事来展示:一是钜鹿之战;二是鸿门之宴;三是垓下之围。

文章先对少年时代的项羽作了简单的描述:"项籍少时,学书不成,去,学剑,又不成。项梁怒之。籍曰:'书,足以记名姓而已;剑,一人敌,不足学——学万人敌!'于是项梁乃教籍兵法。籍大喜,略知其意,又不肯竟学。"俗语讲,"从小看苗,三岁看老"。这段文字告诉读者,项羽从小就是个志大才疏、心浮气躁之人,也预示了他未来的失败。这里最值得称道的是他个性十足的人物语言,"书,足以记名姓而已;剑,一人敌,不足学——学万人敌!"无须交代,人们一听就知道这话出自项羽之口。

"钜鹿之战"是项羽短暂人生中一个辉煌的至高点,司马迁通过对战斗场景的生动描写,充分展示了项羽勇猛无畏、视死如归的英雄气概:"项羽已杀卿子冠军,威震楚国,名闻诸侯。乃遣当阳君、蒲将军将卒二万,渡河,救巨鹿。战少利,陈余复请兵。项羽乃悉引兵渡河,皆沉船,破釜甑,烧庐舍,持三日粮,以示士卒必死,无一还心,于是至,则围王离,与秦军遇,九战,绝其甬道,大破之;杀苏角,虏王离。涉间不降楚,自烧杀。"捧读这一段,我们似乎听到了战马的嘶鸣、刀枪的撞击、将士的呐喊;似乎看到了血火之中那位"力拔山兮气盖世"的战神项羽,披坚执锐、身先士卒、所向披靡,"与秦军遇,九战,绝其甬道,大破之;杀苏角,虏王离",一举将秦军主力击溃的雄壮场面……从此,我们的语言中多了一个成语,叫"破釜沉舟";项羽也因此一战,而成为威名远播、人人敬畏的霸王。

"鸿门宴"是项羽人生中的一个重大转折点,也是《项羽本纪》中着力描写的第二个故事。勇冠三军、刚愎自用的项羽,在这里却变得率直、天真、优柔寡断:"沛公旦日从百余骑来见项王,至鸿门,谢曰:'臣与将军戮力而攻秦,将军战河北,臣战河南;然不自意能先入关破秦,得复见将军与此。今者,有小人之言,令将军与臣有郤。'项王曰:'此沛公左司马曹无伤言之。不然,籍何以至此?'项王即日因留沛公与饮。项王、项伯东向坐;亚父南向坐——亚父者,范增也;沛公北向坐;张良西向侍。范增数目项王,举所佩玉玦以示之者三,项王默然不应。范增起,出,召项庄,谓曰:'君王为人不忍。若入,前为寿,寿毕,请以剑舞,因击沛公于坐,杀之。不者,若属皆且为所虏!'"结果,项庄也未能得手。接下来,刘邦假装"如厕",在樊哙等人保护下逃离鸿门,"沛公至军,立诛杀曹无伤"。事情的起因是,曹无伤派人告诉项羽:"沛公欲王关中,使子婴为相,珍宝尽有之。"项羽大怒,发誓第二天"击破沛公军!"范增也劝项羽"急击勿失!"当时的情况是,项羽有大军40万,而刘邦只有10万。危急关头,刘邦请张良找项伯(项羽的叔叔)从中斡旋。项伯建议,第二天由刘邦亲自到鸿门"来谢项王!……项王许诺"。于是,便有了上边惊人一幕。这里也留给我们一个成语,叫"项庄舞剑,意在沛公"。通过这个故事,我们看到了项羽人格的另一面,他以所谓"不忍"之心,轻纵敌手,以至于坐失良机,为自己埋下了后患和悲剧的种子。从文学角度讲,这段描写非常精彩,刘邦的忍气吞声、小心翼翼,项羽的大大咧咧、不工心计,范增的老谋深算、心狠手辣,樊哙的凶神恶煞、刚毅暴烈……呼之欲出;而宴会上的那种压抑沉闷、险象环生,也如在眼前。

"垓下之围"是项羽人生最后的"谢幕曲",也是古代战争史上最惨烈的一战。当时项羽驻军垓下,"兵少食尽",且被汉军重重包围。项羽慷慨别姬,率残部勇敢突围,"汉军皆披靡"。后来退至乌江边,乌江亭长为项羽准备了渡船,并对他说:"江东虽小,地方千里,众数十万人,亦足王也……"然而,"项王笑曰:'天之亡我,我何渡为!且籍与江东子弟八千渡江而西,今无一人还,纵江东父兄怜而王我,我何面目见之!'……'吾闻汉购我头千金,邑万户。吾为若(指吕马童,汉将,曾与项羽识)德。'乃自刎而死。"这段描写慷慨悲壮,令人欲哭无泪,它把一种不屈的人格、豪迈的气概活托托展现给每一位读者。诚如宋代诗人李清照所云:"生当作人杰,死亦为鬼雄。至今思项羽,不肯过江东。"[16]

《史记》不论在史学史还是文学史上,都有着无与伦比的崇高地位,尤其是它的那些人物传记,对后世散文以及各类文学(如小说、戏剧文学等)都产生着巨大影响。正是从这个意义上,鲁迅将它称为"史家之绝唱,无韵之《离骚》"。

这里有一个问题需要我们讨论,即《史记》的故事情节生动传神,人物刻画那么细致入微,为什么不叫小说而叫"散文"呢?这是一个原则问题。不论古代散文还是现代散文,它都必须建立在"真实"上面的——要有真人真事作基础,作者要有真感实受,其中可能有一些夸饰的成分,个别情节甚至有一点虚构,原则上是允许的,但总体而言必须真实,尤其是那些以记人记事为主的散文。这就是为什么陈寿的《三国志》可以称散文而不能叫小说,而施耐庵的《水浒传》只能叫小说而不能称为散文的根本原因。当然,有一些以议论说理为主的散文,个别论据可以选用传说、寓言,这属于特例。

(三) 唐宋散文

谈唐宋散文必然弄清两个问题,即"古文运动"与"唐宋八大家"。

1. 关于"古文运动"

"古文"这个概念,在唐代以前并不存在。所谓的"古文"是由韩愈提出来的,它相对于"今文"或"时文"而言,具体指六朝以来流行已久的骈体文。

中国古代散文,从先秦诸子算起,历经两汉,已取得了辉煌的成就。但是,在其发展过程中往往受到辞赋的影响,出现了"骈化"倾向,于是有了"文"、"笔"之分。所谓"笔",即原本意义上的散文,以表情达意为主,不受字句与声韵约束的散行之文,也就是韩愈说的"古文";而"文"者,即当时正在流行的"骈文"(也叫"骈体文"、"骈俪文"或"骈偶文",因其常用四字句和六字句,故又称"四六文"或"骈四俪六")。这种文体过分追求辞藻的华美,讲究声律、对偶和句子的整齐,表现为一种极端的"唯美主义"。

"骈文"的出现,反映了当时散文作家对形式美的一种追求,一方面丰富了当时的文学创作,并取得了一定的成就,如鲍照的《登大雷岸与妹书》、庾信的《哀江南赋》、孔稚珪的《北山移文》、丘迟的《与陈伯之书》等一批优秀作品,都曾在文学史上产生过较大影响;另一方面"骈文"也存在很多弊端,它严重的形式主义倾向和由此导致的内容与形式的脱节,不但远离了社会人生,也远离了作家的真情实感。另外,由于它过分追求文章的"外在美"(句子的对偶、声韵的和谐),使得在形式上陈陈相因、了无生气。于是,一批有见识的作家开始倡导古文、反对骈文,韩愈则是第一人,他曾说:"非三代两汉之书不敢观。"[17]"三代两汉之书"也就是他所说的"古文"。唐德宗贞元时期,由于韩愈的大力提倡,"古文"发生了广泛的影响;到唐宪宗元和时期,又得到柳宗元的鼎力支持,"古文"成就日益显著,并逐渐占据了文坛的主要地位,这就是中国文学史上颇有影响的"古文运动"。

"古文运动"虽然表现为一场"文学运动",但其实质是一次政治改革,所以,它的基本宗旨是"文道合一"。"道是目的,文是手段;道是内容,文是形式。文应当为道服务。"[18] 韩愈曾说:"愈之为古文,是独取其句读不类于今者耶?思古人而得见,学古道则兼通其辞;通其辞者,本志乎古道者也。"[19] 柳宗元也说:"文者以明道。"[20] 韩、柳讲的"道",就是汉代以来被奉为正宗的孔孟之道,开展"古文运动"的目的也就是为了更好地宣传、巩固儒家思想的正统地位。这场运动的结果是:推翻了骈文数百年的统治地位,革新了文学语言,并在三代两汉基础上开创了散文的新传统,而且涌现了一批优秀的散文家,为当时的文坛注入了生机与活力;这场运动直接促进了晚唐小品文的产生,并远及明、清。

2. 关于"唐宋八大家"

这一说法,源于明人唐顺之。明嘉靖年间,作为古文家的唐顺之选辑的《文编》一书专门选录唐、宋两代八位散文家的作品。他们分别是韩愈、柳宗元,欧阳修、曾巩、王安石和苏洵、苏轼、苏辙父子三人。其后,与唐顺之同属"唐宋派"的古文家茅坤,又在《文编》的基础上选编了《唐宋八大家文钞》一书,风行海内,"唐宋八大家"之称遂由此产生。这里,我们重点介绍两位。

1) 韩愈

韩愈(768~824年)字退之,原籍孟州河阳(今河南孟县)人,其出生地一个可能是江南上元(今江苏南京);另一个可能是河南洛阳(韩愈习惯把洛阳称做"旧籍"),而其"郡望"昌黎,故世称"韩昌黎"[21];因其晚年曾任吏部侍郎,也称韩吏部;又因其谥号"文",又称韩文公。

据有关资料载,韩愈上追几辈都曾有人在朝廷和地方做过官,但他却生不逢时,3岁即丧父,由其兄(韩会,时任抚州刺史)嫂抚养,后随兄贬官到广东。兄死后,他与寡嫂郑氏颠沛流离,"就食江南,零丁孤苦"[22]。后又随嫂辗转北归河阳,再迁居宣城。

韩愈7岁读书,13岁能文,自称"前古之兴亡,未尝不经于心也;当世之得失,未尝不留于意也。"[23] 德宗贞元二年(786年),韩愈怀着经世之志,进京参加进士考试,前3次均告失败,直至贞元八年(792年),也就是第4次才考取了进士。在"吏选"[24]过程中,韩愈又连败3场,情急之卜,上书宰辅,以求闻达,三个月内连续上书3次,结果都泥牛入海;又3次登当权者之门,也被一一拒之。无奈,他离开京师,先后赴汴州、徐州两节度使幕府任职。贞元十六年(800年)冬,他第4次参加吏部考试,终于通过铨选,第二年秋末,34岁的韩愈被任命为国子监四门博士,从此,他开始了真正意义上的仕宦生涯。贞元十九年(803年)十月,他又与柳宗元、刘禹锡等同为监察御史,于是,一场影响中国文学史的"古文运动"拉开了序幕。这期间,韩愈写了《答李翊书》一文,以阐述自己倡导"古文运动"的主张与目的,这可以称做他发起开展"古文运动"的宣言书。

韩愈在监察御史任上,因关中旱饥,上书《御史台上论天旱人饥状》,请减免徭役赋税,被认为指斥朝政,贬为连州阳山令,可谓"十年谋官,两月即贬"。元和元年(805年),宪宗即位,韩愈遇赦,移官江陵,为法曹参军。公元806年,他奉诏回长安,充国子博士。后移官洛阳,又因"日与宦者为敌",改任河南令。元和十二年(817年),韩愈以行军司马身份,协助宰相裴度平定淮西吴元济叛乱,因军功卓著而晋授刑部侍郎。元和十四年(819年),宪宗迎佛骨入大内,他上《论佛骨表》一疏,引起宪宗震怒,被贬为潮州刺史,移袁州。正所谓"文死谏,武死战"是也。

长庆元年(821年),他被招回朝,历官国子祭酒、兵部侍郎、吏部侍郎、京兆尹等显职。长庆四年(824年)病逝于长安,终年57岁。

韩愈的散文,气势恢宏,纵横开阖,奇偶交错,巧譬善喻,或诡谲或严正,展示了多样的艺术才能。柳宗元在《答韦珩示韩愈相推以文墨事书》中称之"猖狂恣睢,肆意有所作",与司马迁"相上下"而"过扬雄远甚";苏洵在《上欧阳内翰书》中则称,他的散文"如长江大河,浑浩流转,鱼鼋蛟龙,万怪惶惑"。从这些比较与形容中,我们可以窥出韩愈散文风貌之一斑,而这样的散文,对六朝以来形成的柔弱华丽、空洞无物的文风,无疑是一种强烈冲击。同时,韩愈又是一位语言大师,善于创造性地使用古人词语和吸收当时的口语,创造出很多新的词汇,如蝇营狗苟、同工异曲、俱收并蓄、业精于勤、动辄得咎、含英咀华、牢不可破、大声疾呼、落井下石、不平则鸣、不塞不流、不止不行等等,这为他的散文创作增添了许多光彩。

【《师说》赏析】

韩愈散文丰富多彩,但笔者认为,成就最高的还是他的论说文,而《师说》则是这类散文的代表作。

首先,作者从正面阐述了"从师"的重要性与必要性——"古之学者必有师。师者,所以传道受业解惑也。人非生而知之者,孰能无惑?惑而不从师,其为惑也,终不解矣。生乎吾前,其闻道也,固先乎吾,吾从而师之;生乎吾后,其闻道也,亦先乎吾,吾从而师之;吾师道也,夫庸知其年之先后生于吾乎?是故无贵无贱,无长无少,道之所存,师之所在也。"

其次,作者对士大夫阶层普遍存在的不重视"师道"的不良风气,进行了分析和批判——"嗟呼!师道之不传也久矣!欲人之无惑也难矣!古之圣人,其出人也远矣,犹且从师而问焉;今之众人,其下圣人也远矣,而耻学于师。是故圣益圣,愚益愚,圣人之所以为圣,愚人之所以为愚,其皆出于此乎?爱其子,择师而教之;于其身也,则耻师焉,惑矣。彼童子之师,授之书而习其句读者,非吾所谓传其道解其惑者也。句读之不知,惑之不解,或师焉,或不焉,小学而大遗,吾未见其明也。巫医乐师百工之人,不耻相师。士大夫之族,曰师曰弟子云者,则群聚而笑之。问之,则曰:'彼与彼年相若也,道相似也,位卑则足羞,官盛则近谀。'呜呼!师道之不复,可知矣!巫医乐师百工之人,君子不齿,今其智乃反不能及,其可怪也欤!"

再次,作者以当年孔子的言行为例,进一步阐明"能者为师"的思想——"圣人无常师。孔子师郯子、苌弘、师襄、老聃。郯子之徒,其贤不及孔子。孔子曰:'三人行,则必有我师。'是故弟子不必不如师,师不必贤于弟子,闻道有先后,术业有专攻,如是而已。"

最后,作者说明写作本文的原因——"李氏子蟠年十七,好古文,六艺经传皆通习之。不拘于时(此指'时文',即骈文——引者注),学于余。余嘉其能行古道,作《师说》以贻之。"

全文通篇只有400多字,但却阐述了一个古往今来非常重要的道理——人们要想解疑释惑、不断进步,就要自觉地"从师问道";而且特别强调"弟子不必不如师,师不必贤于弟子",无非"闻道有先后,术业有专攻,如是而已"。文章的最大特点是逻辑严密、结构紧凑,曲折变化而又流畅明快。这也就是韩愈议论散文的基本风格。

2)欧阳修

欧阳修(1007~1072年)字永叔,号醉翁,晚年号六一居士,谥号文忠,故亦称欧阳文忠,吉州永丰(今属江西)人,因为吉州原属庐陵郡,欧阳修又自称庐陵人。欧阳修是北宋时期的政治家、史学家、散文家和诗人,其散文说理畅达,抒情委婉,是著名的"唐宋八大家"之一。

欧阳修4岁丧父,家境贫寒。相传,他母亲以荻画地,教他写字。但他凭着自己顽强的毅力,克服重重困难,于仁宗天圣八年(1030年,时年欧阳修24岁)考中进士,从此开始了他的政治生涯。次年,他任西京(今洛阳)留守推官,与梅尧臣、尹洙结为至交,互相切磋诗文。景佑元年(1034年),召试学士院,授任宣德郎,充馆阁校勘。景佑三年(1036年),范仲淹上疏批评时政,被贬饶州,欧阳修因为其辩护,被贬为夷陵(今湖北宜昌)县令。

康定元年(1040年),欧阳修被召回京,复任馆阁校勘,后知谏院。庆历三年(1042年),范仲淹、韩琦、富弼等人推行"庆历新政",欧阳修参与革新,提出了改革吏治、军事、贡举法等主张。庆历五年(1044年),范、韩、富等相继被贬,欧阳修也没逃过此劫,被贬为滁州(今安徽滁县)太守。以后,又知扬州、颍州(今安徽阜阳)、应天府(今河南商丘)。至和元年(1054年)八月,奉诏入京,与宋祁同修《新唐书》。

嘉祐二年(1057年)二月,欧阳修以翰林学士身份主持进士考试,提倡平实的文风,录取了苏轼、苏辙、曾巩等人。这为北宋文坛的振兴和文风的转变,奠定了坚实的人才基础。嘉祐五年(1060年),欧阳修拜枢密副使。次年,任参知政事。英宗治平二年(1065年),上表请求外任,不准。此后两三年间,因被蒋之奇等人诬谤,多次辞职,都未允准。神宗熙宁二年(1069年),王安石实行新法,欧阳修对"青苗法"曾表异议,且未执行。熙宁三年(1070年),除检校太保宣徽南院使等职,坚持不受,改知蔡州(今河南汝南县)。这一年,他自号"六一居士",曾有客问之曰:"六一,何谓也?"居士曰:"吾家藏书一万卷,集录三代以来金石遗文一千卷,有琴一张,有棋一局,而常置酒一壶。"客曰:"是为五一尔,奈何?"居士曰:"以吾一翁,老于此五物之间,是岂不为六一乎?"

熙宁四年(1071年)六月,欧阳修以太子少师的身份辞职,居颍州。熙宁五年(1072年)闰七月二十三日,他于颍州家中溘然长逝,身后留下一万卷藏书、一千卷集古录、一张琴、一局棋和一壶酒。苏轼评价其创作道,"论大道似韩愈,论事似陆贽,记事似司马迁,诗赋似李白"。

欧阳修作为北宋诗文革新运动的领袖,其文学主张与韩愈一脉相承,强调"道"对于"文"的重要性。他主张"言以载事而文以饰言"[25],认为那些"勤一世以尽心文字间者,皆可悲也",在他看来,"文章丽矣,言语工矣,无异草木荣华之飘风,鸟兽好音之过耳也",言外之意,"文"永远不能脱离"道"。从这个意义上,他提出了"道胜者,文不难而自至"[26],"道纯则充于中者实,中充实则发为文者辉光"[27]。需要指出的是,他对"道"的理解与韩愈不同,他关心的不在于伦理纲常而在于"百事",认为学道不成,主要是因为"弃百事不关于心"[28],所以,他反对"务高言而鲜事",提倡从实际出发,努力做到"文从字顺"。

欧阳修的文学成就以散文最高,影响也最大,而《醉翁亭记》是其代表作。

【《醉翁亭记》赏析】

环滁皆山也。其西南诸峰,林壑尤美。望之蔚然而深秀者,琅琊也。山行六七里,渐闻水声潺潺,而泻出于两峰之间者,酿泉也。峰回路转有亭翼然临于泉上者,醉翁亭也。作亭者谁?山之僧智仙也。名之者谁?太守自谓也。太守与客来饮于此,饮少辄醉,而年又最高,故自号曰"醉翁"也。醉翁之意不在酒,在乎山水之间也。山水之乐,得之心而寓之酒也。

若夫日出而林霏开,云归而岩穴暝,晦明变化者,山间之朝暮也。野芳发而幽香,佳木秀而繁阴,风霜高洁,水落而石出者,山间之四时也。朝而往,暮而归,四时之景不同,而乐亦无穷也。

至于负者歌于途,行者休于树,前者呼,后者应,伛偻提携,往来而不绝者,滁人游也。临溪而渔,溪深而鱼肥;酿泉为酒,泉香而酒洌;山肴野蔌,杂然而前陈者,太守宴也。宴酣之乐,非丝非竹,射者中,弈者胜,觥筹交错,起坐而喧哗者,众宾欢也。苍颜白发,颓然乎其间者,太守醉也。

已而夕阳在山,人影散乱,太守归而宾客从也。树林阴翳,鸣声上下,游人去而禽鸟乐也。然而禽鸟知山林之乐,而不知人之乐;人知从太守游而乐,而不知太守之乐其乐也。醉能同其乐,醒能述以文者,太守也。太守谓谁?庐陵欧阳修也。

《醉翁亭记》一文写于庆历六年(1046年)。当时的背景是,范仲淹推行"庆历新政",欧阳积极参与,并上书《朋党论》对保守势力进行抨击。然而,保守势力不但没有收敛反而更加猖獗,范仲淹被迫辞去参知政事,请求外调;欧阳修也因此受到诬陷,于庆历五年贬为滁州太守。他到滁州的第二年,自号"醉翁",并写下了这篇著名的散文。单从文面上看,作者似乎以寄情山水与酒的方法来掩盖政治上的失意,同时,也用此种方法寻求精神解脱与自我麻醉,其实,文章中包含着复杂的政治含义与情感因素,如作者自言:"人知从太守游而乐,而不知太守之乐其乐也。"我们作三点简单分析:① 作者被贬官后,心里自然充满了悲愤和苦闷,然而,文章中却丝毫没有流露出那种低沉的、颓唐的情绪,而是用大量的篇幅描写峰壑之秀、林泉之美,以及"负者歌于途,行者休于树,前者呼,后者应",人们游乐于山水之间的情形,这充分体现了他积极、乐观的人生态度;② 更重要的是作者通过与民同乐场面的描写,以显示被贬官后的政绩,同时,也向世人表明自己的政治立场、革新主张并不因遭受打击而改变。诚如他在给梅尧臣的信中所讲:"某此愈久愈乐,不独为学之外有山水琴酒之适而已,小邦为政,期年粗有所成,固知古人不忽小官也。"真可谓"醉翁之意不在酒"也;③ 从艺术方面分析,《醉翁亭记》很像一首优美的散文诗,文中夹杂了许多骈句,读起来朗朗上口、节奏和谐悦耳,很好地烘托了作者当时愉快的心情和乐观、豁达的人生态度。另外,作者反复使用以"者"、"也"构成的虚词结句,一唱一和,前呼后应,使得全文声调优美、妙趣横生,成为本文的一大艺术特点。

(四) 明清小品文

严格来讲,明清两代的小品文算不上什么"高峰",但它自身却有着深长的意义。以笔者之见,它有着承前启后的历史影响——上承唐宋"古文运动",下接"五四"新文化运动,为中国近代文化史上一个大繁荣、大发展的春天发挥了鸣锣开道的作用,尤其是为"五四"白话文的产生,铺开了道路。

明清两朝,出现了一大批优秀的散文家,如明代的刘基(代表作如《卖柑者言》),宋濂(代表作如《送东阳马生序》),归有光(代表作如《项脊轩志》),张岱(代表作有散文集《陶庵梦忆》、《西湖梦寻》),张溥(代表作如《五人墓碑记》)等;清代的方苞(代表作如《狱中杂记》),姚鼐(代表作如《登泰山记》),龚自珍(代表作如《病梅馆记》),康有为(代表作如《强学会序》),梁启超(代表作如《少年中国说》),章炳麟(代表作如《邹容传》)等。他们踏着时代的节奏、合着时代的脉搏,表达着他们那个时代的声音,或清新,或优雅,或雄壮,或悲凉……给后人留下了一笔丰厚的精神财富。我们选张岱的《湖心亭看雪》作一简单介绍,此乃张岱的一篇游记散文,选自《陶庵梦忆》卷三。

【《湖心亭看雪》赏析】

崇祯五年十二月,余住西湖。大雪三日,湖中人鸟声俱绝。

是日,更定矣,余拏一小舟,拥毳(音 cui,用鸟的羽毛织的衣服)衣炉火,独往湖心亭看雪。雾凇沆砀,天与云与山与水,上下一白。湖上影子,惟长堤一痕,湖心亭一点,与余舟一芥,舟中人二三粒而已。

到亭上,有两人铺毡对坐,一童子烧酒,炉正沸。见余大喜,曰:"湖中焉得更有此人?"拉余同饮。余强饮三大白而别。问其姓氏,是金陵人,客此。

及下船,舟子喃喃曰:"莫说相公痴,更有痴似相公者。"

我们首先了解一下张岱其人。他是明末山阴人,字宗子,又字石公,号陶庵,别号蝶庵居士,出身官宦之家,明亡之前一直过着优游不迫的布衣生活。明亡后,他曾参加过抗清斗争,后来避居于浙江剡溪山中,专心从事著述,《陶庵梦忆》和《西湖梦寻》是其代表作。书中用大量笔墨缅怀往昔的繁华靡丽,追忆逝去的前尘旧梦,字里行间流露着一位前朝遗民深沉的故国之思和沧桑之感。

他曾在《陶庵梦忆·序》中写道:"陶庵国破家亡,无所归止,披发入山,骇骇为野人,故旧见之,如毒药猛兽,愕窒不敢与接。"又说:"鸡鸣枕上,夜气方回,因想余生平,繁华靡丽,过眼皆空,五十年来总成一梦。今当黍熟黄粱,车旅蚁穴,当作如何消受?遥思往事,忆即书之,持向佛前,一一忏悔。"从这里,我们不难看出他著书的旨趣以及书名"梦"字的由来;这也是我们读《陶庵梦忆》和《西湖梦寻》时,总感到有一种淡淡的哀愁与失意的迷茫笼罩其上的深层原因。

张岱的小品文可谓名副其实的"小品",长者不过千把字,短者仅一二百字,以清新、隽永见长。作者寥寥几笔,意在言外,有一唱三叹之致,无捉襟见肘之窘,字里行间洋溢着诗的意趣。

《湖心亭看雪》是张岱小品的传世之作,文章记述了一次在西湖乘舟看雪的简单经历:大雪三日,是日,入夜之后,作者乘小舟独往湖心亭赏雪。不期亭中遇客,三人对酌,临别时才互道名姓。舟子喃喃,以三人为痴。然而,这简单的经过却有着深刻的内涵:此时,作者虽隐居泉林之下,然而他仍保留着"性情中人"的那种火一样的激情,言外之意,也暗示了作者对旧日繁华的怀念之情。本文最大的特点是文笔简练,全文只有一百多个字,却融叙事、写景、抒情于一体,尤其令人叹绝的是作者对数量词的锤炼与驾驭功夫——"一白"、"一痕"、"一点"、"一芥"、"两三粒"一组合,竟将天远水长的阔大境界,甚至把夜寒、更深、万籁无声的寂静气氛,全都传达出来。同时,文章还成功地运用了对比手法——大与小、冷与热、孤独与知已、局内与局外(舟子与作者)等,为文章增添了无穷的情趣。另外,还有一点值得深思,即作者不期而遇的那两人为什么是"金陵人"?这里与作者那挥之不去的故国之思是否也有某种联系?

需要说明的是,明清小品文虽取得了一些成就,但与当时的小说、戏剧、诗歌创作不可相提并论,它充其量只算是"强弩之末"而已。

参考文献及注释

[1] 石瑛:《怎样写好散文》,人民日报出版社,1988年,第1页
[2]《中国文学史纲要》,第1册,第108页
[3] 施蛰存:《回顾与前瞻》,载《散文的艺术》,百花文艺出版社,1981年,第1页
[4] 引文同[1],第4页

[5]《左传·昭公十七年》
[6][8]《汉书·艺文志》
[7]《中国文学史纲要》,第1册,第117页
[9]引文同[7],第145页
[10]转引自[7],第163页
[11][12][13][14]《太史公自序》
[15]引文同[7],第295页
[16]李清照:《乌江》
[17]韩愈:《答李翊书》
[18]《中国文学史纲要》,第2册,第248页
[19]韩愈:《题欧阳生哀辞后》
[20]柳宗元:《答韦中立论师道书》
[21]所谓"郡望",是指在某一郡里人数多、官位高的大族,实为六朝门阀制度之遗习。在当时,韩姓一族在昌黎势力最大、最强盛,故韩愈自称"昌黎韩愈",而他并非昌黎人
[22]韩愈:《祭郑夫人文》
[23]韩愈:《与凤翔邢尚书书》
[24]按照唐律规定,要想做官,在考取进士之后还必须参加吏部组织的博学宏辞科考试,称为"吏选"
[25]欧阳修:《代人上王枢密求先集序》
[26][28]欧阳修:《答吴充秀才书》
[27]欧阳修:《答祖择之书》

第九章　国学之美(三)：古代戏曲

　　戏曲是一门综合性艺术。它是集文学、音乐、舞蹈、美术以及技艺等多种艺术元素于一身，通过塑造人物形象、揭示人物命运以反映社会生活为主的一门综合性舞台艺术。从国学角度着眼，我们将重点研究戏曲的第一种元素——剧本。在现代文学概念中，它同诗歌、散文、小说并称"四大文学体裁"。

一、戏曲及其起源理论

　　据有关资料载，最早使用"戏曲"一词的是元人陶宗仪，他在《南村辍耕录·院本名录》中云："唐有传奇，宋有戏曲、唱浑、词说，金有院本、杂剧、诸宫调。"但这并不是说，到了宋代才有了"戏曲"，和其他艺术形式一样，戏曲在我国艺术发展的长河里也同样有着悠久而辉煌的历史。

(一) 戏曲的基本概念

　　"戏曲"一词是我们中国专用的，就字面而言，它由"戏"和"曲"两部分组成。在国外，一般都将其细分为歌剧、舞剧、歌舞剧、话剧、哑剧等。

　　(1) 所谓"戏"，其"本意为角力"，同时又有游戏、逸乐以及歌舞、杂技等意思，它的历史可以追溯到原始部落时期。所以，周华斌先生曾经讲："戏是意味着拟兽的、持戈的、伴有鼓声节奏的仪式性舞蹈，这种舞蹈表演泛见于原始狩猎时期的图腾仪式。后世亦有于战斗操练、战前示威、战后庆功，以及种种祭祀性仪式。其中，除了'力'和'武'的展现外，不乏'扮演'、'表演'因素和两两相斗的'矛盾'冲突，亦即戏剧的萌芽。"

　　(2) 所谓"曲"，有曲折、婉转之意，又作"深隐之处"讲，也就是委婉地将心事(心曲)讲出来。曲的历史可以追溯到远古时代的各种民谣，如《国语·周语》中就讲到："列士献诗，瞽献曲，史献书。"周秦时期的大型乐舞，当属曲的范畴；后来，以曲相称的还有汉、唐大曲；一脉相承地发展下来是宋词、元曲；到了明代的南曲、北曲、昆曲，也都冠以曲字。可见，"曲"在历史上还被用于文体，这说明中国传统的文学与音乐是密切结合、不分家的。

(二) 中国戏曲起源的几种主要理论

关于戏曲的起源问题,可谓众说纷纭、莫衷一是,综合起来,有如下几种主要观点。

1. 歌舞说

《尚书·舜典》云:"於!予击石拊石,百兽率舞。"这可能是上古时期的一种祭祀场面,也可能是一种娱乐场面,但有一点很清楚——当时还没有发明"鼓",所以,装扮成百兽的众人只好随着一重(击)一轻(拊)的击石声而翩翩起舞。这告诉我们,这个时间离现在是非常久远的。后来才有了鼓,所谓"鼓之舞之"这就进一步了。

原始歌舞,一般用于四种场合:一是祭祀(如祭神灵、祭祖宗);二是庆典(如大的节日、每年的春耕与秋收);三是战争(如战前动员、战后庆功);四是娱乐。而且,原始歌舞总是歌舞相伴,歌之、舞之、蹈之融为一体。《吕氏春秋·古乐》篇中就讲:"葛天氏之乐,三人操牛尾,投足而歌八阕。"当时的情形,可由此略窥一斑。

与此理论相关连的还有"宫廷乐舞说"与"西域歌舞说"。我们就不作详细介绍了。

2. 巫觋说

《东坡林志》卷二"祭祀"中有"八蜡三代之戏礼"的记载。"八蜡"作为一种"戏礼","三代"(即夏、商、周)时就已经有了。每年的岁末,人们聚集起来举行此种仪式,里面寄托着人之常情,也包含了很重要的礼仪成分。每当祭祀的时候,要有人代替死者受祭,象征死者的神灵犹在。那么,谁来做这种替身呢?"非倡优而谁?"除了那些唱戏的人,还有谁呢?所以,苏东坡的结论是古之祭礼"皆戏之道也"——于是,戏剧与祭祀就这样被连接了起来。

王国维在《宋元戏曲考》中也提出了"歌舞之兴,其始于古之巫"的观点。他认为,古代的巫觋是以歌舞娱乐鬼神为职业的,即所谓"巫之事神,必用歌舞";同时,祭祀鬼神时要用人来装扮成"灵保"或"尸"作为神鬼所凭附的实体,而这些装扮者也就是巫。因此,他断定"群巫之中,必有像神之衣服形貌动作者",这便成为"后世戏剧之萌芽",由此王国维推定:"后世之戏剧,当自巫、优二者出。"

3. 宗教仪式说

较早地系统论述中国戏剧起源于"宗教仪式"的是英国牛津大学教授龙彼得,他在《中国戏剧起源于宗教仪式考》一文中指出:"在中国,如同在世界任何地方,宗教仪式在任何时候,包括现代,都可能发展为戏剧,决定戏剧发展的各种因素,不必求诸于遥远的过去,它们在今天还仍然活跃着。"周育德在《中国戏曲与中国宗教》一文中也认为,原始宗教开辟了中国戏曲的源头,先秦宗教孕育了戏曲的胚胎,秦汉宗教产生了戏曲的雏形等等。再联系上述王国维的观点,可见"宗教仪式说"与"巫觋说"有着密不可分的内在关系。

4. 文学说

这一观点认为,文学才是诱发中国戏剧产生的"决定"性因素,其中又有以下几种不同观点:① 源自讲唱文学。任光伟在《北宋目连戏辨析》中云:"中国戏曲艺术是由多门类的艺术综合而成的,它的产生固需要各种因素之成熟,但其中起决定作用的则在于文学,北宋的大型杂剧产生,来源于讲唱文学。"② 源自敦煌变文。黄天骥在"中国戏剧起源研讨会"上的发言中指出,"谈中国戏剧离不开叙事因素……敦煌变文是诱发戏剧的一个重要因素……细细考察,它实际上是中国戏剧一个很粗的源头"。③ 脱胎于小说。刘辉在乌鲁木齐举办的"中国戏剧起源研讨会"上发言认为,"中国戏曲的缘起与中国的宗教、民俗、歌舞特别是说唱有着密切的关系……中国戏曲与小说区分后,必然是以第一人称而不是以第三人称的方式演出,没有这个,谈不上中国戏曲,必须有角色行为,没有这个,也不是戏曲";④ 梵剧影响说。许地山在《梵剧体例及其在汉剧上底点点滴滴》一文中,从中、印戏剧的内容和表现形式上的共性出发,得出如下结论:"中国戏剧变化底陈迹如果不是因为印度的影响,就可以看作是赶巧两国底情形相符了。"郑振铎的插图本《中国文学史》、季羡林的《比较文学与民间文学》也持此说。⑤ 另外,还有民间说、傀儡说、百戏摇篮说、综合说等。通过这些介绍,我们可以对中国古代戏曲的起源有一个大略的了解。

二、古代戏曲之美

中国古代戏曲美在哪里?或者换句话说,中国古代戏曲的主要审美特征是什么?我们将它总结为三点。

(一) 综合性

我们在本章的一开始就讲到,戏曲既是一门舞台艺术,也是一门综合艺术。中国传统的"戏"与"曲"是不分家的,合称"戏曲",这等于告诉我们,中国传统的"戏"是"音乐化"了的。这种音乐化了的舞台艺术,集文学(主要指剧本)、音乐(主要指节奏与速度、唱腔设计与音乐伴奏、音响等)、美术(主要指舞台设计与舞台绘画,以及灯光、布景、各种道具等)、舞蹈(主要指表演、动作、身段、造型,以及杂技、武术、滑稽等)、技艺(如各类服装、道具的设计与制作等)各种艺术要素于一身,因此我们可以说,戏曲乃集中国传统艺术美之大成——它蕴涵传统的音乐美、绘画美、语言美、表演美、技艺美等,如果离开了这些综合的艺术要素,戏曲之美就无从谈起。

(二) 民族性

传统戏曲美的再一个特征,就是充分体现了我们这个民族的审美习惯、审美心态与审美理想。比如,中国人在颜色方面视黄色为高贵(这种根深蒂固的审美习惯大概与中华民族的人种、发祥地不无关系),所以,被称做"真龙天子"的皇帝要穿黄颜色;再比如,中国人的一般心态是同情弱者、鞭笞强暴,所以在很多戏剧中弱者往往会有一个理想的结局,像《铡美案》中的秦香莲母子、《窦娥冤》中窦娥的冤魂,都得到了很好的安慰,而像忘恩负义的陈世美、无恶不作的桃杌,都受到了应得的惩罚;又比如,中国的"乐感文化"培养了中国人特有的审美理想——喜欢成功、喜欢圆满,表现在传统戏曲中往往会出现"大团圆"的结局,像《倩女离魂》、《柳毅传书》、《西厢记》等等,尽管鲁迅先生用"曲终奏雅"四个字对此提出严厉批评,但作为一个民族长期形成的审美理想却是不太容易改变的。

(三) 哲理性

中国古代戏曲一直在追求一种"理性之美",即在剧情、表演、道具等方面,更多地强调"善"而不是"真",也就是说,它注重的是"艺术效果"而不是"逻辑关系"。比如,在《窦娥冤》中为了证实窦娥的冤屈,人被斩首后,一腔热血竟半点儿不落在地下都飞在白练上;六月三伏竟漫天飞雪,遮掩了窦娥的尸首。而在《伍子胥》一戏中,伍子胥为了过昭关竟一夜白了少年头[1]等等,这在日常生活中听起来也许是荒诞的、不符合逻辑的,但在中国古代戏曲中却是一种美的体现。再比如,一条马鞭子就是一匹马,演员可以借助它而上下飞腾、翻山越岭;一只船桨就代表一条船,演员就可以借助它涉江渡海……这一切,都体现了一种理性之美。

三、中国古代戏曲的主要发展脉络

从"史"的角度看,上古时期的那些原始歌舞、祭祀活动、庆典礼仪等,应该算是中国戏曲发展的源头之一。而从戏曲美学的角度分析,它们充其量有一些戏曲的"因素",但还不是真正意义上的戏曲。

春秋、战国之际有了专门以滑稽娱人为主的"俳优";汉代出现了以竞技为主的角牴(也就是所谓"百戏");唐代又流行参军戏等。这些,已有了戏曲的萌芽,它们为中国戏曲的形成作了充分准备,是中国戏曲史上的滥觞期。

"宋杂剧"与"金院本"的出现,标志着中国传统戏曲的基本形成,是中国戏曲史上重要的发展期。

到了元代,通过艺术家们的反复努力,将宋杂剧、金院本以及宋金诸宫调进行融合与再创造,终于诞生了"元杂剧"。元杂剧的出现,标志着中国传统戏曲的成熟期。

明清传奇的出现,无疑是中国传统戏曲发展史上的一个高峰。从明中叶到清前期,中国戏曲有了长足的发展,无论是作家阵容还是创作质量都是空前的。尤其是京剧的诞生,它标志着中国戏曲迎来一个新的辉煌。

(一) 宋杂剧

早在晚唐,"杂剧"一词就已经出现。有研究者称,它大概始见于晚唐时期李德裕的文章《论故循州司马杜元颖第二状》,其中提到"杂剧丈夫两人"。所谓"杂剧丈夫"就是在杂剧中扮演角色的男演员。"不过,唐代的杂剧可能是指杂戏,参军戏也包括在内。这和真正的戏剧还有很大的距离。"[2]

到了宋代,杂剧有了进一步发展。据南宋灌园耐得翁《都城纪胜·瓦舍众伎》中称:"散乐,传学教坊十三部,唯以杂剧为正色。"可见,在当时杂剧于各种传授的技艺中已经占据了主要地位。南宋吴自牧也在《梦粱录·妓乐》中讲到:"杂剧中末泥为长,每一场四人或五人。先做寻常熟事一段,名曰'艳段'。次做正杂剧,通名两段。……又有杂扮……即杂剧之后散段也。""艳段"类似于话本的"入话";"正杂剧"包括两段,演出故事;"杂扮"则多为调笑滑稽的演出。南宋孟元老《东京梦华录》载:"构肆乐人,自过七夕,便搬《目连救母》杂剧,直至十五日止,观者倍增。"可见,当时宋杂剧是多么火爆,多么盛行。

(二) 金院本

演出院本的艺人或他们居住的地方又叫行院;院本就是艺人们演出时所使用的脚本。元人陶宗仪在《南村辍耕录》中讲:"院本、杂剧,其实一也。"也就是说,院本、杂剧其实就是一回事。有人分析,之所谓有院本、杂剧之分,是历史造成的。

靖康元年(1126年),金兵攻入汴梁(今河南开封,北宋的都城),徽宗、钦宗二帝被俘,北宋亡;次年,赵构在南京(今河南商丘)称帝,是为高宗,后又迁都临安(今浙江杭州),史称南宋。在迁都过程中,一些大的行院和主要演员都随宋王室去了临安,但也有一部分留在了北方。当金人入主中原之后,便逐渐形成了北方的杂剧,即金院本。所以,研究发现:金院本与宋杂剧有许多剧目是相同的;而且演出形式也大同小异,要用五名演员。

(三) 宋金诸宫调

在宋金时代,民间流行一种说唱的文艺形式,叫诸宫调。有人研究发现,诸宫调以唱词为主,间以道白,用琵琶等乐器伴奏,说唱一个较长的、完整的故事。唱辞方面,将属于同一宫调的若干曲子联成短套,再将不同宫调的若干短套联结成篇。宋代诸宫调,现在只知道一部叫《双渐苏卿诸宫调》,已佚失。金代诸宫调保存比较完好的是董解元的《西厢记诸宫调》,另有无名氏的《刘知远诸宫调》残本。《西厢记诸宫调》用了三宫十一调叙述崔莺莺与张生的恋爱故事,情节起伏跌宕,既有很高的思想价值也有很高的艺术价值。

诸宫调大约相当于今天的山东琴书、河南坠子、北京时调等曲艺形式,它只有一个演员以第三者的身份在说唱故事,而不是由许多演员去扮演故事中的人物,所以,它还不是真正意义上的戏剧,但这种说唱形式及其故事性,却被采入戏曲之中,为推动中国戏曲的发展作了很大贡献。

到了元代,艺人们将宋杂剧、金院本、宋金诸宫调融合在一起,终于创造出了元杂剧这种成熟的戏曲形式[3]。

(四) 元杂剧

作为一种成熟的戏曲形式,它的剧本结构、内容都非常复杂。

1. 元杂剧的基本结构——"四折一楔子"

元杂剧的主体一般有四折(个别的有五折或六折)组成。"折"在元杂剧中是故事发展的一个大段落,一折大体上相当于现代戏曲的"一幕";"折"的下面分"场",场是故事情节发展的小段落。分场的标准是演员全部退入后台,出现空场。这看上去很简单,但却是戏曲史上一个了不起的创举——利用这种方式,突破了舞台的限制,也突破了时、空的限制,可以根据剧情发展的需要,自由地变换地点和时间。这样一来,不仅为演员虚拟化的表演提供了自由天地,也为观众提供了驰骋想象的空间。

"折",既是故事情节的一个大段落,也是音乐结构的一个大单元。一般说来,每一折用一套曲子,这些曲子可多可少,但都属于同一宫调。在第一支曲子上标出宫调的名称,最后一支曲子一般要用"煞"或"尾"。四折所用的宫调不同,一般的习惯是:第一折多用"仙吕宫",第二折多用"正宫"或"南吕宫",第三折多用"中吕宫",第四折多用"双调"。一本元杂剧,就相当于一个诸宫调。

"楔子",其原意是"用以塞紧器物的竹木片",引申为小说、戏剧的引子。楔子作为元杂剧的一个组成部分,它的特点是独立成段落,而且短小,一般放在第一折的前面;个别情况,也有放在折与折之间的,如王实甫的《西厢记》就在一、三、四、五折之间都加有楔子。楔子不用套曲,只用一两支单曲。

2. 元杂剧的三大要素——曲词、宾白、科

"四折一楔子"指的是剧本的基本结构;而构成元杂剧的三大要素是曲词、宾白和科。

（1）曲词。曲词是元杂剧的主体，它大约相当于现代戏剧的唱词，其作用主要是抒情，同时也用来渲染场景和串联情节。与现代戏所不同的是，曲词自始至终（整个四折戏）都有一个主要演员来唱。曲词的格律严谨，同一折的各支曲子要押同一的韵。

（2）宾白。宾白就是剧中人物的说白。为什么叫"宾白"呢？元杂剧以唱为"主"，说便成了"宾"。宾白既有散语，也有韵语。韵语或为诗词，有严格韵律；或为"顺口溜"，听起来悦耳即可。宾白又分为对白、独白、旁白（剧本写作"背云"），它的主要作用是交代故事情节；同时，它还有插科打诨、调节气氛的作用；有时，也用于讽刺。"曲词抒情，宾白叙事，两相结合，相得益彰"[4]。

（3）科。《辞海》对"科"是这样解释的："传统戏剧中角色的动作，元杂剧称科，宋元南戏作'介'"；又对"科白"一词释道："传统戏剧中，动作为科，言语为白，始于元人杂剧"。由此可知，"科"就是戏曲中演员的动作。

3. 关汉卿和他的《窦娥冤》

元杂剧有一个很大的作家群体，其具体数量难以精确考证，据近人推算"将近二百人"，像王实甫（代表作《崔莺莺待月西厢记》）、白朴（代表作《裴少年墙头马上》《唐明皇秋夜梧桐雨》）、马致远（代表作《破幽梦孤雁汉宫秋》）、杨显之（代表作《临江驿潇湘秋夜雨》）、康进之（代表作《梁山泊李逵负荆》）、石宝君（代表作《鲁大夫秋胡戏妻》）、纪君祥（《赵氏孤儿大报仇》）、郑光祖（代表作《迷青琐倩女离魂》）、宫天挺（代表作《死生交范张鸡黍》）、秦简夫（代表作《东堂老劝破家子弟》）等，都是很有影响的剧作家。他们留下了"大概将近六百本"杂剧，但随着时间的推移，许多本子都丢失了，保存到目前的只有162种，其中明万历年间臧懋循（字晋叔）《元曲选》，收入100种，隋树森的《元曲选外编》有62种。

在这众多的作家与作品中，关汉卿和他的《窦娥冤》无疑是最具代表性的。

关汉卿是中国传统戏曲的奠基者，在中国戏曲史上有着举足轻重的作用和不可替代的地位。《录鬼簿》将他列为"前辈已死名公才人，有所编传奇行于世者"第一位；贾仲名吊词云，关汉卿"驱梨园领袖，总编修师首，捻杂剧班头"；元周德清的《中原音韵》、明何良俊的《四友斋丛说》等都将他列为"元曲四大家"之首。

关汉卿字己斋（一作一斋），对于他的生平，后人掌握的一手资料不多。研究人员根据相关资料推断，他生于金末，为"金之遗民"[5]，大约生活在1210~1330年的90年间。至于他的籍贯，有大都说（今北京市）、解州说（今山西运城）、祁州说（今河北安国）[6]等。

贾仲名的《书录鬼簿后》说钟嗣成"载其前辈玉京书会燕赵才人……自金之解元董先生，并元初关汉卿己斋以下，前后凡百五十一人"。同时，《录鬼簿》、《辍耕录》也载,他与当时的著名杂剧作家杨显之、散曲作家王和卿是挚友,与著名杂剧演员珠帘秀交往密切。由此推断,关汉卿在当时大都杂剧界是一位颇有影响和地位的"领袖人物"。

关于关汉卿的人生态度以及志趣、爱好等,在他赠与珠帘秀的《南吕·一枝花》"不伏老"中有一段自我表述:"我是个普天下郎君领袖,盖世界浪子班头";"我也会吟诗、会篆籀、会弹丝、会品竹,我也会唱鹧鸪、舞垂手、会打围、会蹴鞠、会围棋、会双陆"云云。可见,关汉卿才华横溢,且爱好广泛。然而,他毕竟是"金之遗民……不屑仕进"。作为一代艺术大师,他生活得无拘无束,放浪形骸,曾宣称"除是阎王亲自唤,神鬼自来勾,三魂归地府,七魄丧冥幽;天那,那其间才不向烟花路儿上走"。由于他长期面向下层,流连市井,和演员、妓女们混在一起,受到生生不息、杂然并陈的民间文化的滋养,所以,他的作品流露着下层社会的生活气息与小人物的思想情态。至于关汉卿的个性,他在《南吕·一枝花》"不伏老"的结尾一段作了精彩而形象的描述:"我是个蒸不烂、煮不熟、捶不扁、炒不爆、响当当一粒铜豌豆。"那种倔强、狂傲、不屈不挠的样子宛然在目。

关汉卿的杂剧创作与他生活的那个时代息息相关。纵观元朝文坛,雅文学逐渐失去往日的辉煌,而俗文化则风起云涌,走向繁盛。这两股浪潮相互碰撞与交融,缔造出奇妙的文化景观。关汉卿生活在这种特定的历史阶段,他的杂剧创作及艺术风貌,便呈现出鲜明而驳杂的特色:一方面,他着眼于下层社会,积极关注民生疾苦;另一方面,在建立社会秩序问题上他又认同儒家的"仁政"学说,甚至还流露出对仕途生活的向往。他一方面血泪交迸地写出感天动地的《窦娥冤》;另一方面又以憧憬的心态创作了充满富贵气息的《陈母教子》。就其总体创作风格而言,既不全俗,又不全雅,而是俗不脱雅、雅不离俗。就创作的态度而言,他既贴近下层社会,敢于为百姓大声疾呼,却又不失"厚人伦"、"正风俗"的儒学旨趣。他是一位勇于以杂剧创作来干预社会生活的,积极"入世"的作家,又是一位风流倜傥、狂放不羁的浪子。总之,相互激荡的社会矛盾和文化思潮,造就了这位伟大的、多重风格的戏曲家。

在关汉卿几十部杂剧作品中,最具代表性的是《感天动地窦娥冤》(简称《窦娥冤》),曾被有关研究学者誉为"世界十大悲剧"之一。

《窦娥冤》的故事原型取自于《汉书·于定国传》:"东海有孝妇,少寡,亡子,养姑甚谨,姑欲嫁之,终不肯。……其后,姑自经死,姑女告吏:'妇杀我母。'吏捕孝妇,孝妇辞不杀姑。吏验治,孝妇自诬服。县狱上府,于公(于定国父——引者注)以为此妇养姑十余年,以孝闻,必不杀也。太守不听,于公争之,弗能得……因辞疾去。太守竟论杀孝妇。郡中枯旱三年。"

【《窦娥冤》赏析】

[楔子]穷书生窦天章,带着7岁女儿端云流落于楚州。窦天章曾向当地的一

个寡妇蔡婆婆借了20两银子,一年之后,本利变成了40两。窦天章无力偿还,只好将小女抵给蔡婆婆做童养媳。在窦天章看来"分明是卖与她一般",但也无可奈何。蔡婆婆得了端云,送给窦天章10两银子做盘缠,"他一径上朝应举去了"。

[第一折]13年后,蔡婆婆一家搬到了山阳县。此时的端云已改名窦娥,也成了寡妇——她与蔡婆婆的儿子成亲不到两年,丈夫就去世了。一天,蔡婆婆到城外向赛卢医讨债,赛卢医将其诱到一僻静处,想把她勒死。恰巧被流氓无赖张驴儿和他的父亲撞见,蔡婆婆被救了下来。当张驴儿父子得知蔡家只有婆媳两个寡妇时,就逼着她们娘俩嫁给他们父子。张驴儿威胁道,若不答应,"赛卢医的绳子还在,我仍旧勒死了你吧"。被逼无奈,蔡婆婆只得将他们领回家。蔡婆婆先进门与窦娥商量,窦娥不仅强烈反对还奚落了蔡婆婆。张驴儿父子闯进门来硬要和她们拜堂,遭到窦娥义正词严地拒绝。可是,张驴儿父子还是赖着住了下来。

这一折,初步写了窦娥的悲惨命运,也表现了她不向恶势力屈服的坚贞性格,同时,为后面的戏曲冲突埋下了伏笔。

[第二折]张驴儿向赛卢医买了毒药,想毒死蔡婆婆,霸占窦娥。赶巧,蔡婆婆想吃羊肚儿汤,张驴儿便在窦娥做好的羊肚儿汤中下了毒。蔡婆婆忽然呕吐不能吃,张驴儿的父亲接过来吃了,便一头栽倒死了。张驴儿趁机诬赖窦娥毒死了他的老子,并威逼她顺从自己,否则要告到官府。窦娥抱着对官府的幻想,宁肯见官也不屈从。没想到,楚州太守桃杌是个典型的贪官,正如他在开场白中所云:"我做官人胜别人,告状来的要金银。若是上司当刷卷,在家推病不出门。"又说:"但来告状的,就是我的衣食父母。"在封建社会,老百姓都称当官的是"父母官",而桃杌却称百姓是自己"衣食父母",言外之意他是靠盘剥百姓来养活自己。面对这样一个只认钱、不认理的混账太守,窦娥据理力争,可是,桃杌只听张驴儿的一面之词,并说什么"人是贱虫,不打不招",对窦娥施以酷刑。窦娥被打昏三次,仍不肯屈服,后来,为了救她婆婆,只好委屈招认。她原以为事后还要对案情进行复查,没想到,当即被下在死牢,准备来日斩首。

这一折,进一步写窦娥的悲惨命运,并着重揭露了当时社会的黑暗与当权者的腐朽没落、惨无人道。同时,也将戏剧冲突逐渐推向高潮。

[第三折]窦娥被押上刑场,面对那样一个乾坤颠倒、皂白不辨的世界,胸中充满了哀痛与悲愤,然而,作为一个弱女子她只能求助冥冥中的神灵为其洗雪冤屈。于是,窦娥与婆婆诀别后,发下三桩誓愿:第一,"要一领净席,又要丈二白练,挂在旗枪上。若是我窦娥委实冤枉,刀过处头落,一腔热血休半点儿沾在地下,都飞在白练上";第二,"如今是三伏天道,若窦娥委实冤枉,身死之后,天降三尺瑞雪,遮掩了窦娥尸首";第三,"我窦娥死的委实冤枉,从今以后,着这楚州亢旱三年"。结果,这三桩誓愿一一应验。

这一折,是整个悲剧的高潮,也是人物冲突的高潮。

[第四折]窦娥死后三年,其父窦天章已做了廉访使。他随处审囚刷卷,检察贪官污吏,并有先斩后奏之权。他曾派人到楚州打听过蔡婆婆与窦娥的下落,可始终没有消息。如今,他又来到楚州审查卷宗。这天晚上,当他查阅到窦娥毒死公公一案时,窦娥的鬼魂忽然出现在面前。窦娥把事情的详细经过和自己所受的冤屈,原原本本地向父亲哭诉一遍。第二天,窦天章派人拘来了张驴儿、赛卢医和蔡婆婆,重审此案。窦娥的冤魂再次出现,并与张驴儿当堂对质,赛卢医也从旁证明是张驴儿买了他的毒药,案情大白。张驴儿被判凌迟;赛卢医判充军;此时的太守桃杌已经升官,也被杖一百,永不叙用;而冤死的窦娥,终得以昭雪!

我们做两点分析。

第一,关于《窦娥冤》的悲剧性与窦娥的人物性格。窦娥是一个悲剧人物,所有的戏剧情节都围绕她展开。那么,窦娥的悲剧是谁造成的呢?换句话说,窦娥应该属于哪种悲剧人物呢?

窦娥"从三岁上亡了母亲",跟着"一贫如洗"的父亲窦天章"流落在(这)楚州"。刚刚7岁,就被抵债做了童养媳,"成亲之后,不上二年"便又守了寡,只好厮守着早已成了寡妇的婆婆过日子。作为自己唯一的亲人的父亲,楚州一别,"杳无音信"……这一切的一切,都是命运加给她的。从这一点分析,窦娥的悲剧是由命运造成的。

窦娥对自己的不幸都默默忍受,对未来却没有任何非分要求,只想按着伦理纲常,安分守己地过日子。她在第一折中唱道:"满腹闲愁,数年禁受,天知否?天若是知我情由,怕不待和天瘦。"又唱道:"莫不是前世里烧香不到头,今也波生招祸尤?劝今人早将来世修。我将这婆侍养,我将这孝服守,我言词须应口。"在第二折,当桃杌威胁要打她婆婆时,她甚至违心地招认"是我药死公公来"。从这些情节分析,在窦娥的性格中有比较重的委曲求全甚至逆来顺受的成分,她的悲剧是由性格造成的。

窦娥的悲剧,虽然是由包括赛卢医、张驴儿父子这些泼皮无赖、社会渣滓引起的,但最终制造了这场悲剧的却是那个披着太守袍服的桃杌。窦娥可以对张驴儿的逼婚抗争,却无法与桃杌的"官府"抗争。窦娥有这样一个唱段。

[滚绣球]有日月朝暮悬,有鬼神掌著生死权。天地也,只合把清浊分辨,可怎生糊突了盗跖、颜渊!为善的,受贫穷更命短;造恶的,享富贵又寿延。天地也,做得个怕硬欺软,却元来也这般顺水推船。地也,你不分好歹何为地!天也,你错勘贤愚枉做天!唉,只落得两泪涟涟。

从表面上看,窦娥是在叱天骂地,实际上矛头所向是桃杌们那班贪官污吏,正所谓"这都是官吏每无心正法,使百姓有口难言"。以笔者之见,窦娥的命运不济以及她委曲求全的心理,是导致窦娥悲剧的重要因素,但不是根本因素,真正制造了窦娥悲剧的是那个黑暗的社会、不公的世道,是那些吃人不吐骨头的统治者,一句话:窦娥的悲剧是一场社会悲剧;就其身份而言,是一场小人物的悲剧。

通过以上分析,我们不难看到,在窦娥的身上凝结着善良贤惠、委曲求全以及勇于反抗三重性格。这三重性格看似冰火,很难融合在一起,又似乎有一些不符合逻辑,而恰恰是这种不和谐、不符合逻辑,才使得窦娥的形象更丰满、更生动、更具传奇感;也才更能展示关汉卿的艺术才华。

第二,关于《窦娥冤》的戏剧冲突。关汉卿是如何塑造窦娥这一人物形象的呢?他主要设置了三重大的戏剧冲突:① 第一重是她与张驴儿父子的冲突。她对前来逼婚的张驴儿父子展开面对面的斗争。她一方面批评婆婆的软弱,一方面义正词严地拒绝了张驴儿父子无理要求,使张驴儿父子的阴谋没有得逞。就表面看,在这一冲突中她取得了胜利,但同时也就此埋下了祸根;② 第二重是她与贪官桃杌的冲突,进一步说,也是与整个丑恶社会现实的冲突。面对公理不彰的官府和贪赃枉法的太守,这个无权无势的弱女子据理力争,毫不示弱。桃杌对她施以酷刑,"一杖下,一道血,一层皮",打得她"肉都飞,血淋漓",但她始终没有屈服。然而,当桃杌要打她婆婆时,她却高喊:"住住住,情愿我招了罢。"如果说在这一冲突中她失败了,也是败在她的性格上;而这一败又恰恰反衬出她心灵的美丽与人格的高洁;③ 第三重是她与冥冥中神灵的冲突,即她公开向天地提出了挑战。在刑场上,当监斩官问她还有什么话要讲时,她对天地发下了三桩誓愿。结果"血飞白练"、"六月飞雪"当场应验,接下来便是"亢旱三年",言外之意,窦娥的冤屈不能为昏庸的官府所明,却能够感天动地。这似乎是一种"精神胜利",但在当时背景下也是关汉卿的无奈之举。不论怎么说,在这一冲突中窦娥是胜利者——这是小人物的胜利,这是社会公道与正义的胜利!

(五) 明清传奇

进入明代以后,朱明王朝为了巩固和加强中央集权,对思想文化领域严加控制,对宋元以来的进步戏剧大加摧残。《大明律》规定道:"凡乐人搬做杂剧戏文,不许妆扮历代帝王后妃、忠臣烈士、先圣先贤神像,违者杖一百;官民之家容令妆扮者与同罪。其神仙道扮及义夫节妇、孝子顺孙、劝人为善者,不在禁限。"这便造成了明初戏曲舞台上的一片凋敝。但从明中叶开始,社会矛盾日益激化,政治斗争也日益剧烈,特别是随着工商业的逐步兴起和城市经济的快速发展,民众对文化的需求也越来越强烈,于是便迎来了戏剧的繁荣。

1. 明传奇的"四大声腔"

明中叶以后戏剧的主要形式是传奇(还有部分杂剧),它是由宋元南戏发展而来的。《辞海》解释说:"明以唱南曲为主的长篇戏曲为传奇,以别于北杂剧。是宋元南戏的进一步发展。盛行于明嘉靖到清乾隆年间。昆腔、弋阳腔、青阳腔等剧种,都以演唱传奇剧本为主。"

明传奇的演唱形式有所谓"四大声腔"之说,即海盐腔、余姚腔、弋阳腔和昆山腔。其中以弋阳腔与昆山腔影响最大。前者主要流行于民间,它以锣鼓等打击乐伴奏,不用其他乐器,极适合于在农村和城市的广场演出,其声调抑扬顿挫,慷慨激昂,又加上"滚唱",使曲文意思明白易懂,再穿插运用方言口语,更加浅显通俗,所以在城乡广为流传;而昆山腔较之弋阳腔,"清柔而婉折",曲文典雅而华美,演唱时讲究板眼尺寸,每一个音细分出声和收声,"一字之长,延至数息"使得士大夫们"靡然从好"[7],所以,它在文人士大夫中广为传唱,而且吸引了不少人对它进行研究和改造。嘉靖年间,杰出的戏曲革新家魏良辅,在原昆山腔的基础上,吸取了其他声腔的长处,并融合北曲,"转喉押调,度为新声",使昆山腔艺术有了很大的发展,"尽洗乖声,别开堂奥",于是有了后来的"昆曲"。

因弋阳腔主要流行于乡村与市井,所以被叫做"俗唱";而昆山腔主要流行于上层社会,故又称"雅音"。

2. 明传奇的重要作家及其代表作

据统计,整个明代有姓名可考的传奇作家300多人,传奇作品超过900部,就其内容而言,有很大一部分是谈情说爱的,即所谓"十部传奇九相思"。在这个庞大的作家群中,影响比较大的有以下几位。

1) 李开先

李开先(1502~1568年),字伯华,号中麓,山东章丘人。嘉靖八年(1529年)进士,官至太常寺少卿,曾上疏抨击朝政,年方40便被罢职归乡。他与当时的"唐宋派"散文家王慎中、唐顺之等号称"嘉靖八才子"。有人认为李开先不大像一个正统文人,因为他不去努力研究"子曰"、"诗云",而专力于词曲、戏剧以及民间文学的创作与研究,甚至有研究者认为《金瓶梅》的作者"兰陵笑笑生",就是李开先。

在戏剧创作方面,李开先收获颇丰,以传奇《宝剑记》影响最大。该传奇以《水浒传》中林冲的遭遇为蓝本,又作了较大改动。清人焦循的《剧说》引《四友斋丛话》指出,李开先借高俅等人影射严嵩父子;另外,作为梁山泊英雄的林冲,其人物形象也塑造得比较成功。"从李开先的《宝剑记》起,明代传奇创作开始繁荣起来。"[8]

2) 梁辰鱼

梁辰鱼(约1521~1594年),字伯龙,号少伯,又号仇池外史,江苏昆山人。为人慷慨任侠,擅长词曲,精通音律。其所作杂剧三种,多取材唐代小说,传奇只有一种《浣纱记》。

《浣纱记》又名《吴越春秋》,剧中的主人公是范蠡和西施。为了保住越国,范蠡鼓励西施进入吴宫,去侍候吴王,足见二人是何等深明大义。西施曾说,"国家事极大,姻亲事极小",表示"誓捐身报主心不变"。而吴国一旦灭亡后,范蠡却功成身退,带着西施泛舟五湖去了,并没有沉湎于什么"夫贵妻荣"。梁辰鱼在颂扬范蠡、西施牺牲自我、保全国家的崇高精神的同时,还有更深一层寄托:因为明中叶后,朝政日非,且北面与东面沿海的外来军事威胁日甚,他希望明王朝从吴王夫差身上得到某些教训,励精图治、巩固大明江山。《浣纱记》也有严重缺陷,像越王勾践"卧薪尝胆"这样动人的情节都没有描写。

3)王世贞

王世贞(1526~1590年),字元美,自号凤洲,又号弇州山人,江苏太仓人,嘉靖进士,官南京刑部主事。东林党人杨继盛被严嵩陷害下狱,他"时进汤药,又代其妻草疏。既死,复棺殓之。严嵩大恨。会忬(王世贞父乃王忬——引者注)泺河失事,嵩乃构忬于帝,系狱。世贞与弟世懋伏嵩门乞贷,卒论死。兄弟号泣持丧归。隆庆初伏阙讼父冤,复忬官。后累官刑部尚书,移疾归"[9]。王世贞才学满腹,文名满天下,与李攀龙、谢榛、宗臣、梁有誉、徐中行、吴国伦合称为"后七子",李攀龙去世后,他独领文坛20年。《明史》称他"才最高,地望最显,声华意气,笼盖海内"。我们为什么要介绍王世贞呢?因为有一部传奇是他所作,那就是《鸣凤记》。[10]

《鸣凤记》的主要内容是描写杨继盛等八名正直的谏臣,相继上书皇帝,揭发严嵩父子的罪恶,八人虽均遭迫害,但最终还是将严氏集团摧垮了的故事。剧本的第一出《家门大意》说:"前后同心八谏臣,朝阳丹凤一齐鸣。"故取名《鸣凤记》。《鸣凤记》与其他传奇最大的不同是,剧中人全部用了真实姓名,如"八谏臣"即夏言、杨继盛、邹应龙、林润、董传策、吴时来、张翀、孙丕扬。严嵩专权及其败势,是嘉靖朝的重大政治事件,《鸣凤记》最大的意义是,"开了明代时事戏创作的风气,与通过传说故事、历史故事指桑骂槐、借古讽今的剧本不同,现实感和战斗性都更加强烈"了。[11]

除上述之外,像沈璟(代表作《红蕖记》)、高濂(代表作《玉簪记》)、周朝俊(代表作《红梅记》)、孙仲龄(代表作《东郭记》)、王玉峰(代表作《焚香记》)、王绫(代表作《綵楼记》)等,也都是很优秀的作家。

有一点需要指出:到明万历时传奇创作达到了高峰,也同时出现了两个相互对立的流派——"吴江派"和"临川派"。前者以沈璟为代表;后者以汤显祖为代表。前者讲究音律;后者注重才华。王骥德在《曲律》中讲:"临川之于吴江,故自冰炭。吴江守法,斤斤三尺,不欲令一字乖律,而锋殊拙;临川尚趣,直是横行,组织之工,几与天孙争巧,而屈曲聱牙,多令歌者咋舌。吴江尝谓:'宁协律而不工,读之不成句,而讴之始协,是为中之之巧。'曾为临川改易《还魂》字句之不协者,吕吏部玉绳以致临川,临川不怿,复书吏部曰:'彼恶知曲意哉!余意所至,不妨拗折天下人嗓子。'其志趣不同如此。"接下来,我们将重点介绍"临川派"代表人物汤显祖和他的《牡丹亭》。

3. 汤显祖及其《牡丹亭》

汤显祖(1550～1616年),字义仍,号海若,又号若士,别号清远道人、茧翁,江西临川人。万历十一年(1583年)进士,次年任南京太常博士;万历十七年(1589年)由南京詹事府主簿改南京礼部祠祭司主事;万历十九年(1591年)因上疏抨击执政大臣,被贬为广东徐闻(雷州半岛)典史;万历二十一年(1593年)调任浙江遂昌知县;五年后弃官回乡。此后的18年间,汤显祖过着读书著作、养亲教子的闲散生活。

汤显祖生活的明朝嘉靖、万历年间,明王朝已进入极为腐朽的时代,宦官、权臣相继把持朝政,一边网罗党羽,一边排除异己。汤显祖从22岁参加科举考试,直到34岁才得中进士,其中一个很重要的原因就是他秉性刚直,不肯阿附炙手可热的宰相张居正。汤显祖任南京礼部主事时,看到地方上税吏、特务横行,行贿受贿成风,便毅然上疏抨击朝政,这就是当时震惊朝野的《论辅臣科臣书》。由于汤显祖揭露和抨击了宰相申时行等人的专横跋扈、营私舞弊行径,并指责了明神宗朱翊钧本人,因而受到排挤和打击。但他始终站在进步的东林党人一边,与东林党的重要人物顾宪成、李攀龙、邹元标等都是好友。

汤显祖毕生从事写作。在文学主张上,他支持公安派的"独抒性灵",而反对前、后七子的"复古主义"和"模拟主义",所以,他与公安派的袁宏道等人往来密切,却不肯交结王世贞兄弟,尽管他还是王世贞的弟弟王世懋的下属。汤显祖比徐渭、李贽、袁宏道等人更明确地提出:文学创作必须要先"立意",把作品的思想内容放到首位,因此,与以沈璟为首的"吴江派"传奇到了"冰火难容"的程度。

汤显祖一共写了5部传奇,即《紫箫记》、《紫钗记》、《还魂记》(即《牡丹亭》)、《南柯记》和《邯郸记》,除《紫箫记》外,其他4种传奇都有做梦的情节,故合称《临川四梦》,又称《玉茗堂四梦》,其中最有名的是《牡丹亭》。汤显祖自己曾说:"一生四梦,得意处惟在牡丹。"

【《牡丹亭》赏析】

儒家发展到宋代出现了很重要的一派,即"程朱理学"——"程"指北宋的程颢、程颐兄弟;"朱"指南宋的朱熹。因其思想观点一脉相承,所以世人习惯于将其合称为"程朱理学"。它的影响很大,直至明清。明朝开国皇帝朱元璋就竭力推崇理学,强调封建的纲常名教,主张"存天理,灭人欲",对自由人性百般压抑,诚如马克思在《拿破仑第三政变记》中所讲的:"一切已死的世代传统,好象梦魇一般地压着活人的头脑。"

《牡丹亭》中南安太守杜宝就是一个典型的"理学先生"。他有个女儿杜丽娘,容貌秀美,且多情善感,杜宝下决心把她培养成所谓"淑女",并特意请了"教读"陈最良教她和弟弟读书。"不过半年,这小姐聪明伶俐,无书不览,无史不通,琴棋书画,嘲风咏月,女红针指,靡不精晓,府中称为女秀才"。然而,人的天性是无法泯灭的。当杜丽娘读了《诗经·关雎》篇之后,不由得春心荡漾,在丫环春香的带领下去游园寻春。面对秀丽的春光、美好的景致,杜丽娘产生出一种深深的失落感——自己就像"大好春光不被人欣赏一样"。她唱道:"原来姹紫嫣红开遍,似这般都付与断井颓垣。良辰美景奈何天,便赏心乐事谁家院? 朝飞暮卷,云霞翠轩,雨丝风片,烟波画船。锦屏人忒看的这韶光贱!"于是,增添了无限惆怅与哀怨,回到闺房后便昏昏而睡。

昏睡中,杜丽娘于梦中见一位书生持半枝垂柳前来求爱,两人一见钟情,并在牡丹亭畔幽会,好不快乐。然而好梦不长,醒来后看到的仍是礼教森严,让她感到了现实的冷酷与孤单,甚至不如一棵花草——"似这般花花草草由人恋,生生死死随人愿,便酸楚楚无人怨"。从此,她便愁闷消瘦,一病不起。在她弥留之际,要求母亲把她葬在后花园的梅树下;又嘱咐丫环春香,将其自画像藏在太湖石下面。此时,她父亲杜宝在淮阳安抚使任上,便委托教读陈最良葬女并修建"梅花庵观"。

剧中的另一个重要人物是贫寒书生柳梦梅。他曾做过一个奇妙的梦:在一座花园的梅树下站着一位漂亮女子,说同他有姻缘之分,从此便经常思念她。就在杜丽娘去世三年后,柳梦梅赴京应试,借宿梅花庵观中,在太湖石下捡得杜丽娘画像,让他大吃一惊,原来这正是他日思夜想的梦中情人。

杜丽娘魂游后花园,和柳梦梅再度幽会。柳梦梅掘墓开棺,杜丽娘起死回生,两人结为夫妻,一起前往临安。教读陈最良看到杜丽娘的坟墓被发掘,就告发柳梦梅盗墓之罪。柳梦梅在临安应试后,杜丽娘让他给杜家送信,说自己已经还魂,结果被杜宝囚禁。这时,皇榜已发,柳梦梅由阶下囚一变而为状元公。但杜宝拒不承认女儿的婚事,强迫他们离开,最后,在皇帝的调停下,杜丽娘和柳梦梅"有情人终成眷属"。这就是《牡丹亭》的故事梗概。

《牡丹亭》情节曲折,构思奇特,富有浓厚的浪漫色彩。这个戏一问世,就受到人们的热烈欢迎,甚至"家喻户诵,几令《西厢》减价"。

关于《牡丹亭》的思想内容,我们只谈一点,即它以反对礼教、追求自由、张扬个性为主题,全剧突出了"情与理"、"欲与礼"的尖锐冲突。有研究者把它与《西厢记》作过比较,认为:《西厢记》是先情后欲,《牡丹亭》则是先欲后情;《西厢记》描述的是情感的自然发展,更多地表达了"愿普天下有情的都成了眷属"的美好愿望,而《牡丹亭》则特别突出了情(欲)与理(礼)的冲突,强调了作为人性重要组成部分的情、欲的客观性与合理性。

为了实现这一主题,汤显祖努力把杜丽娘塑造为一个"有情人"。正如他在《牡丹亭》"题词"中所言:"天下女子有情,宁有如杜丽娘者乎!……如丽娘者,乃可谓有情人耳。情不知所起,一往而深。生者可以死,死可以生。生而不可与死,死而不可复生者,皆非情之至也。"然哉!

关于《牡丹亭》的艺术特色,我们也只谈一点,即它的浪漫主义创作方法。杜丽娘一生经历了四个阶段、三种境界,即从现实到梦幻,到幽冥,再回到现实。汤显祖笔下的杜丽娘为了自己的理想与爱情既可以死,又可以生,似乎有悖常理,然而,这就是所谓"无理而妙"!有谁知道,"情",实际上包括一切合理的生活欲望与要求。当一个人合理的欲望与要求在现实生活中得不到满足时,他(她)有权力把理想与幸福寄托于世外——包括梦境与冥界。正因为如此,千百年来,《牡丹亭》那离奇脱俗的故事、那真幻交织的情节几乎感动着戏里戏外所有的人。

4. 清代戏剧

到明末清初,兴起于苏州地区的昆剧已达到了成熟阶段,在很多省区和各大城市广为流传,成为当时全国最大的剧种。昆剧不仅得到达官贵族和富商们的喜爱,同时也在民间得到充分认可,许多民间昆剧社、班应运而生。这一时期,兴起于江西地区的弋阳腔也流传到华北、华中、华南的许多省区,并与各地的民间音乐相结合而衍生出很多新的声腔,如北京的京腔,江西北部的乐平腔,安徽南部的青阳腔、太平腔、石台腔、四平腔,浙江的义乌腔等,都属于弋阳腔体系。弋阳腔继续保持了其刚健质朴的风格,没有固定曲谱,曲调的可塑性强,且大都用方言演出,因而深受农村和中小城市的欢迎。

清代戏剧在明代传奇的基础上,有了进一步发展,一个最突出的标志就是涌现出一大批代表性作家与作品,如李玉和他的《清忠谱》、叶时章和他的《琥珀匙》、张大复和他的《天下乐》、吴伟业和他的《秣陵春》(又名《双影记》)、尤侗和他的《钧天乐》、王夫之和他的《龙舟会》、李渔和他的《燕子笺》等,其中影响最大的当属洪昇和他的《长生殿》、孔尚任和他的《桃花扇》。

5. 洪昇和他的《长生殿》

1) 洪昇其人

洪昇(?~1704年)字昉思,号稗畦、稗村,又号南屏樵者,浙江钱塘(今杭州市)人。出身官僚家庭,其外祖父黄机曾于康熙年间任礼部侍郎、吏部尚书、文华殿大学士等;他的父亲洪起鲛在南方做过地方官。洪昇自幼受到良好的教育,曾受教于陆繁弨、朱之京、毛先舒等著名学者,康熙七年(1668年)进北京国子监肄业,然后来的科举考试却长期不顺。他文笔极好,善长诗、词、散曲,徐灵昭在《长生殿序》中称:"稗畦洪先生以诗鸣长安,交游宴集,每白眼踞坐,指古摘今,无不心折。"康熙二十八年(1689年)八月,洪昇邀集京城诸名士观其传奇《长生殿》,时值佟皇后丧期,被人劾举,遂以"大不敬"获罪,致使所有观、演人员受到严厉处罚,这就是曾一度轰动京师的"国恤中宴饮观剧案"。洪昇因此而被革去国子监生籍,康熙三十年(1691年)回钱塘,康熙四十三年(1704年)酒醉后落水而死。

洪昇给后人留下了三部诗集(《稗畦集》、《稗畦续集》、《啸月楼集》)、一部杂剧(《四婵娟》)和一部传奇(《长生殿》),论影响之大,当属传奇《长生殿》。

【《长生殿》赏析】

《长生殿》的创作过程。它取材于唐玄宗李隆基和贵妃杨玉环的故事。在洪昇之前,有关这一题材的作品已有很多,如唐代白居易的《长恨歌》、陈鸿的《长恨歌传》,宋代乐史的《杨太真外传》,元代王伯成的《天宝遗事诸宫调》、白朴的杂剧《梧桐雨》以及吴世美的传奇《惊鸿记》等等。洪昇正是受到了前人这些作品的感染和震撼,才下决心要亲手写一部传奇《长生殿》:"余览白乐天《长恨歌》及元人《秋雨梧桐》剧,辄作数日恶。"[12]

洪昇在《长生殿·例言》中写道:"忆与严十定隅坐皋园,谈及开元、天宝间事,偶感李白之遇,作《沉香亭》传奇。寻客燕台,亡友毛玉斯谓排场近熟,因去李白,入李泌辅肃宗中兴,更名《舞霓裳》,优伶皆久习之。后又念情之所钟,在帝王家罕有。马嵬之变,已违凤誓,而唐人有玉妃归蓬莱仙院,明皇游月宫之说,因合用之,专写钗盒情缘,以《长生殿》题名,诸同人颇赏之。乐人请是本演习,遂传于时。盖经十余年,三易其稿而始成,予可谓乐此不疲矣。"这让我们知道,洪昇为了《长生殿》耗时"十余年",且"三易其稿而始成":第一稿写于杭州,剧名《沉香亭》,围绕李白的遭遇展开情节,大概在康熙十二年(1673年)前后完成;第二稿写于北京,因好友毛玉斯认为《沉香亭》的"排场近熟",于是删去李白的情节,改写为李泌辅佐肃宗中兴,更名《舞霓裳》,写成于康熙十八年(1679年);最后一稿,去掉李泌的情节,"专写钗盒情缘,以《长生殿》题名",完成于康熙二十七年(1688年)。

2)《长生殿》思想内容分析

这部让洪昇付出巨大心血的传奇《长生殿》,绝对不只是为了重复一个老旧的历史故事,其中有他自己的寄托。

(1) 寄托之一:《长生殿》以李隆基和杨玉环的爱情纠葛为主要线索,而作者的笔却广泛地触及了当时的政治、社会、民生等重大问题,尤其是将李、杨的爱情故事与历史上的"安史之乱"联系起来,有着特别深的寓意——李隆基耽于安乐,倦于政事,"弛了朝纲,占了情场",他与杨玉环的"逞侈心而穷人欲",导致了朝政败坏,藩镇叛乱,陷老百姓于水火之中,同时也造成了他们自身的爱情悲剧。通过对这一历史故事的进一步演绎,作者的政治目的是探求历朝历代兴亡的深层次原因,吸取历史教训(这一时期出现的黄宗羲的《明夷待访录》、查维佐的《罪惟录》以及谈迁的《国榷》等,都有这种思想倾向)提醒当权者,注重整饬朝纲,起用忠良,励精图治。

(2) 寄托之二:通过对李隆基、杨玉环爱情故事的描写,以抒发洪昇自己的爱情理想。在李、杨爱情问题的处理上,他始终处于一种比较矛盾的状态,尤其是对杨玉环:一方面对她进行批判;但更多地却是给予同情。马嵬坡下杨玉环被迫自尽,以承担了所有的罪名,但洪昇却没有把"安史之乱"的全部罪责归之于她。《弹词》一出中,作者借李暮的口说:"休只埋怨贵妃娘娘,当日只为误任边将,委政权奸,以致庙谟颠倒,四海动摇"云云。

洪昇特别欣赏李、杨之间的所谓"真情"——生死相爱,情志不移,以至于"感金石,回天地",因为正是靠了这种"真情"两人才逾越了重重障碍,得以在月宫重新团聚。看得出,洪昇不但对李、杨的爱情故事有意识地加以美化、净化,而且特别宣扬了一种"一悔能教万孽清"的思想。

有研究者认为,洪昇在这部传奇中的主要贡献是:"在继承前人的同时还发挥出巨大的创造性。第一,他在传统题材中进一步增加了政治和社会方面的内容,这就构成了剧本的政治主题。第二,他进一步改造和充实了唐玄宗与杨玉环的爱情故事,这就构成了剧本的爱情主题"[13]。但需要指出的是,《长生殿》所着重的是爱情主题,所谓政治主题只是起了一种陪衬作用而已。

3)《长生殿》艺术特点分析

《长生殿》的成功还充分表现在艺术方面,试分析如下:① 结构复杂、有主有从,构成跌宕起伏的戏剧冲突。作者以唐玄宗、杨玉环的宫廷生活为主线,以社会政治的演变为穿插,形成了规模宏大的"山岭起伏式的结构"。在故事演进过程中,作者有意识地将这一主、一从两条线索交织在一起,让宫廷生活、社会政治这两类场景交替出现,如《舞盘》之后紧接着《合围》,《絮阁》之后紧接着《侦报》,《密誓》之后又紧接着《陷关》。这种巧妙地交织与穿插,暗示了统治者沉湎酒色与朝政日非的必然联系;从另一个角度讲,则强化了戏剧冲突,避免了单调与乏味,诚如王季烈所言:"离合悲欢,错综参伍,搬演者无劳逸不均之虑,观听者觉层出不穷之妙。"[14] ② "现实主义"与"浪漫主义"相结合的创作手法。《长生殿》前半部基本上是现实主义的,后半部则充满了浪漫主义色彩。洪昇为了把李隆基与杨玉环的爱情故事演绎得更生动、感人,有意识地将其放在一个广阔的社会层面上,并赋予它一种特殊的历史背景("安史之乱"),通过对某些历史素材的精心选择与裁剪,使传奇中的事件和人物既能基本符合历史真实,又充分体现了高度的艺术概括与合理虚构,成功地运用了"现实主义"与"浪漫主义"相结合的创作手法。尤其值得称道的是,作者根据剧情的需要将宫廷内外、朝野上下、天上人间交相展现在观众和读者的眼前,使朝廷的享乐与草民的受难、权奸的争权夺利与有识之士的忧国忧民、上层官僚的卑劣行径与下层民众的崇高表现,形成鲜明而强烈的对照,从而,加深了这部传奇的"戏剧性"和"审美情趣";③ 曲辞优美,"恪守韵调"。作者根据剧中人不同的身份和具体的处境,选用不同风格的曲辞,使整部作品充满了浓郁的诗情画意。如唐玄宗的唱段全是南曲,着重表现他的无能、懦弱与不该有的"脂粉气";而杨玉环的唱段则全是北曲,着重表现她的烦恼与怨恨。

《长生殿》演出后受到社会的普遍欢迎,"一时朱门绮席,酒社歌楼,非此曲不奏,缠头为之增价"[15]。康熙年间北京流传着一种说法:"家家'收拾起',户户'不提防'。"("收拾起"出自明末清初李玉《千钟禄·惨暗》的[倾杯玉芙蓉]曲,该曲的首句是"收拾起大地一担装";"不提防"则出自洪昇《长生殿·弹词》的[一枝花]曲,该曲的首句是"不提防余年值乱离")可见其影响之大。

参考文献及注释

[1] 这在西方文学中也有,如雨果《悲惨世界》中的主人公冉阿让就一夜愁白了头,但远不如《伍子胥》来得精彩

[2] 《中国文学史纲要》,第3册,第206页

[3] 引文同[2],第207页

[4] 引文同[2],第209页

[5] 朱经《青楼集序》云:"我皇元初并海宇,而金之遗民若杜散人、白兰谷、关已斋辈,皆不屑仕进。"

[6] 《录鬼簿》、《元史类编》,卷三十六,《祁州志》,卷八

[7] 顾启元:《客座赘语》

[8] 《中国文学史纲要》,第4册,第84、85页

[9] 《中国人名大辞典·王世贞》

[10] 还有一种说法,即《鸣凤记》为王世贞门人所作

[11] 引文同[8],第83页

[12] 洪昇:《长生殿自序》,"恶"者,即心灵受到震撼,受到感动

[13] 引文同[8],第154页

[14] 王季烈:《螾庐曲谈》

[15] 徐麟:《长生殿序》

第十章　国学之美(四):古代小说

"小说"一词出自《庄子·外物篇》:"饰小说以干县令,其于大达亦远矣。"意思是说"小说"指琐屑之谈,小的道理,与后来讲的"小说"这种文体相去甚远。东汉的桓谭在《新论》中讲:"小说家合丛残小语,近取譬论,以作短书,治身治家,有可观之辞。"这与今天讲的"小说"意思有了一些接近,但称其为"短书",仍不免轻视之意。班固在《汉书·艺文志》中著录了小说家书 15 种,称之为:"小说家者流,盖出于稗官。街谈巷语,道听途说之所造也。"据班固自己解释说,这些书有依托古人的,有记载古事的,时代均不明;也有出自当时人之手的。现在,15 种书均已不存。

随着时代的发展,小说成为一种重要的文学形式,尤其是"五四"之后,它与诗歌、散文、戏剧(文学)并列为四大文学体裁之一。

一、小说的起源与小说之美

(一) 关于小说的起源

一般认为,小说的源头是上古时代的神话传说。马克思曾说:"在野蛮时期的低级阶段……已经开始创造出了还不是用文字来记载的神话、传奇和传说的文学,并且给了人类以强大的影响。"[1]在当时科学技术极为低下的情况下,面对自然界的无穷变化和表现出的巨大威力,上古先民们无法作出正确、合理的解释。然而,创造和发现(其中包括对未知对象的解释)是人类的天性,于是,他们便用天真的想象来解释这一切,而且这些解释一般都围绕冥冥中的"神"来展开(因为那是一个"神的崇拜"的年代),从而创造出了许多神的故事。

同时,上古先民们在劳动实践和与自然界搏斗过程中,又在自己和周围的人的身上发现了力量、发现了美("力量"本身就是一种美),于是又产生了"英雄崇拜"。在那些原始英雄的身上既闪烁着神性的光芒,也体现着人性的伟大,他们战天斗地,无所畏惧,也无所不能。其实,那不过是"通过人民的幻想用一种不自觉的艺术方式加工过的自然和社会形式本身"[2]罢了。

在我们浩瀚的古代文献中,保存了许多优美动人的神话、传说,这里选择几则介绍给大家。

1. "女娲补天"

往古之时,四极废,九洲裂,天不兼覆,地不周载,火爁焱而不灭,水浩洋而不息,猛兽食颛民,鸷鸟攫老弱。于是,女娲炼五色石以补苍天,断鳌足以立四极,杀黑龙以济冀州,积芦灰以止淫水。苍天补,四极正,淫水涸,冀州平,狡虫死,颛民生。——《淮南子·览冥训》

2."后羿射日"

逮至尧之时,十日并出,焦禾稼,杀草木,而民无所食。猰貐、凿齿、九婴、大风、封豨、修蛇,皆为民害。尧乃使羿诛凿齿于畴华,杀九婴于凶水之上,缴大风于青丘之泽,上射十日而下杀猰貐,断修蛇于洞庭,禽封豨于桑林。万民皆喜,置尧以为天子。——《淮南子·本经训》

3."鲧禹治水"

洪水滔天,鲧窃帝之息壤以埋洪水,不待帝命;帝令祝融杀鲧于羽郊。鲧复(即腹)生禹,帝乃命禹卒布土以定九州。——《山海经·海内经》

4."夸父逐日"

夸父与日逐走,入日;渴,欲得饮。饮于河渭,河渭不足,北饮大泽。未至,道渴而死。弃其杖,化为邓林。——《山海经·海外北经》,又见《山海经·大荒北经》,文字有出入。

5."刑天舞干戚"

刑天与帝至此争神,帝断其首,葬之常羊之山。乃以乳为目,以脐为口,操干戚以舞。——《山海经·海外西经》

这些神话故事,我们今天听起来也许会感到荒诞、离奇、甚至幼稚可笑,但那是人类社会幼年时期的艺术,闪耀着质朴的浪漫主义光芒。在这些神话传说中,有对力量的盛赞,有对正义的歌颂,也有对邪恶的鞭笞……它记录了原始人类当时的生存状态,也寄托了他们的理想与追求。它是艺术圣殿里最初绽放的奇葩,是小说艺术(当然,不只小说)的源头,也是启迪作家们创作灵感的宝库,因此它也是伟大的、神圣的。

(二) 小说基本的美学特征

小说是以塑造人物形象、叙述故事情节、展示生活场景为主的文学体裁。它的主要特点是:细致而深刻地刻画人物性格;生动而完整地叙述故事情节;充分而多侧面地展现人物活动的环境。相比其他文学形式,小说更适宜于展现广阔的社会生活层面(尤其是发生在人类实践活动中的那些重大事件)和揭示错综复杂的社会关系。这样,人物、情节、环境就构成了小说的"三要素"。

(1) **人物**。人物是小说描写的主要对象(有一些是"拟人化"了的对象),整个小说形象体系的核心,小说构思和结构的轴心。诸如背景、故事、场面、气氛以及情绪、意念等等,必须紧紧围绕人物的塑造而展开。在人物形象身上、尤其是主人公的身上,往往凝结着作者的思想与情感,寄托着作者的社会理想与审美追求,所以,人物形象刻画的成功与否,直接关系到该小说反映社会生活的广度、深度与审美价值。

(2) **情节**。情节与人物紧紧结合在一起,是人物的关系、矛盾冲突演进的过程——人物性格的矛盾冲突是构成情节的基础,推动着情节的发展;情节的发展,则是人物性格及性格关系的显露和运动。

(3) **环境**。环境包括自然环境与社会环境。小说作品的环境,主要体现在特定时代、特定情境下的人物关系上。环境是人物活动的舞台,影响乃至制约着人物的性格和行为;任何一个人物形象的塑造都离不开环境,否则便成为空中楼阁,甚至会不伦不类。

二、我国古代小说的主要发展历程

(一) 先秦、两汉历史散文对小说的影响

先秦、两汉的历史散文中已经蕴藏着丰富的小说元素,我们讲散文的时候曾经谈到过这个问题。如在先秦诸子百家中的《庄子》、《孟子》、《韩非子》、《吕氏春秋》以及汉代的《战国策》、《说苑》、《新序》等国学典籍中,特别是在司马迁的《史记》中,有很多篇章完全可以当做小说去读。而其中最具时代特色的是那些构思奇巧、寓意深刻的寓言故事。试举例如下。

(1)《庄子》中有许多生动的寓言故事,如"朝三暮四"、"庄周梦蝶"、"螳臂当车"、"伯乐治马"、"东施效颦"、"埳井之蛙"、"佝偻承蜩"等都是大家所熟悉的,其中"东施效颦"写道:

故礼义法度者,应时而变也。今取猨狙(即猿猴)而衣以周公之服,彼必龁啮(咬碎)挽裂,尽去而后慊。观古今之异,犹猨狙之异乎周公也。故西施病心而矉(同颦)其里,其里之丑人见之而美之,归亦捧心而矉其里。其里之富人见之,坚闭门而不出;贫人见之,挈妻子而去走。彼知矉美而不知矉之所以美,惜乎,而夫子其穷哉!——《天运》

(2)《孟子》中寓言故事也很多,如"以邻为壑"、"月攘一鸡"、"揠苗助长"、"奕秋之诲"等,"奕秋之诲"这样写道:

孟子曰:"无或(同惑)乎王之不智也。虽有天下易生之物也,一日暴之,十日寒之,未有能生者也。吾见亦罕矣,吾退而寒之者至矣,吾如有萌焉何哉? 今夫奕之

数,小数也;不专心致志,则不得也。奕秋,通国之善奕者也。使奕秋诲二人弈,其一人专心致志,惟奕秋之为听。一人虽听之,一心以为有鸿鹄将至,思援弓缴而射之。虽与之俱学,弗若之矣。为是其智弗若与?曰:非然也。"——《告子上》

(3)《韩非子》中的寓言故事有"一鸣惊人"、"滥竽充数"、"郑人置履"、"自相矛盾"、"守株待兔"等。"郑人置履"讲了这样一个故事:

郑人有且(将要)置履者,先自度其足而置之其座,至之市而忘操之。已得履,乃曰:"吾忘持度。"反归取之。及反,市罢,遂不得履。人曰:"何不试之以足?"曰:"宁信度,无自信也。"——《外储说左上》

(4)《吕氏春秋》中也有许多我们所熟悉的寓言故事,如"齐人攫金"、"刻舟求剑"、"亡斧疑邻"、"燕雀之乐"等。"刻舟求剑"的故事这样写道:

楚人有涉江者,其剑自舟中坠于水,遽契其舟。曰:"是吾剑之所从坠。"舟止,从其所契者入水求之。舟已行矣,而剑不行。求剑若此,不亦惑乎?以故法为其国,与此同。时已徙矣,而法不徙。以此为治,岂不难哉? ——《察今》

(5)《战国策》是汉代刘向整理的一部书,其中也有很多优美的寓言故事,如"画蛇添足"、"南辕北辙"、"狐假虎威"、"鹬蚌相争"等。"鹬蚌相争"的故事情节是:

赵且伐燕。苏代为燕谓惠王曰:"今者臣来,过易水,蚌方出曝,而鹬啄其肉,蚌合而拑其喙。鹬曰:'今日不雨,明日不雨,即有死蚌。'蚌曰:'今日不出,明日不出,即有死鹬。'两者不肯相舍,渔者得而禽之。今赵且伐燕,燕赵久相支,以弊大众,臣恐强秦之为渔父也!故愿王之熟计之也。"惠王曰:"善。"乃止。——《燕策二》

在汉武帝"独尊儒术"之前,整个社会还基本保持着那种流派纷争、百家争鸣的局面,特别是先秦诸子百家,他们为了宣扬自己的政治主张和思想见解,纷纷著书立说,并经常编织一些寓言故事以提高自己论辩的技巧性和说服力。这些寓言故事,往往抓住生活中的一鳞半爪,突出其中的矛盾,用生动的形象和巧妙的构思揭示一个深刻的道理,它充分显示了我们前人的聪明与智慧。

当然,寓言故事还不是小说,但它是最早的叙事文学之一,对小说产生了重要影响并提供了许多可借鉴的经验,比如,故事情节的虚构以及夸张、拟人、比喻等艺术手法的运用,都对小说创作有着重要的启发意义;再比如,有许多寓言故事成为后来小说家创作的基本素材,或者被他们拿来直接写入小说中,像魏晋"志人小说"《笑林》、《郭子》就采取了《韩非子》里的一些寓言;六朝"志怪小说"也往往将《庄子》、《列子》中的寓言故事敷衍成篇。

(二) 魏晋南北朝小说

这一时期的小说,可以大体分为两类:一类是志怪小说;再一类是志人小说。

1. 志怪小说

由于长期的战乱与社会动荡,被逼无奈的老百姓只好去求助于神仙、方术,这为宗教迷信思想的生长创造了条件,加之晋代道教的盛行和南北朝时期佛教的泛滥,这一切都为志怪小说的产生准备了土壤。诚如鲁迅先生在《中国小说史略》中所言:"中国本信巫,秦汉以来,神仙之说盛行,汉末又大张巫风,而鬼道愈炽;会小乘佛教亦入中土,渐见流传。凡此,皆张皇鬼神,称道灵异,故自晋迄隋,特多鬼神志怪之书。"

魏晋南北朝志怪小说,是我国古代小说发展初期的产物,基本上都属于短篇小说,而且有很多篇目来自民间传说,总体上看情节都相对简单、艺术上比较幼稚而粗糙,但也有一些作品已表现出很高的写作技巧。这一时期的志怪小说对后世影响颇大,它首先为唐传奇的产生作了直接准备,并影响以后历朝历代,如清代的蒲松龄就讲,"才非干宝,雅爱搜神;情类黄州,喜人谈鬼。闻则命笔,遂以成篇"[3]。

据考,魏晋南北朝时期的志怪小说数量很多,但大多都已散佚,真正流传下来的却很少。现在能见到的有托名汉东方朔的《神异经》、《十洲记》;托名汉班固的《汉武帝故事》、《汉武帝内经》;旧题魏曹丕(一作张华)的《列异传》;旧题晋张华的《博物志》;晋干宝的《搜神记》;托名陶渊明的《搜神后记》;题王嘉撰、梁肖绮录的《拾遗记》;宋刘义庆的《幽明录》;东阳无疑的《齐谐记》;齐王琰的《冥祥记》;梁吴均的《续齐谐记》;北齐颜之推的《冤魂志》等。其中以干宝的《搜神记》保存最完整,亦有较高的艺术价值,像大家所熟悉的《干将莫邪》、《韩凭夫妇》等篇什,都出自该书。

【《韩凭夫妇》赏析】

宋康王舍人韩凭,娶妻何氏,美。康王夺之。凭怨,王囚之,论为城旦。妻密遗凭书。缪其辞曰:"其雨淫淫,河大水深,日出当心。"既而王得其书,以示左右,左右莫解其意。臣苏贺对曰:"其雨淫淫,言愁且思也;河大水深,不得往来也;日出当心,心有死志也。"俄而凭乃自杀。

其妻乃阴腐其衣。王与之登台,妻遂自投台;左右揽之。衣不中手而死。遗书于带曰:"王利其生,妾利其死,愿以尸骨,赐凭合葬!"

王怒,弗听。使里人埋之,冢相望也。王曰:"尔夫妇相爱不已,若能使冢合,则吾弗阻也。"宿昔之间,便有大梓木生于二冢之端,旬日而大盈抱。屈体相就,根交于下,枝错于上。又有鸳鸯,雌雄各一,恒栖树上,晨夕不去,交颈悲鸣,音声感人。宋人哀之,遂号其木曰"相思树";相思之名,起于此也。南人谓此禽即韩凭夫妇之精魂。

这是一则凄美而动人的爱情悲剧。故事的主人公是两个"小人物",即宋康王的门客韩凭和他漂亮的妻子何氏。他们相亲相爱,幸福美满,不料厄运却袭向他们——因为何氏长得美被"康王夺之",韩凭也因怨恨康王而被"囚之",一对好端端的夫妻就这样被拆散了。然而,他们并没有向恶势力低头:韩凭在囚禁处自杀;何氏也投台自尽,并留下遗书"愿以尸骨,赐凭合葬"。残忍的宋康王不仅活着将他们拆散,死后还故意将他们分开——"冢相望也",却无法靠近。

第一,故事揭示了当时社会的黑暗与统治者的无道。以宋康王为代表的各级统治者凭借手中的权势,横行霸道,为所欲为;而以韩凭夫妇为代表的社会"小人物",却只能任人宰割而束手无策。可见在那种黑暗的世道,根本无公平、正义可言。

第二,故事还告诉我们爱情的力量是伟大的,是可以创造出奇迹的。韩凭夫妇为了爱情可以置生命于不顾,正如何氏在遗书中所讲:"王利其生,妾利其死"。最感动人的是"韩凭夫妇之精魂"——遥遥相望的二冢,"宿昔之间,便有大梓木生于二冢之端,旬日而大盈抱。屈体相就,根交于下,枝错于上。又有鸳鸯,雌雄各一,恒栖树上,晨夕不去,交颈悲鸣,音声感人"。这种爱情的力量真可谓感天地而泣鬼神!

2. 志人小说

魏晋六朝志人小说的出现,是魏晋以来门阀世族崇尚清谈的结果。早在汉末,世族中就有"品藻人物"的风气;魏晋以后,又盛行谈玄。"而志人小说就是世族人物玄虚的清谈和奇特的举动的记录。"[4]正如鲁迅先生于《中国小说史略》中所言:"汉末士流,已重品目,声名成毁,决于片言,魏晋以来,乃弥以标格语言相尚,惟吐属则流于玄虚,举止则故为疏放……终乃汗漫而为清谈。渡江以后,此风弥甚……世之所尚,因有撰集,或者掇拾旧闻,或者记述近事,虽不过残丛小语,而俱为人间言动,遂脱志怪之牢笼也。"

这时期的志人小说主要有:三国魏邯郸淳的《笑林》;东晋葛洪的《西京杂记》,裴启的《语林》,郭澄之的《郭子》;宋刘义庆的《世说新语》;梁沈约的《俗说》,殷芸的《小说》等。这些书大都散佚,只有《西京杂记》、《世说新语》尚存,其中以《世说新语》的文学价值、史料价值更大一些。因为《世说新语》是一部记录历史人物轶事的小说,它可以帮助我们去了解那个时代社会生活的某些侧面,了解士族阶级的生活方式和精神面貌,具有一定的认识作用。

【《王子猷居山阴》赏析】

王子猷居山阴,夜大雪,眠觉,开室,命酌酒,四望皎然。因起仿徨(同"彷徨"),咏左思《招隐诗》。忽忆戴安道,时戴在剡,即便夜乘小船就之。经宿方至,造门不前而返。人问其故,王曰:"吾本乘兴而行,兴尽而返,何必见戴?"(《世说新语·任诞篇》)

王子猷名徽之,子猷是其字,书圣王羲之的儿子。据资料载,他"性卓挚。初为桓温参军,蓬首散带,不综府事。……性爱竹,寄居空宅中,便令种竹,曰:'何可一日无此君?'仕至黄门侍郎,弃官东归。未几,弟献之卒,徽之奔丧不哭,直上灵床坐,取献之琴弹之,久而不调,叹曰:'呜呼子敬,人琴俱亡!'因顿绝。先有背疾,遂溃裂,月余卒"[5]。此时的王子猷正辞官后闲居于山阴(即今浙江绍兴)。一天夜里,当他一觉醒来,发现外面正下着大雪,便命人打开房门,并取来酒,边喝边眺望被大雪装扮得皎洁明亮的夜景。继而,产生出一丝丝彷徨,便不由得背诵起左思的《招隐诗》。左思者,何人也?左思乃"西晋临淄人,字太冲,官秘书郎。貌陋口讷而博学能文。司空张华辟为祭酒,贾谧举为秘书。谧诛,归乡里专事著述"[6],曾因一篇《三都赋》而使得"洛阳纸贵"。也许,王子猷与左思有着某些相似的经历,所以才在这时候想起了他的《招隐诗》。忽然,他又想到了戴安道。戴安道是晋铚人,名逵,博学多才,各种巧艺,"靡不毕综"。"太宰武陵王闻其善鼓琴,使人招之,逵对使者破琴曰:'戴安道不为王门伶人!'后徙居会稽之剡县。性高洁,以礼度自处。武帝时累征不就,郡县敦逼不已,乃逃于吴。太元中病卒。"[7]这时,戴安道正居于剡县,境内有条剡溪,为曹娥江上游,自山阴可溯流而上。小船折腾了一宿,总算到了戴安道的住处,可是,王子猷并没有上前叩门,而是又驾船返了回来。有人对他的行为很不理解,就问为什么,他回答道:"我本乘兴而去,兴尽了自然返回,何必非要见戴安道呢?"

王子猷之所以半夜起来饮酒、赏雪、咏左思《招隐诗》,又连夜驾船去拜访戴安道,完全是性情所致。所以,当有人问他为什么到了戴安道住处却"不前而返"时,他一本正经地答道:"吾本乘兴而行,兴尽而返,何必见戴?"他的这些言行,在别人看来也许荒唐怪诞、不可思议,而对他自己来讲却是很正常的,无须大惊小怪。从而,我们看到了一个真正的"情怀中人"(据说,宋代的苏东坡、清代的王渔洋等也有类似的行为)。

由王子猷我们想到了那个时代的其他人物,如阮籍、嵇康等"竹林七贤",他们"傲然独得,任性不羁",主张"越名教而任自然",积极追求人格自由与个性解放,甚至不惜为之而献身。据说,阮籍为了能喝到美酒,不惜求作步兵校尉,"时步兵校尉厨中有酒数百斛,籍因求为步兵校尉",故后人称其"阮步兵"[8]。之所以有这些"性情中人"出现,与他们生活的那个时代是分不开的。宗白华先生用美学家的视角这样评价魏晋南北朝:"汉末魏晋六朝是中国政治上最混乱、社会上最苦痛的时代,然而却是精神上极自由、极解放,最富于智慧、最浓于热情的一个时代。因此也就是最富有艺术精神的一个时代。王羲之父子的字,顾恺之和陆探微的画,戴逵和戴颙的雕塑,嵇康的广陵散(琴曲),曹植、阮籍、陶潜、谢灵运、鲍照、谢朓的诗,郦道元、杨衒之的写景文,云冈、龙门壮伟的造像,洛阳和南朝的闳丽的寺院,无不是光芒万丈、前无古人,奠定了后代文学艺术的根基与趋向。"[9]

(三) 唐代传奇

唐代是中国历史上的一个重要发展阶段,经济、政治、文化等都达到了一个空前的高度,古典小说也自然有了长足的发展。唐代小说除沿袭魏晋六朝发展脉络外,还出现了一种新体裁——"传奇"。有人推测,"传奇"这一名称的来源,大概是因为晚唐时裴铏写过一部小说集叫《传奇》;到北宋初年,"传奇"已基本被认可为一种文学体裁;元代陶宗仪在《南村辍耕录》中将"传奇"与院本、杂剧并列,说"唐有传奇,宋有戏曲浑词小说,金有院本杂剧"云云;明代胡应麟的《少室山房笔丛》将小说分为六类,其中第二类叫做传奇,并明确认定"《飞燕》、《太真》、《崔莺》、《霍玉》之类是也"。

1. 唐传奇兴起的主要原因

应该说,它的兴起有着复杂的、多方面的因素,如经济的、政治的、制度的等等,但最根本的一条是"文化需求"。唐代经济空前繁荣,随着农业、手工业、商业和国际贸易的迅速发展,城市经济被快速拉动起来,长安成了当时著名的国际大都市,其他如洛阳、扬州、成都等也都是人口密集的大城市。这些通都大邑生活着形形色色的人如官僚、地主、文人、士子、商贾、侠客、手工业者,以及僧道、歌妓等,在他们中间流传着许许多多的奇闻趣事,这为小说创作提供了丰富的素材,并且他们有着旺盛的"文化需求",这便从根本上促进了小说创作的发展。

同时,唐代科举考试中的"行卷"、"温卷"之风[10],也是推动唐传奇发展的重要原因之一。

另外,唐代其他文学形式如诗歌、散文等,也都达到空前水平的繁荣,为唐传奇在内容、题材和写作技巧方面也提供了良好借鉴。

2. 唐传奇的主要内容

唐传奇的内容非常庞杂,如按小说题材可大体上分为这样几类:爱情类、神仙鬼怪类、豪侠类、历史故事类等等,其中以写爱情故事的作品思想性、艺术性都相对较高,代表了当时小说创作的最高水平。这些作品大都结构严谨、情节曲折,人物刻画细致、性格鲜明,而且语言凝练流畅、生动传神。

3. 唐传奇的重要作者及其代表作

唐朝初期,传奇小说还在发展过程中,作者、作品都比较少,仅存王度的《古镜记》、无名氏的《补江总白猿记》和张鷟的《游仙窟》三篇,小说的质量也相对粗糙一些;盛唐与中唐是传奇小说的鼎盛时期,涌现了一大批优秀作者和许多脍炙人口的佳作,如陈玄佑的《离魂记》、沈既济的《枕中记》、李公佐的《南柯太守记》、李朝威的《柳毅传》、元稹的《莺莺传》、陈鸿的《长恨歌传》等;晚唐,有一些反映豪士、侠客的小说比较有特色,如袁郊的《红线传》、裴铏的《聂隐娘》、杜光庭的《虬髯客传》等,但总体上讲传奇小说走向衰微,虽然作品数量有增无减,但其思想内容、艺术技巧等都远逊于前。

1) 沈既济与他的《枕中记》

沈既济是唐代小说家,史学家,生卒年不详。德宗初年,曾为太常寺协律郎,官至礼部员外郎。他博通群籍,尤工史籍,《全唐文》录其文六篇,传奇作品有《枕中记》和《任氏传》。

《枕中记》的故事大意是:唐开元七年(719年),进京赶考而名落孙山的卢生郁郁寡欢、垂头丧气。这天,他途经邯郸,在客店里遇见了得道成仙的吕翁(汤显祖创作的《邯郸记》,将吕翁改为"八仙"之一的吕洞宾)。卢生自叹贫困,吕翁便拿出一个瓷枕头让他倚枕而卧。卢生在梦乡里,娶了美丽温柔的清河崔氏女子为妻,又中了进士,并升为陕州牧、京兆尹,最后荣升为户部尚书兼御史大夫、中书令,封为燕国公。他的五个孩子也高官厚禄,嫁娶高门。卢生儿孙满堂,享尽荣华富贵。80岁那年,卢生久病不愈,将要断气时,忽然惊醒。他转身坐起,四下一看,一切如故,吕翁仍旧坐在旁边,店主人蒸的黄粱饭还没熟!经过这"黄粱一梦",卢生终于大彻大悟,最后皈依了宗教。作者的目的无非是想告诉人们,人世间的荣华富贵不过是"黄粱一梦"而已,完全没有必要为此大喜大悲。以笔者见,遁入空门也未必是一条真正可行之路。

2) 李公佐与他的《南柯太守传》

李公佐,字颛蒙。陇西(今甘肃东南)人,生卒年不详。《南柯太守传》大约作于德宗贞元末。故事讲了游侠之士淳于棼一日大醉,梦入大槐安国,拜见国王,被招为驸马,又拜为南柯郡太守,守郡二十载。后失势,被送归故里。还入家门,一梦方醒。遂与二友寻宅南古槐下洞穴,但见群蚁隐聚其中,积土为城郭台殿之状——与梦中所见相符,于是感人生之虚幻,遂栖心道门,弃绝酒色。

小说借助释道教理和幻想,出入真幻,体悟物我,从出世角度观照人世的荣辱穷达、得失死生,对"贵极禄位,权倾国都"者投以"蚁聚何殊"的蔑视。它是一种带有宗教意识的人生寓言,旷达的嘲讽背后,投影着中唐人"浮生若梦"的心理危机。小说采用了亦真亦幻的表现手法,目的是让读者透过梦境去关注现实,观照生活。鲁迅先生曾经讲:"篇末言命仆发穴,以究根源,乃见蚁聚,悉符前梦,则假实证幻,余韵悠然"[11]该小说对后世影响较大,汤显祖的《南柯记》,即取材于此。

3) 李朝威与他的《柳毅传》

李朝威,生平不详,约中唐时人。《柳毅传》大致的故事情节:洞庭龙女远嫁泾川,受到丈夫泾阳君与公婆虐待,幸遇书生柳毅。而此时的柳毅刚刚落第,他出于知识分子的正直与义愤,远涉洞庭替龙女传书。龙女得其叔父钱塘君营救,回归洞庭。钱塘君即令柳毅与龙女成婚,柳毅不满钱塘君的蛮横,严词拒绝。但龙女对柳毅已生爱慕之心,自誓不嫁他人;柳毅也有感于龙女的深情而爱上了她。最后,两人终成眷属。该故事想象丰富,情节曲折,结构谨严,注重对人物形象的塑造,如柳毅的正直磊落,龙女的一往情深,钱塘君的刚直暴烈,都鲜明而生动地呈现在读者面前。另外,小说对龙女和柳毅的心理描写细致真切,尤为成功。《柳毅传》在晚唐已广为流传,元代尚仲贤的《柳毅传书》、明代黄惟楫的《龙绡记》、许自昌的《橘浦记》、清代李渔的《蜃中楼》等剧作,都取材于该故事。

　　4) 白行简与他的《李娃传》

　　白行简(776~826年),字知退,下邽(今陕西渭南东北)人,白居易之弟。元和初进士,授校书郎,随居易在江州、忠州多年,历官左拾遗、司门员外郎、主客郎中等职。善词赋。去世后,居易整理其诗文编成《白郎中集》20卷,今不传。尤以传奇著称,代表作《李娃传》(一名《国夫传》)。《李娃传》的主要故事情节:常州刺史荥阳公之子某生,遵父命赴京应试,与长安名妓李娃相爱,同居一年,后因资财荡尽被鸨母设计赶出,流落为凶肆歌者。其父将其鞭笞于郊野,几死复生,遂沦为乞丐。李娃闻其啼饥号寒之声,"连步而出",抱拥入宅,复念与生旧情,决然离开鸨母,督促荥阳公子发愤读书。荥阳公子自此刻苦用功,终于应试得中。其父也回心转意,认李娃为儿媳。

　　小说成功地塑造了李娃这个妓女的形象。她虽然生活在社会的最底层,是一个被玩弄、被侮辱的"小人物",但却富有同情心和爱心,并对纯真的爱情充满了向往。同时,她又对封建门阀制度有着清醒的认识,所以始终把握着爱情的主动权。比如,当荥阳公子在她的帮助下,重新做人并及第得官后,李娃曾非常冷静地对他讲:"今之复子本躯,某不相负也。愿以残年,归养老姥。君当结媛鼎族,以奉蒸尝。中外婚媾,无自黩也。勉思自爱。某从此去矣。"这段话,表现了李娃心灵的纯洁,也反映出她对残酷的封建门阀制度始终保持着高度警惕。小说还成功地揭露了荥阳公虚伪的卫道士面孔。他为了维护封建门阀等级制度,曾将自己的儿子置于死地,然而,当儿子及第为官之后,他又立即改变了态度,不仅要与儿子"父子如初",而且竟主动提出聘李娃为媳,活现了他的虚伪面目。《李娃传》故事情节波澜起伏,引人入胜,人物形象饱满而生动,表现了唐传奇创作中写实手法的高度成就。

　　5) 蒋防与他的《霍小玉传》

　　蒋防,字子徵(一作子微),生卒年不详。义兴(今江苏宜兴)人。相传,李绅即席令蒋防赋诗,遂有《韝上鹰》云:"几欲高飞天上去,谁人为解绿丝绦。"李绅识其意,与元稹共荐之。长庆元年(821年),自右补阙充翰林学士;二年,加司封员外郎;三年,加知制诰;四年,李绅被逐,蒋防亦贬为汀州刺史,不久改连州刺史。

　　《霍小玉传》是描写长安妓女霍小玉的爱情悲剧。霍小玉为被霍王侮辱了的婢女所生。霍王死后,小玉母女被赶了出来,流落长安,她沦为妓女。小玉深知自己"出自贱庶",所以对爱情既"抱有幻想又有所警惕"。她与陇西才子李益欢会之初,就担心自己"一旦色衰"必然是"恩移情替",因此"极欢之际,不觉悲至"。小玉对李益的要求仅仅是他在三十岁以前与己同欢,"然后妙选高门,以谐秦晋",而自己则

"剪发披缁"去做尼姑。可是,李益得官后为了攀附高门而转眼忘情,很快便遵母命娶了出身望族的卢氏女,致使小玉"怏怏成疾"。临终前,小玉怒斥李益,并发誓"我死之后,必为厉鬼,使君妻妾,终日不安!"结果,李益娶卢氏不久,因猜忌休妻,"至于三娶,率皆如初焉"。

　　作者以鲜明的态度对弱者霍小玉给予了极大的同情,对李益的言而无信、负心忘情则进行了强烈谴责。"小说的结尾虽近乎怪诞,但却痛快淋漓,体现出下层人民对统治阶级的复仇精神。"[12]《霍小玉传》有很高的艺术价值,明代胡应麟在《少室山房笔丛》中称赞唐人小说纪闺阁事绰有情致,并特别指出:"此篇尤为唐人最精彩动人之传奇,故传诵弗衰。"汤显祖的《紫钗记》即取材于它。

　　6)元稹与他的《莺莺传》

　　元稹(779~831年),字微之,河南河内人。元和初,对策举制科第一,拜左拾遗,当路者恶之,出为河南尉,拜监察御史,遇事敢言,谪江陵参军。长庆中,由监军崔潭峻进稹歌词,擢知制诰,未几,入相。裴度屡劾之,遂俱罢。太和中,官武昌节度使,年53岁卒于任上。元稹为诗以平易胜,与白居易齐名,时称"元白",号"元和体",宫中呼为"元才子"。又与窦巩唱和,号"兰亭绝唱"。有《元氏长庆集》等传世[13],其传奇的代表作是《莺莺传》。

　　《莺莺传》写崔莺莺与张生的恋爱故事,结果是"始乱之,终弃之"。关于张生的人物原型,旧有张籍(文昌)、张珙(君瑞)、张先(子野)之说,皆误。据宋代王铚考,张生为元稹本人。[14]关于崔莺莺的原型,王铚认为是唐代永年县尉崔鹏之女;近人陈寅恪则揣测是一个名叫曹九九的"酒家胡"云云。该小说最大的特点是善于塑造人物。元稹用他的传神之笔,将崔莺莺、红娘等刻画得有血有肉、性格鲜明、形神毕肖。

　　小说的主人公崔莺莺,自幼受到严格的封建礼教影响。这便造成了她性格中的"两重性":一方面她对爱情有强烈的渴求;另一方面她又要把爱情深深地隐藏起来,有时甚至表面做的与内心想的会完全相反。比如,她通过婢女红娘与张生用诗互致爱意。可是当张生按照她诗中的约定前来相会时,她却又"端服严容",正颜厉色地数落张生的"非礼之动"。几天后,就在张生陷于绝望时,她忽然又主动夜奔其住所,那一时刻的崔莺莺"曩时端庄,不复同矣"。崔莺莺的这些表现,真实地反映了一个出身上流社会的大家闺秀在"情与理"、"欲与礼"问题上复杂、矛盾的心态。她的出身、她所接受的教育就像一种桎梏牢牢束缚着她的精神,她甚至对张生"始乱之,终弃之"的行径,也能默默承受,"固其宜矣,愚不敢恨"。因而在她遭到遗弃之后,就只能自怨自艾,听从命运的摆布。这又表现了她思想性格中软弱的一面。小说对婢女红娘的刻画也相当成功。她机智、沉着、热情、泼辣、有正义感,置封建礼教于不顾,千方百计为莺莺与张生牵线搭桥。相比之下,张生的形象较为逊色。他对莺莺"始乱之,终弃之"不说,还在小说的结尾大骂她是"尤物"、"妖孽"、"不妖其身,必妖于人",一个制造了崔莺莺爱情悲剧的罪魁祸首却道貌岸然地变成了封建礼教的卫道士。而作者对他的这种虚伪性却毫无批判。正如鲁迅在《中国小说史略》中指出的:"篇末文过饰非,遂堕恶趣。"尽管如此,读者会从作品的具体描述中对崔莺莺敢于挣脱旧礼教束缚、大胆追求爱情的做法给予赞扬,对她的不幸遭遇寄寓同情;而对负心、虚伪的张生做无情的鞭笞。

唐传奇是在六朝志怪小说的基础上发展起来的,但较之六朝志怪小说有了根本性变化:① 唐传奇虽然也是传写奇闻趣事,但走出了鬼神怪异的圈子,而以记写现实生活中的人和事为主;② 六朝志怪往往把鬼神怪异之事当做事实来记写,没有所谓"创作意识";而唐传奇却是作者"有意识"创作。胡应麟说:"变异之谈,盛于六朝,然多是传录舛讹,未必尽设幻语;至唐人乃作意好奇,假小说以寄笔端。"[15]鲁迅也在《中国小说史略》中讲:"小说亦如诗,至唐代而一变,虽尚不离于搜奇记逸,然叙述宛转,文辞华艳,与六朝之粗陈梗概者较,演进之迹甚明,而尤显者乃在是时则始有意为小说。"

唐传奇的出现是中国小说发展史上的一次大飞跃,它标志着中国古典小说进入了成熟期。

(四) 宋元话本

宋元两代流行一种被称为"说话"的民间艺术,实际上,就是在志怪、传奇这种文言小说之外产生于民众之中的"白话小说"。简单来说,"话"就是故事;"说话"就是讲故事;"话本"就是"说话"艺人所用的底本。现在我们所看到的宋元时期的通俗小说,大都来自当年"说话"艺人所用的底本,所以,人们习惯上将其称做"宋元话本"。

"说话"的渊源很早,可以上溯到先秦诸子那里;到唐代,"说话"已发展为一种"专门艺术"(据说,"安史之乱"后,唐玄宗回到长安经常闷闷不乐,高力士就以"转变说话"来取悦于他);到了宋代,"说话"艺术得到大规模发展,至元代仍广泛流行。宋代"说话"艺术之所以得到发展,主要源于都市经济的繁荣,市民阶层逐渐壮大,"说话"成为一种"大众化的文化需求","市民阶层通过'说话'来表现自己的生活、思想和愿望"。在这种背景下,"各种民间伎艺在城镇里十分兴盛。……其中,'说话'是有着广泛影响的伎艺"。另外,"宋代'说话'已不象唐代主要限于宫庭、官邸和寺庙的活动范围,它有了专门的演出场所,说明它完全职业化,'说话'艺人以'说话'为谋生手段"[16],这无疑也促进了"说话"艺术的发展。

"说话"主要分为四类,即小说(包括烟粉、灵怪、传奇、说公案四个子目)、说铁骑儿、说经、讲史(也有人主张分为:小说、说经、讲史、合生等)。其中以"小说"的艺术技巧最成熟、影响最大。"小说"话本的内容比较庞杂,以两大类内容为主:其一,讲述爱情、婚姻、家庭问题的小说,像《碾玉观音》、《快嘴李翠莲记》、《闹樊楼多情周胜仙》、《志诚张主管》等;其二,公案小说,像《宋四公大闹禁魂张》、《菩萨蛮》、《简帖和尚》、《错斩崔宁》等。

【《碾玉观音》赏析】

无名氏的《碾玉观音》是宋元话本小说中的代表作之一,它主要描写了璩秀秀与崔宁的爱情悲剧。

小说的女主人公是出身社会底层的璩秀秀,她不光人长得漂亮,而且做得一手好针线活,因此,被迫献入郡王府做了"养娘"。男主人公则是郡王府中的理玉高手崔宁。秀秀进得府来,"郡王当日尝对崔宁许道:'待秀秀满日,把来嫁于你。'这些众人都撺掇道:'好对夫妻!'"他们心中,也从此产生爱慕之情。

"不则一日,朝廷赐下一领团花战袍,当时秀秀依样绣出一件来。郡王看了欢喜道:'主上赐与我团花战袍,却寻什么奇巧的物事献与官家?'去府库里寻出一块透明的羊脂美玉来,即时叫将门下碾玉待招道:'这块玉堪做甚么?'……数中一个后生,年纪二十五岁,姓崔名宁,趋事郡王数年,是昇州建康府(今江苏南京)人;当时叉手(又称拱手)向前,对着郡王道:'告郡王,这块玉上尖下圆,甚是不好,只好碾一个南海观音。'郡王道:'好!正合我意。'就叫崔宁下手,不过两个月,碾成了这个玉观音。郡王即时写表进上御前,龙颜大喜。崔宁就本府增添请给(薪俸或粮饷),曹遇(深得赏识)郡王。"

有一天晚上,郡王府遭了大火,秀秀、崔宁趁机逃了出来,然后便远走他乡,从此过起自食其力的正常夫妻生活。可是好景不长,他们的踪迹被郡王的一个走卒郭立发现,并报告了郡王。郡王派人将他们抓了回来。秀秀被活活打死;她的父母也逼得投河自尽;而崔宁则被发配到健康。一个偶然的机会,又是那个郭立,发现秀秀和崔宁仍然生活在一起,而且秀秀的父母也与他们在一起同住,他又急忙报告了郡王。"郡王焦躁道:'又来胡说!秀秀被我打杀了,埋在后花园,你须也看见,如何又在那里?却不是取笑我!'"却原来,秀秀被打死后,她的鬼魂又寻到了崔宁,他们依旧过着夫妻生活。残暴的郡王对这对人鬼夫妻也不放过,又将他们拆散。当真相大白之后,"秀秀道:'……如今都知道我是鬼,容身不得了。'"然后,秀秀、崔宁以及秀秀的父母"四个一块儿做鬼去了"。

这篇小说,给我们最深刻的印象有两点:① 璩秀秀对爱情生活的无限向往和宁死不屈的反抗精神。当初,就是她撺掇崔宁趁着大火逃出郡王府,远走高飞。当她被残暴的郡王活活打死后,其鬼魂仍不甘心,继续和她所爱恋的人过着人鬼夫妻的生活。小说的这种选择也许是无奈的,但它毕竟从一个侧面折射了璩秀秀那种为了爱情、为了自由而不屈不挠的精神;② 以郡王为代表的封建统治者的蛮横与残暴。当初,璩秀秀为他绣团花战袍、崔宁为他碾玉做南海观音,他高兴得什么似的。可是,当他们一旦触及了封建礼教和他自身的利益时,就立刻翻脸不认人——如花似玉的秀秀被他活活打死;又把崔宁发配他乡。最让人可恨的是,当他得知秀秀和崔宁做了人鬼夫妻后,仍不肯罢手,最终把他们彻底拆散。

鲁迅在《中国小说的历史的变迁》中指出,宋元话本的出现,"实在是小说史上的一大变迁"。这一变迁,主要表现在它的艺术特征方面,即"以情节取胜",并"由此形成我国古典小说艺术表现的民族风格和我国人民的艺术欣赏习惯,就是重视故事性,从故事发展中去塑造人物和认识人物"[17]。

(五) 明清小说

中国古代小说发展到明清,进入了它的高峰期,直到现在我们还无法逾越这个高峰。

我们在"戏曲"部分已经讲到,明前期,朱明王朝为了强化中央集权,在文化思想方面设置了许多禁令,使文学艺术的发展受到很大影响。直到明中叶后,随着农业生产力的提高,手工业和商业开始繁荣,在当时中国东南沿海和长江中下游地区的一些生产部门,已经出现了资本主义生产关系的萌芽,如纺织行业的"机户出资,机工出力",就是一种典型的雇佣劳动关系。特别是商品流通业的发展,带来了城市经济的空前活跃,在很多城市中,商人建有会馆,手工业者建有行会。这一切都为小说,尤其是长篇小说的诞生奠定了基础。

到了清代,耕地面积进一步增加(到乾隆年间,耕地面积比顺治末增加了近一倍),耕作技术进一步提高,手工业、商业更加发达,像扬州、苏州、杭州、佛山、广州、汉口、北京等都发展成具有相当大规模的商业城市。明代后期出现的资本主义生产关系的萌芽,到清中叶也分布到了较多地区和行业之中。随着物质产品生产能力的提高,人们对文化产品的需求也日益增加,这成为小说以及其他文学艺术发展的根本动力。一大批优秀作品,特别是那些具有标志性意义的鸿篇巨制如《三国演义》、《水浒传》、《西游记》、《金瓶梅》、《红楼梦》、《聊斋志异》等,都诞生在明清两朝。

1. 罗贯中与他的《三国演义》

《三国演义》是我国最早的一部长篇历史小说,它由宋元说话中的"讲史"演化而来,经过民间艺人、文人作家的反复琢磨,最后由元明之际的罗贯中加工而成。《三国演义》的出现,标志着我国章回体小说基本定型。

罗贯中,生卒年不详(鲁迅推定为约1330~1400年;郑振铎推定为约1328~1398年),大致生活在元文宗到明太祖这一时期,号湖海散人,太原人(一说杭州人,祖籍太原)。他经历了元末的社会大动乱,曾一度参加反元斗争,大概在明朝定鼎之后,便专心从事创作。罗贯中有自己的政治理想,不苟同于流俗,所以贾仲明《录鬼簿续编》载,他"与人寡合,乐府隐语,极为清新"。除创作了传世之作《三国演义》外,还写有《隋唐志传》、《残唐五代史演义传》、《三遂平妖传》等小说。相传他写有十七史演义。另外,他还有一本取名《宋太祖龙虎风云会》的杂剧。

【《三国演义》赏析】

《三国演义》所描写的绝不是魏、蜀、吴三国发展的历史,充其量它只是借用了"三国"这个躯壳,其中最精华、最有价值的东西是作者虚构的。从其反映的问题来看,不限于"三国"这个历史时代;就其认识价值而言,它揭示了整个封建社会的固有矛盾。

《三国演义》主要描写了魏、蜀、吴之间的军事斗争,所以,战争描写是它最突出的特点之一。"《三国演义》对于各次战争的特定环境、具体条件、战略部署、战术运用、力量对比、矛盾转化等等,都有详略不同的交代,配合着战争的进行相应地展开其他的活动场面的描写。这样,不仅更能反映出各个政治集团之间斗争的复杂多变和尖锐激烈,而且在一定程度上揭示了战争的客观规律。"[18]

《三国演义》最大的艺术成就是成功地塑造了一大批典型人物。

曹操是罗贯中刻意塑造的"奸雄"形象。在《三国演义》中,他的形象最丰满、刻画也最成功。历史上的曹操是一位雄才大略的政治家、军事家,又是一位杰出的诗人(所谓"建安风骨",就是指汉魏之际曹氏父子与建安七子等所倡导的俊爽刚健的诗风,参见本书"第七章"),同时,据史书记载他又有残暴、狡诈的一面。罗贯中在创作这个艺术形象时,有意识地夸大了曹操诡谲多疑、残忍狡诈的一面,让他在光天化日之下干出杀吕伯奢、杀杨修、霸占张绣婶娘等伤天害理的勾当,并让他说出"宁教我负天下人,休教天下人负我"这种极其自私和无耻的话。

但是,罗贯中并没有把曹操的人物性格简单化,在写出他"奸"的一面的同时,又通过"横槊赋诗"、"割发自罚"、"望梅止渴"等细节的描写展示他"雄"的一面,"这更显出他老谋深算,精于权术,有一套收买人心、笼络部下的手腕,而越发可憎、可恨"。实际上,"在曹操的身上概括了历代当权执政的封建统治者的本质特征"[19],它的思想意义、认识意义远远超过了曹操这一形象本身。

刘备是罗贯中极力美化和歌颂的"君王"形象。他宽厚、仁慈,是作者心目中的"仁君"。曹操说:"宁我负天下人,毋使天下人负我。"而刘备则说:"吾宁死,不为不仁之事";又说:"操以急,吾以宽;操以暴,吾以仁;操以谲,吾以忠"云云。而事实上,刘备和曹操同样都怀有强烈的政治野心和权力欲,同样企图吞并其他割据势力而攫取最高统治权,只不过表现形式不一样罢了。

罗贯中之所以要"尊刘贬曹",首先来自他思想中的正统观念,因为刘备是"汉室宗亲",当"汉室倾颓"的时候,理所当然地应由他来延续刘氏君主的统治;而曹操却是"托名汉相,实为汉贼"。其次这也从某一个侧面反映了宋元时期的民族矛盾,寄托了民众的爱国情怀。

诸葛亮是罗贯中竭力塑造的"贤相"形象。在他身上显示了一个仁人君子的高风亮节,并集中了"经天纬地"的才干。他为了帮助刘备、刘禅父子建立蜀汉政权,进而恢复汉家大业,"鞠躬尽瘁,死而后已",从来都是无怨无悔。他是一位公而忘私、赏罚严明、任人唯贤、虚怀若谷的政治家和军事家。

同时,诸葛亮又是古代"智慧"的化身,所以,小说中用了大量笔墨描写他的足智多谋、料事如神。他出山后第一次在博望坡用兵,就扭转了刘备在军事上的被动局面。接下来,罗贯中又用反衬手法突出他的聪明与智慧:在内部,主要由庞统作反衬,"卧龙"与"凤雏"虽然齐名,但庞统的智慧远不能与诸葛亮相比;在外部,则有周瑜、司马懿等对手作反衬,结果都败在了他的手下。周瑜临死前怨恨道:"既生瑜,何生亮!"

小说中的诸葛亮集聚了社会的理想,"人民群众依据自己的生活愿望、斗争要求,创造了诸葛亮的艺术形象,在诸葛亮身上集中了自己长期积累的丰富的斗争经验,反过来又从诸葛亮身上汲取智慧和创造力量"[20]。

关羽是《三国演义》中"义"的化身。关羽作为一员武将,骁勇善战、威猛刚强,第一次亮相就"温酒斩华雄",震惊了十八路诸侯。我们不妨把这一段摘出来:

"忽探子来报:'华雄引铁骑下关,用长竿挑着孙太守赤帻,来寨前大骂搦战。'绍曰:'谁敢去战?'袁术背后转出骁将俞涉曰:'小将愿往。'绍喜,便着俞涉出马。即时报来:'俞涉与华雄战不三合,被华雄斩了。'众大惊。太守韩馥曰:'吾有上将潘凤,可斩华雄。'绍急令出战。潘凤手提大斧上马。去不多时,飞马来报:'潘凤又被华雄斩了。'众皆失色。绍曰:'可惜吾上将颜良、文丑未至。得一人在此,何惧华雄!'言未毕,阶下一人大呼出曰:'小将愿往斩华雄头,献于帐下!'众视之,见其人,身长九尺,髯长二尺,丹凤眼,卧蚕眉,面如重枣,声如巨钟,立于帐前。绍问何人。公孙瓒曰:'此刘玄德之弟关羽也。'绍问现居何职。瓒曰:'跟随刘玄德充马弓手。'帐上袁术大喝曰:'汝欺吾众诸侯无大将耶?量一弓手,安敢乱言!与我打出!'曹操急止之曰:'公路息怒。此人既出大言,必有勇略,试教出马,如其不胜,责之未迟。'袁绍曰:'使一弓手出战,必被华雄所笑。'操曰:'此人仪表不俗,华雄安知他是弓手?'关公曰:'如不胜,请斩某头。'操教酾热酒一杯,与关公饮了上马。关公曰:'酒且斟下,某去便来。'出帐提刀,飞身上马。众诸侯听得关外鼓声大振,喊声大举,如天摧地塌,岳撼山崩,众皆失惊。正欲探听,鸾铃响处,马到中军,云长提华雄之头,掷于地上——其酒尚温。"——(《三国演义》第五回)

接下来,又是千里走单骑、过五关斩六将等。但是,我们必须明白,这一切的一切都是为塑造关羽的"义"作铺垫的。"义"是《三国演义》所着力宣扬的重要思想,开篇即讲刘关张"桃园三结义"。《礼记·礼运》云:"仁者,义之本也。""义"是儒家倡导的"五常"之一,经过千百年的积淀,它已成为中华民族精神的一个重要组成部分。严复曾讲过:"至于义,则百行之宜,所以为人格标准,而国民程度之高下视之。但使义之所在,则性命财产皆其所轻。故蹈义之民,视死如归,百折不回,前仆后继,而又澹定从容,审处熟思,绝非感情用事。"[21]罗贯中之所以宣扬"义",说明他受儒家思想影响之深;也反映了当时民众对"义"的崇尚。

其他如张飞的疾恶如仇、粗犷率真,周瑜的雄才大略而又气量狭小等,都作了生动的刻画。

2. 施耐庵和他的《水浒传》

关于《水浒传》的作者,早在明代就存在着争议,一说施耐庵,一说罗贯中。有研究者认为,"看来写《三国演义》的罗贯中是不大可能写得出《水浒传》的。当然,施耐庵也是封建文人……(但)施耐庵的认识与魄力还是超过罗贯中的"[22]。

(1) 施耐庵其人。有关施耐庵的生平,可靠资料不多。他名子安(一说名耳),又名肇瑞(约1296～1371年),字彦端,号耐庵,江苏兴化(一说杭州)人,祖籍泰州海陵县,住苏州阊门外施家巷,后迁居当时兴化县白驹场(今江苏省大丰市白驹镇)。相传施耐庵自幼聪明好学,才气过人,事亲至孝,为人仗义。他19岁中秀才,28岁中举人,36岁与刘伯温同榜中进士。他曾在钱塘(今浙江省杭州市)为官3年,因不满官场黑暗,弃官回乡。又传他参加了张士诚领导的抗元起义,不久,张士诚身亡,他便浪迹天涯,曾漫游于山东、河南等地,交结了山东郓城县教谕刘善本,后寓居江阴徐氏以塾师为生计。随后还归白驹,隐居不出,感时政衰败,作《水浒传》寄托心意,又与弟子罗贯中撰《三国志演义》、《三遂平妖传》等。他还精于诗曲,但流传极少。为避明朝征召,施耐庵又潜居淮安,染病而殁,就地高葬,享年75岁。殁后数十年,家道炽盛,后人始迁其葬于白驹西落湖(今江苏省兴化市新垛镇施家桥村),并请王道生作《施耐庵墓志》。

(2)《水浒传》简单的成书过程。《水浒传》与《三国演义》差不多同时问世(元末明初),但其成书过程却要比《三国演义》复杂得多。《水浒传》描写了北宋末年以宋江为首的一次农民大起义的故事。对于这次真实的历史事件,史料记载非常简略,而且彼此矛盾,起义最终归于失败。但是,这次起义的影响却很大,以宋江为首的36人成为民众心目中的英雄,他们"杀富济贫"、"替天行道"的壮举被广泛传诵。

南宋罗烨的《醉翁谈录》就记载了《石头孙立》、《戴嗣宗》、《青面兽》、《花和尚》、《武行者》等说话名目,可惜这些话本都丢失了。南宋遗民龚开(字圣与)在《宋江三十六人赞》的序言中写道:"宋江事见于街谈巷语,不足采者。虽有高如李嵩(南宋时,皇家画院的著名画师——引者注)辈传写,士大夫亦不见黜。"又说:"予年少时壮其人,欲存之画赞。"[23]宋元之际的《大宋宣和遗事》(是"讲史"话本的汇抄本),只用了4000字叙述水浒故事,其中有杨志卖刀、智取生辰纲、宋江杀惜等情节,结局是他们被张叔夜招降,征方腊有功,受到朝廷封赏。但值得注意的是:它将南宋说话中单独的水浒人物第一次有机地联系起来,并让36人一起走上了太行山。

需要指出的是,不论是"说"还是"赞",他们最终都把36人归为杀人放火的"强盗",尤其是清人俞万春的《荡寇志》,完全站在封建统治阶级的立场上,把这些农民起义英雄写成了十恶不赦的贼寇,最后的结果是被"荡"而灭之。这也从另一个方面反衬出施耐庵的思想境界、认识能力要远远高出那个时代的人。

【《水浒传》赏析】

《水浒传》之所以成为一部不朽的巨著,最重要的一点就是它从正面描写了那场声势浩大、影响至深的农民起义,热情讴歌了那些可敬可爱的英雄们。《水浒传》选择的时代背景大体为北宋末,这一时期恰恰是阶级矛盾和民族矛盾日益尖锐、封建政治日益黑暗的时期,大大小小的贪官污吏、豪绅恶霸、地痞流氓如小说中的蔡京、高俅、郑屠等人,横行霸道、强取豪夺、无恶不作;而成千上万的贫苦百姓和统治阶级内部的中下层人物如李逵、林冲、武松等却生活在水深火热之中,饱受反动势力的欺凌。当他们被逼得走投无路时,只好揭竿而起,与黑暗统治展开你死我活的斗争,这就是所谓"官逼民反"。《水浒传》最大的思想价值就在于对这种"官逼民反"的行为,给予了充分肯定。另外,《水浒传》中还提出了"八方共域,异性一家"的社会理想,这是很具理性色彩的。它让读者认识到,梁山泊聚集的绝不是一群头脑简单的"草莽英雄"。

至于《水浒传》中描写的"招安"结局,我们可以作两点分析:

第一,它与当时日益尖锐的民族矛盾有直接关系。南宋初期,民族矛盾成为主要矛盾,许多农民起义军(像太行山地区的红巾军与八字军)都把矛头指向入侵中原的金人,为了民族大义而自觉服从南宋王朝的指挥。这样"梁山上聚义厅改为忠义堂,在'替天行道'的口号之外另又提出了一个'保境安民'的口号,许多英雄人物常说去边庭上一刀一枪博得个封妻荫子、青史留名,就是可以理解的了,都反映了外族入侵之际的爱国思想"[24]。

第二,它反映了这支农民起义军、特别是他们的首领宋江的历史局限性,说到底还是施耐庵的历史局限性。

《水浒传》的主要艺术特色是运用现实主义和浪漫主义相结合的方法,塑造了一大批个性鲜明、活灵活现的人物形象。"在小说创作中,《水浒传》标志着现实主义艺术的一个高峰。……作者进行艺术构思、创造典型形象,实际上遵循着这样一条唯物主义原则。不是英雄造时势,而是时势造英雄(与《三国演义》塑造人物的指导思想不同)。正因为这样,《水浒传》善于把人物放在特定条件下,扣紧人物的身份、经历和遭遇去刻划他们的性格。"[25]

小说对李逵的描写举例:第38回写戴宗引着李逵与宋江第一次见面。

"李逵看着宋江问戴宗道:'哥哥,这黑汉子是谁?'戴宗对宋江笑道:'押司,你看这厮怎么粗卤,全不识些体面。'李逵便道:'我问大哥,怎地是粗卤?'戴宗道:'兄弟,你便请问这位官人是谁便好,你倒却说"这黑汉子是谁",这不是粗卤,却是甚么?我且与你说知,这位仁兄,便是闲常你要投奔他的义士哥哥。'李逵道:'莫不是山东及时雨黑宋江?'戴宗喝道:'咄!你这厮敢如此犯上,直言叫唤,全不识些高低……'"

再看第71回,宋江写了一曲《满江红》让乐和演唱——

"……正唱到'望天王降诏早招安',只见武松叫道:'今日也要招安,明日也要招安,冷了弟兄们的心!'黑旋风便睁圆怪眼,大叫道:'招安,招安,招甚鸟安!'只一脚,把桌子踢起,撷作粉碎……"

李逵这个人物大家都比较熟悉,他是一个破产农民,被逼上了梁山。他为人质朴憨厚,性格豪爽粗鲁,说话办事直来直去,来不得半点虚假,喜怒哀乐也从不藏在心里。他长得傻大黑粗,但心地却非常干净。大家之所以对他有那么深的印象,就是因为作者在特定环境下、紧扣人物的身份、用个性化的语言和行为去塑造他,从而让他成为真正的"这一个"。这便是施耐庵的高明之处。

同时,《水浒传》又"体现了古代文学浪漫主义的优秀传统。……作品很少描写日常琐事或家庭生活,而主要是通过富有传奇性的英雄行为,来表现人物的性格特征"[26]。

3. 吴承恩和他的《西游记》

有人把《西游记》称做"神话小说",但它与原始意义上的神话小说有着一定差别。所以,笔者坚持把它叫做"超现实主义小说"或"批判现实主义小说"。与《三国演义》、《水浒传》一样,《西游记》是群众创作的产物,同时又是群众最喜欢消费的文化产品之一。

1) 吴承恩其人

吴承恩(约1504~1582年)字汝忠,号射阳山人,淮安府山阳县(今江苏淮安)人,出身于一个下级官员沦落为小商人的家庭。他的曾祖、祖父做过小官,父亲则以卖"采缕文縠"为生计。

吴承恩自幼勤奋好学,一目十行,且过目成诵,又精于绘画,擅长书法,爱好填词度曲,对围棋也很精通,还喜欢收藏,少年时已以文才名乡里。《天启淮安府志》称,吴承恩"性敏而多慧,博极群书,为诗文下笔立成,清雅流丽,有秦少游之风。复善谐谑,所著杂记几种,名震一时"。然而,他在科举与仕途上却并不顺利,几次参加科考都名落孙山,大约40岁时才补得一个岁贡生,据说他曾经到北京等候分配官职,但没有选上,目睹官场的黑暗和世态炎凉,让他对仕途感到心灰意冷。后来因为母老家贫,不得已去做了长兴县丞,大概过了一两年即辞官"拂袖而归"。晚年,他过着鬻文自给的清苦生活。吴承恩一生创作丰富,但由于家境贫穷,又无子嗣,所以作品散失不少。现存作品除《西游记》外,还有后人辑的《射阳先生存稿》4卷。

2)《西游记》的成书过程

《西游记》是在唐玄奘取经这一真实事件的基础上创作而成的。唐太宗贞观三年(629年),僧人玄奘只身去天竺(今印度)各国学习佛经教义,历时17年,跋涉数万里,取回佛经 600 多部。回国后,唐太宗下诏让他口述西行见闻,他的弟子辨机写成了《大唐西域记》;玄奘去世后,又有他的弟子慧立、彦琮写了《大唐大慈恩寺三藏法师传》。从此,取经故事便在社会上传开,神奇的异域风情为鬼怪故事的创作提供了重要元素。现在敦煌榆林窟所存玄奘取经壁画,大约作于西夏初年(相当于北宋中期),其中已经出现了持棒猴行者的形象。在宋代"说话"中有专门"说经"的一家,唐僧取经的故事是其重要题材,现在流传下来的有南宋刊印的"说经"话本《大唐三藏取经诗话》。所不同的是,话本中出现的是白衣秀士而非猴行者,自称"花果山紫云洞八万四千铜头铁额猕猴王",显然是孙悟空的前身。另外,话本中还出现了深沙神,即后来《西游记》中的沙僧。《大唐三藏取经诗话》虽只有 17 节,故事叙述得十分简略,但已基本勾勒出取经故事的大体轮廓。

南宋到明代前期,取经故事通过多种渠道广为传播,如宋元南戏中有《陈光蕊江流和尚》,金院本有《唐三藏》(上两种均已失传),元杂剧有吴昌龄的《唐三藏西天取经》(保留了少数曲文),元明之际有无名氏的杂剧《二郎神锁齐天大圣》和杨景贤的《西游记》等等。特别需要提到的是,官方的《永乐大典》第 13 139 卷有一段"梦斩泾河龙"的故事,注明引自《西游记》,其情节与《西游记》第 10 回"老龙王拙计犯天条,魏丞相遗书托冥吏"前半部分基本一致,可知,最晚到明永乐时已有一种《西游记平话》存在。另外,成书在《永乐大典》之前的朝鲜汉语教材《朴通事谚解》中,也提到了《西游记平话》,书中还概述了"车迟国斗圣"的故事。该故事与小说《西游记》第 46 回的描写十分相似。到《西游记平话》,其中的神话色彩已非常浓厚,孙悟空的形象也更加丰满,这为小说《西游记》的最终完成奠定了良好基础。

吴承恩是取经故事的最后一个集大成者。在群众集体创作的基础上,又经过他的千锤百炼,终于将这部"世代累积型"作品加工成传世"奇书"。

3)《西游记》中孙悟空艺术形象的文化内涵。《西游记》是描写唐僧师徒西天取经的故事,但是,吴承恩却没有把多少笔墨用在取经上,而是浓墨重彩地塑造了孙悟空这一艺术形象。小说开篇,既不从唐僧写起也不从如来佛西天讲经开始,而是别开生面地写了孙悟空的出身和他大闹天宫的故事;然后又写他如何降妖捉怪,历经八十一难,终于保护唐僧取得了真经。可以说,一部《西游记》就是孙悟空的成长史、战斗史,在孙悟空的身上寄托了吴承恩太多的理想与追求。

孙悟空是自由的化身。孙悟空不是爹妈生养的,而是横空出世——从一块石头中蹦了出来。他"目运两道金光,射冲斗府",出世的那一刻即惊动了玉皇大帝。他在花果山上过着"不伏麒麟辖,不伏凤凰管,又不伏人间王位所拘束"的自由自在生活,唯一遗憾的是"暗中有阎王老子管着"。他大闹龙宫,把天河定底神针铁拿来当了武器——如意金箍棒。阎王将他的魂勾去,他又大闹地府,把所有猴属的姓名从生死簿上抹掉,并大喊"了帐!了帐!今番不伏你管了!"龙王和阎王将他告上天庭,玉皇大帝决定"遣将擒拿"孙悟空。

太白金星献招安之策,把孙悟空骗到天宫,让他当了个"未入流"的小官弼马温,想以此束缚住他的手脚。当孙悟空明白真相后,"不觉心头火起,咬牙大怒",手舞金箍棒,将天宫大闹一番,然后又一路打出南天门,回到花果山,并赫然竖起了"齐天大圣"的旗子。玉帝派天兵天将围剿,都被孙悟空打得落花流水,只好让太白金星再施招安之计——一方面答应给孙悟空"有官无禄"的"齐天大圣"空头衔;并再一次把他招入天庭,以"收他的邪心,使不生狂妄"。然而,生性自由、桀骜不驯的孙悟空并没有因此而有丝毫收敛。就因为王母娘娘的蟠桃会没有邀请他,一怒之下,他闯入瑶池,偷喝了玉液琼浆;又闯进太上老君的炼丹房,吃了他的金丹……将整个天宫搅得一塌糊涂。天兵天将不是他的对手,太上老君的炼丹炉也对他毫发无伤,玉皇大帝无奈之下,只好求助如来,把孙悟空压在了五行山下。这些描写,都充分显示了孙悟空向往自由、追求自由,为争取自由和尊严而勇于斗争的大无畏精神。

孙悟空是力量与智慧的化身。《西游记》从第14回起,主要描写孙悟空如何降妖伏魔、历经八十一难保护唐僧取得真经的艰难历程。吴承恩赋予了孙悟空巨大的力量和奇异的本领——五行山压不坏他,炼丹炉毁不了他,斩妖剑伤不到他,捆仙绳拴不住他……他会七十二般变化,又生得一副火眼金睛,上天、入地、下海无所不能,一个筋斗竟飞出十万八千里。他又有超人的智慧,能及时识破妖魔鬼怪的种种阴谋伎俩(相比之下,唐僧、猪八戒、沙和尚却显得愚钝得多)。所以,取经路上他劈山开路、拦河架桥、降妖捉怪、所向披靡,成为力量与智慧的化身。

马克思讲过,神话是"通过人民的幻想用一种不自觉的艺术方式加工过的自然和社会形式本身"(引文见前)。在神话中,普遍反映着古代人民战胜灾害、征服自然的强烈愿望。表现在孙悟空身上的神奇本领和他使用的灵异的武器,都反映了古代人民渴望具备征服自然的巨大智慧和力量。取经途中所遇到的妖魔,有不少即是从自然力量幻化出来的。扫荡这些妖魔,就意味着战胜自然灾害。当然,我们还可以再继续引申:那些拦阻在取经路上的妖魔鬼怪,不仅仅是从自然力量幻化出来的,还有一些是从社会黑暗势力中幻化出来的,人们盼望用孙悟空的力量和智慧去战胜那些妖魔鬼怪、荡尽人间恶势力。

孙悟空是正义的化身。吴承恩还赋予了孙悟空强烈的正义感。"作者一再通过书中人物的口,指出孙悟空'专救人间灾难','与人间报不平之事,济困扶危,恤孤念寡'"[27]。比如,孙悟空借芭蕉扇搧灭火焰山之火,不单单为了让唐僧通过,更为了使这个"八百里火焰,周围寸草不生"的地方能"五谷养生",让老百姓"依时收种,得安生"。小说第61回写道:行者道:"我当时问着乡人说:'这山扇熄火,只收得一年五谷,便又火发。'如何治得除根?'罗刹道:'要是断绝火根,只消连扇四十九扇,永远再不发了。'行者闻言,执扇子,使尽筋力,望山头连扇四十九扇,那山上大雨淙淙。"我们可以作一点分析:搧灭焰火,让唐僧过得火焰山只有个别意义(仅仅是为了取经),而让"寸草不生"的不毛之地变得"五谷养生"则具有普遍的、救世的意义;作为唐僧的徒弟,熄灭山火是孙悟空应尽的责任,而让火焰山"断绝火根"、永不再发,使这里的老百姓"依时收种,得安生"则升华为一种可贵的正义感。

孙悟空的这种正义感还突出地表现在他有着强烈的"平等意识"。当年大闹天宫之后,他曾面对如来佛慷慨陈词:"常言道,'皇帝轮流做,明年到我家。'只教他搬出去,将天宫让我,便罢了。若还不让,定要搅攘,永不清平!"对此有人评论道:"它有力地显示出:反抗神佛并不是什么'欺君罔上'的罪行,而是理直气壮的正义行动。"[28]笔者以为然。

对《西游记》的两点简单思考:

第一,为什么说《西游记》不是真正意义上的神话小说?我们侧重从吴承恩的创作动机分析:他一生创作丰富,除《西游记》外还有很多作品,可惜有一些已经散失了,比如《禹鼎志》就是一部失传了的志怪小说集,好在它的序言被保存了下来。吴承恩在这篇序中写道:"虽吾书名为志怪,盖不专明鬼,时纪人间变异,亦微有鉴戒寓焉。"[29]这明确地告诉读者,他写那些志怪小说主要是为了"纪人间变异",其中寓于了对现实的揶揄和批判,以期达到"鉴戒"的目的,而绝非专为"明鬼"。《西游记》也不外此。它借助取经与鬼神故事的外衣,把批判矛头直指"文也不贤,武也不良,国君也不是有道"、普天下百姓被搞得"家家害怕,户户生悲"的黑暗社会现实[30]。所以,鲁迅明确指出《西游记》"讽刺揶揄则取当时世态",又称其"玩世不恭之意寓焉"。正是从这一意义上,笔者认为《西游记》是一部批判现实主义小说,或称超现实主义小说。

第二,孙悟空的悲剧命运。在《西游记》小说中,孙悟空是一个天不怕、地不怕的勇士,是一个无往而不胜的英雄,他上天、入地、下海,为自由而战,为正义而战。然而,他又是一个悲剧性人物——反抗的失败者、命运的屈服者——皈依了佛门、被戴上了紧箍,并最终"修成正果"。这种悲剧是属于孙悟空的,更是属于吴承恩的,它宣扬了佛法无边,而佛法又往往是和皇权连在一起的。

4. 兰陵笑笑生和他的《金瓶梅》

许多人都知道《金瓶梅》是一部"禁书"。为什么要禁?它有没有一点存在的价值?我们作一些简单介绍和分析。

(1) 关于《金瓶梅》的成书年代与作者。据近人考证,《金瓶梅》的成书年代大约在明隆庆二年至万历三十年(1568~1602年)之间。最初以抄本流行,万历三十八年(1610年)始有刻本。现存最早的版本有两种:一是万历四十五年(1617年)"东吴弄珠客"作序的《金瓶梅词话》;一是天启年间(1621~1627年)所刻的《原本金瓶梅》。《金瓶梅》的作者是谁?目前仍是个谜。明末沈德符在《野获编》中曾说,"闻此为嘉靖间大名士手笔",于是便有人臆推为"后七子"之一的王世贞;而多数本子的作者署名为"兰陵笑笑生",有人据此推断,《金瓶梅》的作者应是山东兰陵人,书中的确采用了大量山东方言和当时的市井行话。那么这"兰陵笑笑生"又是谁呢？近年来有人推测,可能是山东章丘的李开先。

(2)《金瓶梅》是一部什么样的书,它有没有价值。简单说,《金瓶梅》是一部"市井小说",因其中充斥着大量的色情描写,有人称之为"言情小说",或者说它是一部"色情小说"也不过分。小说情节紧紧围绕西门庆展开。西门庆"原是清和县一个破落户财主",开着一家生药铺。他靠着投机钻营、行贿送礼等手段,攀附显要、权贵,同地方官僚乃至朝廷结为一体。西门庆借此以横行乡里,无恶不作,使得"满县人都惧怕他",他也因此而过着醉生梦死、荒淫无耻的生活。

(3)《金瓶梅》的价值我们可以从三个方面来认识。①《金瓶梅》作为小说,对西门庆罪恶行径的描写洋溢着强烈的现实生活气息,充分揭示了明中叶以后朝廷、显要、权贵如何与地方豪绅、富商沆瀣一气、狼狈为奸、压榨人民的黑暗内幕,细致地勾勒出那一时期鬼蜮横行的真实画面。同时,作品通过对生活细节的描写、日常口语的运用,成功地刻画了不少血肉丰满的艺术形象,让读者看到了那个罪恶世界里如何孳生和活动着一群病态的、畸形的丑类。因此,它有重要的认识价值。②《金瓶梅》是我国文学史上第一部由文人独立创作的长篇小说,不像《三国演义》、《水浒传》、《西游记》等都是在民间传说的基础上加工而成。从此,小说走出"传说"而进入"创作"的时代;③《金瓶梅》突破了以往长篇小说的创作题材。此前,所有的长篇小说无不取材历史故事或神话传说,所表现的无非帝王将相、才子佳人或妖魔鬼怪,唯独《金瓶梅》另辟蹊径,以现实社会中的平凡人物和家庭日常生活为题材,从而开创了中国"人情小说"(鲁迅语)的先河。毛泽东就曾问过中央政治局常委和各大区第一书记们:"你们看过《金瓶梅》没有？这部书写了宋朝的真正社会历史,暴露了封建统治,揭露了统治者和被统治者的矛盾,也有一部分写得很细致。《金瓶梅》是《红楼梦》的祖宗,没有《金瓶梅》就写不出《红楼梦》。"

(4)《金瓶梅》为什么成为"禁书"。《金瓶梅》的作者缺乏正义感、同情心和识别善恶、美丑的能力,"描写以西门庆为中心的人物活动,只是展现一片罪恶的渊薮,看不出社会的一线光明和希望。特别是作者对下流堕落的糜烂生活和肮脏腐朽的丑恶灵魂,非但缺乏严肃的批判,反而从浓墨重彩的恣意渲染中表现欣赏、宣扬的态度,因此全书随处都有不堪入目的色情描写"[31]。这就是它成为"禁书"的主要原因。

5. 曹雪芹和他的《红楼梦》

《红楼梦》一问世,立即形成一个庞大的读者群,包括酒楼、茶肆中那些说书卖艺的也无不拿它作谈资。当时流行着一句话:"开谈不说《红楼梦》,读尽诗书也枉然。"乾嘉以后,围绕对《红楼梦》的研究和评论形成了一个重要学派——"红学",最早有张新之、姚燮等,继而是王国维,后来又有王梦阮、沈瓶庵、蔡元培,再后来又有胡适、俞平伯、顾颉刚……并形成了"索引派"、"新红学派"等不同流派,直到今天,"红学"仍然是炙手可热的显学。

1)《红楼梦》的作者

曹雪芹(1715? ~1763年2月12日;一说1764年2月1日)名霑,字芹圃,号梦阮,又号雪芹、芹溪。他的远祖是襄平(今辽宁辽阳市)人,大约在明代后期被编入满洲正白旗,身份是"包衣",即满洲贵族的家奴。1644年清王朝建都北京,曹家成了专为宫廷服务的内务府人员。曹雪芹的曾祖父曹玺担任过江宁织造,曾祖母孙氏是康熙的保姆;祖父曹寅历任正白旗包衣左领,内务府郎中,苏州、江宁织造以及两淮巡盐御史等职。曹寅死后,由儿子曹颙承袭江宁织造。不久曹颙病死,康熙又让曹寅之妻过继了一个儿子曹頫,继续担任江宁织造。

1727年(雍正五年),曹頫自江宁解送织物进北京时因扰乱驿站、苛索银两,被山东巡抚塞楞额参奏,再加上亏空帑项、暗中转移家产等罪,被雍正帝免职,并查封家产;1728年(雍正六年),扰乱驿站案审毕,判定曹頫赔偿银两,枷号追索。曹頫在江宁和北京的家产、奴仆均奉旨赏给新任江宁织造隋赫德。隋赫德将曹家在北京崇文门外蒜市口的17间半房屋和3对家奴,仍留给曹寅之妻;1735年(雍正十三年),乾隆帝继位之初,宣布对一些官员的欠款实行宽免,前任内务府员外郎曹頫也在其列。随后,曹家的几门亲戚都得到了重用,而曹頫是否复官,不得而知。

曹雪芹是曹颙的儿子还是曹頫的儿子,目前仍在争论中。但有一点可以肯定,少年时代的他在江南过着十分奢华富贵的生活。从敦敏的诗句"秦淮风月忆繁华"中[32],我们可以隐隐窥到一点信息。到北京后的经历不详,据推测他可能在宗学(即皇族学校)或正黄旗义学担任过职务,还有可能当过差役。再后来就陷入了"举家食粥酒常赊"(敦敏诗句)的境地。穷困潦倒的生活、独生子夭亡的打击,使他感伤成疾,于乾隆二十八年癸未除夕(1764年2月1日;一说乾隆二十七年壬午除夕,即1763年2月12日)逝世。

曹雪芹创作《红楼梦》(原名《石头记》)大约始于1744年(也有研究者年认为是1749年),到1754年前80回基本完成。所以《脂砚斋重评石头记》中有所谓"十年辛苦不寻常"以及"披阅十载,增删五次"的感慨。脂砚斋又讲,"雪芹旧有《风月宝鉴》之书"。因此有人推测,《红楼梦》应是在《风月宝鉴》的基础上扩充、改写而成的。曹雪芹写完前80回后,又写了30回或40回的回目或手稿,但却没能将这部巨著最终完成。一般认为,后40回是由高鹗续写的。

高鹗(1738~1815? 年)字兰墅,一字云士,别号红楼外史,清汉军镶黄旗人。乾隆六十年(1795年)进士,入翰林院,曾任内阁侍读、刑科给事中等职。他续补《红楼梦》的时间当在1791年前后。高鹗参照前80回提供的线索,比较圆满地完成了宝黛的爱情悲剧,使得《红楼梦》全书首尾完整,便于流传,可谓功不可没。但也有人批评说,高鹗对小说结局的处理,诸如宝玉中举、兰桂齐芳等情节"严重违背了曹雪芹的原意"[33],"殊不类茫茫白地,真成干净者矣"(鲁迅语)。那么,曹雪芹的原意是什么?目前恐怕谁也说不清楚。既然如此,高鹗的续书能写到这个程度已经不错了,所以鲁迅又讲"即使出于续作,想来未必与作者本意大相悬殊"[34]。

2)《红楼梦》是一部什么样的书

有人说它是一部言情小说,有人说它是一部社会小说,也有人说它是一部历史小说,还有人说它是一部批判现实主义小说等等,都有道理。

毛泽东从一个伟大政治家的角度,对《红楼梦》作过许多精辟论述。早在1938年10月他就对贺龙说:"中国有三部名小说,《三国》、《水浒》和《红楼梦》,谁不看完这三部小说,不算中国人!"1961年12月又讲到:"《红楼梦》不仅要当作小说看,而且要当作历史看。他写的是很细致的、很精细的社会历史。"1964年8月他在同哲学工作者的一次谈话中又讲到:"《红楼梦》我至少读了五遍……我是把它当历史读的。开头当故事读,后来当历史读……"他称赞《红楼梦》是中国古代小说中写得"最好的一部"。

3)《红楼梦》首先是一部言情小说

因为曹雪芹毕竟费尽心血地去演绎了宝、黛之间的爱情悲剧,同时又用了大量笔墨去描写宝玉、黛玉、宝钗之间的爱情纠葛。

在宝、黛的性格中有着许多相似的地方,最突出的一点就是他们强烈的"叛逆精神"——宝、黛虽然生长在一个壁垒森严的封建大家族中,两人竟敢偷读"淫书"《西厢记》,并读得"余香满口";宝、黛虽然自幼受到功名、仕途的熏陶,宝玉却从来不把那些东西放在眼里,黛玉更"不曾劝他去立身扬名等语,所以深敬黛玉",倒是宝钗经常在他身边絮絮道道,表现了一个封建卫道士的正统本色;宝、黛虽然是弱者,并不能主宰自己的命运,但他们却从不向命运低头、不向周围的恶势力低头,在小说的第三十六回,宝玉就曾在梦中大喊:"和尚道士的话如何信得?什么金玉姻缘,我偏说是木石姻缘"——对家族、对家族强加给自己的婚姻,表示了公开抗争。宝、黛的爱情正是建立在这样一种思想性格相投、生活情趣一致的基础之上的。他们首先是挚友,然后才是恋人,所以他们之间的爱情没有浓浓的脂粉气、没有薰人的铜臭气,更没有装腔作势的道学气。从这个意义上讲,《红楼梦》是一部真正的言情小说。

4)《红楼梦》更是一部社会历史小说

曹雪芹在小说第一回中写道:"满纸荒唐言,一把辛酸泪!都云作者痴,谁解其中味?"这难解的"其中味"到底是指什么?说穿了,无非是借助那些"假语村言"编织成一个个凄美而感人的爱情故事,并通过故事中人物的喜怒哀乐、悲欢离合"照出"世间的人情冷暖、社会的潮起潮落。所以,《红楼梦》的前身叫做《风月宝鉴》。

第一,它是"四大家族"的发家史,当然也是他们的"罪恶史"。曹雪芹从清初到嘉庆中叶的社会现实中概括出了四个封建家族的典型——贾、史、王、薛,他们都是世代相袭的贵族或官僚,其中,贾家"功名奕世,富贵流传,已历百年"。《红楼梦》的第四回是全书的总纲,其中的"护官符"上这样写道:

贾不假,白玉为堂金作马。

阿房宫,三百里,住不下金陵一个史。

东海缺少白玉床,龙王请来金陵王。

丰年好大雪,珍珠如土金如铁。

通过这四句描写,足以看出四大家族的权势之大、财富之多。那么,他们何以有如此大的势力和财力呢？应天府的门子曾向贾雨村揭秘:"这四家皆连络有亲,一损皆损,一荣皆荣,扶持遮饰,俱有照应的",门子并告诉贾雨村:"如今凡作地方官者,皆有一个私单,上面写的是本省最有权势、极富极贵的大乡绅名姓,各省皆然;倘若不知,一时确犯了这样的人家,不但官爵,只怕连性命还保不成呢。"可见,在当时像金陵四大家族这类豪门集团不是个别现象,而是"各省皆然"。他们是清王朝赖以生存的社会支柱;而清王朝及各级官府自觉充当他们的保护伞。有了这样的支持与庇护,这些豪门集团就可以横行霸道、无恶不作。

比如,薛家公子薛蟠为了争买一个女孩子竟将冯渊活活打死。如此人命关天的大事,他却"没事人一般"而逍遥法外,案发一年,官府也不予追究。后来,贾雨村"徇情枉法,胡乱判断了此案"。那薛蟠何以敢如此胆大妄为？就因为他母亲王氏"乃现任京营节度使王子腾之妹,与荣国府贾政的夫人王氏,是一母所生"[35]。

再比如,贾府大老爷贾赦看上了石呆子的20把古扇,偏那石呆子说:"我饿死冻死,一千两银子一把我也不卖!"时任京兆尹的贾雨村听说了此事,"那没天理的……便设了个法子,讹他拖欠了官银,拿他到衙门里去,说所欠官银,变卖家产赔补,把这扇子抄了来,作了官价"送给了贾赦,"那石呆子如今不知是死是活"[36]。

不用再举更多的例子,四大家族就是靠了他们之间的相互勾结,又借助官府的势力以欺压百姓、聚敛财富的。

第二,它是社会下层民众的血泪史。不说冯渊和石呆子的悲惨遭遇,单是荣、宁二府里边被打死、逼死的奴仆、丫环、下人就有几十口子之多。

比如,一向"宽仁慈厚"王夫人,就因婢女金钏儿和贾宝玉说了几句调笑的话,她照脸上"就打了个嘴巴子,指着骂道:'下作小娼妇,好好的爷们,都叫你教坏了。'"虽然金钏儿服侍了她十几年,这会儿却翻脸无情,立即把她撵了出去,"虽金钏儿苦求,亦不肯收留",最终逼得这可怜的女孩子投井而死[37]。

再比如,被老太太叫做"凤辣子"的王熙凤,模样虽长得"极标致",但内里却是心毒手狠、贪婪无已、心计极深,真真是"嘴甜心苦两面三刀,上头一脸笑,脚下使绊子,明是一盆火,暗是一把刀"。就因为贾瑞触犯了她的尊严,她便"毒设相思局"将其置之死地[38];又是她,为了三千两银子而"弄权铁槛寺",借助官府的势力将一对恋人活活拆散,并逼得他们双双自杀[39];还是她,因其丈夫贾琏与下人鲍二家的私通,她便借着酒劲撒泼,逼得鲍二家的上吊自杀[40];仍然是她,当得知贾琏偷娶了尤二姐之后,假装贤惠,把尤二姐骗入大观园中,然后用最阴险毒辣的手段将已怀有身孕的尤二姐逼死,又设法追杀她的前夫张华[41]。

这一桩桩一件件,都是社会下层民众的血泪史。这告诉我们"'花柳繁华地,温柔富贵乡'的权豪势要之家,乃是'杀人如草不闻声'的人间地狱"[42]。

第三,它也是下层民众的抗争史。 千百年来,流传着一个最简单的道理叫做"不平则鸣"。生活在宁、荣二府底层的那些所谓"下人们",并不都是逆来顺受、任人宰割的羔羊,他们为了自由、幸福、人格、尊严,用各种方式进行着不屈的抗争。

比如,侍候在贾母身边的鸳鸯就是一个地位卑微而心气极高的姑娘。她早已看透了贾府龌龊、丑陋的内幕。当那个"太好色"(平儿的话)的贾府大老爷贾赦逼她为妾时,她断然拒绝:别说做小老婆,就是"三媒六聘地娶我去做大老婆,我也不能去","就是老太太逼着我,一刀子抹死了,也不能从命!"尽管贾赦等人用尽种种威逼利诱手段,始终没能让她屈服。鸳鸯最后的自尽,与其说是为贾母殉葬,不如说是用生命对贾赦等人无耻行径的控诉[43]。

再比如,怡红院中的婢女晴雯,她心地纯真、口齿伶俐,且倔强直爽、敢爱敢恨,从来不屑于向主子献媚。为了和贾宝玉斗气,她当面把扇子撕得粉碎;抄检大观园时,只见她"挽着头发闯进来,豍啷一声将箱子掀开,两手提着,往地上一倒,将所有之物尽都倒了出来",让那个狐假虎威、又"常调唆"事儿的王善宝家的当众碰了一鼻子灰。她的这种性格、作为,当然不能为统治者所容,王夫人当面骂她:"我看不上这浪样儿!谁许你这样花红柳绿的妆扮!"在重重诽谤与粗暴打击下,她气得生了重病,"四五日水米不曾沾牙,恹恹弱息",被人硬从"炕上拉了下来,蓬头垢面"地架出了大观园,而且"王夫人吩咐,只许把贴身衣服撂出去,余者好衣服留下给好丫头穿"。在封建恶势力的高压下,聪明伶俐、活泼可爱的晴雯就这样凄凄惨惨地离开了人世。然而,直到生命的最后一刻,她也没有表示出丝毫的怯懦[44]。

又比如,迎春房里的丫头司棋,她向往自由、幸福的爱情,与表弟潘又安互赠信物、私订终身,用自己的行为对封建婚姻制度和奴婢制度发起挑战。事发后,她明知将大祸临头,却"并无畏惧惭愧之意",以至王熙凤都感到惊诧。潘又安被迫出走后,司棋责备道:"总是闹了出来,也该死在一处,他又是男人,先就走了,可见是个没有情意的。"不久,在贾府上下的威逼之下,"司棋无法,只得含泪与迎春磕头,和众姊妹告别"。然而,她对自己的所作所为却无怨无悔。最后,两人都以死表示了对爱情的忠贞,同时也向旧制度发出强烈抗议[45]。

此外,还有刚烈不屈的尤三姐,模样儿本来就风流标致的她,偏偏又爱打扮得出色,自有一种万人不及的风情体态,惹得贾珍、贾琏、贾蓉等贾府中一班好色之徒都对她垂涎三尺。尤三姐生活在那样一个肮脏、污浊的环境中,为了捍卫自己的人格与尊严,用她特有的聪明、勇敢、泼辣与那些衣冠禽兽们周旋、斗争。她曾指着贾珍、贾琏的鼻子骂道:"这会子花上几个臭钱,你们哥儿俩拿着我们姐儿两个权当粉头来取乐儿,你们就打错了算盘了。我也知道你那老婆(指贾琏的妻子王熙凤——引者注)太难缠……我也要会会那凤奶奶去,看他是几个脑袋几只手。"最后,她用年轻的生命证明了自己的清白,也殉了自己的爱情[46]。

需要指出的是,贾府中"下人们"的这种抗争有一个大的历史背景。据资料载,乾隆时农民"日给之外,已无余粒","一遭旱涝,尽所有以供富民之租,犹不能足。既无立锥以自存,又鬻妻子为乞丐以偿丁负"[47]。所以,《红楼梦》第一回就写到乡宦甄士隐因农民"抢田夺土"而在田庄上"难以安身";又在后40回写到了东南海疆一带"越寇猖獗",朝廷派了安国公前去"征剿"等等。历史告诉后人:"哪里有压迫,哪里就有反抗!"这是千古不易的真理。

5) 如何看待宝、黛的爱情悲剧

我们先来讨论一下婚姻是什么?可能有人会说是爱情的结晶,是情感的升华,等等。然而,在黑暗的封建社会里,婚姻的本质乃是一场"交易",黑格尔把它说成"契约"("契约"本身就是交易的产物),而并非出于男女双方的爱恋与情感。这种"交易"的筹码多种多样——政治的、经济的、家族的、社会的等等,总之离不开两个字——"利益"。恩格斯曾分析道:"结婚是一种政治的行为,是一种借新的联姻来扩大自己势力的机会;起决定作用的是家世的利益,而决不是个人的意愿。在这种条件下,关于婚姻问题的最后决定权怎能属于爱情呢?"[48]。宝、黛生活在那样一种环境,他们根本不可能冲破这种"交易"的怪圈,所以,宝、黛之间的"爱情"也就无法升华为"婚姻"。

对这个问题,我们作三点分析。

(1) 宝、黛的爱情悲剧首先是社会造成的,换句话说,是当时社会不能容忍宝、黛的结合。前边已经谈到,在宝、黛的性格中最突出、最具共性的是他们的"叛逆精神"。从宝玉方面讲,他鄙弃功名利禄,不愿意走读书应试、做官为宦的道路;他深恶时文八股、经济学问,对儒家经典有自己的见解;他"懒于士大夫诸男人们接谈,又最厌峨冠礼服、贺吊往还等事",而喜欢像古代圣贤、高人雅士那样流连风月、纵情诗酒,借以避世。所以,当宝钗劝他刻苦读书,去奔仕途时,他生气地说:"好好的一个清净洁白的女儿,也学的沽名钓誉,入了国贼禄鬼之流。"对所谓伦理纲常等封建礼教,宝玉更是不屑一顾。他根本不在意什么嫡、庶关系,也不看重什么主、仆名分。对那些奴婢、小厮比较宽厚,甚至给予同情和体贴。他身边的小厮兴儿就曾说:"我们坐着卧着,见了他也不理,他也不责备。因此没人怕他,只管随便,都过得去。"当然,最典型的还是他对爱情、婚姻的态度。他敢于冲破封建礼教的束缚和违背家族集团的意愿,大胆追求真正的爱情与婚姻,当他讲出"什么金玉姻缘,我偏说是木石姻缘"时,实际上是对残酷的封建礼教和以贾母为代表的封建家族发出的强烈挑战。黛玉也是如此。她很早失去了双亲,在贾府过着寄人篱下的生活。强烈的自尊心和自我保护意识,使她逐渐形成了清高孤傲、多愁善感、多疑任性又尖酸刻薄的性格。她是封建闺阁中培养的地地道道的"淑女",却不顾什么伦理纲常,大胆地追求、勇敢地捍卫和宝玉的爱情;作为贾府中的"弱者",她从不低三下四、趋炎附势,而是保持人格、洁身自好。她短暂的一生,曹雪芹用7个字作了概括:"质本洁来还洁去"。

宝、黛的这种叛逆精神,恰恰是封建社会所不能容忍的。"从整个形势看,'明清两代虽然有新的社会因素萌动',新的思想、观念和意识也在潜滋暗长,但就社会整体而言,并没有走出'中世纪','还是沿着秦汉以来封建帝国的故道缓慢运行'。……这是黎明前最黑暗的时期,不论是封建的政治统治还是封建文化统治都暴露出其腐败、残忍的反动本质;在最能体现人性的婚姻恋爱问题上,显得尤为突出。什么'三纲五常'、'三从四德'以及族权问题、夫权问题、门第观念等等,拆散了多少有情鸳鸯,虐杀了多少美好姻缘。"[49]宝、黛这对"有情鸳鸯"当然也在虐杀之列。因为封建统治者最害怕出现"连锁效应",形成大的"溃堤",从根本上动摇他们政权的根基。

(2)宝、黛爱情悲剧是封建家族集团一手制造的。曹雪芹笔下的四大家族之所以勾结得那么紧密,一个很重要的原因就是通过婚姻这条纽带组成了一个政治利益相关、经济相互依赖的"家族集团"。所以,那些封建家长们总是把子女的婚姻当成家族巩固、事业发展的大事来考虑,来处理。从这个角度看,宝玉作为贾府事业上的唯一继承人(因为贾珠死后,他就成了贾政的嫡亲长子),他的婚姻绝非是"个人问题",而是关系这个家族的盛衰、荣辱,小说的第五回已经借荣、宁二公之灵暗示了这一点:"吾家自国朝定鼎以来,功名奕世,富足流传,已历百年。怎奈运终数尽不可挽回,我等之子孙虽多,竟无可以继业者。惟嫡孙宝玉一人,禀性乖张,用情怪谲,虽聪明灵慧,略可望成……"云云。这样一来,给宝玉选一个什么妻子就成了关乎贾府事业成败的大事。

黛玉是贾母的外孙女,深得她的喜欢,第一次进贾府就被贾母搂入怀中,心肝肉地叫着大哭起来。她对林黛玉"百般怜爱,三个亲孙女倒靠后"。然而,黛玉却不是她心目中贾家孙媳妇的合适人选。因为在林黛玉身上表现出的多是那种与社会、与他人、与这个家族格格不入的叛逆精神,而缺少了诸如温柔、贤淑、大方、练达等封建礼教所标榜的"妇德"。更重要的是,她从小失去双亲,过着寄人篱下的生活,既没有强大的政治后台,也没有雄厚的经济基础,总之,对那个日益衰败的庞大家族给不了多少帮助。加之,她身弱多病,没有多少"福相",自然不会被贾府看中。宝钗就不同。她容貌美丽、肌骨莹润、举止娴雅、处事大方,既"世事洞明"又"人情练达",深得贾府上上下下喜爱。当然还不止这些,最关键的是薛宝钗乃薛姨妈的女儿,是那个"丰年好大雪,珍珠如土金如铁"的薛家的后裔,不仅家中拥有百万之富,而且有一个做大官的舅舅——王子腾。在贾母等人看来,宝玉只有和她结合才算得上"金玉良缘"。"好风凭借力,送我上青云",宝钗虽然没有达到候选入宫的目的,却如愿以偿地当上了"宝二奶奶"。然而好景不长,在重重打击与压力下,宝玉陷入了走投无路的状态,"终于由极端热爱人生变为极端伤感,再变为心灰意冷,悬崖撒手,出家为僧"[50],宝钗只好独守空闺,抱恨终身。从这个意义上看,宝玉、宝钗之间也同样是一场悲剧,而且有着更深的社会意义。

(3) 宝、黛的爱情悲剧与他们自身的人格缺陷分不开。比如,宝玉厌恶贾雨村那样的官僚,但却并不反对封建官僚制度;他不重视等级名分,却从没有抹杀主仆界限,像小说的第三十回他就把袭人踢得吐血;他不满意家族对子女的封建统治,尤其是在爱情婚姻问题上,却从不敢公开和直接地违抗家长意志。另外,他浑浑噩噩、无所事事、一天到晚扎在女人堆里,用小厮兴儿的话说:"每日又不习文,又不学武,又怕见人,只爱在丫头群里闹。"这决定了他一事无成。再说黛玉,她生性多疑、气量狭小、情感脆弱、不谙人情,遇事爱耍脾气、使小性子,不善于和别人共处等,也都是严重的人格缺陷。

恩格斯说:"当事人双方的相互爱慕应当高于其他一切而成为婚姻的基础的事情,在统治阶级的实践中是自古以来都没有的,至多只是在浪漫事迹中,或者在不受重视的被压迫阶级中,才有这样的事情。"[51]宝、黛的爱情故事,就是发生在统治阶级中的一件"浪漫事迹"。

6. 蒲松龄和他的《聊斋志异》

清朝之前,我国的文言小说有两个重要发展阶段,一是六朝志怪,一是唐宋传奇。到了蒲松龄的《聊斋志异》又豁然一变,它在前者的基础上加以创新,形成了我国古代文言小说的又一个高峰。

1) 蒲松龄其人

蒲松龄(1640~1715年)字留仙,一字剑臣,号柳泉居士,世称聊斋先生,山东淄川(今淄博市淄川区)人。他生于明季,长于清初,能诗善文,著作等。传世之作有《聊斋诗集》6卷、《聊斋文集》13卷、《聊斋词》1卷、《聊斋俚曲》14种等等,而在海内外文坛上影响最大的当属他的12卷短篇小说——《聊斋志异》。

蒲家原本"累代书香"、家学渊远,但到了明后期却家道败落、书香不继,蒲松龄的父亲蒲槃不得不弃儒而经商。为了能出人头地,蒲松龄早年曾倾注大量心血于科举,19岁"初应童子试,即以县、府、道三第一补博士弟子员,文名籍籍诸生间"。然而,此后幸运之神却不再青睐他,一次次投考,一次次败北,始终连个举人也没能考上,直到71岁那年才援例为岁贡生。他在《大江东去·寄王如水》一词中写道:"天孙老矣,颠倒了天下几多杰士。蕊宫榜放,直教那抱玉卞和哭死!……每每顾影自悲,可怜肮脏骨销磨如此!……数卷残书,半窗寒烛,冷落荒斋里。"可见他活得多么艰辛!

在蒲氏一生中,除做过不到两年(1670年秋～1672年春)的宝应县幕宾外,大部分时间都在家乡设塾授业,以为生计。由于科举的不顺,蒲松龄便以极大的热情投入到文学创作之中,授课之余,用各种方式搜罗那些精彩的鬼神故事。他自己曾讲:"才非干宝,雅爱搜神;情类黄州,喜人谈鬼,闻则命笔,遂以成篇。"[52]

谈到蒲松龄和《聊斋志异》就不能不谈王渔洋。王氏乃蒲松龄同乡,时任国子监祭酒,又是著名的神韵诗派领袖,有"诗坛圭臬"、"一代正宗"之誉。他对蒲松龄创作《聊斋志异》给予很大的鼓励和支持。王培荀《乡园忆旧录》卷二云:"吾淄川蒲柳泉《聊斋志异》未脱稿时,渔洋每阅一篇,寄还,按名再索。来往书扎,余俱见之。亦点正一二字,顿觉改观,先生笔墨之妙,端由心细工深。"徐世昌《晚晴簃诗汇·诗话》亦云:"留仙屡应试,不得志于有司。……对别撰《聊斋志异》,托于狐鬼荒幻,将以惊发薄俗。渔洋题诗云:'姑妄言之姑听之,豆棚瓜架雨如丝。料应厌作人间语,爱听秋坟鬼唱诗。'留仙次韵云云。"不仅如此,王渔洋还预言:"《聊斋文》不斤斤宗法震川,而古折奥峭,又非拟王、李而得之,卓乎成家,其可传于后无疑也。"[53]

历史验证了王渔洋的话。今天,蒲松龄已成为世界公认的"短篇小说之王";"蒲学"也成了炙手可热的显学。

2)《聊斋志异》其书

人们习惯上把《聊斋志异》称做短篇小说集,而实际上它包含了小说、寓言、杂记、散文特写等多种文体。作品的内容丰富,涉及的层面很广,其中最有生命力的是这样三类(就内容而言):一是抨击封建社会黑暗统治的作品。其矛头直指那些大大小小的官吏,将他们贪婪、诒佞、昏庸、无耻的丑恶面目暴露于光天化日之下,代表作如《促织》、《席方平》、《石清虚》、《金和尚》等;二是描写爱情婚姻的作品。这些作品表达了人民群众对美好爱情婚姻的向往与追求,塑造了一群忠于感情、热爱生活、人情味十足的鬼狐仙妖,如《婴宁》、《红玉》、《娇娜》、《青凤》等;三是揭露科举制度弊端的作品。这类作品往往借一个故事揭露考官的营私舞弊、黑白颠倒,或刻画应试士子的病态心理,无不淋漓尽致、入木三分,如《叶生》、《王子安》等。

在这些优秀作品中,贯穿着两种非常重要的精神,即批判精神与创新精神。

3)《聊斋志异》的批判精神

蒲松龄在《同毕怡庵绰然堂谈狐》一诗中写道:"人生大半不称意,放言岂必皆游戏。"这明确告诉我们,他写那些鬼神故事不是一种游戏,而是他在"人生大半不称意"的背景下所表达的愤慨之言。所以,他又讲:"知我者,其在青林黑塞间乎!"[54]

蒲氏的这种愤慨、这种批判意识与他的人生经历有着密切关系。"蒲松龄的热心文学创作,又要作别解。他出身并不显赫,但也属殷实人家,从小受到儒家思想、观念的影响与熏陶。所以,他热衷功名利禄,全身心地投入科举。"[55] 19岁那年,他以县、府、道三个第一考中秀才,并得到当年的主考官、山东学政施愚山的高度评价,这更加激起了他的科举热情。据有关资料介绍,蒲松龄为了功名,几乎耗尽毕生精力,单是从39岁到66岁的27年间,参加和准备参加乡试就达10次之多(只有三次放弃了机会),而每次都是铩羽而归。其中有两次最让他伤心:一次是(康熙二十六年)因"闱中越幅被黜";还有一次是(康熙二十九年)"二场抱病不获终试"。蒲松龄把自己的失败一方面归结为命运不好,同时也因为"仕途黑暗、公道不彰"。这让他"徒有才学,却无法实现自己的理想和抱负。时间既久,他不由得心灰意冷,把原来的一腔热血,化作对封建科举制度的愤恨不平之意。正像韩愈在《送孟东野序》中所讲的:'大凡物不得其平则鸣,草木之无声,风挠之鸣……人之于言也亦然,有不得已者而后言,其歌也有思,其哭也有怀。凡出乎口而为声者,其皆有弗平者乎!'"[56]。

蒲松龄的这种愤慨、这种批判意识还基于他对社会的深刻了解。蒲氏一生几乎没有离开过农村,他最熟悉的是农民的声音,最了解的是农民的感情,最关心的是农民的疾苦。清朝初年,"旷日持久的战争已使人们饱受其苦,但清政府为了消灭残余的南明势力和镇压各地的农民起义还在频频进行着局部战争,从清朝定鼎到南明政权覆灭(即吴三桂擒获永历帝)整整十五年的时间里,几乎一天都没有停止征战(尤其在江南),当然也就一天也没有停止向老百姓横征暴敛,加之连年的自然灾荒,无疑使不堪重负的老百姓雪上加霜。于是,战乱、灾荒、饥饿像一层层乌云笼罩在农村上空,使老百姓陷于水深火热之中。如康熙四十二年前后,蒲氏的家乡淄川连续三年发生了特大自然灾害(奇荒),致使'壮者尽逃生,老者尚呻嘤。大村烟火稀,小者绝鸡鸣……'"[57]。蒲松龄怀着对农民的深切同情,自然对那些欺压人民的官僚、乡绅和地痞流氓深恶之、痛绝之,于是,在他的笔下就充满了对社会、对现实的批判。

4)《聊斋志异》的创新精神

明清之际,像《聊斋志异》类的小说并不少,如瞿佑的《剪灯新话》、袁枚的《新齐谐》、纪昀的《阅微草堂笔记》等,其中不乏描写神仙鬼怪的精彩篇章,为什么不能很好地流传呢?一个重要的原因就是那些作品缺乏创新,它们没有突破六朝志怪和唐宋传奇的创作模式。

《聊斋志异》则不然。它在继承前人创作经验的基础上,成功地将六朝志怪与唐宋传奇的创作方法作了有机地结合,就是说,《聊斋志异》不像六朝志怪和唐宋传奇那样单纯地搜取、记录奇闻异事,"而是注重二度创作,注重情节的描写,并成功地将作者的思想、情感、观念、意识融入作品之中(尤其是每篇后面的'异史氏曰',无疑是一个创造)"。诚如鲁迅先生所言:'聊斋志异虽亦如当时同类之书,不外记神仙狐鬼精魅故事,然描写委曲,叙次井然,用传奇法,而以志怪,变幻之状,如在目前;又或易调改弦,别叙畸人异形,出于幻域,顿入人间;偶述琐闻,亦多简洁,故读者耳目,为之一新。'(《中国小说史略》)可见,《聊斋志异》的成功也在于它的创新"[58]。

【《聊斋志异·促织》赏析】

这是蒲松龄《聊斋志异》中的代表性作品。它利用一段传奇故事表现了一个严肃重大的社会主题。

《促织》的故事原型是发生在明朝宣德年间的一个真实事件。据沈德符编著的《万历野获编》记载:"我朝宣宗,最娴此事(指斗促织——引者注),曾密诏苏州知府况钟进八千个,一时语云:'促织瞿瞿叫,宣德皇帝要。'"《促织》的故事就发生在这样一个背景下:"宣德酷好促织之戏,遣使取之江南,价贵至数十金。枫桥一粮长,以郡督遣觅得一最良者,用所乘骏马易之。妻谓骏马所易,必有异,窃视之。跳出为鸡啄食。惧,自缢死。夫归,伤其妻,亦自经焉。"[59]这个故事的基本情节与蒲松龄笔下的《促织》中的某些情节相近,可见,蒲松龄写这篇小说是有根据的,绝非无稽之谈。

《促织》讲了这样一个故事:有一个叫成名的读书人,因捉不到促织,无法完成官家的任务被"杖至百,两股间脓血流离,并虫不能捉矣。转侧床头,惟思自尽"。后来,在一个"驼背巫"的指引下,终于捉到了一个"状极俊健"的促织。成名的儿子出于好奇,"窃发盆视之,虫径跃去;及扑入手,已股落腹裂,斯须就毙。儿惧,啼告母。母闻之,面色灰死,大骂曰:'业根!死至矣!翁归,自与汝复算耳!'未几成人,闻妻言,如被冰雪。怒索儿,儿已投入井中。因而化怒为悲,抢呼欲绝"。再后来,成名儿子的灵魂化作一只促织,虽长得"短小"却战无不胜。成名将其献于抚军,"抚军大悦,以金笼进上,细疏其能。……上大嘉悦,诏赐抚臣名马衣缎",成名也因此"屡得抚军殊荣。不数岁,田百顷,楼阁万椽,牛羊蹄躈各千万,俨然世家矣。

很显然,蒲松龄写《促织》绝不是为了讲一个生动曲折的故事,而是通过这个故事控诉各级封建官僚腐败而又野蛮的行径,抨击他们的暴政。正如他在篇后的"异史氏曰"中所讲:"天子偶用一物,未必不过此已忘;而奉行者即为定例。加之官贪吏虐,民日贴妇卖儿,更无休止。故天子一跬步,皆关民命,不可忽也。"蒲松龄为了达到批判的目的,没有"平铺直写"地去叙述故事,而是采用了一种真幻交织的手法,即不惜在一个平实的故事中穿插上许多看似不真实、不符合逻辑的情节,尤其是成名之子的灵魂化促织一节——正是这十分荒诞的一笔,却起到了画龙点睛的作用——使人们看到,万恶的封建统治是多么的残酷,它给人们造成的压力(包括物质的、肉体的,也包括精神的)是多么的可怕!人活着的时候战战兢兢,死了之后也不得安宁。像成名的儿子,为了一只小小的促织而死,死后其灵魂还要化成促织去满足官府的要求,以解救厄难中的父亲。"这看似淡淡的一笔,真有着撼天地、泣鬼神的艺术力量。"[60]

蒲松龄的高明之处也恰恰体现在这里。

参考文献及注释

[1] 北京大学中文系:《中国小说史》,人民文学出版社,1978年,第5页

[2] 马克思:《政治经济学批判导言》,载《马克思恩格斯选集》,第二卷,第113页

[3] [52][54]蒲松龄:《聊斋志异·自序》

[4] 《中国文学史纲要》,第2册,第79页

[5] 《中国人名大辞典·王徽之》

[6] 《辞源·左思》

[7] 《中国人名大辞典·戴逵》

[8] 张光兴等:《徐夜诗选注》,天津古籍出版社,1993年,第65页

[9] 宗白华:《美学散步》,第208页

[10] 当时的应试者,为了获得考官的赏识,往往在考试前送上自己的文章,第一次称"行卷",以后再送称"温卷"

[11] 鲁迅:《中国小说史略》,第57页

[12] 引文同[4],第293页

[13] 《中国人名大辞典·元稹》

[14] 王铚秀:《传奇·辩证》

[15] 胡应麟:《少室山房笔丛》

[16] 《中国文学史纲要》,第3册,第181页

[17] 引文同[16],第103页

[18] 《中国文学史纲要》,第4册,第8页

[19] 引文同[18],第9页

[20] 引文同[18],第12页

[21] 《严复集》,第2册,中华书局,1986年,第344页

[22] 引文同[18],第20页

[23] 见周密:《癸辛杂识》

[24] 引文同[18],第28、29页

[25] [26]同[18],第32、33页

[27] 北京大学中文系:《中国小说史》,人民文学出版社,1978年,第139页

[28] 引文同[27],第118页

[29] 《禹鼎志序》

[30] 《西游记》,第六十二回

[31] 引文同[18],第57页

[32] 敦敏:《赠芹圃》

[33] 引文同[27],第271页

[34] 鲁迅:《〈绛洞花主〉小引》,转引自[27],第202页

[35] 《红楼梦》,第四回

[36] 《红楼梦》,第四十八回

[37]《红楼梦》,第三十回
[38]《红楼梦》,第十二回
[39]《红楼梦》,第十五回
[40]《红楼梦》,第四十四回
[41]《红楼梦》,第六十八、六十九回
[42] 引文同[27],第277页
[43]《红楼梦》,第四十六回
[44]《红楼梦》,第三十七、七十四回
[45]《红楼梦》,第七十一、七十四回
[46]《红楼梦》,第六十五、六十六回
[47]《皇朝经世文编》
[48][51]恩格斯:《家庭·私有制和国家的起源》
[49]张光兴:《清初齐地文化名人研究》,山东教育出版社,1998年,第148页
[50] 引文同[18],第202页
[53]王士禛:《题〈聊斋文集〉后》
[55][58]张光兴:《孝妇河畔的三大历史文化名人》,载《淄博日报》,1998-06-05
[56] 引文同[49],第135页
[57] 引文同[49],第181、182页
[59]吕毖:《明朝小史·宣德记》
[60] 引文同[49],第127页

第十一章　国学之美(五):古代书法

在笔者看来,书法是最讲究灵性的一门艺术。这由周汝昌先生的话为证:"书法是我中华民族之精气神的一种独特的表相——'相'与'象'并不相同,二者若比较而言,则'象'还是有迹可寻,'相'却是'羚羊挂角'的无可捉摸之的'灵境'一层意义了。"[1]此前,有很多书法家、书法理论家也都有过类似的论述,比如清人刘熙载就在其《艺概》中讲到:"圣人作易,立象以尽意。意,先天,书之本也;象,后天,书之用也。"这里的"意"就包含灵性、智慧、创意等多重意思。

这一章,我们就来讨论这门"最讲究灵性"的艺术。

一、书法艺术概说

这里,我们将讨论两个问题:第一,书法是一门什么样的艺术;第二,如何给书法这门"中国人特有的艺术"(宗白华语)作历史定位。

(一) 书法是一门什么样的艺术

书法是一门什么样的艺术? 回答也许是五花八门的,因为人们的视角不同,对这门艺术的理解不同,表述当然也会有一定差异——或关注它的表现形式,或强调它的艺术特点,或侧重它的功能等等,这就是所谓见仁见智。这里,我们有选择地介绍几种观点:

欧阳中石先生认为:"'中国书法'是关于汉字书写的一门学问。以这门学问为依据,为法则,书写出一些汉文字,形成了一件作品,这件作品可能非常符合书写的法度,可供别人以之为'法',称之为'法书'。可供别人欣赏,称之为艺术品。为此,我们可以把汉字的书写看成是一种艺术活动。书写取得了成功,便创作出来了一种艺术品。否则,写出来的东西,字都不能让人认识,文不成文,不知其意,谈不到是什么'法书',变不到什么'书法艺术'。"[2]

刘炳森先生在谈这个问题时,用的是一种"描述性语言"而不是"阐释性语言":"什么是书法艺术? 这是一个看似简单而实际上并不容易说清的问题。很多人认为:书法就是写字,写得漂亮就是艺术——在他们看来,书法只不过是一种写漂亮字的技巧,一种雕虫小技;也有人认为:书法是通过笔墨神韵,再现大自然物象之美的艺术,比如青青河柳,其春风飘扬之姿,我们可以从某些书法家笔下婀娜多姿、轻柔妙曼的线条中感受到;而悬天巨瀑,其一决万里、雄浪滔滔之势,我们也可以从一些气势恢宏、线条沉雄奔放的书法作品中感受到……(总之),艺术家把感觉诉诸笔端,生命情感运动从笔墨顿挫中留下了运动节律。欣赏者通过对运动形式的感觉,在内心重新唤起同样的节奏、韵律的生命力运动;在艺术创造者、艺术品和艺术欣赏者之间,运动着的形式,就这样架起了心灵沟通的桥梁。"[3]

丛文俊先生认为:"中国书法艺术,是汉字的书写艺术。"它应该具备两个基本要素:"其一,书法附着于文字,在其使用和传播的过程中,古人使书写技术具有艺术品位的高低优劣及普遍适用的可比性,这是保证书法健康发展的社会基础。其二,古人使书体式样和书法风格具有复杂而微妙的象征意义,并且始终与文化相伴,由此使关于书法艺术的所有内容,都必须凸现在文化的背景上,以体现其价值。"[4]

笔者的理解:中国书法艺术,是关于汉字书写的一门艺术(当然也是一门学问)。它牢牢扎根于中国传统文化的沃土,积淀着中国传统的审美经验与价值取向,它是不同时代的产物,又是每一位书家思想、情感、修养乃至灵魂的显现。

(二) 书法在我国艺术史上的地位

有关书法艺术的历史定位问题,很多人都有过论述,但能从宏观上把握且定位比较科学的当属当代著名美学家宗白华先生。

早在20世纪30年代,宗先生就提出:"中国乐教衰落,建筑单调,书法成了表现各个时代精神的中心艺术。中国绘画也是写字,与各个时代书法用笔相通,汉以前绘画已不可见,而书法则可上溯商周。我们要想窥探商周秦汉唐宋的生活情调与艺术风格,可以从各个时代的书法中去体会。西洋人写艺术风格史常以建筑风格的变迁做基础,以建筑样式划分时代,中国人写艺术史没有建筑的凭借,大可以拿书法风格的变迁做主体形象。"[5]

1962年,宗先生又重申自己的这一观点:"我从前曾经说过,写西方美术史,往往拿西方各个时代建筑风格的变迁做骨干来贯穿,中国建筑风格的变迁不大,不能用来区别各时代绘画雕塑风格的变迁。而书法却自殷代以来,风格的变化很显著,可以代替建筑在西方美术史中的地位,凭借它来窥探各个时代艺术风格的特征。"[6]

宗先生为什么强调以书法风格的变迁做基本依据来写中国艺术史呢?笔者理解有两点:① **中国的书法艺术很好地保持了其历史连续性**。它的历史可以"上溯商周",甚至到殷,迤逦到今天,可谓源远流长,而且自"中国乐教衰落"后,它就"成了表现各个时代精神的中心艺术"。也许正是从这个意义上,熊秉明先生称:"书法是中国文化核心的核心。"[7] ② **中国书法在传统艺术中是最富有生机和活力的**。这种活力突出表现在它的风格之"变"上——如宗先生所言,"中国建筑风格的变迁不大,不能用来区别各时代绘画雕塑风格的变迁。而书法却自殷代以来,风格的变化很显著"。我们在"导论"中讲到:被儒家称做"五经之首"的《易》,其核心理论就叫"穷则思变"——"穷则变,变则通,通则久"。自然法则告诉我们,不论是自然界还是人类社会,要生存、要发展就必须不断求变,变就是生生,即创造,即弃旧图新,所以《易》又讲:"富有之谓大业,日新之谓盛德,生生之谓易。"所以书法艺术用它的"变"求得了"生生"。

二、关于汉字的起源理论

"书法是建立在书写汉字基础上的一门艺术,离开汉字便无书法可言,因而对书法艺术本质的探讨或对其发展脉络的梳理,都不可避免要涉及对汉字本身的研究,尤其是关于汉字的起源问题。"[8]而有关汉字起源的理论比较多,主要介绍如下三种。

(一)"结绳记事说"

结绳,就是通过在绳子上打结以记事的做法。据分析,有的是在绳子上打出大小不同、缠绕方式不同的结,有的则是在不同颜色的绳子上打结,以此来帮助记忆不同的事情。我们可以从古典文献中找到这方面的记载:《周易·系辞下》:"上古结绳而治,后世圣人易之以书契。"《庄子·胠箧》篇:"子独不知至德之世乎?……当是时也,民结绳而用之。"后来,许慎在《说文解字·叙》中也讲:"神农氏结绳为治,而统其事。"这种"结绳记事"的方法,在世界上许多民族那里都曾经采用过,在我国一些少数民族地区,这种做法一直到近代仍有遗留。然而,这能不能成为一种汉字起源理论还值得研究。

(二)"八卦说"

相传,八卦是由伏羲氏发明的,它有八种符号组成,分别是:乾、震、兑、离、巽、坎、艮、坤;分别代表:天、雷、泽、火、风、水、山、地八种自然现象。八卦的任意两卦相叠合就组成一个重卦,一共可构成八八六十四个重卦。古人根据不同的卦象,再结合《周易》的说辞来占测吉凶祸福。

那么,八卦是如何与汉字起源连在一起的呢?《周易·系辞下》云:"古者包牺氏之王天下也,仰则观象于天,俯则观法于地,观鸟兽之文与地之宜,近取诸身,远取诸物,于是始作八卦,以通神明之德,以类万物之情。"到了魏晋时期的《尚书·伪孔传》那里,便将"画八卦"与"造书契"相提并论讲:"古者伏羲氏之王天下也,始画八卦,造书契,以代结绳之政。"于是,就有人把八卦符号附会成原始汉字,诸如"水字"来源于坎卦(☵),"坤"的古文"巛"来源于坤卦(☷)等等。这种附会是很牵强肤浅的。[9]

(三)"仓颉造字说"

仓颉(又写作苍颉)是个传说中的人物,在有关汉字起源的传说中"仓颉造字说"影响最大、最深远。比如《韩非子·五蠹》云:"古者苍颉之作书也,自环者谓治'私',背私谓之'公'。"《吕氏春秋·君守》亦云:"奚仲作车,苍颉作书。"高诱注道:"苍颉生而知书,写仿鸟迹,以造文章。"《中国人名大辞典·仓颉》记载更形象、具体:"仓颉黄帝时为左使,生而神圣,有四目,观鸟兽之迹,体类象形而制字,以代结绳之政。字成,天雨粟,鬼皆夜哭"云云。

大量的考古资料证明,汉字的诞生有一个漫长而复杂的过程,随着社会的进步,人们的交际范围不断扩大,这就需要一套公用的、可作为交际工具的记事符号,于是,汉字就应运而生了。汉字的诞生是广大祖先集体智慧的结晶,而不可能是某个人、某一天突发奇想就能造出来的。比如仓颉,就未必是一个具体的人名,因为"传说中的上古人名,往往是后世根据其某种特征而为之取名的,其中很重要的一点,就是根据其发明创造的功绩。例如,'有巢氏'取名于其创造房屋的业绩。'燧人氏'取名于钻燧取火的发明。有学者推测,'仓颉'也可能属于同样性质的名字。从古代的读音看,'仓'与'创'同音,'颉'与'契'音近,'契'指契刻,是最早的文字材料之一……'仓颉'很有可能是'创契'的谐音"[10]。即便如此,也不可否认汉字的起源的确凝结着某些人的特殊智慧与特殊贡献。

三、书法艺术的基本美学特征

书法艺术的创造,是通过科学地用笔、用墨、用纸等"书写"活动,艺术地安排点、画、线形的间架结构,准确地把握书写过程中的节奏韵律与气势变化,从而创造出富有文化内涵的、形神兼备的书法艺术品,以达到抒怀写意与表现美、传递美的目的。笔者将它的美学特征归纳为如下几点。

(一)笔法美

这是构成书法美的第一要素。笔法从广义上讲包括了执笔法(其中含有指法、腕法等)和用笔法;而狭义的笔法仅指用笔法,所谓"笔法美"也就是汉字书写过程中用笔的艺术。

实现笔法美,最重要的物质基础是"笔"。诚如宗白华先生所言:"中国人写的字,能够成为艺术品,有两个主要因素:一是由于中国字起始是象形的;二是中国人用的笔……这个特殊的工具才使中国人的书法有可能成为一种世界独特的艺术,也使中国画有了独特的风格。"[11]

因为有了一枝特殊的笔,保证了笔法的丰富多样、变化无穷、和谐统一。笔法美主要体现在灵活地、辨证地处理用笔的正与侧、轻与重、方与圆、疾与涩、逆与顺、虚与实、露与藏、擒与纵等关系。用笔有着丰富的文化内涵,"不仅显现出有'法',且显现出有'意';不仅充满了力感,而且洋溢着情势。唐代书学家张怀瓘说:'夫书,第一用笔。'强调书法美的构成中,用笔具有极其重要的作用"[12]。

(二) 线条美

中国的书法艺术是一种以线条为基本表现手段的独特艺术形式,所以,书法之美首先要体现在线条上。线条紧缩即成为点,点的延伸即成画。书法艺术的线条美也就是"点画之美"。单从这一点看,书法艺术也就是"线条的艺术"。

基本的审美常识告诉我们,不同形状的线条会产生出不同的美感。比如,横线(水平线),给人以平静、安稳之感;斜线,给人以活泼、跃动之感;S线,给人以轻灵、柔美之感;弧形线(圆线),给人以圆润、完美之感;而齿状线,则容易让人产生痛苦、紧张之感……一个优秀的书家不仅要注重线条的"外在美",更要努力探求它的力度、厚重、节奏等"内在美",并通过轻重、徐疾、浓淡、枯润等的处理,赋予线条丰富的文化内涵。

那么,书法艺术的线条美是如何实现的呢?

(1) 通过线条变化体现力量美。宗白华先生曾经讲过:"笔有笔力。卫夫人说:'点如坠石',即一个点要凝聚了过去的运动的力量。这种力量是艺术家内心的表现,但并非剑拔弩张,而是既有力,又秀气。这就叫'骨'。'骨'就是笔墨落纸有力、突出,从内部发挥一种力量,虽不讲透视却可以有立体感,对我们产生一种感动力量。"又说:"中国书法家用中锋写的字,背阳光一照,正中间有道黑线,黑线周围是淡墨,叫作'棉裹铁'。圆滚滚的,产生了立体的感觉,也就是引起了'骨'的感觉。"[13]崇尚力量、强调力量之美,是中国传统美学的基本价值取向之一,也是衡量书法艺术成败的重要标准。所以,把字写得"行行若萦春蚓,字字如绾秋蛇"(李世民语)历来是不受欢迎的。

(2) 通过线条变化体现运动美。书法艺术强调的力不是静止的、空洞的、干枯的力,而是蓬勃着动感的、蓄势待发的、"反映生命运动"的力。当"笔迹落纸,一个点不是平铺的一个面,而是有深度的、它是螺旋运动的终点,显示着力量,跳进眼帘。点,不称点而称侧,是说它的'势',左顾右盼,欹侧不平。卫夫人笔阵图里说:'点如高峰坠石,磕磕然如崩也。'这是何等的石破天惊的力量。一个横画不说是横,而称为勒,是说它的'势',牵缰勒马,跃然纸上的"[14]。只有这样,才能赋予一件作品真正的生命活力。那些静卧在纸上的安闲而静谧的"字",其实是一个个"动感组合",那一笔一画中都蕴含着动感之美、生命之美。

(3) 通过线条变化体现书家的情感与怀抱。有的教材将其称做线条的"抒情性"。书家笔下的一点一画,绝不是随意涂抹,而是苦心经营的结果,是艺术家生命、情感的流露。如胡小石先生所言,"有一要义,须深切注意者,凡用笔作出之线条,必须有血有肉,有感情。易言之,即须有丰富之弹力,刚而非石,柔而非泥"[15]云云。

线条哪来的血肉?哪来的感情?意思是说,书家在其创作过程中要将自己对人生、对社会、对自然的那份感悟以及内心的喜怒哀乐通过线条真实而生动地表现出来,这同时也就赋予了线条以生命和情感。

(三) 结体美与章法美

结集众画而成一字,谓之结体;结集众字而成一篇,谓之章法(亦称"布白")。结体美关注的是构成一个字的各点、画间的关系,即怎样把字写出味道;章法美关注的则是一幅作品中字与字之间的关系,即怎样使整个布局更合理、更完美。

结体与章法,就基本原理而言是相通的,但它们之间的关系却非常复杂。我们常常遇到这样的情况:有些人字写得很漂亮,可是把这些"字"组织成"篇"之后,却怎么看也不顺眼;反之,把一件作品中的某个字拿出来单独看,丑得不得了,然而放在整个作品中却显得非常和谐,甚至能够产生画龙点睛的作用。这实际上就是结体与布白的关系问题。打一个比方:一位先生拥有大量优质的砖瓦、钢筋、水泥等建筑材料,如果他不懂设计,甚至看不明白图纸,无论如何是盖不出漂亮房子的。这等于说,结体美是实现章法美的基础;章法美是实现整个作品美的基础。

我们侧重讨论一下章法美。传统的书法章法有三种:一是纵无行,横无列。这是较早的一种章法形式,如某些殷器铭刻,疏密错综、大小参差、质朴自然;二是纵有行,横无列。像著名的《毛公鼎》、被誉为"天下第一行书"的《兰亭序》等都属此类章法,其行有定式,但每一行的字数却无定数,随式布白,妙化无穷;三是纵有行,横有列。如《大盂鼎》、《大克鼎》、《散氏盘》等,其行列分明、布局齐整、讲究工巧,但容易缺失少了几趣与灵性。那么,怎样才能实现章法美呢?

1. 处理好"空间关系"

老子曾提出过一个著名理论,叫"有之以为利,无之以为用"[16]。应用在书法艺术上,即"书在有笔墨处,书之妙在无笔墨处。有处仅存迹象,无处乃传神韵"[17]。也就是邓石如先生提出的"计白当黑"理论:"字画疏处可以走马,密处不使透风,常计白以当黑,奇趣乃出。"

在一幅书法作品中,笔画和空白是相互依存的,又是相互制约的。所以,书法艺术是虚与实的统一、具象与抽象的统一,而这些关系的处理都体现在空间上。宗白华先生认为:"书法里的形式美的范畴,主要是从空间形象概括的;音乐美的范畴主要是从时间形象概括的。"又说,这种"书法的空间创造……不是向无边空间作无限制的追求,而是'留得无边在',低徊之,玩味之,点化成了音乐"[18]。

2. 处理好主、从关系

一首好的乐曲要有贯穿始终的"主旋律",一篇好的文章要有引领全篇的"主题",同样,一件优秀的书法作品也应该有"相管领"者——书家的创作意图。根据这一意图去结体、去布白、去用墨、去处理全篇的疏密关系等;换句话说,创作过程中的结体、布白、用墨以及疏密关系的处理等,必须符合书家的创作意图,也就是为实现其创作意图服务的。只有这样,才能做到主、从分明,整体和谐。

(四) 意境美

所谓"意境",宗白华先生将其归纳为"'情'与'景'(意象)的结晶品"。他同时解释道:"在一个艺术表现里情和景交融互渗,因而发掘出最深的情,一层比一层更深的情,同时也透入了最深的景,一层比一层更晶莹的景;景中全是情,情具象而为景,因而涌现了一个独特的宇宙,崭新的气象,为人类增加了丰富的想象,替世界开辟了新境,正如恽南田所说'皆灵想之所独辟,总非人间所有!'这是我的所谓意境。"[19]那么,意境是如何创造出来的呢?笔者以为最重要的有三点。

1. 要强调艺术修养

艺术意境与"纯客观地机械描摹自然"完全不是一回事,意境的显现有一个复杂而漫长的过程,也就是艺术家不断"历练"的过程。王国维曾说:"古今之成大事业、大学问者,必经过三种之境界:'昨夜西风凋碧树。独上高楼,望尽天涯路。'此第一境也。'衣带渐宽终不悔,为伊消得人憔悴。'此第二境也。'众里寻他千百度,蓦然回首,那人却在,灯火阑珊处。'此第三境也。"[20]只有这样,他(她)才能具备"发现美的眼睛"和"表现美的才情",否则,他(她)就只能停留在"皮毛"而难以窥得艺术之堂奥。

2. 要强调艺术创造(创新)

任何一件成功的艺术品都是"创造出来"的,而不是"模仿出来"的,更不是"空想出来"的。而创造必须具备两个重要前提:一是生活积淀要厚;二是思想情感要真。譬如,王羲之的《兰亭序》那是"千古绝唱,不可企及。他自己也不可能写出第二幅来,这里是创造。从这种'创造'里才能涌现出真的意境。意境不是自然主义地模写现实,也不是抽象的空想的构造。它是从生活的极深刻的和丰富的体验,情感浓郁,思想沉挚里突然地创造性地冒了出来的。音乐家凭它来制作乐调,书法家凭它写出艺术性的书法"[21]。

3. 要建立多种艺术风格

"中国意境的创成,既须得屈原的缠绵悱恻,又须得庄子的超旷空灵。缠绵悱恻,才能一往情深,深入万物的核心,所谓'得其环中'。超旷空灵,才能如镜中花,水中月,羚羊挂角,无迹可求,所谓'超以象外'。"[22]这就要求书家要多准备几副笔墨,多练就几手看家本领。

当然,书法艺术的美学特征还不止这些,我们可以在学习与实践中作进一步总结。

四、我国古代书法艺术发展的基本历史脉络

有了汉字就有了书写(刻划),有了书写就涉及书写的技巧、也就有了"书法"这门艺术。这样讲从逻辑上大概没有什么错误,但事情并非这样顺理成章。世界上有许许多多种文字,其中有一些比汉字还要古老,它们为什么没有发展成为艺术?这里有一个关键性的问题,即"汉字在其形成之时,就已经孕含着某些艺术的潜质。因此说在汉字形成以后的书写过程中,产生发展了书法这门艺术,也是一种合规律的必然结果"[23]。怎样将汉字形成之初所蕴涵的某些"艺术的潜质"开发出来并逐渐发展成一门艺术,又是一个漫长而复杂的过程。

接下来,我们分析一下书法艺术发展的主要历史脉络。

(一) 先秦——书法艺术的滥觞期与奠基期

秦始皇统一中国(前221年)之前的那段漫长时间,史学家称之为"先秦"。先秦既是中国书法艺术的酝酿期,又是它的奠基期。这一时期的主要书体是大篆。

大篆乃相对于小篆而言。相传,大篆是由周宣王时的太史籀(一说籀为秦时的卜士)所作,故又名籀文或籀书。《汉书·艺文志》"史籀十五篇注":"周宣王太史作大篆十五篇。"王莽时,将大篆包括于"古文奇字"之内,现在则泛指甲骨、钟鼎、石刻等春秋战国时通行于六国的文字。大篆的代表性书体是甲骨文、金文和石鼓文。从时间上来看,它们正好分属于篆书发展的早、中、晚三个时期。[24]

1. 甲骨文

全称"龟甲兽骨文字"。上古时期,问卜者(又称贞人)取龟腹甲钻空、凿槽,放于火上烤,使龟甲灼裂,从裂缝的宽窄、长短、走向上来判断吉凶。问所得的结果,刻在龟甲兽骨上,所以甲骨文也被称做"贞卜文字"、"卜辞"或"契文"。很显然,它是以"实用"为目的的。

甲骨文是人类早期的一种书写(刻划)形式,虽然,当时人们对美的追求还处在一种"不自觉"状态,"但是,由于人类天生的审美习性,我们从契刻的文字上总是可以发现艺术性的内涵"[25]。比如,它的笔法方圆无定、刻画朴劲、古雅宽博、自然任性;结体无拘无束、或大或小、或长或短、天然成趣;而布白则"体现了一种宁静恬然的空间分割"[26],或疏落错综、或谨密严整,在不经意中与自然之美相契合。郭沫若先生曾在《〈殷契萃编〉自序》中赞叹道:"卜辞契于龟甲,其契之精而字之美,每令吾辈数千载后人神往……而行之疏密,字之结构,回环照应,井井有条……足知存世契文,实一代法书。"

2. 金文

金文是商、周青铜器铭文的统称,也叫钟鼎文。商、周时期,冶炼技术已经有了相当大的进步,人们在铜里按照一定比例掺入锡,便得到一种合金——青铜,然后用这些青铜制造各种器具,如礼器、祭器、乐器、炊器、食器等等,是为青铜器。有些器皿制造得精美绝伦,主人特别珍爱它,便特意在上面镌刻一些文字,这便是后世所称的钟鼎文。钟鼎文的内容较之甲骨文更丰富而多彩,有的是对当时祭祀、围猎、征伐、庆典等情况的记录,也有的专门记录该器具制造的原因、过程等。这些铭文成为后人研究商、周社会的宝贵资料。

如果说,以实用为目的的甲骨文对美的追求还处在一种朦胧的、不自觉的状态,那么到了金文,却完全变成了"有意而为之"。它已经将"书写的美作为整个铜器美的一个有机组成部分。商和周初金文,其铭文用方笔,线条雄肆;至西周中叶变为圆笔,线条则为玉筋式;春秋至战国更为讲究书写的美化且带有装饰(如鸟虫书)"等等;而在布白方面,金文有"其独特的美感,含有相当丰富、相当深邃的意蕴,在大小参差、牡牝相衔、管领应接之间闪耀着神奇的灵光"[27]。近代书家康有为评价道:金文的"形体或正或斜,各尽物形,奇古生动。章法亦复落落,若晨辰丽天,皆有奇致"[28]。

3. 石鼓文

春秋战国时期,随着社会的发展,特别是随着百家争鸣局面的出现,教育进一步普及,文化与学术进一步繁荣,文字的应用范围也进一步扩大,于是诞生了石刻文字,并逐渐取代了金文的地位。具体到石鼓文,它是我国目前发现的最早的石刻文字,其石如鼓(唐代诗人韦应物故名之曰"石鼓"),凡十鼓,每鼓环刻秦公田猎诗一首,均为篆文刻成,世称其作"石鼓文"。

石鼓文就其书体而言,应属于大篆体系(有争议),因为它还保留着钟鼎文的遗风、遗韵。但从整体风格上看则更近于小篆。石鼓文的笔画挺拔,圆中带方,屈曲坚劲如铁,末笔无往不收,无垂不缩,形体趋于方正,风格浑穆雄强、朴茂自然,显示了古代高超的书写艺术和精湛的刻石技巧。

(二) 秦汉——书法艺术的重要发展期

秦征服六国后,为了加强中央政权,实行了"车同轨"、"书同文"的政策。据资料载,秦并天下之初,六国文字写法彼此歧异很多,殊为不便。于是,宰相李斯提议,并与中车府令赵高、太史令胡母敬合作,以当时秦国通行的文字为基础,进行删繁就简的整理工作,使之简化与标准化,然后敕行全国,这就是我们今天看到的小篆,又称"秦篆"。与此同时,"罢其与秦文不合者"。应该说,这是秦国在文化方面做出的一大贡献。

1. 小篆(又称"秦篆")

小篆的出现,无疑是一个巨大的进步。"从书法艺术发展视角看,秦代的文字改革,同时也是一次书法艺术的改革,小篆的出现,标志着我们的先人在书法造型美的探索上,达到第一个高峰——第一次系统地确立了结构布置、线条造型美的原则——在这以前,甲骨文、金文,也都体现出一定的美的追求意向,但它们都是摸索性的尝试,既不成熟也无完整体系,因而也就不具备严格意义上的'书体'的意义。而这一切,小篆时已具备了,后人提到篆书、篆体,习惯上都指小篆,其原因大概也在于此"[29]。

作为一种书体,小篆的美首先表现在用笔上:其用笔连贯,固守中锋,挺拔圆润,起笔藏头、收笔回锋,线条婉通圆转;小篆在结体方面的特点是:结构均匀,笔画流畅,字形修长,大部分的字重心在上部,竖画明显向下延伸,构成上密下疏的视觉效果,产生出一种流动疏放之美;而在布白方面:小篆强调纵、横行分明,端庄工整,表现出爽朗俊健、明快奔放的风格。正如唐代书家张怀瓘在《六体书论》中所讲:小篆"或镂纤屈盘,或悬针状貌。鳞羽参差而互进,珪璧错落以争明。其势飞腾,其形端俨。"清代的康有为也讲:"今秦篆犹存者,有《琅琊刻石》、《泰山刻石》、《会稽刻石》、《碣石门刻石》,皆李斯所作,以为正体,体并圆长,而秦权、秦量即变方匾。"[30]

【小篆《泰山刻石》赏析】

秦统一六国后,为了夸耀秦国的强大和显示皇帝至高无上的权威,秦始皇曾多次巡狩天下,所到之处,都要勒石纪功。《泰山刻石》就是他巡狩泰山时的纪功之作。由当时的丞相李斯用小篆写成。

《泰山刻石》作为小篆碑刻,其书体特色鲜明——笔笔中锋,藏头护尾,行笔不疾不徐,沉稳大气;笔画圆润流畅,匀称劲健,刚柔相济。《唐人书评》称它:"骨气丰匀,方圆妙绝。"后人所称"玉箸篆"者,正是出自李斯笔下的这种笔画停匀、圆浑、流畅、遒劲的书体。

2. 汉隶

汉代的代表性书体是汉隶。汉隶是在秦篆的基础上发展、演变而成的,它是我国有文字以来的第二大书体。隶书又称"八分",唐韦续在《墨薮》中称:"八分者,汉隶未有挑者也。"清包世臣于《艺舟双楫·历下笔谭》中讲:"八,背也;言其势左右分布相背然也。"《说文解字·八》释曰:"八,别也,象分别相背之形。"包世臣的解释不无道理。近人康有为在《广艺舟双楫·分变第五》中则讲:"八分以度言,本是活称,伸缩无施不可。"从考古资料分析,隶书萌芽于战国,形成于西汉,兴盛于东汉。

有研究者认为,隶书的发轫最早可以追溯到战国前期,"政府下级书吏为书写捷便而创造"了一种"书体",其主要特点就是变篆书笔画圆转为方折,史称"古隶",是由篆书向隶书转化的过渡性文字;到了汉代,尤其是进入东汉,隶书经过实践的反复琢磨,已"逐渐完成了自身的造型建设,呈现出潇洒飘逸,既简洁又秀美的形态,诚如晋成公绥所说:'虫篆既繁,草藁近伪,适之中庸,莫尚于隶;规矩有则,用之简易;随便适宜,亦有弛张……烂若天文之布曜,蔚若锦绣之有章。'因而形成一股浪潮,上至皇宫内院,下至市井勾栏,所向披靡,无不沉醉在这种崭新的书体的书写与美感愉悦当中"[31]。这就是辉煌灿烂的隶书,又称汉隶。

汉隶是中国书法史上隶书艺术发展的鼎盛时期。它包括汉碑与汉简。

所谓汉碑,原本指西汉碑碣,而实际上,西汉留下的碑碣寥寥无几(仅有10多种,字数也不多),东汉才是中国碑刻的第一次高峰,数量多达几百种,所以"这个时期的丰碑巨碣占据了汉碑的重要位置"。汉碑的主要美学特征是:结体方正,字形扁方,波挑明显,左右分驰,既稳重又飞动;用笔则讲究"藏锋逆入"、"逆入平出",有"蚕头燕尾"之势,且笔画多有粗细、轻重之变化;布白纵横成行,又追求错落自然、古质朴茂。汉碑的代表作有《石门颂》、《乙瑛碑》、《礼器碑》、《曹娥碑》、《张迁碑》等等。

【汉碑《乙瑛碑》赏析】

全称为《汉鲁相乙瑛请置百石卒史碑》,刻于永兴元年(153年)六月。碑高3.6米,宽1.29米,隶书18行,行40字,无额。碑刻内容为鲁相乙瑛代孔子后人上书汉廷,请设立一名掌管孔庙礼器的官吏,其级别为"百日卒史",并提出该官任职条件。

此碑文为秦牍式,气度高古典雅,字亦沉稳而有风韵,《分隶偶存》称之"字特雄伟,如冠裳佩玉,令人起敬。"纵观是碑,布局匀适工整,结构协调严密;用笔极有法度,线条粗细匀称,间架结构皆十分讲究。整个作品秀逸清丽,尤其是"燕尾"的姿态非常优美,但又不失典雅厚重。此碑乃汉隶趋于规范和成熟时期的代表作之一。翁方纲称其:"骨肉匀适,情交流畅。"何绍基以为:"横翔捷出,开后来隽利一门,然肃穆之气自在。"孙承泽则称:"文既尔雅简质,书复高古超逸,汉石中之最不易得者。"

所谓汉简，是指汉代简牍（当亦含帛书），乃汉代广泛流行使用的文字（尤其在民间）。根据已出土的汉简（如《居延汉简》、《孙膑兵法简》、《马王堆汉简》等）分析，它不像汉碑出于名家之手，也不是出于有目的的书法艺术创作，大多是民间书家所为，其内容也以实用为主，这便导致了汉简鲜明的艺术特点：书写率意，不拘形迹，自然放逸，绝无扭捏、造作之态。具体说来，结体变化丰富，波磔多有夸张，特别是对个别长笔的放纵，显得无拘无束、情趣天真；因为是写在竹（木）简上，所以章法简洁随意，张弛有度。正是这些民间的所谓"草根书法"，孕育了章草、楷书和行书的萌芽。

（三）魏晋南北朝——书法艺术的成熟期

我们在前边几章已经讲到，魏晋南北朝是我国历史上社会最混乱、政治最黑暗的时期，然而又是各种艺术大发展、大繁荣的时期，其中就包括了书法艺术。为什么会出现这种局面呢？宗白华先生分析道：汉末魏晋六朝"是最富有艺术精神的一个时代。……这时代以前——汉代——在艺术上过于质朴，在思想上定于一尊，统治于儒教；这时代以后——唐代——在艺术上过于成熟，在思想上又入于儒、佛、道三教的支配。只有这几百年是精神上的大解放，人格上思想上的大自由。人心里面的美与丑、高贵与残忍、圣洁与恶魔，同样发挥到了极致"[32]。笔者以为，这分析是很有见地的。

这一时期是书法艺术的成熟期，最显著的标志是在隶书的基础上又发展成了楷书，同时，行书与草书也趋于成熟，并成就了一大批名家名作。

1. 楷书

楷书又称真书、正书。其书体方正端庄、笔画平直规范，"可作楷模"，故名楷书。楷书始于东汉，成熟于魏晋南北朝，盛行于隋唐，流传至今。因为楷法是从隶法演变来的，所以开始时"笔法上尚留隶痕，而称'楷隶'"；后经魏钟繇、晋王羲之改变体制，创新法则，隶、楷才完全分流为两种书体。这一时期的代表性书家和代表性作品有：钟繇的《宣示表》、《贺捷表》，卫铄的《名姬帖》，王羲之的《乐毅论》等。

楷书之美可以归纳为三点：① 笔法详备，笔意充实，使汉字笔画的丰富性及书写规律的完美性，臻于极致。故苏东坡讲："书法备于正书"[33]；② 结体严谨，收放合度，端正平稳而有险劲、应规入矩而有变化——内收者不局促，外放者不张扬；③ 体例相对稳定，但又风格多样，不同时代的楷书表现出不同的美感，或刚、或柔、或纵、或收、或瘦、或肥、或文质彬彬、或雍容华贵，但都要做到把持有度、不偏不倚。

特别补充一点：这一时期的北朝，虽没有出现几个大书家，但石窟造像艺术得到空前发展，从而产生了韵味独特的"北碑"艺术。那些镌刻在碑碣上的文字近似楷书,但又不是楷书,其风格或方整斩截,朴拙雄强;或刚柔相济,飞逸浑穆;或揉杂诸法,烂漫天真。它们虽出自民间书家之手,但也足以与钟、王分庭抗礼。

2. 行书

行书是介于草书和楷书之间的一种书体,一般来说,又分为两种情况:其草书成分含量多的称为"行草"(或作"草行");而楷书成分含量多的称为"行楷"(或作"真行")。唐张怀瓘曾经说过:"不真不草,是曰行书。"清宋曹讲得更明白:"所谓'行'者,即真书之少纵略,后简易相间而行,如行云流水,浓纤间出,非真非草,离方遁圆;乃楷隶之捷也。"又说:"兼真者谓之真行,带草者谓之行草。"刘熙载也曾说过:"行书有真行,有草行。真行近真而纵于真,草行近草而敛于草。"[34]

关于行书的形成过程,说法颇多。如张怀瓘在《书断》中谈到:"案行书者,后汉颖川刘德升所造也,即正书之小伪。务从简易,相间流行,故谓之行书。……刘德升即行书之祖也。"其实,行书不可能是某一个人独创的书体,而是人们在社会交往中为了更加便利和快捷的需要从楷书中变革而来的。从楷书演变为行书有一个漫长的历史过程,假如从东汉算起,到西晋大约经过了200年的时间它才得以成熟,并迎来了以"二王"父子为代表的行书艺术的第一个巅峰。

关于行书之美有人总结道:"通俗易懂是行书的文化个性,雅俗共赏是行书的艺术个性,简便流畅是行书的社会个性。"[35]笔者以为,这是很有道理的。行书,作为介乎楷书与草书之间的一种书体,它既吸收了楷书的端庄、严谨、规范、易识的优点;又具备了草书的简便、快速、富于变化的长处。具体讲:行书冲破了楷书固有的那种静态,而追求一种动态美——笔法灵活、不拘一格,大略行云流水;点画自如、或断或连,唯求气韵贯通;章法活泼、虚实结合,呈现一片天机。宗白华先生曾经说:"晋人风神潇洒,不滞于物,这优美的自由的心灵找到了一种最适宜于表现他自己的艺术,这就是书法中的行草。行草艺术纯系一片神机,无法而有法,全在于下笔时点画自如,一点一拂皆有情趣,从头至尾,一气呵成,如天马行空,游行自在。又如庖丁之中肯綮,神行于虚。这种超妙的艺术,只有晋人潇散超脱的心灵,才能心手相应,登峰造极。"[36]

王羲之的《兰亭序》(又称《兰亭集序》、《兰亭》等),有着"天下第一行书"的美誉。据说,最早由米芾提出来,慢慢地得到了众人的认可。此后,颜真卿的《祭侄文稿》被誉为"天下第二行书",苏轼的《黄州寒食诗帖》被誉为"天下第三行书"。《兰亭序》为什么被称为"天下第一行书"? 一句话,它代表了行书艺术的历史最高水平。

要了解《兰亭序》必须首先认识它的作者王羲之。王羲之(321~379年,一作303~361年),字逸少,是中国古代最伟大的书法家之一,人称"书圣"。

王羲之祖上出自"东周灵王太子晋"一脉;秦时,"避难迁居琅琊";西汉时,又

"徙临沂都乡南仁里";"两晋时期,无论是庙堂权贵,还是清谈名士,或是书画胜流,琅琊王氏人物辈出……南朝史学家沈约说:'自开辟以来,未有爵位蝉联、文才相继如王氏之盛也。'"[37]。王羲之生于北方,11岁随叔父王廙南渡,到了建康。据说,他"幼讷于言,人未之奇"。13岁时,去拜谒名士周顗,"顗察而异之。时重牛心炙,坐客未啖,顗先割啖羲之,于是始知名"。及长,"辨赡,以骨鲠称"。仕为右军将军、会稽内史等,史称王右军。"临池学书,池水尽黑,草隶为古今冠,其最为《兰亭序》、《乐毅论》、《黄庭经》也。性爱鹅,为山阴道士写道德经毕,笼鹅以归。初郗鉴使人求婿于王导,导令遍观子弟,归谓鉴曰:'王氏诸少并佳,然闻信至,咸矜式。唯一人东床坦腹卧,食胡麻饼,独若不闻。'鉴曰:'此佳婿也。'访之,乃羲之也,以女妻之。羲之既去官,与东土人士尽山水之游,弋钓自娱。卒年五十九。"[38]

【《兰亭序》赏析】

东晋穆帝永和九年(即公元353年,也就是在王羲之主动辞官前的两年)三月三,他召集了筑室东土的名士、属官,如谢安、郗昙、孙绰、孙统、许询、支遁、谢胜、徐丰及家族子弟凡41人,修禊[39]于山阴兰亭,这就是历史上有名的"兰亭之会"。兰亭景色幽美,"有崇山峻岭,茂林修竹,又有清流激湍,映带左右",加之"天朗气清,惠风和畅",实在令人陶醉。大家列坐曲水之旁,作"流觞曲水"之戏,"一觞一咏,畅叙幽情"。据说,那天有26人临水赋诗,另有15人因赋不了诗而各被罚酒3斗。王羲之专门为这次结集写了序,这就是著名的《兰亭序》。序中写道:

永和九年,岁在癸丑,暮春之初,会于会稽山阴之兰亭,修禊事也。群贤毕至,少长咸集。此地有崇山峻岭,茂林修竹;又有清流激湍,映带左右,引以为流觞曲水,列坐其次。虽无丝竹管弦之盛,一觞一咏,亦足以畅叙幽情。是日也,天朗气清,惠风和畅,仰观宇宙之大,俯察品类之盛,所以游目骋怀,足以极视听之娱,信可乐也。夫人之相与,俯仰一世,或取诸怀抱,悟言一室之内;或因寄所托,放浪形骸之外。虽趣舍万殊,静躁不同,当其欣于所遇,暂得于己,怏然自足,不知老之将至。及其所之既倦,情随事迁,感慨系之矣。向之所欣,俯仰之间,以为陈迹,犹不能不以之兴怀。况修短随化,终期于尽。古人云:"死生亦大矣。"岂不痛哉!每揽昔人兴感之由,若合一契,未尝不临文嗟悼,不能喻之于怀。固知一死生为虚诞,齐彭殇为妄作。后之视今,亦由今之视昔。悲夫!故列叙时人,录其所述,虽世殊事异,所以兴怀,其致一也。后之揽者,亦将有感于斯文。

《兰亭序》记叙了兰亭周围的山水之美和人们聚会时的盛况和观感,文字美,书法更美。传本为28行、324字,整体感觉潇潇洒洒、神韵天然,从结体到布白、到笔法,再至墨法,都十分完美,是王羲之得意之作。后人评价道:"右军字体,古法一变。其雄秀之气,出于天然,故古今以为师法。"其中,最为后人称道的是通篇所有相同的字写法却各不相同,如"之"、"以"、"为"等,特别是一个"之"字变幻出20种不同的写法,的确让人称奇。相传,王羲之是在喝醉的情况下写了《兰亭序》,醒来之后又反复写,却再也写不出第一幅的神韵。

前人对《兰亭序》的评述很多,但大多着眼于作品的本身,或某些细枝末节。而笔者认为,《兰亭序》的成功主要有两点:① 它写出了作者的气度、风神、襟怀以及修养、人格等。"魏晋的玄学使晋人得到空前绝后的精神解放,晋人的书法是这自由的精神人格最具体最适当的艺术表现。这抽象的音乐似的艺术才能表达出晋人空灵的玄学精神和个性主义的自我价值。"《兰亭序》正是王羲之"个性主义的自我价值"的具体表现。"晋人之美,美在神韵(人称王羲之的字韵高千古)。神韵可说是'事外有远致',不沾滞于物的自由精神(目送归鸿,手挥五弦)。这是一种心灵的美,或哲学的美"[40];② 它表现了王羲之对自然、对人生的"一往情深"——"晋人艺术境界造诣的高,不仅是基于他们的意趣超越,深入玄境,尊重个性,生机活泼,更主要的还是他们的'一往情深'!无论对自然,对探求哲理,对于友谊,都有可述"[41]。只有既去官,游名山,泛沧海,叹曰:"我卒当以乐死"的王羲之,才能写出自然与灵魂妙合的《兰亭序》,如果换了那些心似槁木,对生活毫无热情、毫无感悟的人,是无论如何也写不出来的。也是从这个意义上,人们评价王羲之的书法如"清风出袖,明月入怀"。

至于作者在序中流露出的好景不长、生死无常的感慨,很显然是受了当时玄学思潮的影响。我们看问题,应当从主流着眼。据郭沫若考证,目前相传的《兰亭序》后半部分文字,兴感无端,与王羲之思想无相同之处,疑为隋、唐人的伪托。那也未必。

3. 草书

魏晋南北朝时期,草书也发展并成熟起来。关于草书的起源有多种说法。许慎在《说文解字·叙》中讲:"汉兴有草书。"而赵壹以为,草书"起秦之末"。据蔡邕讲,由于秦时战争频繁,有关战事文书也就特别多,而当时通行的文字是小篆,写起来不太方便,于是"略小篆而作隶书",然隶书犹嫌缓拙,"乃作草书以求流变",是则秦时已有草书。很显然,草书是由隶书演变而来的。

草书又有"章草"与"今草"之别。张怀瓘说:"章草即隶书之捷,(今)草亦章草之捷也。"据说汉武帝至元帝期间,有个叫史游的人,曾作"急就章",汉章帝特别喜欢这种书体,于是便以"章草"名之;因其字与字之间不相联属,故又称"独草"。杜度就因写章草而知名,之后张芝继出,对章草进行改革,蜕去隶意,注入草法,是为"今草"。唐人张颜远说:"张芝学催、杜之法,因而变之,以成今草,书之体势一变而成,气脉通联,隔行不断,谓一笔书。"又叫"连绵字"[42]。崔瑗在其《草书势》中用了八个字来概括它的意向,即"方不中矩,圆不副规"。可谓简洁明了。

草书是中国书法艺术的最高形式,也是最"美的艺术"。有研究者认为,草书的出现,标志着"书法挣脱了文字符号记录语言的功利桎梏与'实用美术'的樊笼,成为相对自由的'美的艺术'"[43]。李泽厚先生也认为,"草书的产生在书法艺术的发展史上有着重大的意义,它标志着书法开始成为一种能够高度自觉地抒发情感,表现书法家个性的艺术"[44]。

草书的外在美,"在于它的痛快而沉着、放纵而有分寸、灵活而雄厚、飞动而古朴、洞达而茂密、放逸而准确、婀娜而刚健";而草书的内在美,则在于"它能充分地抒写书法家的情志之美"[45]。如宗白华先生所言,书法中的草情篆意"所绘出的是心灵所直接领悟的物态天趣,造化和心灵的凝合。自由潇洒的笔墨,凭线纹的节奏,色彩的韵律,开径自行,养空而游,蹈光揖影,抟虚成实"。草书的出现使书法艺术得到进一步理性升华,从而,真正地步入了艺术的殿堂。

(四)隋唐——书法艺术的鼎盛期

隋、唐时期是中国书法艺术的鼎盛期。隋朝的历史虽然只有短短的几十年,但其书法艺术取得的成就却并不小。隋代书法融南北之长,形成了更加完美的艺术风格;康有为在《广艺舟双楫》中称,隋碑是"内承周齐峻整之绪,外收梁陈绵丽之风",将北朝之雄与南朝之媚集于一身,故能够"简要清通,汇成一局,淳朴未除,精能不露"。

唐代书法,由于当权者的爱好和推重,被纳入教育、科举、官制之中,"无论是贡举还是铨选,书法都列为重要科目或作为任用的先决条件。贡举即分科取士,常设的有秀才、明经、进士、明法、明书、明算诸科。……铨选即是吏部考核六品以下文官的一种制度,原则上有四条标准即所谓'四才':'一曰身(取其体貌丰伟);二曰言(取其言词辨正);三曰书(取其楷法遒美);四曰判(取其文理优长)。'"[46]这便导致了学书之风大盛,且成就卓著。

唐代书法艺术的主要成就是楷书与草书。与当时的社会风尚相吻合,"唐楷"表现出气象庄严、雍容华贵、沉稳大气、刚健威猛的审美风格,并涌现出欧阳询、虞世南、褚遂良、薛稷(即初唐"四大书家")及颜真卿、柳公权等一批书法大家;而以孙过庭、张旭、怀素等为代表的盛唐草书,"也超越了二王的规范,一变为更狂放的草体,称狂草。用笔上极尽变化,气脉畅通,笔势飞动,以刚柔相济生机勃勃的新面貌体现出盛唐气象"[47]。

1. 欧阳询的真书艺术

欧阳询(557~641年),字信本,潭州临湘(今湖南长沙)人,陈武帝永定元年出生于广州(今属广东),祖籍渤海千乘(今山东高青)。仕隋为太常博士,并以"善书"名长安;继为东夏太常卿;入唐后,曾官给事中;"玄武门之变"(即高祖武德九年六月,世民伏兵于玄武门,乘建成、元吉入朝,杀之。立世民为太子,决军国事。八月太子即位,高祖称太上皇,次年改元"贞观")后,因欧阳询是李建成太子集团中人,即从中枢机关调入东宫,初为太子中允,后除太子率更令,爵封渤海县开国男。

欧阳询少孤寒,14岁时由父友陈中书令江总收养,并"教以书计"。他刻苦学习,博览古今,精熟《史记》、《汉书》以及《后汉书》三史,书法则"八体尽能,笔力险劲",尤工正、行。其楷书为"四大家"(欧阳询、颜真卿、柳公权、赵孟頫)之首,笔力险劲,结构独异,后人誉之为"欧体"。张怀瓘于《书断》中称,欧阳询"真、行之书(虽)出于大令,亦别成一体,森森焉若武库矛戟,风神严于智永,润色寡于虞世南"。有人则认为,欧阳询的楷书源于汉隶,骨气劲峭,法度谨严,于平正中见险绝,于规矩中见飘逸,笔画穿插,安排妥帖。早在隋代,欧阳询的书法就已经很有名气,入唐之后更是声名远播,有史称:"询……笔力险劲,为一时之绝,人得其尺牍文字,咸为楷模焉。高丽甚重其书,尝遣使求之。高祖叹曰:'不意询之书名,远播夷狄,彼观其迹,固谓其形魁梧耶!'"[48]欧阳询存世书迹尚多,以《化度寺碑》、《九成宫醴泉铭》以及传本《张翰》、《卜商》、《梦奠》诸帖最为历代书家所重。

【《九成宫醴泉铭》赏析】

《九成宫醴泉铭》由魏征撰稿,欧阳询书写,完成于唐贞观六年(632年)四月。全文凡24行,行49字,叙述了"九成宫"的来历和建筑规模的宏大——"九成宫"原为隋之"仁寿宫",唐贞观五年(公元631年)进行了扩建并更名"九成宫"(九者,多也;成者,重也。"九成"极言该宫的层多而高峻);扬颂了唐太宗的武功文治和节俭精神;同时,介绍了发现醴泉的经过,特别强调正因为"天子令德"才会有醴泉的出现;最后提出"居高思坠,持满戒盈"的忧患之言。

《宣和书谱》称:"询工书为翰墨之冠。"欧阳询书写该碑时已76岁,可谓人书俱老,炉火纯青,因此,《九成宫醴泉铭》也就理所当然地成了他的代表作。从总体上看,欧阳询的书法熔铸了汉隶和晋代楷书的主要特点,又借鉴了六朝碑书之长,从而形成了他独特的艺术风格——严谨工整,平正峭劲:其字形虽稍长,但中宫收紧,主笔伸长,显得气势奔放;其点画配合,则是平正中寓峭劲,字体大都向右扩展,但重心稳固,无敧斜倾侧之感,而得寓险于正之趣;分间布白,整齐严谨,有疏有密,四面俱备,八面玲珑,气韵生动,恰到好处。"欧书"的这些主要特点大都在《九成宫醴泉铭》中得到体现:就其整体风格而言,高华庄重,法度森严。笔画似方似圆,轻重得体,不乏险劲之特点;结构经营,巧妙精严,上承下覆,左揖右让,局部险劲而整体端庄,无一处紊乱,无一笔松塌。明陈继儒评价道:"此帖如深山至人,瘦硬清寒,而神气充腴,能令王者屈膝,非他刻可(方)并驾也。"明赵崡在《石墨镌华》中称此碑为"正书第一"。

2. 颜真卿的真书艺术

晚唐书法巨匠颜真卿,是"真书重大变革的杰出代表"[49],其结体饱满而厚重,行笔自然而沉稳,气度豪放而雄健,神采天真而淳朴,世称"颜体"。

颜真卿(709~785年),字清臣,京兆万年(今陕西临潼)人,郡望琅琊孝悌里(今山东省临沂市费县)。官至太子太师,爵封鲁郡开国公,故世称"颜鲁公"。颜氏世代以儒雅传家,相传其曾祖、祖父、父亲都工篆隶,母亲殷氏亦长于书法。

颜真卿于开元二十三年(734年)举进士第。翌年,擢拔萃科,授校书郎。任职两年,母亡去职。天宝元年(742年)秋应"博学文词秀逸科",以甲等登科,授醴泉尉,秩满迁长安县尉,改监察御使。其后,历殿中侍御史、东都畿采访使判官,再入御史台为侍御史。不久,迁兵部员外郎。天宝十二年(753年)出任平原郡太守。两年后,"安史之乱"爆发,他与从兄颜杲卿联络17郡、20万兵马抗击叛军,令安禄山不敢急攻潼关。他也因此而名重朝野,有"颜平原"之称。肃宗朝,初为刑部尚书,历同州、蒲州、饶州、升州4州刺史,入为刑部侍郎。上元元年(760年)谪为蓬州长史。代宗朝,历户部、吏部侍郎,尚书右丞,至刑部尚书。永泰二年(766年)遭权相元载排斥,坐以诽谤朝政罪,贬峡州别驾,未至任,改吉州别驾。大历三年(768年)为抚州刺史,迁湖州刺史。大历十二年(777年)八月再任刑部尚书,除吏部尚书。

德宗朝充任礼仪使,后改太子少师,除太子太保。淮西节度使李希烈叛唐,建中四年(783年)颜真卿奉使宣慰,遭扣留,至贞元元年(785年)被李希烈缢死。噩耗传出,朝野震惊,三军将士痛哭失声。

【颜真卿楷书艺术简析】

颜真卿的楷书一反初唐书风,行以篆籀之笔,化瘦硬险劲为丰腴雄浑,结体宽博而气势恢宏,骨力遒劲而气概凛然。"颜书"的这种风格,既体现了大唐帝国的时代风貌,也契合了他刚毅厚重、忠贞不屈的高尚人格,是中国书法史上艺术美与人格美完美结合的典范。欧阳修曾说过:"颜公书如忠臣烈士,道德君子,其端严尊重,人初见而畏之,然愈久而愈可爱也。"朱长文评论道,颜书"点如坠石,画如夏云,钩如屈金,戈如发弩,纵横有象,低昂有志,自羲、献以来,未有如公者也"。苏轼则说:"诗至于杜子美,文至于韩退之,画至于吴道子,书至于颜鲁公,而古今之变,天下之能事尽矣。"(引文见前)

颜真卿一生书写碑帖极多,流传至今的有《多宝塔感应碑》、《东方朔画赞碑》、《郭氏家庙碑》、《颜礼勤碑》以及有着"天下第二行书"之誉的《祭侄稿》等。其中以楷书的成就最高。书于天宝十一年(752年)的《多宝塔感应碑》,用笔清劲腴润,结体端庄严整,"明代以往论书者有'近世椽吏家鼻祖'之谓。……其胜处(亦)正在于端庄谨密,寓驰骤于规矩之中,自始至终,一无懈笔,诚如王澍《虚舟题跋》所称:'腴不剩肉,健不剩骨,以浑劲吐风神,以姿媚含变化,正是年少鲜华时意到书也。'"[50]两年后,即天宝十三年所书的《东方朔画赞碑》,则是其诸碑中最为"清雄"者。苏东坡认为,"鲁公平生写碑,唯《东方朔画赞》为清雄,字间栉比,而不失清远。其后见逸少本(即小楷《东方朔画像赞》——引者注),乃知鲁公字字临此书,虽小大相悬,而气韵良是。非自得于书者,未易为言此也。"[51]明赵崡《石墨镌华》卷三称:"书法峭拔奋张,固是鲁公得意笔也。"该碑清峻峭拔,深厚雄健,气势磅礴,与《多宝塔感应碑》都是颜真卿壮年所作,足以代表他真书的最高水平。

3. 柳公权的真书艺术

柳公权(778~865年)字诚悬,京兆华原(今陕西耀县)人,出身官宦之家。他自幼嗜学,12岁便能辞赋,及长,尤精《左氏传》、《国语》、《尚书》、《毛诗》、《庄子》等,元和三年(808年)登进士科,又登博学宏词科。"其博贯经术,意在政治,亦以治国平天下为己任",然而,结果却是"以书入仕",历任校书郎、翰林学士、翰林院学士承旨、太子少师等,世称"柳太师"。尽管"位至皇室侍书即朝廷专职书法教师,受到皇上的敬重,文宗有'钟、王复生,无以加焉'之誉",而他却"耻以善书致用,其兄公绰大和四年(830年)致宰相书云:'家弟苦心辞艺,先朝以侍书见用,颇偕工、祝,心实耻之。'"[52]不论怎么说,柳公权今天的历史地位还是由他的书法艺术所决定的。

柳氏书法以真、行见长,尤长于真书。唐吕总《续书评》称:"公权真行书,惊鸿避弋,饥鹰下鞲。"宋朱长文《续书断·续书断上》称,柳公权"正书及行楷,皆妙品之最,草不失能,盖其法出于颜,而加以遒劲丰润,自名一家"云云。有研究者认为,柳氏之书本"出自柳氏家学……而出入颜真卿,兼收欧阳询的峭劲、虞世南的圆通、褚遂良的疏朗,取精用弘,神明变化,遂以方拓峭险,而别开重于生面"[53]。世存其主要书迹有《玄秘塔碑》、《神策军碑》、《金刚经》、《回元观钟楼铭》等。

【《神策军碑》赏析】

《神策军碑》全称《皇帝巡幸左神策军纪圣德碑并序》,由崔铉撰文,徐方平篆额,柳公权奉敕正书,会昌三年(843年)四月完成,立于西京禁中,原碑久佚。是碑乃柳公权晚年的得意之笔。

纵观《神策军碑》的整体风格沉稳而成熟,较之人们所熟悉的《回元观钟楼铭》已少了那种峻峭刚劲、锋芒凌厉之气,而较之《玄秘塔碑》的严格矜持、筋骨暴露更多了一份自然丰润。其结体布局平实匀整,并保留了左紧右舒的传统结构。用笔自如,特点也更加明显,方圆兼施,笔画敦厚,沉着稳健,气势磅礴,典型地表现了柳体楷书浑厚中见开阔的艺术特点。读此碑,可以让人们加深对楷书中"颜筋柳骨"艺术特征的深刻理解。

4. 张旭的草书艺术

张旭(675~759年),字伯高,郡望吴郡昆山(今江苏昆山),史称吴郡(今江苏苏州)人。初仕常熟县尉,后至左率府长史,世称"张长史"。其母陆氏,出生于江南大族,是初唐名书家陆柬之的侄女,即虞世南的外孙女。陆氏世代以书传家,有称于史。张旭自然受家学影响,自幼习书。张旭乃词科出身,开元年间与会稽贺知章、润州包融、扬州张若虚以诗文并称"吴中四士";同时,他们又以善书名当世。

张旭可谓"性情中人",喜嗜酒,每饮醉,辄草书,挥笔大叫,或以头揾墨中而书,既醒,自视以为神异,世人名之"张颠"。唐文宗李昂,诏以李白歌诗、裴旻剑舞、张旭草书为有唐"三绝"。

张旭书名起于天宝年间,其楷书精妙,韩方明于《授笔要说》中讲,唐楷"至张旭始弘八法,次演五势,更备九用,则万字无不该于此,墨道之妙,无不由之以成也"。然而,张旭在书法史上的地位和影响主要还是草书,一般都认为他是"狂草"的奠基者。皎然在《张伯高草书歌》中描述道:"先贤草律我草狂,风云阵发愁钟王。须臾变态皆自我,象形物类无不可。"应该说还是比较准确的。其传世草书有《肚痛帖》、《古诗四帖》(有争议)等。

【《肚痛帖》赏析】

该帖真迹不传,有宋刻本,明代重刻,现存于西安碑林。全帖仅6行、30字,似是一张自诊的医案。文曰:"忽肚痛不可堪,不知是冷热所致,欲服大黄汤,冷热俱有益。如何为计,非临床。"

帖子开首三字,出笔比较规正,字与字之间不相牵连,而从第四字开始几乎字字相连,每行一笔到底,似乎越写越快,字也越写越大,越写越奇,意象迭出,颠味十足,将草书的情境表现发挥到了极致。诚如韩愈在《送高闲上人序》中所言,张旭将"喜怒窘穷,忧悲愉佚,怨恨思慕,酣醉、无聊、不平,有动于心,必于草书焉发之。观于物……日月列星,风雨水火,雷霆霹雳,歌舞战斗,天地事物之变,可喜可愕,一寓于书"。正因为如此,他的草书"变动犹鬼神,不可端倪"也。

5. 怀素的草书艺术

释怀素(737～?)字藏真,俗姓钱,永州零陵(今湖南零陵)人,幼年出家,传为玄奘门人。经禅之余,从事艺文,尤好草书。初贫无纸,故种芭蕉万株,摘其叶以供挥写;书不足,又漆一盘书之,再漆一板书之,久之,盘、板皆穿。怀素早年即以草书名乡里,李白有诗写道:"湖南七郡凡几家,家家屏幛书题遍。"[54]上元三年(762年)他诏住西太原寺,所谓"开士怀素,僧中之英,气概通疏,性灵豁畅"[55],嗜酒如命,一日九醉,每醉辄书,寺壁、衣裳、器具等靡不书之,时人称"醉素"、"醉僧"、"狂僧",尝将弃笔堆埋于山下,俨然成冢,故名"笔冢"。

其书初学欧阳询,曾得吏部侍郎韦陟赏识;后又师从邬彤学草书;宝应初年(762年)为了学有门户,自零陵出游,历衡阳,走广州,客居潭州,经岳州,怀书入秦,一路游学,同时也"干谒名公,结交时贤",如李白、卢象、张谓、任华、苏涣、戴叔伦、钱起等人,皆有歌行称颂之;大历七年(772年)持锡回乡,途出东都,适逢著名书家颜真卿时客洛阳,即趋而拜之,两人谈书论道,遂成书坛盛事。怀素书迹,见诸著录者甚多,然存世者唯《论书帖》、《苦笋帖》、《食鱼帖》以及《大草千字文》等几种。

【怀素草书艺术赏析】

我们在前边讲到,草书之美关键在于它挣脱了作为文字符号所固有的"功利桎梏",成为一种能够自觉地抒情表意的艺术。佛家哲学讲究"即心即佛",用这种理论来解读草书艺术,就是将"我心"、"佛心"、"书法"三者融为一体,冥然妙化,见佛见性,让书家的情感和着万端造化从笔端自然流露、一任天真。

怀素既是僧人也是书家,深深悟得这一点,自然也就得了"草书三昧"。君不见,他的《大草千字文》如黄河之水,狂奔直泄,纵横自如,雄奇豪迈,可谓"象生法外,意趣天成",堪称狂草中的杰作。这让我们想起了窦冀的诗:"粉壁长廊数十间,兴来小豁胸襟气……忽然绝叫三五声,满壁纵横千万字"[56];又让我们想起了李白的诗:"起来向壁不停手,一行数字大如斗。恍恍如闻神鬼惊,时时只见龙蛇走。左盘右蹙如惊电,状同楚汉相攻战[57]"据说,颜真卿曾向怀素请教草书秘诀,他说:"吾观夏云多奇峰,辄常师之,其痛快处如飞鸟出林,惊蛇入草。又遇拆壁之路,一一自然。"别人评价他的草书则是"若惊蛇走虺(传说中的一种毒蛇——引者注),骤雨狂风"[58];又说"怀素草书,援毫掣电,随手万变"[59],神鬼莫测。

然而,这样评价怀素似乎还不够全面。从总体上说,怀素的草书艺术主要体现于狂草,其主流是狂放、是率意、是自然,但同时又不能忽视其严谨的一面,《论书帖》就很能说明问题。是帖书体应规入矩,绝无狂怪习气,笔法圆浑醇雅,法度谨严,极具"二王"笔意。元赵松雪评论道:"怀素书所以妙者,虽率意颠逸,千变万化,终不离魏晋法度……此卷是素师肺腑中流出,寻常所见皆不能及之也。"[60]笔者以为然。只有这样,才能还原历史上完整的怀素。

(五) 宋元明——书法艺术的调整期

从宋(建隆元年)至明(崇祯十七年),绵延684年,历史发生了很大变化,各种文化也在不同的社会背景下努力地发展、进步着。但从书法方面讲,这600多年间虽然不断调整也不断发展,但就其成就而言与晋唐仍不可同日而语。

1. **宋代书法**

我们曾在前边谈到,宋代是中国封建社会的一个重要发展期,除了经济的空前繁荣之外,华夏文化也有许多方面"造极于两宋"。就书法艺术而言,宋代书法一个最大特点就是打破了唐人的"尚法"之风,形成一种浓烈的"尚意"(清梁巘《评书帖》云:"晋尚韵,唐尚法,宋尚意元、明尚态。")氛围。

这种氛围的形成有一定历史必然性。书法艺术发展到宋代,诸体皆备,各种法度也完全建立起来,很难有大的突破,所以,突破法度而崇尚意韵是一种最好的选择——当然也不绝对,宋徽宗就创造了一种体势瘦长、笔势遒劲,硬朗俊逸的"瘦金体"。

有人认为,"宋人尚意的群体风格美与晋书之韵有相似之处,也有一定的相异之处。两者虽都强调性灵、情境,但宋人'意'的范围则广阔得多。可说是意马心猿,任情纵横,自由豪放。为了心的满足,情的渲泄,不忌险情,不怕激烈,不拘一端。从而充分地表现了自我情趣和个性。宋代书法从其独特的生命情调和文化精神,意气风发,天真放逸,流丽瑰变的群体风范谱写了书艺史上自己的一页"[61]。在这个群体中,最具代表性的是苏(轼)、黄(庭坚)、米(芾)、蔡(襄,一说蔡京)"四大家"。

1) 苏东坡的书法艺术

关于苏东坡的平生经历,我们在前边已作过介绍。这是一个奇才,诗词书画样样精通。说宋书"尚意",大概就源于东坡。他曾在诗中宣示:"我书意造本无法,点画信手烦推求。胡为议论独见假,只字片纸皆藏收?"[62]强调书法艺术要不拘成法,大胆创新。

如前所述,这时的书法诸体皆备、法度健全,如何创新?那就只有在"意"上下工夫了。那么,"意"指的是什么?是意象?意境?意兴?意趣?意造?笔者以为,应该是兼而有之,这里所讲的"意"是相对于"法"而言的,也就是苏东坡在《题吴道子画后》所云:"出新意于法度之中,寄妙理于豪放之外。"其目的,是打破固有的规矩与法度,追求一种自由与放逸的创作心态,并通过艺术创新构建自己的艺术风格、实现个性之张扬。苏东坡就走了一条这样的路。据他的学生黄庭坚介绍:"东坡道人少日学《兰亭》,故其书姿媚似徐季海,至酒酣放浪,意忘工拙,字特瘦劲,乃似柳诚悬。中岁喜学颜鲁公、杨风子书,其合处不减李北海。至于笔圆而韵胜……本朝善书,自当推为第一,数百年后必有知余此论者。"[63]其实,学谁不学谁并不重要,关键在于他能"出入于'二王'畛域,而不见其辙迹;周旋于颜、李之间,而飞扬韵胜。其书借让奇巧,豪放跌宕;肉丰而骨劲,态浓而意淡,藏巧于拙,特为秀伟"[64]。

【《黄州寒食诗帖》赏析】

是帖横34.2厘米,纵18.9厘米,行书17行,共129字,无款识。有人推定它写于宋神宗元丰五年(1082年)。当时,苏轼受到新党排斥,贬谪为黄州团练副使,不仅政治上郁郁不得志,而且精神上倍感寂寞、生活上穷愁潦倒。在被贬黄州的第三年寒食节,他作了二首五言诗并纵笔书出,这就是著名的《黄州寒食诗帖》:

自我来黄州,已过三寒食。年年欲惜春,春去不容惜。今年又苦雨,两月秋萧瑟。卧闻海棠花,泥污燕支雪。暗中偷负去,夜半真有力。何殊病少年,病起头已白。

春江欲入户,雨势来不已。小屋如渔舟,蒙蒙水云里。空庖煮寒菜,破灶烧湿苇。那知是寒食,但见乌衔纸。君门深九重,坟墓在万里。也拟哭穷途,死灰吹不起。

《黄州寒食诗》写得苍凉凄清、彷徨无助、如泣如诉;其书法也充分体现了这样一种心境。通观是帖,全篇随着作者情绪的起伏而跌跌宕宕,如愁肠百结,缠缠绵绵,真所谓"痛苦并快乐着"。可以看出,作者心境的变化直接影响到用笔,或正锋,或侧锋,转换多变,顺手断联,浑然天成;结体则或大或小,或疏或密,或轻或重,参差错落,恣肆奇崛,变化万千。难怪黄庭坚为之折腰,叹曰:"东坡此诗似李太白,犹恐太白有未到处。此书兼颜鲁公、杨少师、李西台笔意,试使东坡复为之,未必及此。"[65]董其昌也有跋语赞云:"余生平见东坡先生真迹不下三十余卷,必以此为甲观。"《黄州寒食诗帖》是苏东坡书法艺术的代表作,在书法史上影响很大,元鲜于枢把它称为继王羲之《兰亭序》、颜真卿《祭侄稿》之后的"天下第三行书","它的不同凡响之处,在于它是出世和入世、'尚法'和'尚意'撞击下迸发的石火电光,稍纵即逝且不可能重现。……《黄州寒食诗》可以称得上是五合之臻的精品。一个书家有这样一件经得起历史考验、足以彪炳史书的精品,也就无愧于心了"[66]。

2) 米芾的书法艺术

米芾(1051~1108年),初名黻,字元章、鹿门居士、襄阳漫士、海岳外史等,襄阳(今湖北襄樊)人,迁居丹徒(今江苏镇江)。以恩补浛光尉,历长沙掾、杭州推官、润州州学教授。元祐七年(1092年)为雍丘令,多有德政。旧党失势,乞监中岳庙。绍圣四年(1097年)为涟水军使,历江淮荆浙等路制置发运使官勾文字、蔡河拨发,迁太常博士,转权知无为军。崇德五年(1106年)为书画二学博士,迁礼部员外郎,故人称"米南宫"。崇德七年(1108年)卒于知淮阳军任上。

米芾在书法史上以"颠"著称:相传,他穿戴唐巾深衣,只因轿顶碍了高檐帽,他干脆撤顶而坐;又传他有洁癖,洗手不用巾拭,相拍而干;还说别人试他的砚台发墨与否,唾砚代水,他勃然变色,将"污砚"相赠;又传他喜欢奇石,曾拜官署前怪石为兄,办公时也石不离手;他死前坐卧于棺木中,念偈句合十而终……正是这些怪异的行为,为他赢得了"米颠"的诨称。

有人分析说,"米芾的颠狂有一半是对世俗的抗争,还有一半却是哗众取宠,因为他深知不如此则不能引起世人的注目。倘若说杨风子装疯是远祸全身,那么米颠子恰恰是卖傻致身了"[67]。这是什么意思呢?米芾出身"冗浊",只因他母亲阎氏为英宗高皇后接过生,才"以恩补浛光尉",所以他一向被世人瞧不起。米芾的装颠,实际上是对这一世俗观念的抗争;同时,也是为了哗众取宠而进行的"自我炒作"。因此我们说,在米芾的性格中有着明显的"双重性":"即真率和矫饰、狂傲和谦卑、坦诚和隐瞒等等",有了这样的认识作基础,"才能来谈论他的书法和书论"[68]。

米芾的学书经历颇曲折,初学颜真卿《祭侄稿》等;又学柳公权;自悟柳出于欧(阳询),遂学欧书;又鄙欧书乃"印板排算",再学褚遂良;继学"二王"。从总体上看,受王献之影响较大,但他能自创新意,形成了沉着痛快、洒脱飘逸的书风。《宋史·文苑列传》称:"米为文奇险,不蹈袭前人轨辙,特妙于翰墨,沈着飞翥,得王献之笔意。"《宣和书谱·行书六》则云:"(芾)大抵书效羲之,诗追李白,篆宗史籀,隶法师宜官,晚年出入规矩,深得意外之旨。自谓善书者只得一笔,我独有四面。识者然之。"其传世书迹颇多,如《多景楼诗》、《苕溪诗》、《蜀素帖》、《拜中岳命书》、《草书九帖》、《寒光帖》、《留简帖》等。

【《蜀素帖》赏析】

"蜀素"是北宋时产于四川的一种丝织品,质地精良,制作讲究。相传有个叫邵子中的人把一段蜀素装裱成卷,以待名家留下墨宝。因为丝织品的罗纹粗糙,滞涩难写,故非功力深厚者不敢问津。该蜀素流转到湖州(浙江吴兴)郡守林希手上被收藏了20年。元祐三年(1089年)八月,米芾应林希邀请,结伴游览太湖近郊的苕溪,林希取出珍藏的蜀素卷,请米芾题写。时年38岁的他,才高气盛,当仁不让,一口气写了自作的8首诗,诗的内容均为当时记游或送行之作。该卷原称《诸体诗》,乾隆末编纂《石渠宝笈续编》时,改称《蜀素帖》。

米芾写此帖时,正处于从集字到脱胎换骨、自成一体的"蝶变"时期,因此,其中还保留了许多前人的痕迹;但值得称道的是,他正努力"走向自己",帖中调动了各种灵感,并集中精力处理好用笔和结体,使得整个作品率意放纵,笔势飞动,体态万千,曲尽变化,且愈到后面愈自然放松,洒脱超逸,完美精湛。故董其昌在其跋中称:"如狮子捉象,以全力以赴,为生平杰作。"

2. 元代书法

元世祖忽必烈统一中国后,对中国传统文化非常重视,尤其是儒家思想,提出了"文治之道"为立国之本。他采纳了契丹人耶律楚材和汉人学者刘秉忠、姚枢、许衡等人的主张,积极推行"汉法",并参照唐、宋体例制定政策、法规。尽管如此,这并不能从根本上消除民族歧视所导致的种种隔阂,使得汉人士子感到仕途无望,于是许多人便转向文学、艺术,这无形中促进了散曲、杂剧、书画等艺术的发展。

具体到书法艺术的发展,还有一个特殊原因——文字作为表情达意的载体,谁都不能小觑它的作用,特别是在当时的科技条件下。所以,忽必烈虽然不善书,却为了他的子孙后代能在这块汉文化的土地上坐稳江山而令太子裕宗向名儒学习书法,临写大字珍藏于东观;其后的英宗、文宗、顺帝都研习书法;天历二年(1329年)文宗甚至沿"玉堂"旧制建立了"奎章阁",收藏了一批历代法书、名画,集中了一批重要的书家,如虞集、揭傒斯、康里巎巎等,并任命柯九思为奎章阁鉴书博士,"由蒙古贵族为统治者的元代,有此盛举,不能不说是书史上的大事"。可惜奎章阁是短命的,仅仅五年,柯九思就因大臣争权、宗室内讧而被撵出朝廷"[69]。

从总体上讲,元代书法艺术成就一般般,没有太多可称道处,但这并不表明元代没有名家,如赵孟頫就是一代杰出书家。赵孟頫的楷书独辟蹊径,自成面目,史称"赵体",与唐代的欧、柳、颜并称楷书"四大家",另外篆籀、分隶、行、草也无不精通,《元史》本传说他"以书名天下"。

不光在元朝、就是在中国书法史上,赵孟頫也是一位里程碑式的人物。元朝初年,"宋四家"的"尚意"书风凭着自身强大的"惯性"继续蔓延,许多人都云集于苏、黄门下。而赵孟頫对这种"意造"之风深为不满,他认为书法艺术要开一代新风必须弃两宋、越三唐、直追魏晋,只是不曾明说罢了。有研究者认为:"自从赵氏书风的风靡,一股向晋人学习的复古潮流占据了整个朝野,连由金入元的鲜于枢,也力主归宗二王,并受到赵氏本人的浸染。古典主义的书风因赵氏的提倡,笼罩了整个元代,继而延续至明代中期。我们将书法史上的这一转折,看成是一次重要改革。"又说:"赵氏崇古导致的元代书风,以其典雅、秀逸的书卷之气,为文人书法的发展注入了新的血液。"[70]

1) 赵孟頫其人

赵孟頫(1254~1322年),字子昂,号雪松道人,别署水精宫道人,鸥波。浙江吴兴(今浙江湖州)人,为宋太祖之子秦王赵德芳十世孙。曾历官翰林学士承旨、集贤学士,封荣禄大夫,故世称赵学士、赵承旨、赵集贤、赵荣禄。卒后追封魏国公,谥文敏,故后世也称其赵魏国、赵文敏。

赵氏12岁丧父,在生母丘夫人勉励下发奋读书。14岁由父荫而补官,但因年少,仍留在家中读书。不满20岁,"试中国子监,注真州(今江苏仪征)司户参军。"[71]这是他在南宋垂亡之际所任的唯一官职。

其25岁时,宋亡。此时,社会动荡不安,赵氏隐于故里,以诗文书画为伴,并常和当地文人逸士相往还,与钱选等被称为"吴兴八俊"。随着声誉的日益远播,他受到江南浙西道提刑按察司事夹谷之奇的激赏。夹古氏出任吏部尚书后,便力荐赵孟頫为翰林国史院编修官,被其婉言拒绝。盖元朝初年,南方士人与朝廷之间还有很大的敌对情绪,赵孟頫也不例外。有资料载,至元十九年(1282年),程钜夫初下江南,便遇到了被蒙古人抓来的赵孟頫,迫其入仕,赵辩称,自己愿意像尧时的贤人巢父和许由那样,去过隐士生活。"钜夫感其义,释之"[72]。至元二十三年(1286年),程钜夫再次受忽必烈派遣赴江南搜访遗逸,此次得24人,赵孟頫居首选,是年他33岁。这次(第三次)他没有再拒绝,"士少而学之于家,盖亦欲出而用之于国"[73]。次年春入大都,忽必烈"一见称之,以为神仙中人,使坐于右丞叶公李之上"[74]。

赵孟頫入宫之后,在尚书省为帝王起草诏书,挥笔立成,深得忽必烈赏识。然而,他却恪守儒教,处事谨慎,以免引起蒙古人的猜忌和排斥,并稀入宫中,力请外补,远离是非。至元二十九年(1292年)正月,他晋升为朝列大夫(从四品),并离开大都出任济南路总管府事。

至元三十一年(1294年)元世祖忽必烈去世,成宗召赵孟頫回京修《世祖实录》,赵孟頫以病辞归,回到江南,时往来于杭州、吴兴间。大德二年(1298年)春,成宗再召赵孟頫入大都书金字藏经,并许其所举荐20多位善书者随其入京抄经。这些书家,后皆赐官。此事在当时轰动很大,赵氏也因此而成为"南北方及朝野共同确认的书坛领袖"。大德三年(1229年),赵孟頫任江浙行省等处儒学提举,并擢拔为集贤直学士。赵氏在此任上长达9年,不仅成为江浙"文化圈的核心人物,他的书画艺术也达到了完全成熟的境地"。

　　武宗至大三年(1310年),还在东宫的仁宗再召赵孟頫赴大都。这位崇尚儒学,主张文治的皇帝,使他又一次受到宠遇。至大四年(1311年),仁宗提升他为集贤侍讲学士,中奉大夫,官从二品。皇庆二年(1313年)六月,又升至翰林院侍讲学士,同年十一月转集贤侍读学士正奉大夫。次年十二月升集贤学士、资德大夫正二品。仁宗延祐三年(1316年)七月,再拜翰林学士承旨、荣禄大夫、知制诰兼修国史从一品,官至一品,推恩三代。仁宗尝云:"文学之士,世所难得,如唐李太白,宋苏子瞻,姓名彰彰然,常在人耳目。今朕有赵子昂,与古人何异。"[75]

　　元英宗至治二年(1322年)六月,赵孟頫从容逝世于湖州故里,传其去世当日"犹观书作字,谈笑如常时"。

　　对于赵孟頫的一生,有人推崇备至,也有人嗤之以鼻。原因是他为"宗室之亲,辱于夷狄之变"[76]。意思是说,赵孟頫身为宋王室宗亲,入元后却做了蒙古人的官(鄙称"二臣"),并由此而贬低其书法艺术,即所谓"赵书无骨"。那么,这"无骨"指的是什么呢?明末清初的冯班在《钝吟书要》中讲得很清楚:"赵文敏为人少骨力,故字无雄浑之气。"和冯班同时代的傅山说得更尖锐:"作字先作人……须知赵(孟頫)都是用心于王右军者,只缘学问不正,遂流软美一途,心手之不可欺也如此,危哉!危哉!"又说:"薄其为人,痛恶其书浅俗。"[77]

　　笔者认为,"人品"和"书品"有着内在的、必然的联系,像傅山讲的"作字先作人"、"功夫在书外"等,都是讲这方面的联系。但它们毕竟又是两个不同的概念,不应该将其混为一谈。重人品、重修养是儒家的传统观念,但在孔子那里,这二者是分开的,并没有完全搅在一起。比如他在对音乐作评论时就讲:"《韶》,尽美矣,又尽善也。……《武》,尽美矣,未尽善也。"[78]作为一种艺术"尽善尽美"当然好,但事情往往不可能尽如人意,这便出现了"尽美"者未必"尽善",而"尽善"者又未必"尽美"。孔子并没有因为《武》乐不能做到尽善尽美而把它扼杀掉,只是指出它的缺陷。因为孔子清楚,假如过分地强调问题的某一个方面就从根本上违背了儒家"中和美"的原则,也就无美可言了。

　　具体到赵孟頫,采取那种"以人废书"的做法显然是偏激了,更何况赵孟頫并没有干那种不恤民命、卖身求荣的罪恶勾当。相反,他曾几次拒绝去元朝做官,甚至还想如巢父、许由那样去当隐士。总之,我们没有理由去否定赵孟頫,尤其是他在书法史上的崇高地位。

2) 赵孟頫的书法艺术

《元史·本传》云：赵孟頫"篆、籀、分、隶、真、行草无不冠绝古今，遂以书名天下。"

评论赵书，首先要谈他的楷书。其大楷作品初入钟繇、智永，又得晋人笔法，"绝去颜、柳顿挫之笔，故一改中唐以后书碑楷法之特征……中年后又糅入李北海之用笔，增加飞动之势和峭拔之力，因而卓然立于书法史上，后世将其楷书与前人并称为'欧、柳、颜、赵'"[79]。其传世作品有《玄妙观重修三清殿记》、《玄妙观重修三门记》、《胆巴碑》、《湖州妙严寺碑》、《道教碑》等。而其小楷则汲取了王羲之、王献之、钟繇以及杨义之长，用笔精到，自然生动如"飞云舒卷"，鲜于枢评其《过秦论》云："子昂篆、隶、正、行、颠草俱为当代第一，小楷又为子昂诸书第一。"[80]代表作有《书楔帖源流卷》、《洛神赋》、《过秦论》、《汉汲黯传》以及大量佛道经卷。

赵书成就最大、影响最深者，恐怕还是他的行草书。分析者认为，其行草书直入山阴之室，继承了王羲之"不激不厉"的平和书风，于南朝陈智永，唐褚遂良、陆柬之，宋高宗赵构而一脉相承。观其整体面貌，笔法轻灵潇洒，结体平正秀丽，布白精巧细致，可谓形聚神逸，意蕴深沉，颇俱东晋人的风流倜傥之气。代表作有《兰亭十三跋》、《归去来辞卷》、《赤壁赋》、《雪晴云散帖》等。

3. 明代书法

有明 276 年间，书坛上曾出现了一些风云人物，也有过一些新的气象，但从历史角度看成就一般，"总的来说，明代书法艺术对历史没有突破性进展"。

1) 明前期书法

总体上说，明前期书法处在元人书风的笼罩下，基本没有走出赵孟頫和康里巎巎二人的影子。虽然也出现了一些书法家，却没有几个人形成气候，值得一提的是沈度和解缙。

(1) 沈度和他"台阁体"。沈度(1357～1434 年)字民则，号自乐，华亭(今上海松江)人，与其弟沈粲，号称当朝"二沈"。他博学多才，尤善书道。洪武年间中举文学，不就，坐累被谪云南。成祖立，诏简能书者入翰林，沈度中选。其时，解缙、胡广等人都在内阁，而沈度最受成祖宠爱，据明李绍文《皇明世说新语》载："太宗(即成祖——引者注)征善书者试而官之，最喜云间二沈学士，尤重度书，每称曰：我朝王羲之。"凡金版玉册等，成祖必命度书，故名出诸士之右。不久，他便由翰林典籍擢检讨，历修撰，迁侍讲学士，可为官高位显。成祖后，沈度仍备受帝王宠爱。王世贞《艺苑卮言》云："宣宗书出沈华亭兄弟，而能于圆熟之外，以遒劲发之。"朱谋垔《续书史会要》则称："孝宗皇帝酷爱沈度笔迹，日临百字以自课，又令左右内侍书之"云云。沈度的书法之所以受到帝王的喜爱与推崇，很重要的一点是他代表了当时的主流书风——台阁体。"台阁"一词，原与中书舍人一职有关。历史上，中书舍人多隶属于中书省,唐、宋之后,中书省逐渐取代了尚书省,而"尚书"在汉代称为"台阁"。这样七拐八弯,便"将中书舍人所写的书法称为(了)台阁体"。"台阁体"不只局限于书法,它原是形成于明朝初年的一种"文艺思潮"。如在文学方面,以颂圣、题赠、应酬等为主要内容,无非是搞一些歌功颂德、粉饰太平的无聊文字;而在书法方面,则表现为中规中矩,要求把字写得方正、光洁、乌黑、大小一致,以适合于宫廷和科举的需要。从"广义上说台阁体即是明前期宫廷书法的代名词,其风格则多为雍容华丽,并适合了帝王的审美情趣"[81]。其结果,却抹杀了许多书家的艺术个性,导致明前期书坛千人一面、千部一腔,并逐步流于俗媚。沈度是台阁体的代表性书家,正因为有了历代皇帝的宠爱与吹捧,故能历百年而不衰。

(2)解缙和他的书法艺术。解缙(1369~1415年)字大绅,号春雨。江西永吉人。洪武三十一年(1388年)中进士,授中书庶吉士,改御史。后罢官8年。建文(明惠帝)时再度出仕,历侍读学士、翰林学士兼右春坊大学士,奉命总裁《太祖实录》,并主持纂修《永乐大典》。据《列朝诗集》载,朱元璋特别喜爱解缙的书法,"缙为庶吉士,高皇帝(即朱元璋——引者注)极爱之,每侍书至亲为持砚"。但这并不能说明一切。永乐五年(1407年),他因"泄禁中语"、"廷试读卷不公"照样被谪为广西布政司参议;永乐八年(1410年)入京奏事,值成祖离京北征,解缙谒太子还,旋以"无人臣礼"构罪并于次年入狱;永乐十三年(1415年)被锦衣卫以酒灌醉埋积雪中而死,年仅47岁。

解缙的书法基本师承康里巎巎一脉,才气放逸,圆润纯熟,吴宽在《题解学士墨迹》中称:"永乐时人多能书,当以学士解公为首"。我们之所以关注解缙的书法并不是因为他取得了多么大的成就,而是能让我们明白一些问题。作为宫廷书法家,解缙的小楷一定写得非常漂亮,然而却传世者寥寥,据王世贞讲,他的"小楷《黄庭》,全摹临右军笔,婉丽端雅,(虽)骨格少逊","然世多见者狂草,其(小楷)所以寥寥者,亦作狂草故"[82]。这让我们看到:"在解缙身上,似乎典型地显示了当时书家的极端的两面性。一面是应制,写工细的台阁小楷;另一面则是大幅的狂草。……两种书体相较,草书当然更能体现作者的性情,所以在解缙传世的大草作品中,存有狂放不羁的连绵草也就不足为怪了。……因此解缙的书法,实不应以一时一作而定,他的多面性,与他所处的生存环境不无关系,是值得认真分析的。"[83]的确如此,作为一个御用书家他必须首先考虑生存问题,所以要下工夫去写好台阁体的小楷;而将人格中刚直倔强、狂放不羁的一面付于狂草,也是情理中的事。这样一想,我们就不至于将自己的一些观念强加给他们了。

2)明中期书法

明代中叶以后,书法艺术逐渐摆脱了台阁体强大的统治力而另辟蹊径,以求发展。书法活动也由皇室、阁僚集中的北京转向经济、商业繁盛的苏南,于是出现了颇具影响的"吴门书派"。"吴门"是苏州的别称,历史上也称"吴郡"、"三吴"、"吴中"、"姑苏"等。早在宋、元时代,苏州就是文人墨客相对集中的地区;到了明中叶,随着农业、手工业和商业的不断发展,苏州的文化氛围更加浓郁。简单说,"肥沃的文化土壤,政治上的相对自由,以及经济上的繁荣,是明代最大的书法流派——吴门派产生于苏州的三大因素"[84]。

"吴门书派"的代表人物是祝允明、文徵明、王宠、陈淳"吴中四名家"。他们共同的特点是,"以一种典型的文人书卷气——即以深厚的文化学养与疏放的艺术个性融入了书法,适应了当时市民文化的审美需要"[85],并一扫明初台阁体造成的那种沉闷、呆板、俗媚的庸俗之风,开辟了一条自由、清新、明丽的艺术新路,因而成为明代中期书法发展的主流。

文徵明(1470~1559年),初名壁,42岁后以字行,更字徵仲。因其先世为衡山人,故自号衡山。据资料载,文徵明"幼不慧,稍长颖异挺发。学文于吴宽,学书于李应桢,学画于沈周。为人和而介"[86]。然而,他自26岁至53岁的27年间,曾10赴应天府乡试一次未中。后来,在苏州巡府李克诚的大力推荐下,才于嘉靖二年(1523年)经吏部考核后授翰林院待诏,参与修《武宗实录》,侍经筵。然而,宫廷生活并不适宜于他,过多的清规戒律、繁文缛节,以及阁僚间的相互排挤,使他深感到仕途的险恶,于是,从嘉靖四年(1525年)三月起,3次上疏乞归,次年十月得准,嘉靖六年(1527年)三月回到苏州。总算起来,他的仕途生涯不超过4年。

辞官后的文徵明一身轻松,他在诗中写道:"功名原不到书生";又说"一出都门百念休"。从此,他便开始了职业书画家的生涯。文徵明书法晋、唐,小楷法二王,温纯精绝;行书得力于《集王书圣教序》,加以苍老;大字宗黄山谷,骨韵兼擅;隶书追迹钟元常,大有折刀头之趣。

笔者认为,世人重其书,更重其人——为他"和而介"的人格折服。徐沁《明画录》云,文徵明"生平三不肯应,宗潘、中贵、外国也"。那些达官显贵即便有再多的钱,也无法从他那里求到书画,就连权倾朝野的严嵩他也不买账。至于外国贡使途经苏州,每每以不得其书画而恨。另一方面,他对朋友、对正常的交往从不"苟且","或答人简札,少不当意,必再三易之而不厌……或劝其草次应酬,自称'吾以此自娱,非为人也'"[87]。文徵明的耿介人格可见一斑。

3)明晚期书法

明代晚期(嘉靖之后),是中国文化发展史上一个非常重要的时期。这一时期禅宗思想十分流行,又是泰州学派(晚明时期,由王守仁的弟子王艮创立的一个哲学派别,提出"百姓日用即道","平时只是率性所行,纯任自然,便谓之道"等等,强调个人的行为是齐家、治国、平天下的根本。基本发挥了王守仁的学说)的发展时期,从哲学到文学艺术都表现出强烈的个性色彩。在文学方面有以"三袁"(袁宗道、袁宏道、袁中道)为代表的"公安派",提出了"独抒性灵"之说;继而又有钟惺、谭元春为首的"竟陵派",强调要标新立异、不随人后,主张建立一种"深幽孤峭"的艺术风格……而在书坛上,则出现了董其昌、徐渭等一批有识之士,坚持通过改革打破明代书坛长期以来的那种沉闷、压抑气氛,以实现书法艺术的振兴与发展。

(1)董其昌与"云间书派"。"云间"是江苏松江县的古称,亦称"华亭",今属上海市。所谓"云间书派"就是以董其昌为首的云间籍书家所形成的一个艺术团体。他们之间本没有明显的师承关系和整体联系,其目的是为了抗衡"吴门书派"。前边讲到,明朝初年产生了一个很大的"吴门书派",其影响可谓铺天盖地。陆深云曾自豪地说:"国初书法,吾松尝甲天下。"[88]早在青年时代,董其昌就对"吴门书派"那种过于文人气的书风很有意见,并立志要突破它的影响。待中年以后,董其昌的书法已享誉朝野,名动海外,以他66岁为莫如忠(他的老师)、莫是龙(他的朋友)父子的刻帖《崇兰帖》题词为标志,完成了"云间书派"体系的构建,董其昌自然成了这一派的掌门人。

董其昌(1555~1636年)字玄宰,号思翁、思白,别署香光居士,松江府上海人。因躲避重役而入邻县华亭,遂于应试时改籍为华亭。万历十六年(1588年),他在几经落第后再赴南京乡试,终以文采超群而及第,并得到王世贞激赏,称"董固英起特异"。是年他34岁。次年赴北京又考中进士(会试第二,廷试第四),即被选为庶吉士,深造于翰林院,并充任太子讲官。3年后,被任命为翰林院编修。后曾出为湖广按察司副使、福建副使。天启二年(1622年)擢为侍读学士,修《神宗实录》。次年,擢南京礼部尚书(官二品)。礼官古称"宗伯",礼部在唐代又称"容台",故世人又称其"董宗伯"、"董容台"。此时,宦官政权与其他反对党之间斗争激烈,为了远避祸端,董其昌曾一度告归乡里。崇祯四年(1631年)他再度出仕,复任礼部尚书,并掌北京詹事府事,其间,又屡次上疏乞归。崇祯七年(1634年),朝廷诏加其为太子太保,特准致仕。董其昌回到故乡,又二年卒。崇祯十七年,南明福王时,赠太子太傅,谥文敏。

董其昌的学书经历,对我们也许有一定的启发意义。据说,他17岁参加松江府会考时,学问虽佳,但因字写得差而被知府衷贞吉(洪溪)故意降为二等。他在回忆这段经历时说:"郡守江西衷洪溪,以余书拙置第二,自是发愤临池矣。……凡三年,自谓逼古,不复以文徵仲、祝希哲置之眼角。"[89]董其昌学书"初以颜入手",18岁那年就读莫如忠塾馆,"转而宗晋",在书学方面得到了良好的教育。他曾于晚年道,"余年十八岁学晋人书,得其形模,便目无吴兴(即赵孟頫——引者注),今老矣,始知吴兴之妙"云云[90]。笔者从董其昌的学书经历中体会出两点:古人讲"人无完人"。一个人有毛病、有不足是正常的,关键是采取什么样的态度。一旦知道了自己的毛病和不足,就应该像董其昌那样发愤弥补,绝不可得过且过、麻木不仁;再一点就是,要有敢于超越前人的勇气和开派立帜的使命感。人的一生很短暂,奋发努力是一辈子,无所事事也是一辈子,不论是从社会角度还是从个人角度,我们都应该去好好拼搏一番。

董其昌以禅入书,追求"真率"与"平淡"。其"用笔的虚和变化、结字的欹侧反正、章法的疏空简远、用墨的浓淡相间,造成其书作白大于黑的视觉效果。用笔虚和而骨力内蕴,章法疏空而气势流宕,用墨淡润而神韵反出,这便是董其昌书法的风格特征。这种风格表现了禅意,所谓丰采姿神、飘飘欲仙;这种风格又反映了士大夫文人崇尚自然的率真之趣,即所谓书卷气是也"。其传世书迹较多,如《小楷千字文册》《丙辰论画册》《东方朔答客难卷》《项元汴墓志铭卷》等,刻有《戏鸿堂帖》《玉烟堂帖》等。

(2)徐渭和他的书法艺术。徐渭(1521～1593年)初字文清,更字文长,号天池山人、天池生、青藤道人、田水月、天池渔隐、金垒、白鹇山人、鹅鼻山侬等。山阴(今浙江绍兴)人,因又号山阴布衣。斋号一枝堂、青藤书屋。徐渭可谓一生坎坷、命运多舛。他刚刚出生3个月即丧父,生母改嫁,与寡居的嫡母相依为命。20岁入赘潘家,随往广东阳江,妻14岁与之成亲,19岁即亡。徐渭从少年时就"嗜读书,志颇闳博,六岁授《大学》,日诵千余言,九岁成文章,便能发衍章句"[91],20岁成诸生。可是,从20岁至41岁的20多年间,他应举8次,皆名落孙山。大约21岁时,始从季本(字明德,号彭山,官苏州同知,升南京礼部郎中,为王阳明弟子)先生游,接受王阳明心学的影响。38岁时做了浙闽总督胡宗宪的幕僚。时胡宗宪于舟山得一白鹿欲献给皇上,徐渭作《代初进白牝鹿表》,皇帝见后大嘉悦。"其文句月间遍诵人口,公以是始重渭。"[92]嘉靖三十七年(1558年),胡宗宪因攻打倭寇盘踞的柯梅久战未可,被御史弹劾。不久,严嵩罢相,胡宗宪以同党下狱,徐渭惧怕曾受到胡的宠信而被株连,导致精神分裂。他曾决心自杀,先写好了墓志铭,并以三寸铁钉刺入耳中,又击碎阴囊,竟然未死。第二年,他怀疑第四位继妻不贞而亲手将其杀死,被革去生员,身陷囹圄6年。在同乡好友张元忭的多方营救下出狱,此后的20多年间,一直被精神病和其他疾病纠缠着。晚年,他以诗文书画糊口,曾遍游齐鲁、燕赵等地,纵情山水,有许多杰出作品就诞生于这段时间。其画葡萄诗曰:"半生落魄已成翁,独立书斋啸晚风。笔底明珠无处卖,闲抛闲掷野藤中。"又在联中写道:"几间东倒西歪屋,一个南腔北调人。"堪称其人生真实写照!

徐渭是明代文学艺术史上绝无仅有的天才人物。其门人王骥德在《曲律》中称:"徐天池先生《四声猿》(杂剧,剧名出自诗句'猿鸣三声泪沾巾',它包括了《狂鼓史渔阳三弄》《玉禅师翠乡一梦》《雌木兰替父从军》《女状元辞凰得凤》四种杂剧——引者注),故是天地间一种奇绝文字。"至于诗、书、画、印,更是样样精通。他自称"吾书第一,诗二,文三,画四"。《随园诗话》卷六载,当年郑板桥对徐渭崇拜得五体投地,尝刻一印云:"青藤门下走狗。"据说,齐白石也曾讲过"愿作青藤门下走狗"之类的话。可见,他对后人的影响有多大。

徐渭的书法风格与他的个人性格互表里,其突出特点就是奇崛、怪异。分析者认为:"徐渭的书法,面孔之奇异,用笔之大胆,均在同代书家中无有可参照者,真可用得'绝去依傍'四字。他不受约束的表现,几乎令人无法分析他的师承。但细观察他的书法却又使人感到虽法无定法,却又无法有法。"[93]其传世作品以行草为主,给人的总体感觉是,结体大胆放肆,如落英缤纷,又如枯枝坠地,乱头粗服,不雕不饰;他似乎不考虑什么布白问题,随手写来,任意纵横,然而又恰到好处。当年,袁宏道曾这样称赞其书:"文长喜作书,笔意奔放如其诗,苍劲中姿媚跃出。予不能书,而谬谓文长书决在王雅宜、文徵仲之上,不论书法而论书神,先生者诚八法之散圣,字林之侠客也。"[94]此论妙哉!吾以为然。

(六)清代——书法艺术的中兴期

我们说清代是书法艺术的中兴期,基于两点考虑:其一,清代书坛较之历史上任何一个时期都热闹,可以说是五花八门、包罗万象,出现了金石学热、考据学热、文字学热,并由此诞生了"碑学"一派以抗争"帖学",这是历朝历代书坛上从没有过的。其二,清代书坛风云变幻,思潮迭起,出现了一大批个性特色鲜明的书家与流派,这也是过去书坛上没有过的。接下来,我们作一点简单介绍。

1. 傅山与他的书法艺术

傅山(1607~1684年)初名鼎臣,字青竹,后改名山,字青主,一字仁仲,别署公之它,一作公他,亦曰朱衣道人,又字啬庐,晚称老药禅。晚明阳曲(今山西太原)人。有资料载,傅山的祖父中过进士,做过官;父亲是明朝的贡生,以教书为业;而他在明朝却没有取得功名。其实,傅山是一个极有才学的人,"善画山水墨竹,工诗文及金石篆刻,又精医"。同时,他又是一个极重气节的人,"明季天下将乱,诸搢绅先生气习腐恶,山独坚苦持气节。国变时,衣朱衣居土穴养母。天下大定,始稍稍出,隐于黄冠。康熙中,年七十余征举鸿博,至京,坚卧城西古寺,不与试,授中书舍人,以老病辞归"[95],因此而成为著名的明遗民。

傅山是清初最有影响的书家之一。他的楷书、行书都写得非常漂亮,但成就最高的还是他的草书,大笔浓墨,任意挥洒,气势雄浑,自然放达。这与他倔强刚直、孤傲自守的人格相映照。清郭尚先《芳坚馆题跋》称:"先生学问志节,为国初第一流人物,世争重其分录,然行草生气郁勃,更为殊观。"近人马宗霍《霋岳楼笔谈》亦云:"青主隶书,论者谓怪过而近于俗,然草书则宕逸浑脱,可与石斋(黄道周)、觉斯(王铎)伯仲。"所谓"书如其人",在傅山身上得到了充分印证。傅山一生最讨厌"奴气",曾讲:"不拘甚事,只不要奴气。奴了随他巧妙雕钻,为狗鼠已耳。"反映在书法上亦然:"字亦何与人事?政复恐其带奴气。若得无奴俗气,乃可与论风期日上耳,不惟字。"[96]为了摆脱前代书风的"奴役",他提出了著名的"四宁四毋"主张:"宁拙毋巧,宁丑毋媚,宁支离毋轻滑,宁直率毋安排,足以回临池既倒之狂澜矣。"[97]从而,将他的艺术个性张扬到了极致。

2. 刘墉与"帖学"书派

所谓"帖学"是指宋、元以来所形成的崇尚"二王"以及接受其影响的唐、宋诸大家书风的书法史观、审美理论和以晋、唐以来名家墨迹、法帖为取法对象的创作风气。"由于这一风气是在宋代出现的《淳化阁帖》等一大批刻帖的刺激和影响下形成的,故称'帖学'。直至清代中期以前,帖学在书坛上始终占据着主导地位。"[98]张照和刘墉是清代帖学书派的代表性书家,尤其是刘墉。他们在广泛汲取《淳化阁帖》、"宋四家"、赵孟頫、董其昌等名家书风的基础上,又别开生面,积极建立属于自己的风格。"他们的水平标志着清代帖学书法的最高成就,因而康有为称'国朝之帖学,荟萃于得天、石庵',并谓刘墉为清朝帖学之集大成者。"[99]

刘墉(1719～1804年)字崇如,号石庵、香岩、日观峰道人等,山东诸城人。乾隆十六年(1751年)进士,授翰林院编修。历任安徽学政、江苏学政、太原知府、冀宁道台,乾隆三十一年(1766年)以失察所属阳曲县令段成功贪侵国库银两,坐罪革职发往军台(即邮驿)。次年赦回,命在修书处行走。乾隆三十四年(1769年),授江宁府知府,第二年迁江西盐驿道。乾隆三十七年(1772年),擢陕西按察使。乾隆四十一年(1776年)三月,授内阁学士,入值南书房。第二年复任江苏学政,是年底迁户部右侍郎,后又调吏部右侍郎。乾隆四十五年(1780年),擢湖南巡抚。乾隆四十七年(1782年)后历任都察院左都御史、工部尚书、上书房总师傅、吏部尚书、协办大学士等职。入嘉庆朝后,任体仁阁大学士、加太子少保、提领上书房事。嘉庆九年(1804年)十二月,刘墉卒于官,享年85岁。卒后赠太子太保,谥号文清。

刘墉一生轰轰烈烈,做了那么大的官、管了那么多的事;但又是那么简简单单,他以生活节俭、办事公正、为官清廉,著称于时。笔者以为,这是一种做人的大功夫,非大彻大悟者而不能做到。他的书法也是如此,看上去笨笨拙拙、松松散散,似乎既无灵气也无章法,然而,仔细推研却发现其精华内敛,高深莫测,真可谓"绚烂之极乃造平淡"也。清王文治曾在《快雨堂题跋·卷六》中称:"石庵前辈书,绝去宋元以来纵横妍媚之态,而笔意高古。拙中含姿,淡中入妙,近时罕有能及之者。其工处殆在无人爱处耶。"郭尚先也在《芳坚馆题跋》中讲:"晋唐元明诸大家,得力全是个静字。须知火色纯青,大非容易。国朝作者相望,能副是语者,只有石庵先生。"这才是真正的"大家风范"。

3. 何绍基与"碑学"书派

"碑学"是相对于"帖学"而言的。作为一种书法史观和审美主张,它特别重视汉、魏、南北朝时期的碑版石刻,强调以好的碑刻作为创作的主要取法对象。碑派书法,于清代中期经阮元积极倡导和包世臣大力推动逐渐兴盛起来,并很快风靡朝野,成为整个清代最有影响的书学思潮。在这一学术思潮影响下,涌现了以何绍基、杨沂孙、杨岘、张裕钊、赵之谦等为代表的一大批出入金石碑版、具有独特风格的碑派书法大家。

何绍基(1799~1873年)字子贞,号东洲、蝯叟,一作猿叟。清道州(今湖南道县)人。道光十六年(1836年)进士,授编修,历任文渊阁校理、国史馆协修、总纂、提调,充任福建、贵州、广东乡试主考官。咸丰二年(1852年)任四川学政。三年后,因条陈时事触怒文宗奕詝而被革职。此后即游历各地,先应山东巡抚崇恩之邀请主讲于济南泺源书院,后任长沙城南书院山长十余年。晚年居苏州,曾受曾国藩和丁日昌延请赴扬州主持校刊《十三经注疏》,又主讲浙江孝廉堂,往来吴越,教授生徒。一生豪饮健游,多历名山胜地,拓碑访古。

何绍基作为一代书法大家可谓家学渊源,书香自有。其父何凌汉,曾任山东学政、浙江学政等,累官至户部尚书,工诗文书画。受其父影响,何绍基学书从颜入手,并对《争座位帖》下了很深的工夫,自称会试时"廷对策亦以颜法书之,为长文襄、阮文达两师相及程春海侍郎师所激赏"。后结识了碑派书家如张琦、包世臣等,遂对北碑喜而好之,尤其推崇邓石如,曾讲"邓石如先生篆、分及刻印,惊为先得我心。恨不及与先生相见,而先生书中古劲横逸、前无古人之意,则自谓知之最真"[100]。在书法实践中,何绍基主张将篆趣、隶意掺入楷书之中,曾有诗云:"肄书搜尽北朝碑,楷法原从隶法遗。"并一生追求《张黑女墓志》那种"遒厚精古"的神气,他说:"余既性嗜北碑,故摹仿甚勤,而购藏亦富。化篆、分入楷,遂尔无种不妙,无妙不臻。然遒厚精古,未有可比肩《黑女》者"云云[101]。

有研究者认为:"在清代碑派书法的发展过程中,何绍基是一位非常重要的人物。他将邓石如、伊秉绶等人取法秦汉六朝碑版的传统进一步发扬,与阮元、包世臣等人的理论结合起来,集于一身,并在创作技法上取得了突破性成功和具体完整的经验。作为一位在理论和实践上都坚持碑学观点的书法家,他在取法北碑、变革楷书和行草书笔法方面的成就,标志着碑派书法的审美原则在各种书体领域的全面落实,对晚清书风产生了深远的影响,被称作是'开光、宣以来书派'的一代宗主。"[102]

书法是一门大学问、大艺术,是中华民族的国粹,我们就是穷一生之力去学习它、研究它,也未必能够精通。所以说,我们这种挂一漏万的介绍实在是太简单、太肤浅了,只能让大家了解些"皮毛"而已,如果谁对书法艺术真正感兴趣,还必须自己去下一番大工夫。

参考文献及注释

[1] 周汝昌:《永字八法书法艺术讲义·自序》,广西师范大学出版社,2006年
[2] 欧阳中石等:《书法与中国文化》"序",人民出版社,2000年
[3] 刘炳森:《中国书法艺术》,中国人民大学出版社,1994年,第5、13页

[4] 丛文俊:《中国书法史——先秦·秦代卷》"总论",江苏教育出版社,2002年
[5] 宗白华:《意境》,北京大学出版社,1987年,第124页
[6] 宗白华:《美学散步》上海人民出版社,1981年,第164、165页
[7] 熊秉明:《中国书法理论体系》,"出版的话"
[8] 引文同[2],第6、7页
[9] 薛明扬:《中国传统文化概论》,上册,复旦大学出版社,2003年,第71、72页
[10] 引文同[9],第73页
[11] 引文同[6],第162、163页
[12] 杨咏祁等:《美育辞典》,第233页
[13] 引文同[6],第53、54页
[14] 引文同[6],第170、171页
[15] 转引自[12],第233页
[16]《老子》,11章
[17] 张涵:《美学大观》,第383页
[18] 引文同[6],第201、117页
[19] 引文同[6],第72、73页
[20] 王国维:《人间词话》,第二十六
[21] 引文同[6],第186页
[22] 引文同[6],第77页
[23] 引文同[2],第16页
[24] 薛明扬:《中国传统文化概论》,中册,复旦大学出版社,2003年,第1056页
[25] 晨曦:《青年艺术鉴赏手册》,中国物资出版社,2000年,第111页
[26][28] 引文同[24],第1057页
[27] 引文同[12],第235页
[29] 引文同[3],第289页
[30] 康有为:《广艺舟双楫·分变第五》
[31] 引文同[6],第297页
[32] 引文同[6],第208页
[33] 苏轼:《论书》
[34] 转引自[6],第419页
[35] 引文同[25],第115页
[36] 引文同[6],第21页
[37] 刘涛:《中国书法史·魏晋南北朝卷》,第178页
[38]《中国人名大辞典·王羲之》
[39] 古代风俗。每年三月三,于水滨洗濯,拔除不祥,清去宿垢,谓之"禊"
[40][41] 引文同[6],第213、217页
[42] 引文同[25],第115页
[43] 萧元:《中国书法五千年》,东方出版社,2006年,第27页

[44][45] 转引自[12],第 237 页
[46] 朱关田:《中国书法史·隋唐五代卷》,第 50 页
[47][49] 引文同[24],第 1069 页
[48] 引文同[46],第 22 页
[50] 引文同[46],第 162 页
[51]《东坡题跋》,卷四
[52] 引文同[46],第 173、174 页
[53] 引文同[46],第 175 页
[54][57] 李白:《草书歌行》
[55][56] 颜真卿:《怀素上人草书歌序》
[58]《宣和书谱》
[59]《续书评》
[60] 范韧庵,李志贤:《书法辞典》,第 335 页
[61] 引文同[25],第 117、118 页
[62] 苏轼:《石苍舒醉墨堂》
[63] 黄庭坚:《山谷题跋·跋东坡墨迹》
[64] 唐得阳:《中国文化源流》,第 725 页
[65] 黄庭坚:《山谷题跋·跋黄州寒食诗》
[66] 曹宝麟:《中国书法史·宋辽金卷》,第 109、110 页
[67] 引文同[66],第 170 页
[68] 引文同[66],第 170、171 页
[69] 黄惇:《中国书法史·元明卷》,第 5 页
[70] 引文同[69],第 8、10 页
[71] 转引自[69],第 13 页
[72] 引文同[69],第 14 页
[73] 赵孟頫:《送吴幼清南还序》
[74][75] 杨载:《赵公行状》
[76] 李东阳:《麓堂诗记》
[77] 傅山:《霜红龛集》卷四、卷五
[78]《论语·八佾》
[79] 引文同[69],第 26 页
[80] 转引自[69],第 25 页
[81] 引文同[69],第 216 页
[82] 王世贞:《跋解缙黄庭经》
[83] 引文同[69],第 212 页
[84] 引文同[69],第 256 页
[85] 引文同[69],第 265 页
[86]《中国人名大辞典·文徵明》

[87] 引文同[60],第 142 页
[88] 转引自[69],第 324 页
[89] 董其昌:《跋崇尚馆帖》
[90]《容台别集卷二·书品》
[91]《中国书法史·元明卷》,第 345 页
[92]《徐文长佚草卷三·上提学副使张公》
[93] 转引自[69],第 350 页
[94] 引文同[69],第 352 页
[95] 袁宏道:《徐文长传》
[96]《中国人名大辞典·傅山》
[97] 刘恒:《中国书法史·清代卷》,第 31 页
[98] 引文同[77],卷四
[99][100] 引文同[96],第 4 页
[101] 何绍基:《书邓完伯先生印册后,为守之作》
[102] 何绍基:《跋魏〈张黑女碑〉拓本》
[103] 引文同[96],第 207 页

第十二章 国学之美(六):古代绘画

中国的绘画艺术源远流长、博大精深,且有着丰富的遗产,是中国的国粹之一。其独特的风格与杰出的艺术成就,得到举世公认和赞誉,在世界艺术史上占有十分重要的地位。

一、中国传统的绘画起源理论及绘画艺术的基本美学特征

中国绘画的起源问题,一直以来是许多学者、研究人员所关注的学术热点之一,也是一直以来始终没有明确定论的问题之一。在20世纪70年代末、80年代初的"美学热"中,已经有人对艺术的起源问题做过专门地探讨,尽管这种探讨是"泛泛的"(既没将东、西方艺术分开,更没有将各种不同的艺术形式加以区别),但毕竟是"探讨"过了。笔者以为,倒是我们的前人对这个问题的认识似乎更清晰一些。

(一) 中国传统的绘画起源理论——"书画同源说"

成书于战国末期的《世本》一书,有着"沮涌、仓颉作书"、"史皇作图"的明确记载,宋衷注曰:"仓颉,黄帝臣。"又注:"史皇,黄帝臣也;图为画物象也。"这等于告诉我们,中国的书、画是伴随着"农耕文明"而诞生的,而且书和画都出自"黄帝臣"之手。唐代画家、画论家张彦远在他的《历代名画记·叙画之源流》中对当时的情形作了具体分析:"是时也,书画同体而未分,象制肇创而犹略,无以传其意,故有书;无以见其形,故有画。"意思是说,在书、画的初创阶段,它们"同体而未分",不论是书还是画从法度上讲都还非常简略。之所以有书、画之别,主要是着眼于不同的用途:因为无法传达事情(物)的"意",所以有了书;因为无法表现事物(情)的"形",所以有了画。在张彦远看来,远古时代的"象形文字"乃是书写与绘画的统一,换句话说,那时人们写的是(象字的)画;而画的则是(象形的)字,这就是他的所谓"书画异名而同体说",也就是所谓"书画同源异流说"。

这种"书画同源"理论,在中国艺术界、理论界有着根深蒂固的影响。但笔者一直坚持认为:中国的绘画产生在文字(符号)之前,早期的象形文字是从绘画中脱胎出来的。一直等到图形与文字完全脱离后——具体地说是书写摆脱了绘画的束缚,成为一套完全独立的表情达意符号后,绘画才成为了一门专门的、独立的艺术(关于书法艺术的起源问题,见上节)。

这里，笔者想简单谈一谈"书画异流"问题，即书与画的不同发展走向。不论是书法还是绘画，和其他门类的艺术一样都必须贴近生活、贴近现实，然而就其自身的发展方向而言，二者却有着极大的差别：绘画艺术再怎么发展，永远也不可能脱离开"象"——即便是那些"抽象大师"的笔下也不可能把"物象"完全抛开，"神似"和"形似"是相辅相成的，不管你如何"前卫"、如何有"创意"，也不能把水牛画成月亮，把老虎画成青蛙；而书法艺术则走了一条完全相反的路。汉字虽然是从"象"中脱胎出来，但它对这个"母体"却没有太多的依恋，而是越走离"象"越远，这也就决定了书法艺术的基本走向(尽管有时候还流露出一些"怀旧情绪")，即它朝着越来越抽象、越来越理性的方向发展——草书的"符号化"就是一个极好的明证。

(二) 中国绘画艺术的基本美学特征

中国绘画(简称国画)由于发展的道路不同、采用的物质材料不同、表现技法不同等等，特别是中国人特有的审美情趣，导致中国绘画在世界美术领域中自成体系，这也造就了它独具一格的美学特征。

1. 绘画艺术，需要更多的情感投入

"'绘画'(美术)和其他艺术形式(如小说、戏剧、音乐、电影等等)之间的美学区别，从最浅显的一个层次上来看……绘画中有'人物画'，也可以有'山水画'和'花鸟画'(西方为'风景画'和'静物画')。但是，世界上不存在(也绝不可能存在)'山水小说'或'花鸟戏剧'(以自然物拟人化的童话、寓言作品不在此列)。不少小说中尽管也描述风景之'美'，但其中的主角毕竟还是人及其社会。而戏剧舞台上如果只有'布景'而没有人物出场，也不会赢得观众的。"[1]

意思是说，小说、戏剧、电影等，可以通过人物的活动和对话(以及"画外音"等)来表达作者的"审美情感"，但在国画中，尤其是那些山水画和花鸟画中，却往往是一种"无我之境"，而从本质上讲，艺术是"表现"与"再现"的统一，"艺术的真正'内容'，总是在一定社会物质生活基础上产生的某种精神性的意蕴——'审美情感'；艺术的形象乃是用来表述这种审美情思的"[2]。这就要求国画家，必须更多地投入自己的情感，把所谓"无我之境"变为"有我之境"。

2. 以形写神，形神兼备

《淮南子·说山训》云："画西施之面，美而不可说；规孟贲之目，大而不可威，君形者亡矣。"高诱作注："生气者，人形之君。规画人形无有生气，故曰'君形亡'。"所以，南齐画家谢赫在《古画品录》中将"气韵生动"列为"绘画六法"的第一法，而所谓"气韵生动"的基本意思就是要使作品"有神"、"传神"。

那么，为什么要强调把"神"放在第一位呢？简单归纳起来：① 从生命意义上看,最能体现人的精神与本质力量的是"神"而不是形;② 从创作论的角度看,只有"传神"的作品才能传达出画家的内心世界,实现其"传情达意"的目的;③ 从鉴赏论的角度看,只有"有神"、"传神"的作品,才能算得上是好的作品;④ 从难、易程度上看,"写神"要比"写形"难得多。顾恺之说过,"手挥五弦易,目送归鸿难",意思是说,画人的动作容易,而画人的眼神就难了。

正因如此,历来的国画家们在处理形、神关系上,总是把"神"放在第一位,而把"形"放在第二位。当年苏东坡讲过两句很有名的话:"论画以形似,见与儿童邻。"[3]欧阳修也在诗中写道:"古画画意不画形,梅诗咏物无隐情。"[4]清代大画家石涛则讲:"天地浑溶一气,再分风雨四时。明暗高低远近,不似之似似之。"[5]这样讲,并非不讲究"形似",而是要有一个主、次关系——以"神"为主,以"形"为辅,强调以形写神,实现形神兼备。"诚如当年齐白石先生所云:'太似则媚俗,不似则欺世。'我以为然。在我看来,好的肖形印应追求'形神兼备',所谓'以形的写真达到质的传神'。"[6]

3."虚实相生,无画处皆成妙境"

这是清初画家笪重光的话。他在《画筌》中曾讲:"空本难图,实景清而空景现。神无可绘,真境逼而神境生。位置相戾,有画处多属赘疣。虚实相生,无画处皆成妙境。"中、西方绘画的一个很大区别,就在于对空间的把握,油画喜欢把整个画面涂满,不留一丝空隙;而中国画则讲究虚实相生,给他人留下充分的想象空间,单从这一点上讲,中国画可称作一门"务虚的艺术"。

当年,荀子曾在《乐论》中提出:"不全不粹,不足以谓之美。"大千世界、芸芸众生,且百怪千奇、变化莫测,就是本事再大的画家也不可能全部画出来,那么,如何实现荀子讲的"全"呢?——"粹"。所谓"粹"就是以典型表现一般、以部分展示全体、以少胜多、以虚写实,诚如王渔洋评诗时所言:"诗如神龙,见其首不见其尾,或云中露一爪一鳞而已,安得全体?"[7]这种"虚实相生"的思维模式,反映了中国绘画艺术浓厚的哲学意蕴。人们通过那些"艺术空白",在想象与联想的作用下可以创作出更巍峨的山、更秀美的水、更艳丽的花……人们通过那些"无我之境",可以更深切地体会到作者那澎湃的激情、高昂的意志、闲淡的心态……这就是中国绘画之美。

需要讲明的一点是,国画家们为了描绘出更加宏伟的画卷、更加壮阔的场面,还发明了一种"散点透视法"(这是中国画独有的),即不把视点固定在一个位置上,而是通过"移步换形"的手法,将远远近近的场景组织在一个画面里。最典型的莫过于宋代张择端的《清明上河图》。即便如此,也并不违背"虚实相生"、"以粹概全"的原则——那些被收入画面的场景,都是经过画家那"艺术"的眼睛萃选出来的,绝不是纯自然主义的描摹。

中国绘画的美学特征还可以总结出一些,我们重点介绍以上三点。

二、中国古代绘画艺术走过的主要历程

中国的绘画艺术有着十分悠久的历史,我们不可能在极有限的篇幅里一一讲清楚,所以,只能沿着其发展的主要脉络有选择地作一些介绍。

(一) 先秦绘画

有研究者认为,早在遥远而漫长的旧石器时代,"我们的祖先在打制石器过程中,(就)逐步培养起造型技能,逐渐萌发出审美观念"[8]。这一点是非常重要的,因为有了"审美观念"才能产生对美的追求,才能爆发艺术创作冲动。但是,从"审美观念"的萌生到艺术作品的出现,还有一个极其漫长的过程。所以,一般说来,先秦绘画最早可追溯到新石器时代。

1. 新石器时代最具代表性的绘画艺术——彩陶

新石器时代的绘画艺术,主要体现在彩陶的装饰纹样上。这些纹样大都质朴明快、色彩绚丽、构图巧妙——如仰韶文化半坡类型彩陶中,就出现了宽带、三角、斜线、波折等几何纹样,甚至还出现了鱼、鹿等动物形象;而在马家窑文化马家窑类型彩陶中,则以旋涡纹、波浪纹、弧边三角纹居多……这些奇妙的纹样被绘制在诸如瓮、盆、钵、罐、瓶、壶等器皿上,充分展示了我们祖先的审美情趣。

【仰韶文化半坡类型彩陶"内彩人面鱼纹盆"赏析】

在西安半坡遗址出土的彩陶中,有一件"内彩人面鱼纹盆",一直受到艺术界和理论界的高度重视。在盆子的内侧画着一张圆圆的脸,脸上有一只三角形的鼻子,一双细长细长的眼睛眯成了一条线,耳朵被装饰成了两条相对的鱼,头顶上的饰物也很像鱼的尾巴,同时,人面的嘴里还衔着两条首首相对的鱼,盆内的其他位置也绘有鱼的图案。"目前,大多数人都认为这种带有神秘色彩的人面纹,必定与半坡氏族公社的某种原始信仰(崇拜)有关,但对具体涵义的解释,则各有不同,或曰崇拜鱼图腾说,或曰祈求捕鱼丰收说,或曰祈求生殖繁盛的祝福说。无论怎样解释,这种耐人寻味的人面纹彩陶盆,堪称仰韶文化半坡类型的绘画杰作。"[9]

2. 先秦绘画的代表性艺术——壁画

先秦最具代表性的绘画艺术是壁画,前人留下的文献资料和后来的考古发现都证明了这一点。如《说苑·反质》引《墨子》佚文云:早在殷纣时期已出现"宫墙文画"、"锦绣被堂"。1975年冬,在殷墟小屯发现的建筑壁画残块证实了以上记载:这些壁画残块以红、黑两色被绘制在白灰墙上,呈卷曲对称图案,有较强的装饰趣

味。另据郭沫若对江苏丹徒出土的《矢毁》铭文所作的考释证明,西周初年,确实存在过"武王、成王伐商图及巡省东国图"的壁画创作。[10]

有人分析认为,先秦的这些壁画当以人物肖像画为主,其内容主要是兴衰鉴戒、褒功挞过,用以维护礼教纲常。

(二) 秦汉绘画

秦、汉时代是中国绘画艺术的重要发展期。

秦始皇统一中国后,在注重发展经济和军事力量的同时,为了宣扬帝业、显示权威,也非常重视各种形式的艺术的发展,从而促成了我国民族文化发展的第一个高潮。秦王朝的时间虽然很短促,但却出现了许多重大的文化现象,如规模庞大的阿房宫建筑群、气势恢宏的秦始皇陵兵马俑等,都称得上是世界文化史上的奇迹。

而汉代,是中国古代发展史上的第一个高峰期,出现过著名的"文景之治",又有汉武帝的开疆扩土、打通西域,使得汉代在经济、政治、军事等诸多方面都得到空前的发展。而在思想文化领域,由于汉武帝接受了董仲舒"罢黜百家,独尊儒术"的建议,儒家文化便成了汉代正统的官方文化,于是,各种艺术也都染上了儒家文化的色彩,如表现在绘画的内容上,大都以纪功、颂德、表行等为主。

从目前已有的考古资料看,秦、汉时期的绘画形式主要是壁画(如宫殿壁画、寺观壁画、墓室壁画等)、帛画以及兼有绘画与雕刻两种艺术特点的画像石与画像砖等。

【西汉"侯妻墓帛画"赏析】

1972年在长沙马王堆1号墓(即侯妻墓;1974年出土的3号墓为侯子墓)出土了一件彩绘帛画,绢本,设色,呈T形,纵205厘米,上横92厘米,下横47.7厘米。出土时,覆盖于内棺盖上,作为葬具,其作用近乎铭旗。

该帛画的主题是祈颂墓主人早日飞升,同时衬以神话传说,构图精巧,光彩夺目。作者取T形的横竖形式,以区分天上、人间、地下。上部描绘天界:以人首蛇身的女娲为中心,女娲两边是竞辉之日月,日中有金乌,月中有蟾蜍和玉兔。女娲脚下,有双龙飞腾,扶桑树上红日耀目,并有仰颈仙鹤、展翅鸿雁;中部描绘人间:一位雍容华贵的老妇拄杖而行,前有两小吏跪迎,后有三侍女相随,在她周围还有蛟龙神兽环绕;下部绘有两条交缠的蛟龙(一说为鳌,还一说为鲲),蛟龙背上蹲一赤身巨人,双手平托一象征大地的白色物品,而白色物品上置以象征权力的鼎。至于赤身巨人,一说是治水的鲧,一说是水神禺疆。

帛画以写实的手法表现人间生活,同时又展开丰富的想象,将大量神话故事、民间传说巧妙地组织在画面中,使得整幅作品内容丰富、五彩缤纷、辉煌壮丽,堪称中国古帛画中的极品。

（三）魏晋南北朝绘画

我们在前边已经讲到，魏晋南北朝时期是一个很特殊的历史阶段。一方面，连年的战争、动乱、分裂给人民带来无尽的灾难和痛苦；另一方面，随着汉武以来所形成的一元化文化格局的被打破，在思想界、文化界、艺术界出现了从未有过的生动活泼、多元发展的良好局面，迎来了所谓"人性自觉"、"艺术自觉"的时代。其中一个重要标志就是：绘画从"秉礼"转变为"通脱"——逐渐摆脱了政治的束缚，开始作为一门独立的艺术出现，并得到从朝堂到乡野的普遍认可，就连某些皇亲国戚、贵胄子弟也迷恋于绘事，从而促进了绘画艺术的发展。

这一时期，绘画艺术的发展主要表现在四个方面。

（1）绘画题材扩大、绘画种类增加。这突出地表现在人物画的发展和山水画的兴起上。传统的人物画和肖像画，有着很强的功利性，其内容无非纪功、颂德、表行；而两晋以来，"人物画多以文学为内容，表现魏晋名士的生活，基本蜕尽了两汉绘画政治性、实用性色彩"。尤其值得称道的是，"东晋还兴起了以表现山水景物为重点的山水画。山水画的兴起显然深受老庄思想与魏晋玄学的影响"[11]。

（2）绘画技法有了很大提高。中国绘画传统重"神似"、讲"神韵"，但这一时期的绘画却出现了"追求形象逼真"、"工细异常的'绮罗人物'和表达'蝉雀'的早期花鸟画"[12]，这无疑是对中国绘画传统的一种丰富。另外，受佛教文化的影响，这一时期的绘画还特别讲究色彩明丽，并出现了明暗晕染技法等。

（3）产生了以敦煌壁画为代表的佛教绘画艺术。随着佛教的大肆传播，绘画也受到佛教文化的浸染，出现了一大批以宣扬宗教为主题的绘画，最具代表性的就是敦煌壁画（另外还有云冈、龙门的石刻画），直到今天它仍然是一个蕴藏丰厚的艺术宝库。

（4）出现了体系完整的绘画理论。这是一件非常了不起的事情，它告诉我们，中国的绘画艺术从此有了理论指导，开始走向"理性化"发展的道路，而不再停留在感性的、盲目发展的阶段。像顾恺之在《论画》中提出的"以形写神"、"迁想妙得"理论，谢赫在《古画品录》中提出的所谓绘画"六法"（一曰气韵生动；二曰骨法用笔；三曰应物象形；四曰随类赋彩；五曰经营位置；六曰传移模写），姚最在《续画品录》中提出的"学穷情表，心师造化"等，对当时和以后的画坛都产生了十分重大的影响。

【顾恺之《洛神赋图卷》赏析】

这是一个纵 27.1 厘米、横 572.8 厘米的绢本设色长卷，其题材取自曹植的《洛神赋》。

顾恺之非常忠实于原作。图卷的开始部分：曹植及其随从人员伫立于洛水之滨，凝神怅望，仿佛看到了那"翩若惊鸿，婉若游龙"的洛神凌波而来；图卷的中间部分：曹植与洛神互赠礼物，然后是洛神和她的同伴们自在游玩——此时，风神停止了风,河神平息了浪,水神在击鼓,创世之神女娲在放歌,而曹植与洛神乘着六龙所驾的云车游行在云水之间,那款款深情,难于言表;最后部分:身在舟中的曹植依然对洛神无限眷恋,当他乘车离开岸边时,还不时地回头张望。

图卷中的人物形象鲜明而生动,如洛神衣带飘飘,动作委婉,神情专注,目光从容,表现得既含情脉脉又矜持凝重;曹植则表现得风度翩翩,一往情深,活现了一个出身高贵且情感丰富的"情种"形象。场景繁复而富于变化,如长卷中的主要人物在不同的场景反复出现,但每一次的表情、动作都有很大不同;另外,作为人物背景的山石树木,也随着场景的变化而变化,但又保持了构图的完整性。整个长卷构思精巧,设色艳丽而明快,洋溢着一种诗意之美。

(四)隋唐绘画

隋、唐是我国绘画艺术全面发展的重要时期,尤其是唐朝。中国传统意义上的人物画、山水画在唐朝都达到了一个鼎盛时期,取得了巨大的成就,同时,这一时期的宗教画、花鸟画也有了重大变化与发展。

1. 唐代人物画

唐代人物画走过了一条曲折发展的路子。开国之初,人物画似乎又偏离了魏晋时期文学化、情趣化的审美追求,又回到了两汉人物画偏重政治性的老路。如阎立本所画的《历代帝王图》和一些"功臣像"都是以纪功、表德、明鉴为主要目的的;而他的《步辇图》则是一幅地地道道"纪政事"的作品,具体描述了唐太宗召见吐蕃王松赞干部迎娶文成公主的使臣禄东赞的情景。

唐代中期以后的人物画,发展为专门描绘宫廷仕女的"仕女图",其代表性画家有张萱(代表作有《虢国夫人游春图》、《捣练图》等)和周昉师徒。中唐的"仕女图"既摒弃了南朝"艳体画"(以善画时装美人的谢赫作品为代表)猥亵淫秽的特点,也在一定程度上突破了两汉以来表现"贞妇"、"烈女"为主要内容的伦理窠臼,走向了比较正常与健康的发展之路。

盛唐的人物画,在汲取传统的基础上又借鉴了外来绘画艺术,逐渐形成了独特的民族画风。这种新的画风是由一代宗匠吴道子所开启的。其主要特点是:重"笔法"而轻"笔彩",即把以墨为主的"笔"取代了缤纷艳丽的"色",从而,确定了中国画区别于西洋画的基调[13]。

周昉和他的仕女画在当时具代表性。周昉字景玄(一字仲朗),京兆(今陕西西安)人,生卒年月不详,大体可知他生活于中唐时期。周家有着尚武门风,其长兄周皓受家庭影响善于骑射,而周昉则性好属文,尤酷爱绘画,大历中曾任越州长史,后又任宣州别驾,政绩皆为画名所掩。

周昉是唐代最著名的仕女画家,"初效张萱画,后则小异",其笔下的人物"颇极风姿,全法衣冠,不近闾里,衣裳劲简,彩色柔丽"(《历代名画记》)。《古今画鉴·唐画》称他,"善画贵游人物,又善写真。作仕女多秾丽丰肥,有富贵气"云云。相传,郭子仪女婿赵纵侍郎曾请韩干为其画像,众人称善;后又请周昉再画,难定二人优劣。只有赵夫人评价道:"两图皆似,而干画得其状貌,昉画能兼得神气情致。"[14]至于"佛像、真仙、人物、仕女,皆称神品"[15]。

由于周昉出身仕宦之家,对当时的贵族生活非常熟悉,故其仕女图不以烈女、贞妇等为表现对象,而多取材于现实生活中贵妇人们的行乐活动,具有较强的时代感,也迎合了中、晚唐时期官僚贵族们的审美趣味。北宋《宣和画谱》曾著录周昉画品72件,其中仕女画28件,约占40%,但大都湮没于世,仅传有《簪花仕女图》卷、《挥扇仕女图》卷、《调琴仕女图》卷(也有研究者认为,周昉作品已全部湮没于世,亦无摹本,几种仕女图卷乃后人根据可靠资料重新画出)。

【周昉《挥扇仕女图》卷赏析】

该长卷,绢本设色,纵33.7厘米,横204.8厘米,是周昉仕女画中的代表作。其主要内容是表现宫女们那种被锁进深宫、哀怨苦闷的生活情景。这里有一段历史故事:班婕妤曾是汉成帝最得宠的妃子,但自从赵飞燕姊妹进宫后,随之"班姬失宠颜不开,奉帚供养长信台"[16],自此,"秋风纨扇"便不断出现于文人骚客的笔下。王昌龄就曾写过一首《长信秋词》,专讲班婕妤的这段遭遇:"奉帚平明金殿开,且将团扇共徘徊。玉颜不及寒鸦色,犹带昭阳日影来。"王渔洋选编《唐人万首绝句选》时,将它选为"压卷之作",认为该诗"不著判断"且能"尽得风流"。周昉的《挥扇仕女图》与王昌龄的诗可以互为参照。

在《挥扇仕女图》中由一株梧桐明示秋季已至,再结合嫔妃、宫女们手执纨扇,满面倦容的样子,其宫怨主题,不揭自明。具体说来,该长卷共画有13个人物,可分为5个自然段——第一段为"挥扇",由4人组成:一位戴玉莲冠的妃子按纨扇慵坐,一女官紫袍束带,两手横扇,立于其右侧,另有两宫女持梳洗用具侍立于其左;第二段为"端琴",由2人组成:一拖髻女子抱琴而至,另一垂鬟女子正欲打开琴囊;第三段为"临镜",由2人组成:一戴唐巾者持镜却立,一女子则对镜而视;第四段为"围绣",由3人组成:其中一姬持团扇,倚绣床,以手支颐,面有倦态,另两女子正相对而绣;第五段为"闲憩",由2人组成:一背坐者手挥小纨扇,引颈远眺,似乎在期待着什么,而另一姬则倚桐凝伫,茫然出神。这5个段落似离还合,从不同的侧面,刻画了人物在不同场景中的各种形态与心理反应,集中表达出她们寂寞、沉闷、空虚、无聊以及充满怨恨的心情。整个画面结构井然,节奏舒缓,线条流畅细腻,色彩亮丽多姿,且美而不妖、艳而不俗。诚如黄庭坚所评价的那样:"丹青有神艺,周郎能独兼。"[17]

2. 唐代山水画

魏晋南北朝时期的山水画尚处在萌芽状态,画法简单、幼稚,"或水不容泛,或人大于山",基本上是人物画的陪衬或附庸。进入唐代之后,经过许多画家的探索和创新,至盛唐时在绘画理念、绘画技法上产生了质的飞跃,完全摆脱了魏晋南北朝时期的幼稚状态。标志着这种发展和进步的是唐代出现了三种不同的画法,形成了三种不同的画风。

第一,吴道子所代表的"疏体"水墨画风。吴道子(约686~760年),玄宗赐名道玄,河南阳翟(今河南禹州)人。少孤,相传曾学书于张旭、贺知章,未成,乃改习绘画。曾做过兖州暇丘(今山东兖州)县尉。漫游洛阳时,唐玄宗闻其名,任以内教博士,"穷丹青之妙,称画圣"[18]。苏东坡在《书吴道子画后》中云:"诗至于杜子美,文之于韩退之,书至于颜鲁公,画至于吴道子,而古今之变,天下能事毕矣!"

吴道子在中国绘画史上有着崇高的地位,张彦远在《历代名画记》中称:"山水之变,始于吴而成于二李。"吴道子不仅是一位画家,更是一位伟大的改革家,他对东晋与刘宋时期的山水画作了大胆的扬弃,改革了某些传统画法,从而赋予了山水画以新的生命,并为山水画成为一个独立的画品奠定了坚实的基础。

吴道子山水画风的主要特点是变"密"为"疏"、简洁明快、自然豪放,充分体现了盛唐的那种磅礴大气和时人审美取向。在画法上,吴道子"主张画意",相传,他与李思训受命于唐玄宗前往巴蜀描绘嘉陵山水,二人回来后,吴道子"一日而毕",而李思训却用了数月功夫。他用笔随意而自然,"不滞于手,不凝于心,不知然而然",虽"离披点画,时见缺落,此(虽)笔不周而意周也"(《历代名画记》);在色彩的调配与运用上,吴道子强调"只以墨踪为之",坚持让"色"服膺于"笔"(线),如荆浩所云,"吴道子画山水有笔而无墨"[19]。山水画原有的"细饰犀栉"已被吴道子彻底颠覆了。

第二,以李思训父子为代表的"青绿山水"画风。李思训(651~718年),字建,唐宗室。开元初封左武卫大将军,故画史上有"大李将军"之称,他的山水画极为时人所重,有所谓"国朝山水第一"之誉。思训一家五口并善丹青,其子李昭道,官至太子中舍,人称"小李将军"。在中国山水画发展史上,李氏父子有着极重要的地位。《唐朝名画录》称,李思训父子"俱得山水之妙,时人号大李、小李。思训格品高奇,山水绝妙"云云。

李思训的山水画以工笔见长,他改变了东晋以来山水画"功倍煎拙,不胜其色"的简单朴素状态,丰富并发展了青绿山水的画法,从而形成了繁华富丽的自家门风。李思训的山水画在题材及艺术风格上都带有明显的贵族气息,并深受神仙方术思想的影响(画中时有神仙故事),其作品时常笼罩着一种云霞缥缈的神秘气氛。在技法上,他重写实、重工笔细写,与吴道子的风格形成明显对比。《唐朝名画录》、《太平广记》等都记载了他和吴道子画三百里嘉陵风光的故事,唐玄宗的结论是:"李思训数月之功,吴道子一日之迹,皆极其妙也。"在色彩的运用上,李思训"以富丽为工",常用大青绿着色,并用螺青苦绿复染,形成浓厚的青绿重彩,追求一种富丽堂皇的效果,显示了盛唐艺术"焕烂以求备"的辉煌气象。

第三,以王维为代表的"写意山水"(也称"水墨山水")画风。以王维等为代表的一批画家,经过不断的探索与实践,形成了一种简淡抒情的画风,习惯上被称为"写意山水"(有时也称"水墨山水",与"青绿山水"相对)。与吴道子、李思训父子的山水画风不同,王维追求"诗中有画,画中有诗",加之受禅学的影响(王维被称做"诗佛"),所以,王维的山水画有一种清淡玄远且交织着诗情画意的独特韵味。"特别是他首先采用'泼墨'山水的技法,大大发展了山水画的笔墨意境,对山水画的变革做出了重大贡献"[20]。

另外,对唐代山水画做出重要贡献的还有张璪、郑虔等。我们前边讲到,张彦远曾说,"山水之变,始于吴成于二李",他接着又说"树石之状,妙于韦偃,穷于张通(张璪)"。相传,张璪作画喜用紫毫秃笔,画到得意处,忘乎所以,干脆以手涂之,乃至于发展到王默作画"脚蹙手抹"之说。他基本属于吴道子型的激情画家。张璪山水画的一大特点就是以墨为主,不贵五彩。荆浩《笔法记》云:"张藻员外树石,气韵俱盛,笔墨积微,真思卓然,不贵五彩,旷古绝今,未之有也。"这种"不贵五彩"、"笔墨积微"的水墨画法在绘画技法上是一个极大的突破。同时,他在理论上也有很大贡献,"外师造化、中得心源"就是出自张璪的不朽名言。

在唐代山水画家中,郑虔以水墨擅长,画风应属王维一派。时人有"郑虔王维作水墨,合诗出画三绝俱"之说。

【李思训《江帆楼阁图》赏析】

《江帆楼阁图》为绢本,纵101.9厘米,横54.7厘米,青绿设色。该图所描绘的是游春情景,图的上方(即远景)水天一色,空阔浩渺,波光粼粼,水天交接处有白帆点点,意境深邃而幽远;图的下方(即近景)山峰耸立,古木参天,枝叶掩映处隐隐露出一两角殿廊;而图中人物,或于堤岸赏景,或沿山径而行,或骑马,或挑担,或拥物,无不惟妙惟肖,形神兼备。就整体结构而言,此图布局合理,描绘精致,"豆马寸人,须眉毕露",而且色彩浓重,繁华富丽,充分体现了"青绿山水"或"金碧山水"的艺术特色。

(五) 五代和两宋绘画

五代、两宋是继唐代之后中国绘画史上又一个鼎盛时期。这一时期,整个绘画领域出现了许多前所未有的变化:如五代始兴的皇家画院以及文人画的兴起、两宋时期山水和花鸟画地位的进一步提高、绘画理念的更臻于成熟,等等。

1. 承前启后的五代绘画

五代的历史跨度虽短,但它上承隋唐、下接两宋,在中国绘画史上发挥了承前启后的重要作用。这一时期,成就最大的当属山水画和花鸟画。

1) 以荆浩、关仝、董源、巨然为代表的山水画

五代的山水画可以大体上分为南、北两派。北派以荆浩、关仝为代表,笔下多崇山峻岭、怪石苍松;南派以董源、巨然为代表,笔下多明山秀水、竹木清幽。

荆浩是一位博通经史的士大夫,唐末曾避乱于太行山中。他笔下的山水层峦叠嶂、巍峨壮观。他认为:"吴道子山水有笔而无墨,项容有墨而无笔。吾当采二子之所长,成一家之体"(《笔法记》)。所以,荆浩的山水画追求"气质俱盛"、形神兼备。传为他画的《匡庐图》巨轴,采用全景式构图,笔墨皴法,高远、平远、深远兼具,技巧方面较之唐代有了明显提高。

关仝是活跃于五代末及宋初的一位山水画家。他是荆浩的忠实追随者,曾长时间认真揣摩荆浩的绘画艺术,并终于"青出于蓝"。他多描写关陕一带山水,其特点是概括提炼,笔墨简洁,以少胜多,意味悠长。宋人评价他的山水:"石体坚凝,杂木丰茂,台阁古雅,人物幽闲",有所谓"关家山水"之誉[21]。他的《关山行旅图》,峰峦起伏多有变化,山腰云气缠绕,山脚下板桥、枯树、野店、荒村,读后使人如身临其境,有极强的艺术感染力。

董源是一位多面手的画家,但以画山水著称。他生于江南,热爱江南,笔下也多江南风光——青山绿水,烟雨迷濛,草长莺飞,残月晓风,与荆浩、关仝的北派山水相比更多一份平淡与柔美。他的山水画有"水墨"、"青绿"二体,尤以水墨山水见长。画法皴、擦、点、染并用,创造出"披麻皴"与"点子皴"等表现手法,成功地表现出山川景物的远近层次和氤氲气氛,沈括称之:"近视之几不类物象,远观则景物粲然,幽情远思,如睹异境。"[22]其传世名迹有《潇湘图》、《夏山图》、《夏景山口待渡图》、《龙宿郊民图》等。

巨然是金陵开元寺的一位僧人。他的山水画追随董源,笔墨秀润,充满了南国风光的自然韵致,"于峰峦岭窦之外,下至林麓之间,犹作卵石、松柏、疏筠、蔓草之类,相与映发,而幽溪细路,屈曲萦带,竹篱茅舍,断桥危栈,真若山间景趣也"[23]。现存巨然名迹《万壑松风图》,充分体现了其上述风格。

【巨然《雪景图》赏析】

《雪景图》是巨然的代表作之一,充分显示了巨然稳健的笔法和清雅的韵致。整个作品充满了宁静、自然、平易、淡远的气氛,让人感到一种身在世外、超凡脱尘的意趣。评论者认为,《雪景图》独特的审美风格表现在"幽处可居,平处可行,奇处可惊,险处可畏"[24]。这是古代山水画中一幅很难得的杰出画作。

2) 以黄荃、徐熙为代表的花鸟画

五代时期皇帝及贵族们的生活以奢靡相尚,殿堂府第、日用器物皆施以装饰,花鸟是他们所青睐的装饰图案之一;加之许多文人、士大夫借花鸟以遣兴、寄情,于是促进了花鸟画的发展。当时曾出现了一大批专画花鸟的画家,其中以西蜀的黄荃和江南的徐熙成就最高。

黄荃17岁即成为西蜀的宫廷画家,既擅长画花鸟,又能画山水,还能画佛、道人物,是一位"全能画家"。其作品多描绘宫廷中的异卉珍禽,画鸟羽毛丰满,画花艳丽工致,"勾勒精细,几乎不见笔迹,而以轻色染成,谓之'写生'"。广政七年(944年),淮南通聘送到宫中6只鹤,少主孟昶命他画于偏殿壁上,黄荃竟画出六种姿态:曰唳天,曰惊露,曰啄苔,曰舞风,曰疏翎,曰顾步。孟昶叹赏,遂命之为"六鹤殿"。后人将其与徐熙并称"黄徐",且有"黄荃富贵,徐熙野逸"之评。传世作品有《写生珍禽图卷》等。

徐熙出身南唐的名门望族,但终身不仕,过着一种放达闲适的生活。他常于山野、园圃对花鸟草虫进行细致观察,然后形于笔下。他不赞成"精勾细描",主张信笔写来,略加施彩,所谓"落笔之际,未尝以赋色晕淡细碎为功","在一定程度上突破了唐以来细笔填色表现奇花异鸟的格式"[26],故有"徐熙野逸"之谓。

2. 成就卓然的宋代绘画

宋代是中国古代绘画艺术的鼎盛时期,其艺术成就主要表现在三个方面:一是"院画"的繁荣;二是文人画的进一步发展;三是风俗画的兴起。

1)"院画",即"院体画"的简称(亦可称"院体")

有研究资料证实,"画院"的设立可追溯到晚唐及五代的西蜀、南唐,但正式以官方名义设立绘事机构的是北宋,名曰"翰林图画院",南宋承袭旧制,其目的是"罗致画家"、"御用供奉"。后来,"翰林图画院"逐渐成为了一个艺术教育机构,客观上推动了绘画艺术的发展,并对民间绘画的传承起到了一定的修正、补充、完善作用。

画院体制在北宋基本得到完善,南宋有了进一步发展,在繁荣宫廷绘画的基础上,也培养了一大批优秀的画师。如北宋的黄居(黄荃幼子)、燕文贵、郭熙、王希孟和南宋的马远、夏圭、梁楷、李离、李迪等都堪称一代巨匠。尤其需要提到的是赵佶(徽宗皇帝),他是个无能的皇帝,最后当了金兵的俘虏,但作为一个艺术家,他的历史贡献是不容抹杀的(书法方面,他创造了独具风格的"瘦金体";在绘画方面,他尤工花鸟,以精工逼真著称)。

总的来说,"院画"为了迎合帝王宫廷的需要,多以花鸟、山水、宫廷生活及宗教内容为题材,画风严谨,讲究法度,周密不苟,以细腻华丽为尚,追求文化内涵。鲁迅曾说:"宋的院画,萎靡柔媚之处当舍,周密不苟之处是可取的。"[26]

2)文人画,亦称"士夫画"

"士夫画"的提法始于北宋的苏轼,明代董其昌明确称做"文人之画"。一般认为,"文人画"以唐代王维为其创始者,并目为"南宗之祖"。这一概念,原本用以区别于民间画工和宫廷画院中职业画师的绘画,但往往暗含着文人、士大夫们抬高自己、贬低他人的意味。唐代张彦远在《历代名画记》中就说过:"自古善画者,莫非衣冠贵胄,逸士高人,非闾阎之所能为也。"

近代陈寅恪对"文人画"作过这样的评论:"文人画有四个要素:人品、学问、才情和思想,具此四者,乃能完善"。他认为,通常"文人画"多取材于山水、花鸟、梅兰竹菊和木石等,借以抒发"性灵"或个人抱负,间亦寓有对民族压迫或对腐朽政治的愤懑之情。他们标举"士气"、"逸品",崇尚品藻,讲求笔墨情趣,脱略形似,强调神韵,很重视文学、书法修养和画中意境的缔造,云云。笔者以为,这种分析与评价大体上是科学与公允的。宋代"文人画"的标志是水墨梅、竹的大量出现,并成为独立画科,其代表人物有文同、苏轼、杨无咎、赵孟坚、郑思肖等。

3) 风俗画,也就是"民间绘画"

中国古代真正意义上的风俗画始于五代而盛于两宋。我们在前边讲到,宋代是我国封建社会一个极其重要的时期,当时的手工业、商业都空前发展,北宋首都开封城内商铺、饭庄随处可见,并出现了夜市,为了方便交易宋代还发行了我国第一张纸币——交子。两宋也是我国古代文化发展的重要时期:在哲学方面,形成了影响深远的"程朱理学";在文学方面,出现了顶峰造极的宋词和独具特色的宋诗;在书法方面,有苏黄米蔡"四大家"和赵佶的"瘦金体"等等,因此,陈寅恪先生讲:"华夏民族之文化,历数千年之演进,造极于两宋之世。"[27]城市经济与城市文化的发展,造就了一个新的社会阶层——市民。所谓风俗画正是基于这样一个特殊群体的"文化需求"而快速发展起来的。

"风俗画"在很大程度上反映了当时的市民生活、情感变化和审美趣味,显示了宋代人物画的新成就。据文献记载,北宋时曾形成了一个很大的风俗画家群体:如善画京师车马、琼林苑、角觝、夜市的高元亨,善画汴梁潘楼一带夜景的燕文贵,专长画骆驼的冯青,专事画船的蔡润,还有擅长画"太平车"、"江游车"及酒店"欢楼"的支选,等等。而其中,以张择端和他的《清明上河图》影响最大。

【张择端《清明上河图》赏析】

张择端,字正道,又字文友,东武(今山东诸城)人。早年曾攻读儒业,游学汴京(今河南开封),后习绘画。宋徽宗时供职翰林图画院,擅长画舟车、市肆、桥梁、街道、城郭等风俗题材,后"以失位家居,卖画为生,写有《西湖争标图》、《清明上河图》"等。其代表作是大家所熟悉的《清明上河图》长卷。

《清明上河图》是当年进献给宋徽宗的贡品,流传至今已有 800 多年的历史。作品为绢本,着淡色,长 528.7 厘米、宽 24.8 厘米。可谓恢弘大气、出手不凡。

《清明上河图》以全景式构图、严谨精细的笔法,生动地展现了北宋都城汴梁河沿岸及东角门里市区清明时节的热闹气氛。画的内容可大体上分为三个段落:开首部分,为汴梁郊区的农村风光;中间段落,是以虹桥为中心的汴河两岸运输、贸易等热闹场面;后边段落,以城门为标志,展现了汴梁城街道纵横、店铺林立、车水马龙的繁华景象。据齐藤谦所撰《拙堂文话·卷八》统计,图中共有各色人物 1659 个,比《三国演义》(1195 人)、《红楼梦》(975 人)、《水浒传》(785 人)三部长篇小说中涉及的人物都多,另外,还有动物209头(只)、车轿20余辆、大小船只20余艘。不论写人还是状物,无不惟妙惟肖、生动逼真。

《清明上河图》从艺术角度讲,有两点最值得称道:① 作者采用了"散点透视法",极大地增加了画面的容量——人们似乎随着张择端的笔触,移步换形(景),将纷繁复杂的场景一一收入眼底;② 很好地处理了"全"与"粹"的关系。荀子讲:"不全不粹,不足以为美。"5米多长的卷幅,张择端并不是平均用力,更没有面面俱到,而是抓住了几个"具有时代社会本质特征的事物、场面及情节",进行精雕细琢。如对汴京地位和命运有重要意义的汴河中载运江南粮米财物的漕船、反映中原与北方地区经济交流的骆驼队,此外还有驮着柴米的毛驴队、拖着沉重步子的纤夫、兜揽生意的小贩等,"都被作者有条有理而又真实自然"地组织在画面之中。[28]《清明上河图》是一件现实主义的杰作,它不仅在我国绘画史上具有不朽的意义,同时是研究北宋东京城市经济及社会生活的宝贵历史资料。

(六) 明清绘画

明、清两代处于我国封建社会的后期,随着社会的发展,人们对绘画艺术更加重视。但纵观这500多年,画坛上虽然很热闹,也出了不少的流派和画家,但真正可圈可点的东西却不多。从基本走势看,明、清两朝占画坛统治地位的是文人、士大夫的山水、花鸟画,但作品大多内容空洞,形式单调,而且创作思想上弥漫着一种因循守旧、崇古摹仿的不良倾向。

这一时期,倒是以木板画为主的民间绘画蓬勃发展,并为陈陈相因的明、清画坛吹进一股清新之风。像唐寅为《西厢记》作的插图,仇英为《烈女传》作的插图,陈洪绶为《西厢记》、《离骚》作的插图和他的《水浒叶子》("叶子"实际就是一种酒牌,是古代人们饮酒时玩的一种游戏。如"水浒叶子"就是根据水浒人物的不同性格,设计出的各种酒令——引者注)、《博古叶子》,以及改琦的《红楼梦图咏》等,都被公认为艺苑奇葩。

1. 明代绘画

明代画坛的一个显著特点就是画家众多、流派纷杂,影响最大的当属"吴派"、"浙派"两大派系,具体到小的支派则难以计数。从明初至中叶,"浙派"流行,代表性画家有戴进、吴伟等;明中叶后,"吴派"称尊,其代表性画家有沈周、文征明等;"吴派"之后又有"院派",此派画家长于"院体"中的青绿山水和设色人物。无论是"浙派"、"吴派"还是"院派",他们都没有多少建树。

明代的花鸟画倒是值得提一提,其表现形式有两种:一是以境写意;二是借古开今。前者的突出代表是徐渭。他蔑视传统,打破规矩,将个性无限张扬;后者的代表人物是陈洪绶。他从民间艺术中汲取丰富的营养,然后再积极创新。"二者画风虽有不同,一个是'写',一个是'工',但都力求突出个性,发展个性。"[29]

【徐渭《墨葡萄图轴》赏析】

此图纸本,墨笔,纵165.7厘米、横64.5厘米,是徐渭写意花卉的代表作之一。画面为水墨葡萄一枝,串串果实倒挂,鲜艳水嫩,晶莹剔透;茂盛的叶子,以大块的水墨点染而成,与果实的搭配恰到好处。图的左上方有一首自题诗:"半生落魄已成翁,独立书斋啸晚风;笔底明珠无处卖,闲抛闲掷野藤中。"就整体观,此图风格疏放,自然随意,涉笔成趣,不求形似,但求神到,集中代表了徐渭大写意花卉的基本风格,"也是明代写意花卉高水平的杰作"。

2. 清代绘画

清代画坛与当时的历史背景很相像,充满了保守与创新的矛盾和斗争。以山水画为例,保守派以"四王"(王时敏、王鉴以及时敏之孙王原祁、时敏与王鉴的学生王翚)、吴(历)、恽(格)为代表,他们基本沿袭了元明以来赵(孟頫)、董(其昌)一脉,古雅秀润有余而深沉豪放不足;创新一派则以部分遗民画家和"扬州画派"为代表,企图脱开绳墨,独辟蹊径。

1) 以朱耷为代表的"遗民画"

公元1644年,随着李自成克京,崇祯皇帝吊死煤山,明朝随之灭亡(就在这一年,大画家倪元璐自缢殉职)。不久,清军打入关内,李自成败出京城,从此改朝换代。在这一残酷现实中,一大批遗民画家深深感受到"失国之痛"。清朝定鼎后,他们把这种"失国之痛"与"故国之思"以及对异族统治的强烈不满,化为满腹幽愤并充分表现在自己的笔下。其中,最具代表性的画家便是朱耷。

朱耷与他的《河上花图卷》。朱耷(1624或1626~1705年),本名统,明宁王朱权后裔,封藩南昌,遂为江西南昌人。祖多炡、父谋统都是书画家。朱耷为明季诸生,20岁"遭变,弃家后避难山中",自皇室贵胄沦为草野逸民,深受刺激的他由口吃而佯作哑子,并削发为僧14年(1648~1661年)。其作品多署"八大山人",笔形似"哭之"或"笑之",别号雪个、个山、个山驴、传綮、驴屋、因是僧等。还俗后(一说改信道教)居南昌南郊天宁观27年(1661~1687年),韬光养晦,改名道朗,字良月,号破云樵者,但书画作品仍署"八大山人"。62岁后,花押有个相如吃、三月十九日、拾得、黄竹园等。

朱耷诗、书、画都有相当深的造诣,当以绘画更胜之。他擅长山水、花鸟、竹木等,画面着墨不多,却寓意深刻,生动精致,无境处亦成妙景;笔墨简括、冷峭而凝练,形象变化多端,时有夸张脱略;多奇思妙构,蹊径独开,所创意境,神韵天成。如所绘鱼鸟,常以"白眼向人",意蕴深远。再如康熙二十九年作《牡丹孔雀图》,画面为两只丑陋的孔雀,尾拖三条翎毛,站在一块摇摇晃晃的石上,以讽刺清王朝的江山不稳。他与原济(石涛)、弘仁、髡残合称"清初四高僧",对后来写意画派影响极大。

【《河上花图卷》赏析】

卷系纸本,水墨,纵47厘米,横1292.5厘米。画面写荷花盛开的情景。以大笔蘸水墨写荷叶,随意挥洒,正反转侧,或浓或淡,或高或低,老叶嫩芽,不拘一格,其茎亭亭,其叶田田,望之似清气沁人;又以线勾花瓣,晶莹洁白,鲜艳欲滴,与墨叶相映成趣;衬景有山崖坡石、竹兰垂柳及瀑布流水之属。"老笔纷披,正锋写荷茎,绵里裹铁,婉约流畅,刚柔相济;崖石则干笔枯墨,老辣圆劲。用墨浓淡干湿,五彩俱呈,淋漓酣畅,尤以淡墨渍出荷花嫩叶,得温润清新的情致。"[30]朱耷作此卷时,已有72岁,可谓人画俱老、炉火纯青!

2)"扬州画派"的绘画

"扬州画派",世人称"扬州八怪"(据李玉棻《瓯钵罗室书画过目考》称,"扬州八怪"分别为:罗聘、李方膺、李鱓、金农、黄慎、郑燮、高翔和汪士慎)。他们中既有文人画家也有职业画师,但殊途同归,都表现为一个"怪"字。那么,这"怪"字有什么含义呢?大概是指他们不守规矩、不随潮流、反对摹古、力主创新,所以才有了"偏师八怪"之谓。"八怪"之一的郑板桥曾说:"掀天揭地之文、震电惊雷之字、呵神骂鬼之谈、无古无今之画,固不在寻常蹊径中也。"[31]表明扬州画派突破了世俗所谓真伪、美丑的界限,阔笔纵横,自由挥洒。表现在画风上,他们师造化,抒个性,用我法,讲风骨,重写意,求神似,追意蕴。

郑板桥和他的《双松图轴》。郑燮(1693~1765年),字克柔,号板桥,世籍苏州,明洪武年间迁居兴化,遂为江苏兴化人。少孤贫,然天资聪颖,科康熙秀才、雍正举人、乾隆(乾隆元年,即1736年)进士。50岁始任范县县令,后调任潍县县令,多有惠政,但因得罪豪绅被罢官。为官前后均居于扬州,以鬻书画为生,为"扬州八怪"之一。其人格磊落,慷慨啸傲,超越辈流,自成面目。对前人成法,他主张"学一半,撇一半","自探灵苗",不泥古人。其书,以篆隶体参合行楷,非古非今,非隶非楷,视之纵横错落、瘦硬奇峭,自称"六分半书";其画,擅长竹兰松石,常以草书中竖长撇法运笔,多而不乱,少而不疏,体貌疏朗,笔力劲峭,自称"四时不谢之兰,百节长青之竹,万古不败之石,千秋不变之人",借以寄托人品之高洁、性格之倔强。

【《双松图轴》赏析】

是图轴为纸本,墨笔,纵201厘米,横101厘米,主要画面是两株挺立的松树,衬以小竹与青草。郑板桥的这幅画是送给"肃翁同学"的,左上角题记云:"乾隆二年丁巳,始得接交肃翁同学老长兄,见其朴茂忠实,绰有古意,如松柏之在岩阿,众芳不及也;后十余年再会,如故,又三年复会,亦如故。岂非松柏之质本于性生,春夏无所争荣,秋冬亦不见其摇落耶!因画双松图奉赠。弟至不材,亦窃附松之列,以为二老人者相好相倚藉之一证也。又画小竹衬贴其间,作竹苞松茂之意,以见公子孙承承绳绳,皆贤人哲士,盖朴茂忠实之报有必然者。"很显然,图中"双松"既指"朴茂忠实,绰有古意"的"肃翁同学";也是郑板桥自指,即"弟至不材,亦窃附松之列",并借此宣示自己的"松柏本性"——"春夏无所争荣,秋冬亦不见其摇落耶!"

图中双松一主一辅,一浓一淡,相互衬托。浓者以干笔写树干,湿笔写松针;淡者树干则干湿笔共用,松针以湿笔写之。松针均无晕染,清爽干净、层次分明。郑板桥是写意兰竹的铁笔圣手,像图中之松不多见,加之细竹穿插、青草映衬,使得整个画面朴茂、凝重、简劲,而又透出一种秀雅、高洁之气,是作者的精心之作。

关于绘画我们这里只作了简单介绍,起一个抛砖引玉或开绳解缆的作用。要想到达艺术的彼岸,还要靠自己去乘风破浪、努力前行。

参考文献及注释

[1] 张涵:《美学大观》,河南人民出版社,1986年,第371页
[2] 引文同[1],第374页
[3] 苏轼:《书鄢陵王主薄所画折枝》
[4] 欧阳修:《盘车图》
[5] 石涛:《大涤子题画诗跋》,卷一
[6] 张光兴:《中国十二生肖印·后记》
[7] 赵执信:《谈龙录》
[8] 中央美术学院美术史系教研室:《中国美术简史》,高等教育出版社,1990年,第1页
[9] 引文同[8],第91页
[10]《中国美术简史》,第21页,亦见《中国文化的源流》,第660页
[11][12]唐得阳:《中国文化的源流》,山东人民出版社,1993年,第661、662页
[13] 同[11],第663、664页
[14] 刘强:《中国艺术精品·绘画卷》,山东美术出版社,2005年,第28页
[15]《中国人名大辞典·周昉》
[16] 吴昀:《行路难》
[17] 黄庭坚:《题周昉〈美人图〉后》
[18]《中国人名大辞典·吴道玄》
[19] 荆浩:《图画见闻志》
[20] 引文同[8],第93、94页
[21] 转引自[8],第119页
[22][23] 沈括:《梦溪笔谈》
[24] 引文同[14],第34页
[25] 引文同上,第30页
[26] 引文同[8],第121页
[27] 鲁迅:《且介亭杂文·论"旧形式的采用"》
[28] 陈寅恪:《邓广铭宋史职官考证序》
[29] 引文同[8],第130页
[30][31]同[11],第667页
[32] 同[14],第198页

后　　记

　　清末之前,"国学"一词只有"国家设立的学校"一义,并无"我国固有的文化、学术"之说(表达后起的这层意思时,前人多用"国故"或"国粹"指称)。"国学"一说,诞生于国势衰微的时代背景下,它见证着华夏子孙不屈的民族精神和"文化尊严"。

　　中华民族在其历史进程中曾历经磨难、屡处逆境,然而却长聚不散、代代相传,一个很重要的原因就是我们的祖先为后人创造了独具特色的文化。诚如袁行霈先生所言:"传统文化是一个民族的根,是一个民族的标志,也是一个民族的骄傲。传统文化关系每个民族对自己身份的认同感、归属感,以及伴随这种认同感和归属感而来的文化尊严感。传统文化又是民族凝聚力的源泉,一个民族的疆土被人用武力占领了,还可以收复;一个民族的文化被人灭绝了,或者自己抛弃了,则万劫不复。"(《国学拒绝实用主义》)从这一意义上说,传统文化是一个民族最宝贵的财富,是这个民族自立自强、生生不息的生命源泉,也是值得这个民族永远守望的精神家园。

　　目前,中华民族又处在一个关键的历史发展期——世界局势风云莫测、国际竞争日趋激烈,而国内由于社会转型所带来的矛盾复杂多变。在这样一种咄咄逼人的严峻形势下,我们最需要的也许不是资金、不是原材料、不是先进的科学技术与管理技能,而是如何进一步增强国人的民族"认同感"、"归属感"与"文化尊严感"。几年前杨叔子先生(中国科学院院士、华中理工大学校长)访美时,几位华裔教授曾痛心疾首地指出:从中国去的一些留学生懂 ABC,懂 XYZ,懂美元英镑,但却不了解长城、黄河,不了解文天祥、史可法,不了解《大学》、《中庸》。对中国文化历史如此无知,又如何对民族、对国家有了解、有情感、有责任心,并去为她献身呢?(参见张应杭等主编的《中国传统文化概论·序》)岂止是留学生,问一问我们的在校大学生和社会青年,又有几人真正了解和关心这些问题呢?笔者在想:假如这种局面继续下去,我们将何以应对他人的"文化征服"?又将何以捍卫我们自己的"文化主权"与"世界文化话语权"?正是基于以上这些思考,我们才动手写了这本《国家概要——对国学的文化解读》。

　　然而,国学是一个极其庞杂的范畴,台湾学者刘兆祐、江弘毅等将其归纳为群经、语言文字学、考古学、史学、地学、诸子学、文学、科学、政治法律学、经济学、社会学、教育学、宗教学、音乐、艺术、图书目录学等 16 个门类(参见《国学导读》第一章),这是否就全面了呢?那也未必。这样一来就给我们的写作带来了难题,即面对浩如烟海的国学典籍而无从下手。通过反复论证和调研,最终,我们选择了文化的"社会上层建筑范畴",如林剑鸣先生所云:"无非是诗书礼乐、道德风俗、最多包括政治制度。"林先生还讲到,"至于说'文化'还有'创造'、'变通'、'进步',甚至'指人类社会历史实践过程中所创造的物质财富和精神财富的总和',那只是今人的引申和发挥,和这个词固有的含义是不相符的。"

  这是我与张劲松合作的第二部书。第一部《从传统走向现代——构建我们的现代文明观》(山东省社会科学规划重点课题)出版后,受到了广大读者的好评,并先后获得了青岛市社科成果一等奖、山东省社科成果三等奖。这本书的命运将会如何呢?我们期待着。

张光兴

2008年8月于青岛守拙斋